象棋爱好者提高棋艺水平的良师益友

中国象棋攻防战术

快速提高象棋实战水平的首选秘笈

张洪山 ◎ 编著

诠释具体战例 · 展现名手风采

讲解具体 图文并茂
开发智慧 启迪思维

　　中国象棋是华夏民族传统文化宝库中一颗璀璨夺目的明珠，有着非常广泛而深厚的群众基础和独具特色的文化底蕴，千百年来一直为众人所钟爱。中国象棋是一项雅俗共赏、老少皆宜的传统棋类运动，其高深的棋理、玄妙的变化，使无数人为之陶醉。

内蒙古出版集团
内蒙古人民出版社

图书在版编目(CIP)数据

中国象棋攻防战术/张洪山编著. —呼和浩特：内蒙古人民出版社，2016.3
ISBN 978-7-204-13933-0

Ⅰ.①中… Ⅱ.①张… Ⅲ.①中国象棋-对局(棋类运动) Ⅳ.①G891.2

中国版本图书馆 CIP 数据核字(2016)第 067904 号

中国象棋攻防战术

编　　者	张洪山
责任编辑	晓　峰
封面设计	汇集山水
出版发行	内蒙古人民出版社
地　　址	呼和浩特市新城区中山东路 8 号波士名人国际 B 座 5 楼
网　　址	http://www.nmgrmcbs.com
印　　刷	呼和浩特市圣堂彩印有限责任公司
开　　本	710×960　1/16
印　　张	21.75
字　　数	300 千
版　　次	2016 年 7 月第 1 版
印　　次	2016 年 7 月第 1 次印刷
印　　数	1—3000 册
书　　号	ISBN 978-7-204-13933-0/Z·983
定　　价	30.00 元

如发现印装质量问题，请与我社联系。联系电话：(0471)3946173　3946120

前 言

象棋是华夏民族传统文化宝库中一颗璀璨夺目的明珠,有着非常广泛而深厚的群众基础和独具特色的文化底蕴。象棋的发展经历了漫长的过程,据史料记载,先秦时期就以象牙制棋,由此可见象棋历史之悠久。

在中国会下象棋者为数众多,但想下得一手好棋却并不容易,因为象棋高手需要有一定的技艺水平并掌握方法,才能在对弈中赢得胜利。为了适应象棋发展的需要,更进一步地促进象棋运动的普及与推广,我们编写了《中国象棋攻防战术》一书。

本书以图文结合的形式,系统介绍象棋中局战斗的攻防理论、攻防思路、攻防手段、攻防特点以及特定局面下的攻防技艺等,内容丰富,通俗易懂,具有较强的知识性、实用性、趣味性,是广大象棋爱好者自学成才的良师益友,是象棋培训的好教材。

目 录

第一章　惊险布局

一、弃车布局 ·· (1)
　　参考对局(1局) ··· (6)
二、弃车抢先 ··· (10)
三、弃车抢势 ··· (11)
四、弃车强攻 ··· (12)
五、突破棋谱的弃车抢攻(上) ··· (14)
六、突破棋谱的弃车抢攻(下) ··· (16)

第二章　经典对决

一、有车篇(25局) ··· (19)
　　车兵类(2局) ··· (19)
　　车马兵类(12局) ·· (21)
　　车炮兵类(11局) ·· (37)
二、无车篇(41局) ··· (51)
　　马兵类(1局) ··· (51)
　　炮兵类(1局) ··· (53)
　　双炮兵类(4局) ·· (54)
　　双马兵类(1局) ·· (59)
　　马炮兵类(8局) ·· (61)
　　双炮马兵类(15局) ··· (73)

双马炮兵类(5 局) ……………………………………………… (96)

双马双炮兵类(6 局) …………………………………………… (103)

第三章　中局佳构

一、弃子进攻(26 局) …………………………………………… (112)

二、兑子争雄(29 局) …………………………………………… (145)

三、运子建功(33 局) …………………………………………… (184)

第四章　精彩对局

八星璀璨(70 局) ………………………………………………… (226)

　　胡荣华 2000 年全国个人赛精彩对局 ……………………… (226)

　　胡荣华精彩对局撷英 ………………………………………… (244)

　　吕钦在第七届世界象棋锦标赛上的精彩对局 ……………… (255)

　　许银川第 12 届"银荔杯"赛上的精彩对局 ………………… (261)

　　许银川在首届 BGN 世界象棋挑战赛上的精彩对局 ……… (270)

　　陶汉明大师的精彩棋局 ……………………………………… (285)

　　国际大师柳大华的精彩对局 ………………………………… (302)

　　名将徐天红的精彩对局 ……………………………………… (316)

　　赵国荣的精彩棋局 …………………………………………… (325)

　　名将李来群的精彩棋局 ……………………………………… (337)

第一章　惊险布局

一、弃车布局

五七炮进七兵对屏风马右炮过河

(1) 炮二平五　马8进7　　(2) 马二进三　马2进3
(3) 车一平二　车9平8　　(4) 马八进九　卒7进1
(5) 炮八平七　车1平2　　(6) 车九平八　炮2进4
(7) 车二进四　象7进5　　(8) 兵九进一　炮8退1

第6回合黑方如改走炮2进2巡河,红车二进六马7进6,车八进四象3进5,将导向另一路重要、庞大的复杂变例。

现在黑棋补左象后左炮退缩,准备接应右翼车炮,这是上海棋手应用较多的着法。如改走马7进6接应右炮,则红马九进八卒7进1,车二平三马6进5或炮2平5,双方另有攻防。

(9) 车二平四

良好的停着。如改走兵三进一(如走车二平八车2进5,马九进八炮8平2,车八平九卒3进1,红方失先)卒7进1,车二平三,黑棋可接走车8平7或马7进6,红方有乏味之感。

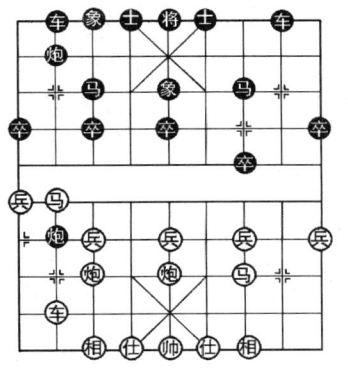

(9) ……　　炮8平1　　(10) 马九进八　炮1平2

(11) 车八进一(如图1)

以往的走法是:车八平九卒3进1,车九进一,后炮进3,双方基本相当。

图1时的形势,红方"停车问路",邀请黑炮抽吃,其目的是企图抢到一步棋,挑起尖锐的局面来考验黑棋。

(11) ……　　前炮平5

接受红方的挑战,无可非议。若改走卒3进1,车八平六,红方多抢到一先,蕴伏攻势将一触即发。

(12) 马三进五　炮2进7

图1

(13)马五进六(如图2)

形成图2时的形势,黑方大致有:卒3进1、车2进2、士6进5、车8进8、车2进4五种走法,分别演就于下。

第一种着法：

卒3进1

(13) ……　　卒3进1
(14)马六进七　车2进2
(15)马八进六　士6进5　　(16)马六进五　象3进5
(17)炮五进五　士5进4　　(18)车四平六(红方优势)

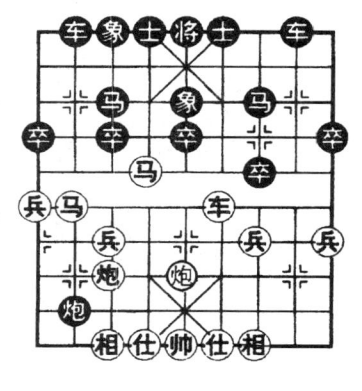

图2

第二种着法：

车2进2

(13) ……　　车2进2　　(14)马八进七

用马踩卒、窥视黑象,正着,如改走炮七平八车2进3,马六退八炮2退3,车四平八卒3进1,局势大致均衡。

(14) ……　　士4进5　　(15)马六进五　象3进5
(16)马七进五　　　　　　红方有强烈攻势。

以上的第一、第二两种着法,红棋都有用马搏黑象的凌厉攻击,一暗合着古谱中"一马换双象,其势必英雄"名句,达到预期的目标。

第三种着法：

士6进5

(13) ……　　士6进5　　(14)马六进七　车2进2

进车直接捉马。如改走车2进4,炮七进四,黑车还得避抽躲走(车2平5或车2退2)以后的变化同第五种着法。

(15)马八进六　车8平6　　(16)车四平二　炮2平3

保住3路卒、不让红七炮发威,同时放任红马搏象,于是,一场凶险的对攻

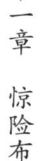

应运产生。

必须用象去马。另如改走:甲、车2平3,马五进三车6进1,车二进五杀;乙、车6进2,马七退五,红优。

(18)炮五进五　士5进4　　(19)炮七平五　车6进6

(20)车二进四　车2进7

场面犹如田径比赛,双方各攻一面,比速度抢时间地发动攻击。

(21)车二平三　车2平3　　(22)车三退一　车3平2

(23)车三进二　将5进1　　(24)车三退一　将5退1

(25)前炮平二　车6平5　　(26)车三退二　炮3进1

(27)仕六进五　卒5进1　　(28)车三平五

至此,黑方可走士4进5、将5平6两种:

甲、士4进5,炮二平五士5进6,车五平六,红方占优;乙、将5平6,马七进六,炮3平6,仕五退六炮6平4,马六退五将6进1(另如改走:一、士4退5,车五平四将6平5,马五进三将5平4,车四平六杀;二、将6平5,马五进三将5平4,车五平六炮4平7,帅五进一车2退1,帅五退一车5进1,帅五平六,红胜),马五退三将6退1,马三进二将6进1,炮二平一炮4平7,帅五进一车2退1,帅五退一车5进1,帅五平六,红胜。

第四种着法:

车8进8

(13)　……　　　车8进8　　(14)马六进七

红方杀马正着。另有两种变化:

甲、马八进七车8平4,马六进七车2进2,后马进五(如改走前马退五马7进5,车四进二士4进5,车四平五炮2进1,仕四进五车2进61黑棋可抢先发难)象3进5,车四进三炮2进1,仕四进五炮2平11对攻中黑方速度较快。最后一步黑方分边炮好棋,若误走车2进6,则红炮五进五车2平3,炮七平八,(如走车四进一,车4退61)车4退6,炮八进七将5进1,炮五平三,红方将大占优势;乙、仕四进五车8平6,炮五平四车6平7,相三进五车2进2,红方弃子后没有理想的先手,黑方足可对抗。

(14)　……　　　车2进2　　(15)马八进六　车8平4

(16)炮七进四　　士4进5

黑方补士无奈。如改走炮2进1,炮七进三士4进5,炮五进五士5进4,马七进六,将5平4,炮五平八,红方送马叫将,得车胜定。

(17)炮七平六　　车4平3　　(18)炮六进二

用炮填塞"象眼",红方接下来有马六进五杀象及马六进四扑八"卧槽"的凌厉手段,黑方难应。

第五种着法:

车2进4

(13)……　　车2进4　　(14)马六进七

黑方同样弃马,高车巡河是最攻稳的应着。给红方进一步扩大先手制造出了"难题"。

红方去马必然。另如改走炮七平八打车,黑方两种着法均可应对:甲、车2进1,马六退八炮2退3,车四平八卒3进1;乙、车2平3,炮五平七炮2退3,炮七进三卒3进1,马六进七炮2退3;两种兑子结果,红方均无趣味。

(14)……　　士6进5

(15)炮七进四(如图3)

形成图3时局面,黑方有车2平5、车2退2两种应着,分别演述于下。

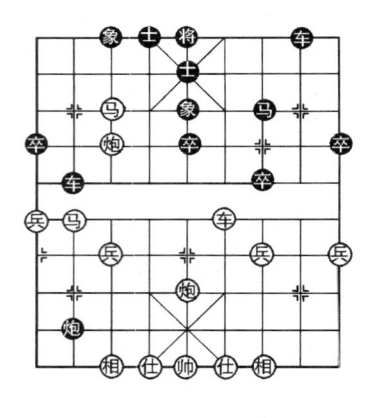

图3

1. 车2平5

……　　车2平5

仕六进五

在进攻的高潮中红方补起一手士,好像"节奏放慢",实际上是为以后中炮的活动运用预作伏笔。如急于走马八进六,则车8平6,车四平八炮2平4,(如走炮2平8,仕六进五车6进6,车八平二,红先),仕六进五车6进8,炮五平八车6退4,车八进四将5平6,红方杀不入黑阵,反成"欲速不达"。

……　车8平6　车四平六　车6进8　马八进九

马八边陲弃中炮,红方意图发起总攻。

　……　炮2进1　相七进九　象3进1

进边象化解红方杀势。如改走车5进3,马九进八,将5平6,帅五平六,红方下一步车六进四要杀,黑棋很难解救。

　炮七平八　车5进3

至此,红方有炮八退五、炮八进三两种选择,分述于下:

甲、炮八退五马7进6(如改走车5平6,炮八进八像5退3,仕五进四,红方得子优),车六退一(如改走车六进四,则黑车5平2弃子,炮八平四马6进5,变化复杂,双方互存顾忌)车5退1,车六平五(兑车收兵罢战。如改走车六进五车5平3,炮八平四马6进5,双方互存顾忌)马6进5,炮八平四,马5进6,马七退五,马6退7,干戈化玉帛,大致和局。

乙、炮八进三(继续搏杀,冒险着法)象5退3,马七进五,车5平2(如误走将5进1。炮八退八,红先),车六进五将5进1,马九进七将5进1,红方为了抢攻,所付出的损失很大。若杀不进(因接走车六平三马7进6,马七退六马6退4),黑方将占优势。

2. 车2退2

(接图3、黑先)

　……　车2退2　马八进六　车8平6　车四平二

红车平二正着。另有两种着法:甲、车四平六卒5进1,马六进五,车2平3(如改走象3进5,炮五进五士5进4,车六进三将5进1,炮五平四,红方大占优势),马五进三车6进1,车六平二马7进5,(唯一的解着。如走象3进5,炮七平五,红胜),至此,红方弃子无攻势,黑方大占优势;乙、车四平五车6进4,炮五进四马7进5,车五进二炮2进1,红方无趣。

　……　卒5进1　车二进二

红方进车卒林抢占要道,紧凑有力。

另如改走车二进三,车6进2,仕四进五,炮2平4,马七退五,马7进6(倘若黑方走马7退6,车二退三车2进2,红方将有精彩的表演;接着演:马六进七,车2退2,车二平六,炮4平2,炮七进三,象5退3,车六进五,士5退4,马五退

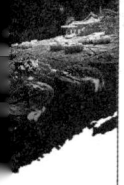

三，马6进5，马三进四，将5平6，炮五平四，红方连弃炮、车两子，黑棋认输。这是一九七八年夏，江苏棋队访问合肥时，江苏李国勋力挫安徽名宿徐和良的实战佳构)，车二退四，卒9进1，红方乏味。

……　　马7进6　　车二平五　　车6进2

黑棋高车护象属稳健着法。另如改走马6进7，准备抢兑中炮，红方有：甲、炮七进三，象5退3，马七进五……乙、车五进一，车6进9，帅五平四，马7进5，相三进五，象3进5，马六进五……这两种弃子抢攻的方案都相当凶悍。以后的变化繁复，限于篇幅，就作为红方机会稍多的"待审定局面"，留待读者自行分析了。

车五退一　　马6进7　　炮五平七

黑马非常"遗憾"，差一步没有兑到中炮(兑去中炮则黑方压力减轻)。红方卸中炮转向侧攻，暗伏着前炮进三象5退3，马七退八叫"闷宫"，再马八进六踩黑双车的攻击，机警着法。

至此，黑方可走：马7进6、炮2平3、炮2平8三种着法，分述于下：

甲、马7进6

马7进6，仕四进五，马6退8，车五平三(如前炮七进三，象5退3，马七退八，车2退2，马八进六，车6平4，红方弃子无成)，马8退6，后炮平五，象3进1(如将5平6，炮七进三，象5退3，车三进四，将6进1，炮五平四，红胜势)，车三进四，车6退2，车三平四，将5平6，炮五平四，将6平5，炮七平五，马6退7，炮四进三，红方占优。

乙、炮2平3

炮2平3，仕四进五，炮3退2，车五退二，红方得子。

丙、炮2平8

炮2平8，仕六进五，炮8退4，车五平三，炮8平4，前炮进三，象5退3，马七退六，叫杀以后夺回一子，红方挟优势步入残棋。

参考对局(1局)

言穆江(先胜)林宏敏

(五七炮对屏风马进7卒)

(1)炮二平五　　马2进3　　(2)马二进三　　卒7进1

（3）马八进九

小林抢挺7路卒,是否准备在我车一平二后,布成炮8平6"反宫马"或车9进2"鸳鸯炮"？不得而知。我临场时做出了右车缓行,先开通右翼的稳健选择。

（3）……　　马8进7　　（4）车一平二　车9平8

（5）炮八平七　车1平2　　（6）车九平八　炮2进4

演成典型的"五七炮对屏风马进7卒"布局。这一着黑方如果不进炮封车,改走炮2进2,车二进六,马7进6,也是一路重要而又变化繁复的变例。

（7）车二进四　象7进5　　（8）兵九进一　炮8退1

如改走马7进6,马九进八,卒7进1,车二平三,马6进5(或炮2平5),双方另有攻防。

黑棋缩炮接应右翼,这是上海棋手应用较多的着法。

（9）车二平四

必要的停着。如改走：甲、车二平八,车2进5,马九进八,炮8平2,车八平九,卒3进1,红方失先；乙、兵三进一,卒7进1,车二平三,车8平7,黑方阵势开扬,足可对抗。

（9）……　　炮8平9　　（10）马九进八　炮9平2

（11）车八进一(如图4)

记得以往此时的应着是：车八平九卒进1,车九进一后炮进3,车九平六,局势基本相当。

红方接走车八进一后,台下观众(嘉兴市工人文化宫表演赛)议论纷起。有人说是"大漏洞",也有人说这是"飞刀"。

红棋为什么对黑方炮轰中兵抽车的威胁视若无睹,反而停"车"问路,邀请黑棋来抽吃？

此时我是从以下两点来考虑的：一、林宏敏师承上海诸高手,1983年昆明大战中崭露头角,力取全国季军。在近几年的"恒顺"、"昆化"、"三楚"这几次杯赛中,我均先后输给他。林的棋路在稳健细腻中兼含刚劲,故而我想,只有使用"突击"的强硬手段,才可能在心理上给他一定的威胁和打击；二、这次嘉兴棋赛采用1小时走30步棋,以后15分钟走10步的表演赛限时方法,比全国棋赛的限时要紧张得多。

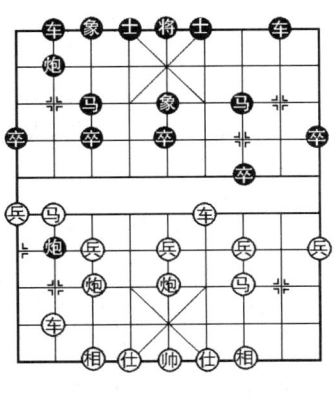

图4

弃车"新招"的出现，可能他缺乏思想准备，措手不及，临局中就不易在较短的时间里找到正确的应着。这样，就增多了我进攻的机会。

（11）……　　卒3进1

小林推算了近30分钟，还是未敢叫将抽车。其实失策，"两军相逢勇者胜"，求稳不敢搏杀，则上一步黑炮9平2岂不等于落空？

图1时形势，黑方应改走前炮平5，马三进五炮2进7，红方虽然接有马五进六、马八进六等进攻线路，但以后变化错综复杂，优劣难料。错过抽车的机会，无形中红方多抢到了一先，黑棋自然吃亏了。

（12）车八平六　　后炮平7　　（13）炮七平八　　士6进5
（14）车四进四　　车8平7　　（15）车六进七

"二鬼拍门"本来是很凶悍的攻击，此刻却反让黑棋有透松局势之可能。

另外有三种变化：甲、马八进七，炮2平1（如走炮2平5，马三进五，车2进7，马五进六，红方大占优势），车六进七，士5退6（如走马7进6，炮八进六，下一步有马七进九的攻击），车四平三，车7进1，车六平三，车2进7，车三退一，士4进5，马七进五，象3进5，车三平五，马3进4，车五退一，马4进6，车五平七，马6进5，再炮1进3，红方不够理想；乙、马八进九，炮2平1（如改走炮2平5，马三进五，马3进1，炮八平七，红优），马九进七，车2进7，车六进七，红方稍优；丙、马八进六，炮2平1（如走炮2平5，马三进五，马3进4，马五进六，车2进7，炮五进五，红方大占优势），马六进四，炮7平9（如走车2进7，马四进三，红方伏车四进一杀棋，黑方难应付），炮八平九，红方稍优。

（15）……　　炮2平5　　（16）马三进五　　车2进5
（17）兵七进一

似乎黑车不能吃炮（因红方有马五退七叫杀得车），其实是假棋。应改走炮八平七，黑方大致可走：甲、车2进1，炮七退一（准备再炮七平五），车2平3，马五退七，士5退6，炮七进二，红方得子；乙、车2平6，车四退五，炮7平4，兵七进一，红方占优。

（17）……　　车2进2　　（18）马五退七　　士5退6
（19）炮五平八　　炮7平4　　（20）车四平六　　卒3进1
（21）马七进五　　卒3平2　　（22）车六平七　　马7退5

由于黑方时间紧张没法再加细算。此刻较好的应着是：卒2进1，炮八平五，马3进2，变化较多。

（23）马五进四　卒5进1　　（24）炮八平七　马3进5

红炮平七暗射底象,如直接走车七平六,马3进5,马四进五,车7进2,红马反被捉死。

黑方现在若改走车7进3,则红车七平六叫杀,红马踩象的同时捉车,黑方阵势速溃。

（25）车七平六　后马进7

（26）马四进五　士4进5

逼着。如改走士6进5,马五进七,红方立具胜势。

（27）炮七进三（如图5）

升炮阻马,让黑棋产生错觉,好棋。如改走炮七平五,马7进6,炮五进四,马6退5,仕六进五,车7进3,车六退二,卒5进1,红方反处被动。

（27）　……　　马7进6

图2时黑方进马是漏着。主要因为限时将尽,而步数未走满。这时黑方另外有三种着法：甲、马5进3,马五进七,红方胜定；乙、卒2平1,炮七平八（准备炮八进四后再车六退二脱身）,黑棋仍得走马7进6送马,红方胜定；丙、马7进8（目前局面下唯一的一步解着）,炮七平八,车7进2,炮八进四,象3进1,车六平七,将5平4,马五退七,车7平3,迫红兑车,黑方多卒易走。

（28）炮七平四　车7进2

（29）炮四退三　车7平5

（30）炮四平五

牵住车马后红方必能得子。以下黑方虽仍进行了顽强的抵抗,终因少子残象,未能挽回败局。

（30）　……　　卒2平1

（31）车六退二　后卒进1

（32）仕六进五　卒5进1

如改走前卒子2,相七进九,卒2进1,炮五进四,卒2平3,帅五平六,卒3平4,炮五平四,车5平6,炮四退二,车6平4,炮四平二,红方胜定。

（33）炮五进四　前卒子2

（34）帅五平六　卒5平4

（35）炮五退四　卒2平3

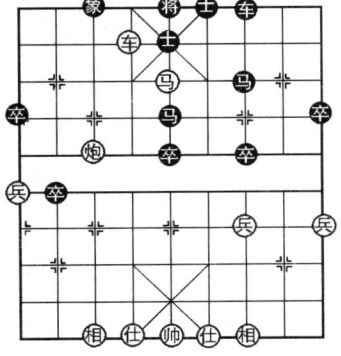

图5

（36）相七进九　车5进4　　（37）相九进七　卒4平5
（38）炮五平二　象3进5　　（39）炮二进七　象5退7
（40）车六平三　车5平4　　（41）帅六平五　车4平7
（42）车三进三　车7平8　　（43）炮二平一　卒1进1
（44）车三退四　车8退6　　（45）炮一退一　车8进5
（46）兵一进一　卒1平2　　（47）相七退五　卒2进1
（48）车三退二　卒2进1　　（49）车三进三　卒2进1
（50）炮一进一　车8退5　　（51）车三平一　卒2平3
（52）帅五平六　卒5平4　　（53）兵一进一　卒4进1
（54）兵一平二（黑方认输）

回顾本局，对第11回合红方车八进一这一步弃车抢攻，我以为，红棋摆出"鱼死网破"的决战架势，有其勇于搏杀的积极一面。红方弃车后是否有利？能否形成"一马换双象，其势必英雄"的攻势？现在实践和探讨还较少，明确的结论似不宜过早做出。

但，车八进一这步棋毕竟多少蕴含着"停车坐爱枫林晚"的意境。

二、弃车抢先

江苏委本涵与新疆棋手陆入超1981年新春佳节应邀在江苏南通县作大象棋表演赛，委方先弃车抢先，发动攻势，末尾又以献车做杀结束战斗，过程精彩。

（接图6、黑先）　　马4进5

如改走卒5进1，炮五进二，炮8平5（如走士4进5，炮五平九得车），炮五进四，红方得子胜。

马三进五　卒5进1　炮七进一

进炮打车，希冀通过兑子来解围。另如改走：甲、炮五进二，炮8平5，车二进九，炮5进4，红方失子；乙、马五退三，炮2进5，黑方稍优；丙、马五退七，炮2平4，车九平八，炮8进6，黑方稍优。

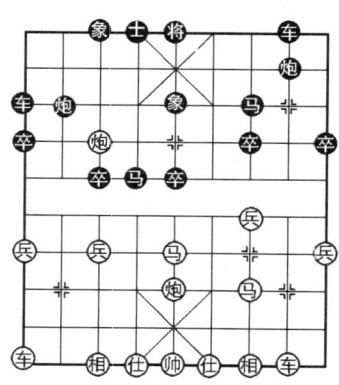

卒5进1

弃车刚劲有力。亦可改走炮2进4，红方如接走炮七平三（如走炮五进二，炮8平5，炮五进四，车8进9，炮七平三，象5退7，黑方得子），炮2平5，仕六进

图6

五(如走炮五进二,炮8平5,黑得子),车4退1,黑方优势。

| 炮七平九 | 卒5进1 | 车九平八 | 炮2平4 |

| 炮九平八 | 炮8进5 | 仕六进五 |

红如改走炮八退四,炮4进4(如走炮8退2,兵三进一,炮8进1,车二进三,炮4平2,车八平九,黑方乏味),兵七进一,炮4平9,仕六进五,卒5进1,帅五进一,炮9退2,兵七进一,马7进5,炮八平五,士6进5,黑方仍有进攻手段。

| 卒5进1 | 帅五进一 | 卒7进1 | 车八进四 |

如走兵三进一,黑有马7进5盘旋出动。

| 炮8退5 | 相三进五 | 炮8进4 | 车八进二 |

| 炮8进1 | 帅五平四 | 马7进6 | 车二进二 |

黑炮借中路抽车之势,进退运动,目的抢先。红方现如改走车二平三,炮8平1,帅四平五,马6进4,红帅不安于位,黑优无可置疑,但对弈过程将延长下去。

现在这一步高车,正好"配合"黑方完成再度弃车后构成马炮连杀之佳构。

炮8平5

黑棋有马6进7,再炮4进5的连杀,红方认输。

三、弃车抢势

图7局势,系1981年江苏省总工会主办的省职工"扬子江杯"棋赛中,被大会评选为"最精彩一盘棋"的实战图势。

布局着法为:

(1)炮二平五　炮8平5

(2)马二进三　马8进7

(3)车一平二　车9进1

(4)兵三进一　车9平4

(5)马八进七　马2进1

(6)马三进四　车4进4

(7)马四进五　马7进5

(8)炮五进四　士4进5

(9)相七进五　卒9进1

(10)炮五平九

应改走车二进五控制要道,比较有力。

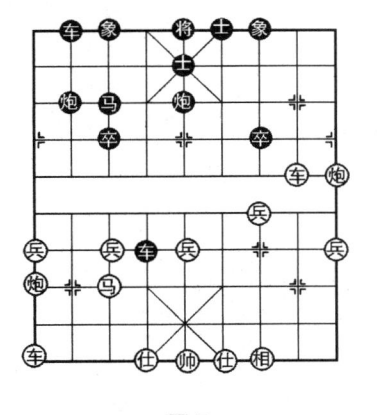

（10）……　　马1退2　　（11）炮八平九　　马2进3

车二进五时车无作用。应走仕六进五。

（12）……　　车4进1　　（13）前炮退一　　车1平2

（14）前炮平一（图）车4平3

（15）车九平七　　炮2进6　　（16）车二退四　　车2进7

（17）炮九退二　　车2平3　　（18）车七进二　　车3平5

黑方夺马后不吃红车（因车3进1，车二平八，黑方未必有益），毅然扫中兵抢势，精彩着法。

（19）车二平五

另如改走：甲、车七进四，车5平3，炮一平五，炮2进1，黑方得子胜定；乙、车二平八，车5进1，仕四进五，车5平3，帅五平四，马3进5，黑方大占优势。

（19）……　　车5平4　　（20）车七退三

退车无可奈何，如走炮一平五，炮2进1，再车4进3杀。

（20）……　　炮5进4　　（21）炮一平二　　马3进5

（22）炮九进二　　马5进4　　（23）炮二退三　　马4进6

（24）炮二平四　　将5平4　　（25）兵九进一　　炮2退4

（26）兵九进一　　炮2平5　　（27）兵九平八　　车4进1

（28）炮九进三　　后炮进1

黑方下一步车4平5，做重炮绝杀，红方认输。

四、弃车强攻

图8局势系由"顺炮直车对横车"演弃而成。实战中黑方针对红的双相失去联络，运用"弃子争先"战术从中路发动猛攻。车马炮各子呼应密切，腾挪有力，终于破阵而归。

（接图、黑先）

……　　卒5进1

马四进五　　卒5进1

挥卒直冲中路，准备弃子抢争先手，佳着。如改走马7进5，炮八平五，红方将大占优势。

马五退六

红方另有三种着法，试拟变化：甲、马五进三，卒5进1，相三进五，炮2平7，黑方反先;乙、马七进五,车6平5,马五进三,炮2平7,炮五进五,象7进5,黑方稍优;丙、马五退四,卒5进1,马四退六,卒5进1,帅五进一,车6平4,黑方弃车抢攻,颇具威胁。

| …… | 卒5进1 | 相三进五 |

黑方弃车是势所必然,否则夫子失势。红方现在吃车后结果如何?试演:马六退四,卒5进1,帅五进一,车4平6,车二平六,士6进5,以下黑炮2平4仍有强烈攻势。

| …… | 车6退3 | 炮八进一 |
| 士6进5 | 车七平六 | |

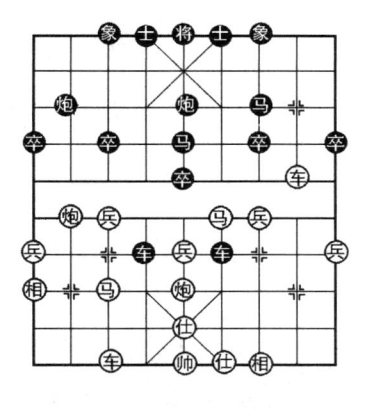

图8

红方不能走炮八平五,因黑卒7进1,车二退一(如走车二平三,象7进9,红车死),将5平6,黑方大占优势。

可见红方上一步炮八进一落空,可以考虑改走车二平四,车6进1(如改走车6平4,车七平六,前车平3,车四退二,兑车后局势平稳),马六进四,马7进5,马四进五,象7进5,车七平六,车4平3,车六进二,虽然难走尚可支撑。

| …… | 车4平3 | 车二平五 | 炮2平4 |
| 车六平七 | 车6平4 | 马六进四 | 车4平6 |

以上几个回合,黑方抓住红棋中路上的弱点,发挥车炮威力,迫使红河头马离开好位,为以后打击红中相创造了条件,着法紧凑有力。至此红方已难抵挡。

车五平六

红如改走马七进五车3平2,下一步黑马7进5,红方亦无计应付。

| …… | 马7进5 | 炮八进一 | 炮6进5 |
| 仕五进四 | 炮4平5 | 炮八平五 | |

如不兑马改走帅五平六,则黑车6进1,车六平四,马5进4,车四平五,马4进3,帅六平五,前炮平1,仕四退五,车3平2,炮八平三,车2进3,车七平八,马3进2,炮三平九,炮1平7,黑胜。

| …… | 车6平5 | 马四进五 | 炮5退5 |
| 仕四退五 | 车5进4 | 车六退三 | 炮5平8 |

黑胜。(选自1982年全国棋赛中,火车头体协苗永鹏对江苏李国勋的实战对局)

五、突破棋谱的弃车抢攻（上）

1973年春，棋坛开始复苏时，孙锡冲（1963年江苏省冠军）对童本俊（1964年江苏省亚军）在江苏镇江焦化厂表演的一盘大象棋实战，孙方竟有摆脱棋谱窠臼，接连弃去车炮抢争攻势的精彩演出，战况惊心动魄，扣人心弦，引起当地观战棋迷的轰动。

事后，有棋友将对弈着法抄录寄给我。阅后研习，启发不小，印象至今仍深。

现将双方进入中局后的实战过程介绍于下，供同好欣赏。

（接图9、红先）

马七进九

图1时形势，系由"中炮过河车对屏风马左马盘河"布局演进而成。红方目前一般要走炮八退一（威胁黑车），黑方则接着走：甲、炮2平5（如走炮2平3，马七进五，象7进5，炮八平六，黑方丢车），马三进五，车4平5，马七进九，红方攻势猛烈，黑棋难以招架；乙、车4退2，车四退二，红方先手。

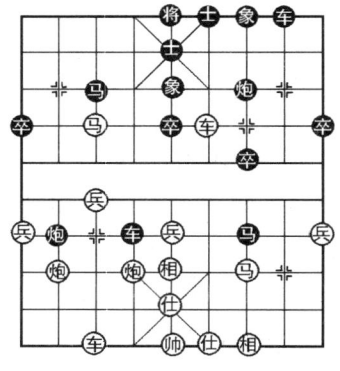

细心一些的读者当会发现，这是在王嘉良、李德林著《象棋前锋》一局中有过精辟论述的局势。

棋谱，是棋手们经验、心血的结晶，其阐扬棋艺，启迪后进，功不可没。但棋艺发展，棋路演变无穷尽，而尤贵创新。现在红方"甩开"棋谱另觅新途，驱马边陲奔"卧槽"进攻。实战记录当看到这里时，我想，假若红方就按照"谱着"走炮八退一，黑方是否存在比炮2平5或车4退2更好的应着？

估计黑棋可以考虑走炮2进1，红方如接走：甲、炮八平六，车4平2，红方趣味不大；乙、车四进二，马7进5，马七进五，炮7进5，炮六平三，炮2平7，相三进五（如改走马五进七，车4退5，相三进五，炮7平9，黑方反而有攻势）车4退4，马五进三，车8进1，炮八进七，车8平7，黑方足可对抗。

……　　象5退3

回象赶马是正常应着。如改走炮2退4，兵七进一，车4平2，兵七进一，马3退4，炮八平七，红兵五条件渡河，大占优势。

车七进三　　车4平3

"山雨欲来风满楼"！红横强硬地献车抢道，着法紧扣前环。尽管以后局势的发展红棋未必一定能抢得优势，临枰时却不失为"破釜沉舟"，进行悬崖搏斗的精彩镜头。其勇于进取之精神十分可贵。

黑方除了吃车接受挑战，别无其他选择。如改走车4退5，车七平八象3进1（如走炮7平1，兵七进一，红优），车四平三，红方将隐握先手。

马九进七　将5平4　　炮八退一　车3进2

车四退二　将4进1　　兵七进一　车3平2

兵七进一（如图10）　　士5进6

红方付出了牺牲车炮的巨大代价，才抽象来了车马炮兵四子合围"王城"的凌厉攻势。图2时形势黑方情况险恶，散士化解稍嫌软弱。不如改走车2平4，准备用车啃炮，这样会较多反弹的机会。试拟变化：车2平4，车四平二（如走兵七，一进车4退1，仕五进六，象7进5，红方乏味），士5进4，车六进三将4平5，车六平三车8进1（防守正着，如改走将5平6，车三进一将6进1，兵七进一，红方接着有马七进五的攻击，黑方局势仍处于危险的动荡之中），至此红方可走：甲、车三平七，炮2进1，车七平四（如走车七平六，马7进5，黑方胜势）马7进5，车四退五，车4平3，马七退六，将5退1，相三进五，车3退5，黑方优势；乙、兵七进一车4平3（如改走甲、炮2进1，车三退二，马7进5，马三进四，红优；乙、象7进5，兵七平六，炮2进1，车三平四，红优），炮六平九（如走炮六进二，炮2退1，车三退二，车3退6，车三退二，车3退1，车三进三，车3进2，黑方多子占优）马7退8，车三平六，炮2退4，红势如"强弩之末"，黑方从容化解。

车四进三　将4平5

黑方如不进将，另外有几种着法：甲、炮7退1，车四进一，士6进5，兵七平六，马3进4，兵六进一，红兵"太监追皇帝"连冲杀棋；乙、车8进1，车四平三，马3退17车三平六，将4平5，马七退六，车8进3，车六进一，将5进1，车六平四，炮2平3，车四退二，红方胜定丙、车2平3，车四平三，车8进1，车三平七，将4平5，马七进九，局势混乱变化复杂，可能红方机会稍多。

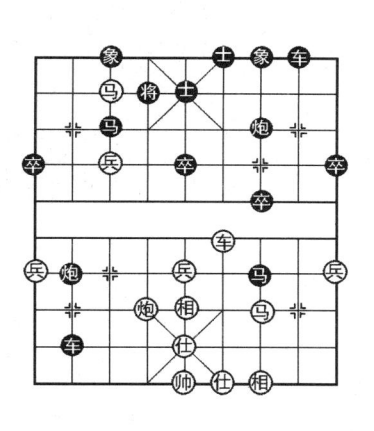

图10

车四平三　车8进1　　车三平七　车2平3

车七平六（如图11）

红方这一步平车看假（因为并没有车六进一的棋）。应改走马七进九，双方继续搏战，红方机会稍多。

……　车8进4

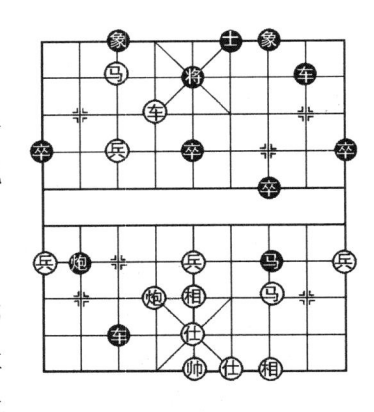

图11

在图3时形势，其实黑方可以接走车3退5去兵，试拟变化：车3退5，马七退六，车8进3，车六进二（如改走车六进一，将5进1，马六退七，车3进1，车六退二，车8退1，红方无攻势，黑棋易走）将5平6（必然，若误走将5进1，车六平五将5平6，车五退三，炮2退3，车五平四，再车四进一，红胜），车六退一，将6进1，马六退七，车3进1，挡过一阵风暴，黑方多子稍优。

车六平三　车8退4

只有再回画防杀。如改走将5平6，则红车三进一，将6进1，马七进五，士6进5（如走将6平5，兵七平六，红胜），车三平五，红方大占优势。

车三平六　将5平6

躲将酿成败局，仍应走车3退5去兵。

车六平八　车3退5　　马七退五　象3进5

车八进一　士6进5　　炮六进六　将6退1

车八进一　士5退4　　车八平六　将6进1

炮六平二

红方抓住黑棋的软着，得机献马夺车，将子力追成相等；至此白得双士，确定优势。

结果结胜，以下着法从略。

六、突破棋谱的弃车抢攻（下）

上一局介绍了孙锡冲与童本俊的实战过程后，也许有的读者会问，既然这局棋黑方是由于错过几次对抗机会才招致失利；那么，红棋的"突破棋谱弃车抢攻"不是就不成立了吗？

笔者以为，红方驱马边陲入"卧槽"进攻，继而弃车强行险道，其用意积极，构思颇佳。唯在弃车以后的局面时,红方究竟应该退哪一步"炮",却值得推敲。现试加分析演变。

(接图12、红先)

马七进九　象5退3　　车七进三　车4平3
马九进七　将5平4　　炮八退二

将实战着法的炮八退一改为炮八退二,这样可暂时不让黑车直接尾随追捉。经研讨,红方的攻势将更见"牢固"、"含蓄",演变结果要比原着法炮八退一好。

红方炮八退一后,黑方有车3进2和炮2进2两种走法,分别演变于下:

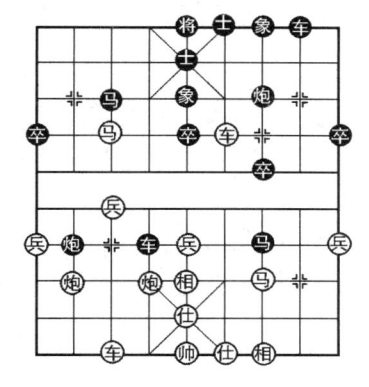

1. 车3进2

车3进2,车四退二将5进1,兵七进一(准备抽车),士5进6(如改走车3平4,兵七进一车4退1,仕五进六,黑方仍难化解红方攻势),车四进三车8进1(如改走车3退4,车四进一,再炮八平六杀),车四平七,红方仅弃一子,但已取得较强攻势,可以满意。

2. 炮2进2

……　　　　炮2进2　车四退二
将4进1　炮八平六　炮2平4(如图2)

形成图2时局势,红方有前炮平八,车四平六两种着法,分述于下:

甲、前炮平八

前炮平八　　炮7平4

如改走马3进4,车四平六,炮7平4,车六进一,前炮退2,炮八进四,红方较优。炮六进七,车3平2。

黑车拦炮,好棋。另如改走:(一)士5进4,

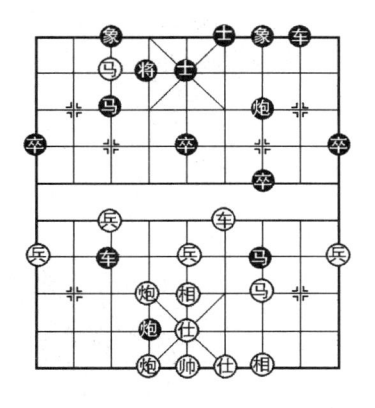

炮八进六再车四进五，红胜；(二)炮4退5，炮六平三，马3进4，炮三进一，(显然必须"叫将"过门。如直接走炮八平六，炮4进5，车四平六，炮4平7，红方攻势消失，黑优)将4退1(如改走士5进6，炮八进六，将4退1，车四进三，红方胜势)，炮三退五，(若改走炮八平六，黑方可走车3平4解)，以下黑方可走：

(1)车3进3，炮五退七，马4进6，炮八平六，士5进4，炮三进六，车8平7，马三进四，红优；

(2)马4进6，炮三平七，马6进7(如走马6退4，马七退六，马4进3，炮八平六，红方胜定)，炮七平六，士5进4，炮八平三，炮4进2，兵七进一，红方经过曲折的道路，以下可持优势进入残局。

  炮八平六 马3进4 车四进四 将4退1

在黑棋坚强的防御下，红方未能组织起有效的攻势，黑方多子占优。

乙、车四平六

  车四平六 炮7平4

如改走士5进4，前炮平八，车3平2(如走士6进5，炮八进六再车六退三，红胜)车六进三，将4平5，车六进一，将5退1，车六平四，炮4退7，车四平六，红方大占优势。

  车六平二 后炮平8

另如改走车3平4或马3进4，则红车二进五，红方得回一车且占先手，红优。

  前炮进一

如改走前炮平八，炮8平4，车二进五，后炮进7，兑子后红棋无益。

现在抬炮打马要抽黑车，黑方若接走马7退6，马三进四，红方弃车后有"重炮"控制要害，仍具有相当凶悍的攻击。

第二章　经典对决

一、有车篇 (25 局)

车兵类 (2 局)

1. 贪胜忘危受挫折

图 14 是广东庄玉庭与火车头于幼华在 2000 年全国个人赛酣战了 53 个回合构成的一盘残局。本例黑虽多一马，但尚屯底线，而红双兵已近王城，相比红势较优。在后段续战中，红乘走子之机，先破一士；然后抓住黑不愿舍马兑兵谋和的心理，运车驱卒，掩护双兵入九宫，终令黑丢马损象而败北。

（如图，红先）

(54) 兵四进一　……

红兵杀士，迫近王城，佳着。

(54)　……　马 2 进 4　　(55) 车六进三　象 1 进 3

(56) 仕五进四　马 4 退 6

黑贪胜回驹，致败之源。以棋论棋，依笔者管见，不妨改走士 4 进 5，红如车六进一，黑车 8 进 7，帅四退一，士 5 进 6，红不易取胜。

(57) 车六退四……

红回车驱卒，深知残棋最忌车头低，现退车，既可赶卒，又可护兵进攻，好棋。

(57)　……　卒 1 进 1
(58) 车六平五　士 4 进 5
(59) 帅四平五　将 5 平 4
(60) 兵八平七　象 3 退 5

若黑卒 1 平 2，兵七进一，红胜势。

(61) 兵四平五　马 6 进 5

黑此时以马换兵，恍如当年陆游再进沈园慨

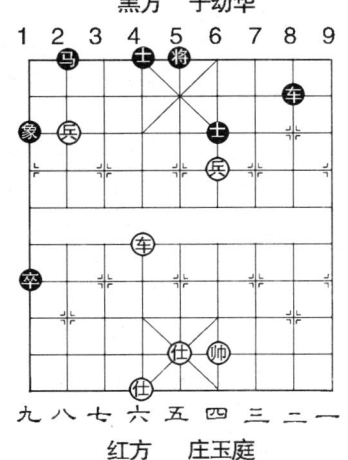

图 14

叹"沈园非复旧池台"了。

(62) 车五进四　车8进7　(63) 帅五退一　车8平3

(64) 兵七平八　车3平2　(65) 兵八平九　车2退7

(66) 车五平七　将4进1　(67) 兵九平八　车2平1

(68) 车七退一　将4退1　(69) 车七进三　将4进1

(70) 车七平五　……

红平车捉士，击中要害，黑败定。

(70) ……　　士5进6　(71) 兵八平七　卒1平2

(72) 车五平四　士6退5　(73) 车四退一　将4退1

(74) 车四平二　(红胜)

本局黑56回合不回马，改上士，尚可谋和。此机一失，铸成败局。棋战求胜心理，人皆有之，但要随棋而变，下风求和，不失为上策也。

2. 献兵困炮　出帅助威

图2是2001年全国个人赛三轮广东吕钦对机电陈富杰交战了33个回合的一盘残局。本例红发挥"一车十子寒"的作用，针对黑炮的不妙处境，设下弃兵困炮圈套；然后，兑兵扫除黑中、边卒，调运双兵围攻黑马炮。最后，出帅助威，终令黑俯首称臣。

(如图15，红先)

(34) 兵一进一　炮2退3

红送边兵谋炮，黑如卒9进1，车五平八得炮胜。

(35) 兵一进一　马7进9

若黑炮2平1，兵一平二，炮1进3，兵二平三，马7退6，车五进三，红胜势。

(36) 车五进三　马9进8

(37) 车五平九　……

红歼双卒后，已成车双兵仕相全对马炮卒士象全，胜利在望。

(37) ……　　马8退6

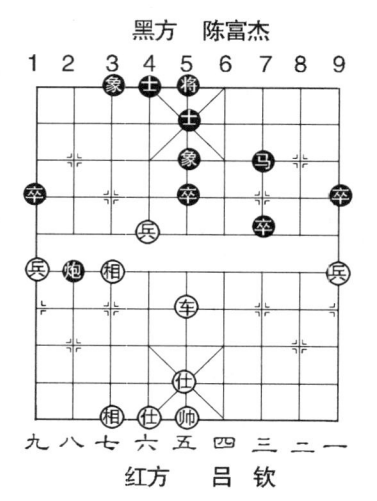

图15
黑方　陈富杰
红方　吕钦

(38)车九平八　炮2平3

(39)相七进五　马6进5　　(40)兵六平五　……

一般来说，红进兵亦无妨，现平兵可限制黑马回防，足见功夫老到。

(40)　……　马5进7　　(41)车八平四　马7退9

(42)兵九进一　马9退8　　(43)车四平二　马8进7

(44)车二进三　士5退6　　(45)车二退六　马7退5

(46)车二平五　……

以上几招，红着眼点在回驱黑马，走得好。

(46)　……　马5退3　　(47)兵九平八　炮3退1

(48)兵五平六　……

红如随走兵八平七去马，黑象5进3吃兵，这样，黑炮士象全可以守和车兵。这一点大师们是知道的，他们临战中不会出现这种常识性差误。

(48)　……　马3退4　　(49)兵六进一　士6进5

(50)帅五平四　……　　红出帅助威，黑难招架。

(50)　……　炮3平1　　(51)车五平四　(红胜)

红平车一点穴，黑若勉强马4退2逃马，红兵八进一后黑马无活路，故只好认输。

车马兵类(12局)

3. 沉着应战　反败为胜

图16是2001年第一届BGN世界象棋挑战赛初赛首轮头局北京张强对河北刘殿中经过61个回合激战的一盘残局，该黑方走棋。此仗红方在图前一段交战中，曾取得很大的优势；然而黑方沉着应战，逐渐化解了红方的攻势，并抓住红方贪胜忘危之隙，运车占中线，以卒换仕，车马冷着，终于反败为胜。

(如图16，黑先)

(61)　……　马8退7　　(62)帅四进一　士6进5

(63)车四退四　……

如走炮五进八，车8退1，黑方占优。

(63)　……　卒3进1　　(64)车四平六　将4平5

(65)车六平三　将5平4
(66)车三平六　将4平5
(67)车六平八　将5平4
(68)车八平六　将4平5
(69)仕五进六　……

红一将一杀,迟早要变。

(69)　……　　　士5进6
(70)仕六进五　将5平6
(71)车六平四　车8进1
(72)帅四进一　车8退6
(73)车四平三　马7进9
(74)帅四退一　车8进6
(75)帅四退一　车8退3
(76)炮五平九　……

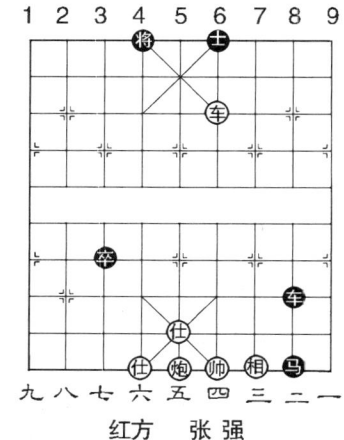

若走车三平四,马9退7,帅四进一,马7退6,炮五平四,车8进3,帅四进一,马6进8,车四平三(帅四平五,马8进7,车四退二,车8退1,仕五进四,车8退2,黑胜势),马8进7,黑占优势。

(76)　……　　　车8平2　(77)炮九平六　车2平6
(78)帅四平五　车6平5!

黑平车占中,反客为主,红难应对。

(79)帅五平四　卒3平4　(80)仕五进六　将6平5
(81)炮六进一　车5平6　(82)炮六平四　车6进2
(83)车三进六　……

若走仕六退五,马9退7,帅四平五,车6平5,黑胜势。

(83)　……　　　将5进1　(84)车三退一　将5进1
(85)车三退七　车6平4

黑歼仕后,红败定。

(86)炮四平五　车4进2　(87)帅四进一　车4平5
(88)帅四进一　车5平6　(89)炮五平四　马9进7

至此,红欠行,黑胜。黑方次局弈和,遂以1胜1和进入二轮战斗。柳大华告诉笔者,他在比赛中反胜为败的教训不少,值得深思。

4. 善觅机先　歼象灭士

图 17 是 2000 年全国团体赛上海孙勇征与深圳黄勇彼此酣斗了 56 个回合弈成的一盘残局。红经过认真审时度势后，借走子之便，马跃河头，并抓住黑飞象顶马的微隙，以兵换双象，奠下胜局基础；随后，车马兵从中场出击，巧妙灭士得胜班师。

(如图 17，红先)

(57) 马六进七　　象 1 进 3

黑飞象顶马不如车 5 平 3，红马七进六虽占优，但黑还可周旋。

(58) 兵八平七　　……

红以兵换双象，佳着。

(58) ……　　　象 5 进 3
(59) 车六平七　　士 5 进 6
(60) 兵二平三　　士 4 退 5
(61) 车七平六　　车 5 平 6
(62) 马七进六　　炮 6 进 1
(63) 马六退八　　炮 6 退 1
(64) 车六平五　　车 6 平 1

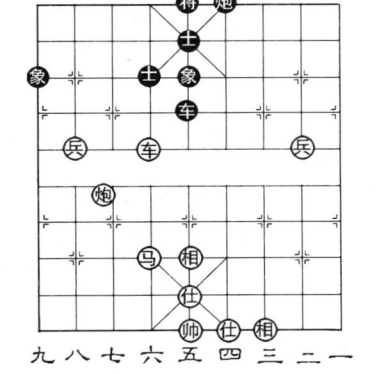

黑方　黄勇

图 17

黑准备进车牵制红车马。

(65) 马八退六　车 1 平 4　　(66) 马六退七　将 5 平 4
(67) 兵三平四　将 4 平 5　　(68) 车五平七　将 5 平 4
(69) 兵四平五　将 4 平 5　　(70) 马七进五　将 5 平 4
(71) 马五进七　炮 6 平 5

如走将 4 平 5，车七平八，车 4 平 3，兵五平六，车 3 平 5，兵六进一，红大占优势。

(72) 车七平八　车 4 进 2　　(73) 马七进九　车 4 退 3
(74) 车八平七　炮 5 平 9　　(75) 兵五进一　……

红冲兵利于配合车马进攻，好棋。

(75) ……　　　将 4 平 5　　(76) 马九退七　车 4 进 3

(77) 车七平一　炮9平6　　(78) 马七进八　将5平4
(79) 马八退六　车4平1　　(80) 兵五进一　……

红兵入王城,觅机掠士,正着。

(80) ……　　　车1进4　　(81) 仕五退六　车1退7
(82) 车一进一　车1退1　　(83) 马六进七　车1平3
(84) 车一平六　将4平5　　(85) 马七退九　车3平1
(86) 车六平五　……

红平车占中线,黑将穷于应付。

(86) ……　　　将5平4　　(87) 马九进七　车1平3
(88) 马七进五　……

红舍马掠士,胜利在望。

(88) ……　　　车3平4

如走炮6平5,车五平六,车3平4,车六进二,将4进1,马五进三,红胜势。

(89) 兵五平四　炮6平5　　(90) 马五进三　车4进8
(91) 帅五进一　车4退1　　(92) 帅五进一　车4进1
(93) 帅五退一　车4退6　　(94) 车五进一　车4进5
(95) 帅五退一　车4进1　　(96) 帅五进一　车4平6
(97) 兵四平三　车6退8　　(98) 马三退四　炮5进1
(99) 车五进一　炮5退1　　(100) 车五进一　炮5进1
(101) 马四退五　炮5退1　　(101) 车五平六　(红胜)

至此,红兑车后,已成马兵双相例胜单炮残局,黑只好认输。

5. 以守为攻　劫士谋马

图18是2000年全国团体赛哈尔滨赵国荣对邮电潘振波彼此酣斗了48个回合演成的一盘残局。观盘可见,黑缺双象防守力弱,红占优无疑;但黑车马虎视卧槽,牵制红车,令红急切间也难破阵。红权衡利弊后,采取以守为攻策略,运车控马,骏骑从边塞出击,终于劫士谋马告捷。(如图18,红先)

(49) 车三进四　士5退6　　(50) 车三退三　车6退1
(51) 车三退三　卒9进1

黑宜走士6退5,红如照旧马九进八,则车6平2,马八退七,马6退7,黑比进卒好。

(52) 马九进八　卒9平8

如走车6退1，兵七进一，士6退5，马八进六，车6退1，兵七进一，则红大占优势。

(53) 马八进九　士6退5
(54) 马九进七　卒8进1
(55) 车三进三　车6进1
(56) 马七退八　士5进4
(57) 马八进九　士6进5
(58) 车三进三　士5退6

若黑走车6退5，则马九进七，将5平4，车三退三，车6进4，车三平六，红大占优势。

(59) 车三退三　士6进5　　(60) 车三进三　士5退6
(61) 马九进七　将5平4　　(62) 马七退八　卒8进1

如黑走士4退5，则车三退三，车6平4，兵七进一，马6退5，车三平四，马5进4，仕五进六，红胜势。

(63) 马八进六　卒8进1　　(64) 仕五进四　马6进4
(65) 帅五进一　车6退3　　(66) 马六退五　车6进5

如黑走车6进2，则马五进七，将4平5，马七进五，车6退3，车三退六，红胜势。

(67) 车三退三　将4平5　　(68) 马五进六　将5平4
(69) 马六退五　将4平5　　(70) 车三平六　马4进2
(71) 马五进六　将5进1

黑若走将5平4，则马六进八，将4平5，车六平五，士6进5，马八退六，将5平4，车五进二，红胜。

(72) 车六平五　将5平4　　(73) 马六退四　将4退1
(74) 车五平六　将4平5　　(75) 车六平八　（红胜）

6. 损兵折将失街亭

图19是2001年全国团体赛机电筒智峰与深圳黄勇角逐了46个回合弈成

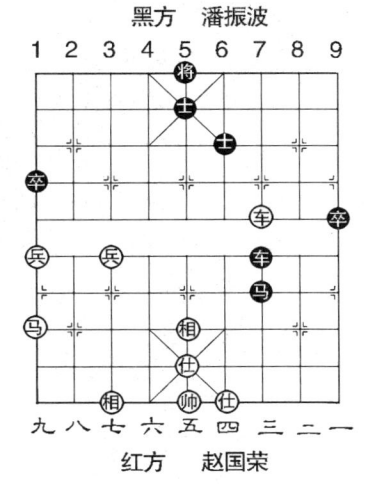

图18

的一盘残局。本例黑借走子之先,针对红双边兵位置不佳的弱点,运驹争占河沿据点夺兵;伺后骏骑从边塞出击,车马攻城,献兵得炮,终令红损兵折将而败阵。(如图19,黑先)

(46)……　　　马6进7
(47)相五进三　马7进9
(48)车九平一　马9进8
(49)相三进一　……

红如车一平九,则黑马8退7破相而大占优势。

(49)……　　　车4平1
(50)炮九平二　马8退6
(51)仕四进五　马6进7
(52)帅五平四　前卒进1

黑冲卒造杀,凶着。

(53)车一平四　车1平8
(54)相三退五　……

若走炮二平一,车8进3,帅四进一,马7退9,相三退一,车8退1,帅四退一,车8平9,相一进三,前卒进1,仕六进五,车9平5,黑胜势。

(54)……　　　车8进2
(55)相五退三　车8退2
(56)车四退四　车8平7
(57)车四平二　卒5进1

(黑胜)

至此,黑已成车马卒士象全例胜车仕相全,红虽可多坚持30个回合,仍难逃一败,后着从略。

此局胜者黄勇是曾荣获1983年全国个人赛第五名的象棋国手。

7. 歼象得子　旗开得胜

图20是2001年全国个人赛第一轮上海孙勇征对沈阳金松激战了30个回合弈成的一盘残局。本例黑方虽多一子,但无车且将门洞开,红借走子之机,沉

黑方　黄勇

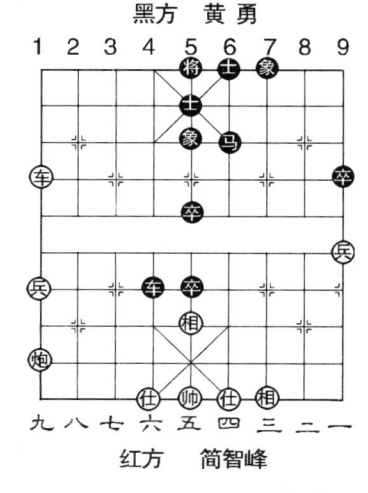

图19

红方　简智峰

车攻将掠得双士,随后扬仕顶马,并揪住黑缺士难防守的痛脚,以攻为守,运车钳马,冲中兵直逼九宫,终于歼象得子,旗开得胜。

(如图20,红先)

(31) 车四进三　　将5进1
(32) 车四平六　　……

红车掠士,为进攻开路。

(32) ……　　　马2进3
(33) 相三进五　　炮2进6
(34) 车六退二　　马3进5
(35) 车六平八　　炮2平1
(36) 车八退三　　……

如红车八退七,黑前马进3,尚有一番恶斗。

(36) ……　　　象7退5　(37) 车八平九　　前马进3
(38) 车九平七　　马3退4　(39) 仕五进六　　……

红扬仕顶马,细致。

(39) ……　　　卒9进1　(40) 车七平五　　马5进7
(41) 马二进四　　马4进2　(42) 车五平八　　马2进4
(43) 帅四进一　　……

红若走仕六退五,则炮1退5,马四进六,将5退1,车八平四,将5平4,车四进五,将4进1,车四退一,将4退1,车四平九,红虽占优,但黑还可周旋。

(43) ……　　　炮3进4　(44) 仕六进五　　马7进6
(45) 马四退三　　炮1退7　(46) 相七进九　　炮3退4
(47) 帅四退一　　炮1平4　(48) 车八平四　　……

红平车捉马,消除黑反扑,胜利指日可待。

(48) ……　　　炮3进2　(49) 马三进二　　将5退1
(50) 马二进四　　炮4退1　(51) 马四退六　　炮4平3

黑保炮避红马咬象,无可奈何。

(52) 相九进七　　前炮平4　(53) 兵五进一　　马6进7
(54) 车四进五　　将5进1　(55) 马六进七　　炮4退4

若黑将5平4,车四平七,红胜定。

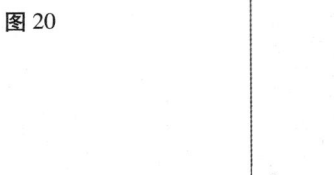

(56)兵五进一　马4退2　（57)兵五进一　马2退3
(58)车四平六　炮3平4　（59)兵五进一　……

红以兵兑象,得子胜定。

(59)……　　　将5进1　（60)车六退一　马3退5
(61)车六平三　（红胜）

以下如黑再走马7退6,则红马七进六亦胜。

8. 运车占要津　卒多势更雄

图21是2000年"巨丰杯"三届大师冠军赛广东宗永生与上海孙勇征厮杀了37个回合弈成的一盘残局。分析棋势可知,红方双炮马不亚于黑车马,但黑方中卒已过河控制红马,十分有利。此后黑回马咬驹,运车占要津扫红兵,车卒钳制红马,边卒疾进残相,车马左右开弓,终于破阵夺帅。

（如图21,黑先）

(37)……　　　马6退4
(38)马七退六　车8进6

黑进车兵行线,利于谋兵,佳着。

(39)兵七进一　……

如走炮三进四,车8平3,炮三平六,卒5平4,黑大占优势。

(39)……　　　卒3进1　（40)相五进七　车8平1
(41)兵一进一　车3平9　（42)相七进五　马4退5
(43)马六进八　卒5平4

黑平卒制马,也可走车9退1去兵,占优。

(44)炮三平四　卒1进1　（45)相七退九　卒1进1
(46)相九进七　卒1平2　（47)马八进六　车9平4

黑压马谋相,好棋。

(48)相五退七　……

红若走前炮退三,卒2进1,马六退七,卒2平3,马七进九,卒3进1,红有失子之危。

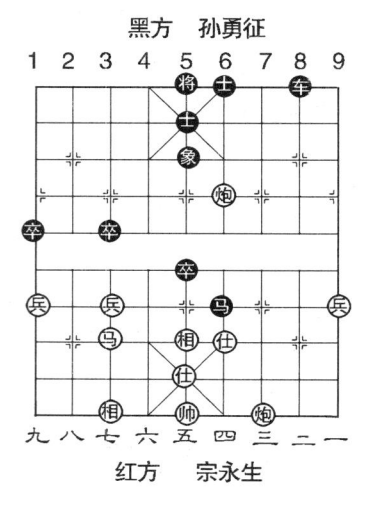

(48)……　　　卒4平3　　（49）马六进四　　马5进6

(50)马四进二　马6进8　　（51）马二进四　　将5平4

(52)后炮进一　马8进7　　（53）兵一进一　　……

如红前炮平三，象5退7，马四进三，象7进5，马三退五，车4平9，黑大占优势。

(53)……　　　卒3平4　　（54）前炮平九　　象5退7

(55)兵一平二　卒4平5　　（56）炮九退五　　将4平5

(57)马四进二　车4平7

黑运车占要道，防红反扑，走得细。

(58)帅五平六　车7退3　　（59）炮四退一　　马7退9

(60)炮九进四　车7平4　　（61)帅六平五　　马9进7

(62)炮四进一　将5平4　　（63）炮九退四　　车4平7

(64)炮九平六　马7退9　　（65）炮四平一　　……

红若仕五进六，则士5进4。黑还有下着马9退7，红仍难走。

(65)……　　　车7进6　　（66）仕五退四　　马9进7

（黑胜）

以下不论红炮六平四或帅五进一，黑将马7退8可得子，所以红认输。

9．两面包抄　一气呵成

图22是广东庄玉庭与深圳汤卓光在2000年全国个人赛上激战30个回合所形成的一盘残局。本例红方凭多一兵的微弱优势，先行调车运马争占要道；随后寻机再夺一卒，转优势为胜势；最后巧渡双兵，两面包抄，终于一气呵成胜出。

（如图22，红先）

(31)车三平二　炮9平6

黑如走炮9进6，车二进二，将5进1，车二平六，红大占优势。

(32)马五进七　士4进5

若走卒1进1，兵六进一，车3退1（车3进1，兵六进一，红大占优势），马七进八，红颇占优。

(33)车二退二　卒1进1　　（34）兵六进一　　车3平1

（35）车二平八　……

红平车控点，既防黑卒攻马，又可护马进袭，走得好。

（35）……　　　车1退1

（36）马七进八　将5平4

（37）车八平四　车1进1

如黑车1平2，则兵六平七，红亦占优。

（38）兵六平七　炮6平9

（39）车四平二　炮9平7

黑不能炮9进6杀兵，因红车二进四后，再兵七进一即可胜。

（40）兵一进一　卒1平2

（41）车二进一　车1进3

（42）车二平一　……

红杀卒后已多双兵，黑败象已露。

（42）……　　　车1平3　（43）兵七平六　车3平4

（44）兵一进一　卒2进1　（45）车一平四　卒2进3

（46）兵一平二　卒3进1　（47）兵二进一　卒3进1

（48）兵三进一　……

红再进一兵，已成两面包抄之势，黑只有招架之功，已无还手之力。

（48）……　　　炮7平9　（49）兵六进一　……

红弃兵掠士，步入杀门，凶着。

（49）……　　　车4平8　（50）兵六平五　车8进3

（51）仕五退四　炮9进9

黑沉炮作最后挣扎。

（52）车四平六　士5进4　（53）车六进一　将4平5

（54）马八进七　将5平6　（55）车六进二　将6进1

（56）兵五平四　将6平5　（57）马七退六　（红胜）

末后，红终以车马兵一气呵成，精彩绝杀。

据悉，庄玉庭曾获2000年"巨丰杯"第三届全国大师冠军赛第一名，且胜局率已达升级标准，由象棋大师晋升为特级大师。

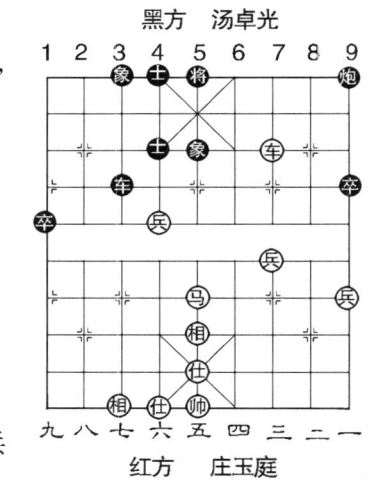

黑方　汤卓光

图22

红方　庄玉庭

10. 残象歼士掀虎帐

图23是2001年全国团体赛哈尔滨聂铁文对吉林洪智的一盘残局,双方曾经过31个回合角斗。观枰可知,红多一中兵且已过河,略为占优。在后段交战中,红先行平中车掩护中兵前进;随后弃兵残象,车马抢攻,三路兵配合助战;最后以兵掠士成绝杀。

(如图23,红先)

(32)车二平五　……

红平中车,掩护中兵前进,佳着。

(33)　……　　炮3退4

(33)兵五进一　车4退1

如走象5进3,马七进九,红大占优势。

(34)兵五进一　……

红以兵兑象,扩展优势,好棋。

(34)　……　　象7进5

黑若车4平3,则兵五进一,士6进5,马七进五,象7进5,马五进三,象5退7,马三进二,红胜势。

(35)车五进四　车4平3　　(36)马七进五　车3平4

(37)马五进三　车4平3　　(38)车五退一　卒9进1

(39)马三进五　士5进4

如黑炮3进1,则兵三进一,炮3平4,兵三进一,红仍占优,但黑比化士好。

(40)马五进三　将5平4　　(41)兵三进一　士6进5

黑不能车3平7去兵,因红车五平七得炮胜。

(42)兵三进一　卒9进1　　(43)马三退四　炮3进2

(44)马四退五　车3平4　　(45)车五平七　车4平5

(46)马五退六　炮3平2　　(47)马六进七　炮2平7

若走车5平2,车七进三,将4进1,车七平八,红大占优势。

(48)相五退七　车5平2　　(49)兵三平四　卒9平8

(50)兵四平五　卒8进1　　(51)兵五进一　……

红冲兵入九宫,黑必成败局。

（51）……　　卒8进1　　（52）马七进六　车2退3

（53）兵五平六　（红胜）

黑如续走士5进4,则马六进四,车2退1,车七进二,红杀。

11. 车飞马跃兵称雄

图24是2001年"柳林杯"大师冠军赛黑龙江聂铁文与浙江陈孝坤厮杀30个回合弈成的一盘残局。观盘可见,彼此已成损士缺相的对攻形势。红有兵渡河,稍为占优。红趁出招之先,冲七兵直趋王城;然后寻隙舍兵换士,剥象夺卒,车马兵紧密配合,终于兵到功成。

（如图24,红先）

（31）兵七进一　士4进5

黑如炮9进3,则相三进五,车6进1,兵七进一,士4进5,车六平九,红优。

（32）兵七进一　车6平3

（33）车六平九　车3退3

若黑炮9平1,则车九退一,炮1平5,仕五进四,车3退3,车九进四,士5退4,马六退四,红方优势。

（34）车九进三　士5退4

（35）马六退四　将5平6

（36）马四进二　将6平5　（37）马二退四　将5平6

（38）车九平六　将6进1　（39）马四退五　炮9平1

（40）车六退一　将6退1　（41）车六进一　将6进1

（42）车六退一　将6退1　（43）车六进一　将6进1

（44）相三进五　……

如红车六平五,炮1平5,仕五进四,车3进1,车五平三,车3平5,黑尚有周旋余地。

（44）……　　车3平2　（45）仕五进四　卒1进1

（46）车六退一　将6退1　（47）车六进一　将6进1

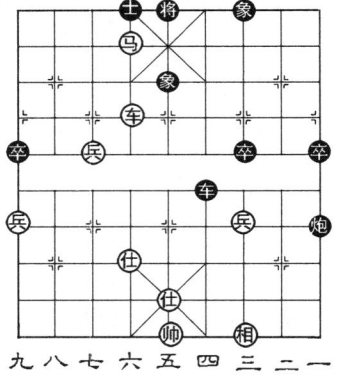

图24

(48)车六退一　将6退1　　(49)车六退四　车2进3

若黑卒1平2,则车六进五,将6进1,车六平三,红优。

(50)相五进七　车2进4　　(51)帅五进一　车2退3
(52)车六平四　将6平5　　(53)马五进四　将5进1
(54)马四进三　将5退1　　(55)马三退一　将5进1
(56)马四平五　车2退4　　(57)车五退一　炮1进3

红退车拦炮,一夫当关;黑若将5平4,则马四进二,红亦大占优势。

(58)马四退三　炮1平6　　(59)马三进五　将5平4
(60)马五退六　车2平3　　(61)车五进三　炮6平2
(62)车五平六　将4平5　　(63)车六平八　炮2退4

如黑车3进3,则红马六进四亦是胜势。

(64)马六进四　将5平4　　(65)马四进三　车3平4
(66)车八进二　将4退1　　(67)车八进一　将4进1
(68)车八平五　车4进3　　(69)马三进四　车4平6

黑若车4平5,则帅五平六,车5平6,马四退五,红胜势。

(70)马四退五　车6平5　　(71)相七退五　车5退2
(72)车五平六　将4平5　　(73)马五进三　车5平7
(74)车六平五　将5平4　　(75)马三退一　车7退1
(76)马一进二　车7平6　　(77)相五退七　炮2退3
(78)车五退一　将4退1　　(79)马二退四　炮2平5
(80)兵三进一　卒1平2　　(81)兵三进一　卒2平3
(82)兵三进一　卒3平4　　(83)兵三进一　（红胜）

12. 调兵困龙　巧兑得象

图25是2000年全国个人赛广东吕钦与厦门郑一泓厮杀了28个回合弈成的一盘残局。本例红利用车马兵占据要津的条件,沉车牵住黑象,适时渡边兵助攻;伺后抓住黑平车而不跃马保驾之机,运兵困车掠象,弃兵出帅攻阵,终令黑方拱手称臣。

(如图25,红先)

(29)车二平一　马2进1

（30）兵一进一　……

红渡兵助攻，正着。

（30）……　　　马1退2

（31）车一进三　象3进5

（32）兵一进一　将5平6

黑宜马2退4，此后兵一平二，马4进5，兵二进一，马5进4，仕六进五，卒3进1，车一退五，卒3进1，车一平七，红虽仍占优，但黑方形势要比实战时好。

（33）兵一平二　马2退4

（34）兵二进一　车6平9

（35）车一平二　车9平6

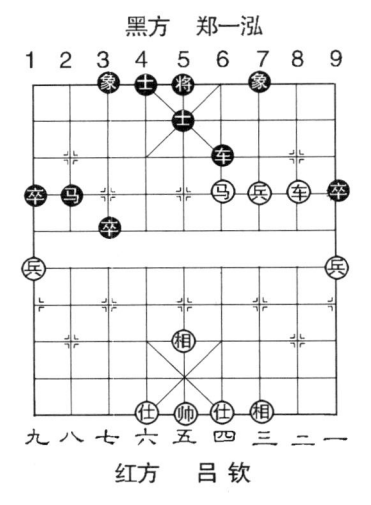

黑应马4进5，红如兵二进一，则车9进1，马四进三，车9平7，马三退五，马5退6，黑方尚可一战。

（36）兵二进一　将6平5

黑不入将，红兵二平三更占优。

（37）兵二平三　车6退1

（38）车二平三　士5退6

（39）前兵平四　……

红弃兵，精细，如走马四进六，车6平4，黑追回一子，尚有转机求和。

（39）……　　　车6平4　（40）兵四平五　马4进5

（41）仕四进五　卒1进1　（42）帅五平四　……

红出帅暗伏杀招，凶着。

（42）……　　　卒1进1　（43）马四进六　马5退6

（44）车三退一　士4进5　（45）兵三进一　将5平4

如走马6进7，兵五进一，士6进5，车三进一，士5退6，车三平四，红胜定。

（46）兵三平四　士5进4

黑若士5进6，车三平六，将4进1，马六退七，黑卒士必失其一，败定。

（47）车三进一　将4平5　（48）帅四平五　（红胜）

至此，红已成例胜残局，黑主动认负。

13. 纵横牵炮　首开杀戒

图 26 是 2001 年全国个人赛首轮上海万春林与黑龙江赵国荣对垒,彼此酣斗了 22 个回合演成的一盘残局。观枰可见,双方子力相等,局势平淡,看似可成和棋。然而红方抓住黑车炮受牵制的主要弱点,骏骑纵横驰骋,谋卒掠象,首开杀戒。

(如图 26,红先)

(23)马四退三　炮 8 退 1

(24)马三进四　炮 8 进 1

(25)兵一进一　卒 1 进 1

红进兵是步良好的停着,黑不挺卒也别无好招。

(26)仕四进五　士 5 进 4

(27)马四退三　炮 8 退 1

(28)马三退一　炮 8 进 1

(29)相五进三　……

红飞相拦炮,避免黑以后借兑脱炮。

(29)　……　　士 6 进 5　(30)相七进五　卒 5 进 1

(31)马一进三　炮 8 退 1　(32)车二进一　车 8 退 1

黑退车,为炮找退路。

(33)马三退一　车 8 进 1　(34)马一退三　车 8 退 2

(35)马三进四　车 8 进 1　(36)相三退一　车 8 退 1

(37)相一退三　将 5 平 4　(38)马四进三　……

红马进河头,意在谋卒。

(38)　……　　象 5 进 7　(39)相五退七　将 4 平 5

(40)相三进五　车 8 退 1　(41)马三进五　……

红谋得中卒,拓展实力,佳着。

(41)　……　　车 8 平 5　(42)马五进七　车 5 进 1

(43)马七退九　……

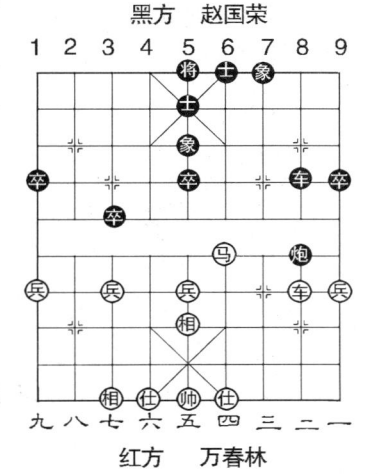

红连得双卒,实力大增。

(43) …… 炮 8 退 1 (44) 兵九进一 象 7 进 5

若走车 5 平 1,兵五进一,炮 8 平 5(炮 8 平 3,车二进二,红胜势),兵五进一,炮 5 退 1,兵五平六,红大占优势。

(45) 兵七进一 车 5 平 1 (46) 兵五进一 车 1 平 5

(47) 兵七进一 象 5 进 3 (48) 马九退七 车 5 平 6

黑不能走炮 8 平 7,否则红车二进二,黑更难走。

(49) 兵五进一 象 3 退 5 (50) 车二进一 将 5 平 4

(51) 兵九进一 将 4 平 5 (52) 兵九平八 车 6 平 3

(53) 马七退五 车 3 进 3 (54) 马五进六 车 3 退 3

(55) 兵五平四 车 3 平 7

如黑车 3 平 4,马六进四,红大占优势。

(56) 车二退二 象 5 退 7 (57) 马六退五 象 7 进 5

若走象 7 退 5,马五进三,象 5 进 7,兵四平三,车 7 进 1,车二进三,车 7 平 2,车二平一,红胜定。

(56) 马五进三 车 7 平 3 (59) 车二进二 车 3 平 1

(60) 兵四平三 象 5 进 7 (61) 兵八平七 (红胜)

至此,黑车炮象均被红困住,以下红只要横兵即可吃象胜定,故黑放弃续战认负,红取得首轮胜利。

14. 子少势强　长驱直入

图 27 是 2000 年全国个人赛新疆薛文强与吉林陶汉明拼杀了 41 个回合弈成的一盘残局。骤眼看去,红多一子似占优势,但细加分析可知,黑车马卒联成一气,已在正面构成凶悍杀势。今借拔刀之先,冲卒俘马;随后,7 路卒衔枚疾进闹九宫,终以车卒成杀。

(如图 27,黑先)

(41) …… 卒 4 进 1

黑冲卒擒马,比车 3 平 4 得马更有力。

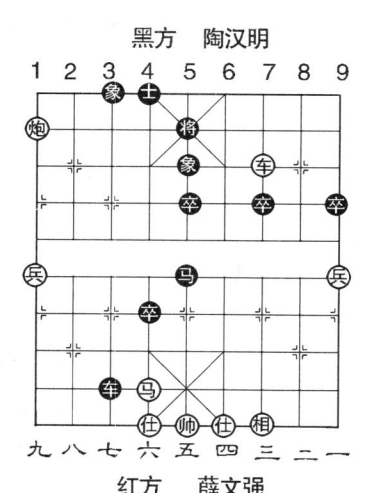

图 27

（42）车三进一　将5退1　（43）车三平六　……

　　如红车三退二，黑卒4进1，再仕四进五，卒4进1帅五平六（仕五退六，马5进4,黑妙杀），车3进1再马5进3成侧面虎杀。

　　（43）……　卒4进1　（44）仕四进五　卒7进1
　　（45）炮九进一　卒7进1　（46）相三进五　卒7进1

　　黑卒长驱直入，如入无人之境，红大势已去。

　　（47）车六进一　……

　　红若炮九平六，黑则卒4平5,仕六进五，车3退1,红成败势。

　　（47）……　将5进1　（48）车六平五　将5平4
　　（49）车五平六　……

　　红如车五退二，黑卒4进1,再仕五退六，马5进6,帅五平四，车3平4,红亦难招架。

　　（49）……　将4平5　（50）车六平一　象3进1
　　（51）车一退一　将5退1　（52）车一退二　卒4进1

　　黑舍卒残仕，凶着。

　　（53）仕五退六　……

　　如红帅五平六吃卒，则黑车3平5胜定。

　　（53）……　马5进4　（54）帅五平四　卒7进1
　　（55）车一平五　卒7进1　（56）车五进一　将5平4
　　（57）车五平六　将4平5　（58）车六退五　卒7平6
　　（59）帅四平五　将5平6　（黑胜）

　　以下红如仕六进五，黑卒6平5,再帅五平六，卒5平4成杀。

车炮兵类（11局）

15. 剥象钳车传捷报

　　图28是2000年"巨丰杯"第三届全国大师冠军赛河北两将阎文清与张江"同室操戈"，经过38个回合激战弈成的一盘残局。观盘可知，红多一兵且炮镇当头，优势明显；黑方考虑到红是相位兵，若不能过河，尚能支持。然而红却揪住黑缺象忌炮攻的痛脚，胁马歼象，借杀钳制黑车，终令黑弃甲丢盔。

(如图28,红先)

(39)车二平四　　马6进8

(40)车四平二　　马8退6

黑如马8退7,则车二平五,红破象胜势。

(41)车二平四　　马6进8

(42)车四平五　　……

红平车攻象,黑势堪虞。

(42)　　……　　将5平6

(43)车五进一　　马8进7

(44)车五退二　　车9平7

(45)炮五平四　　马7进8

(46)车五平四　　将6平5

(47)炮四平九　　……

红平边炮诱着,目的是引黑车平中或边线。

(47)　　……　　车7平5

若黑车7平1,红兵七进一胜定。

(48)炮九平五　　……

红平中炮牵车,一锤定音,胜定。

(48)　　……　　马8进7　　(49)车四退四　　马7退8

(红胜)

黑走子后发现,红下着仕四进五出帅摧杀,黑必丢车败定,遂主动认负。

16. 精雕细刻　志在必得

图29是2001年第12届"银荔杯"争霸赛复赛首轮第二局,上海胡荣华对吉林陶汉明酣斗了105个回合弈成的一盘残局。黑方因已有一局在手,此仗只要全力以赴顶和,即可出线。因此,红方宁败不和,志在必得。现借先走之利,车炮兵左右开弓,伺后调炮转向黑左翼,运车牵制黑车炮、七路兵直迫九宫。黑虽施展浑身解数,仍劫运难逃。

(如图29,红先)

(106)炮六平九　　炮7退6

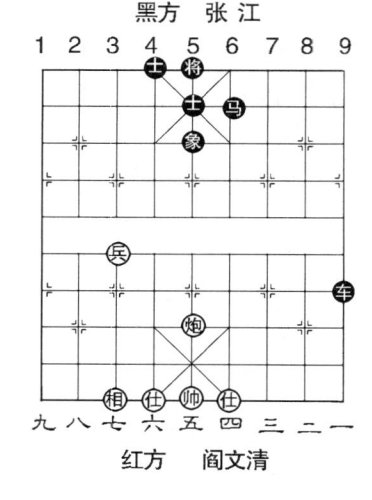

黑如车2平1,则炮九平八,车1平2,炮八平九,黑不能长此走下去,亦要变招。

(107) 车二退一　　将6退1
(108) 炮九进五　　车2退1
(109) 炮九退一　　车2进1
(110) 炮九进一　　车2退1
(111) 炮九退一　　将6平5

依笔者拙见,双方属二打一还打,按现行国内棋规,黑方要变。

(112) 车二进一　　士5退6
(113) 车二退二　　车2进9
(114) 帅六进一　　车2退1
(115) 帅六退一　　车2进1
(116) 帅六进一　　车2退1
(117) 帅六退一　　车2平7

黑方利用棋规争取思考时间,毕竟久战沙场,经验丰富。

(118) 炮九平一　　象5退7

若黑车7平9(士6进5,兵七进一,红胜势),则炮一平三,红胜定。

(119) 炮一进一　　车7平9　　(120) 炮一平二　　车9退1
(121) 帅六进一　　车9进1　　(122) 帅六退一　　车9退1
(123) 帅六进一　　车9退7

黑不能一将一捉(仕也属子),始终要变。

(124) 兵七平六　　炮7退1　　(125) 车二进一　　士4进5
(126) 兵六平五　　……

彼此激战了几小时,筋疲力尽,软手难免,此着红平兵不如帅六平五佳。

(126) ……　　　　士5退4　　(127) 兵五平六　　士4进5
(128) 帅六平五　　将5平4

如黑炮7平6,红则兵六进一,再车9平8,兵六平五,士6进5,车二进一,红胜定。

(129) 兵六平七　　车9进8　　(130) 帅五退一　　车9进1
(131) 帅五进一　　车9平7　　(132) 车二退五　　车7退1

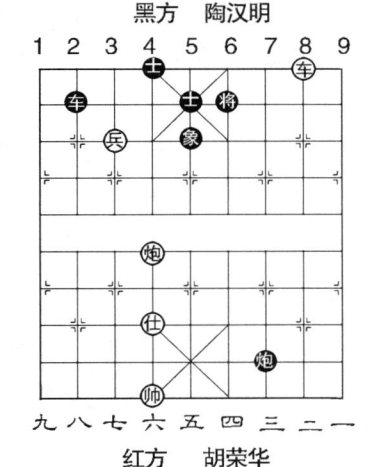

(133)帅五退一　　车7进1　　(134)帅五进一　　车7退1

(135)帅五退一　　车7进1　　(136)帅五进一　　炮7进5

(137)兵七进一　　车7退1　　(138)帅五进一　　车7退1

(139)帅五退一　　车7进1　　(140)帅五进一　　车7退1

(141)帅五退一　　士5进6　　(142)炮二平一　　……

红分炮,黑败局只是时间问题。

(142)　……　　　车7进1　　(143)帅五进一　　车7退1

(144)帅五退一　　车7进1　　(145)帅五进一　　车7退1

(146)帅五退一　　车7进1　　(147)帅五进一　　车7进1

(148)车二进四　　车7平6

如黑炮7退4,红车二进二亦胜。

(149)车二进一　（红胜）

红方经过七个多小时精雕细刻的苦战,始取得加赛权。可惜加赛快棋又失利,已力不从心。

17. 拴车制马闹危城

图30是2000年全国团体赛北京张强对煤矿景学义彼此角逐了54个回合形成的一盘残局。红利用黑仅得孤士且将位不佳的弊端,及时调炮回营;沉车胁士,运炮拴车,调车钳黑马,巧妙成局。

(如图30,红先)

(55)炮四退七　　……

红残棋炮归家,适时。

(55)　……　　　马4进6

黑切忌车4平5(马4进5,炮四平六,红可得子胜),炮四平六,黑丢车败定。

(56)车五进六　　将4退1

(57)炮四平六　　车4平8

(58)炮六退二　　士4进5

如黑卒1进1,则仕五进六,马6进4,车五退六,红胜定。

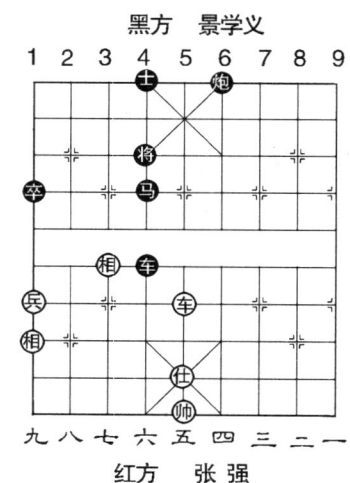

图30

(59) 仕五进六　士5进4
(60) 车五退一　将4退1
(61) 车五进一　将4进1　(62) 车五退四　马6进7

黑若车8平6,则仕六退五,士4退5,车五平六,红胜定。

(63) 仕六退五　车8平4

黑如士4退5,则车五平六,士5进4,车六平三,红得马胜。

(64) 车五进一　……

红若车五进二,黑马7退6,再车五平六,将4平5,车六平四,马6进8,车四退一,车4平5,红反节外生枝。

(64)　……　　　卒1进1　(65) 车五退一　将4退1
(66) 仕五退四　马7进9　(67) 车五平三　(红胜)

至此,黑各子受制,红下着车三进二即杀,黑只好认输。

18. 巧夺制高点　献兵擒炮归

图31是2001年全国个人赛第九轮,上海林宏敏与浦东葛维蒲交战了34个回合弈成的一盘残棋。本局红方针对黑方缺士弱点,先行回炮攻车争占中路制高点;然后,进车胁卒掠象,三路兵直冲王城;再巧妙弃兵谋子,终令黑落荒而走。(如图31,红先)

(35) 炮八退四　象1进3

黑如车8退1,则炮八平五,车8平5,车四平六,炮4退5,车六进二,象1进3,相五退三,红方占优。

(36) 兵四进一　车8进1
(37) 炮八进一　卒9进1
(38) 车四进二　……

红进车表面是谋边卒,实际是窥黑象,一箭双雕。

(38)　……　　　卒9进1
(39) 炮八平五　卒9进1

若黑象3退1,则车四平九,象1退3,车九平

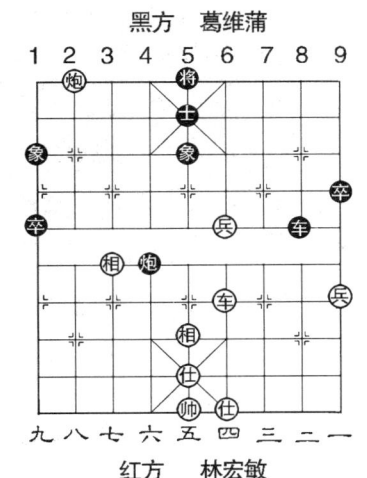

一，红大占优势。

(40) 车四平七　车8平6　(41) 兵四平三　车6平5

(42) 车七进四　炮4退5　(43) 车七退三　卒1进1

(44) 兵三进一　车5退1

黑若炮4进2，则兵三进一，炮4退1，兵三平四，红胜定。

(45) 兵三进一　将5平6　(46) 炮五进二　车5平7

红炮击心士，步入杀门。黑如车5平3，则车七平四，将6平5，炮五平九，红胜势。

(47) 炮五平九　车7退3　(48) 炮九进一　象5退3

如黑炮4进1，则车七进三，将6进1，炮九退一，红得车胜。

(49) 车七进三　将6平5　(50) 车七退一　炮4进1

(51) 炮九退一　车7进5

黑迟早要丢炮，所以进车利用车双卒与红抗衡。

(52) 车七平六　车7平5　(53) 车六退二　卒1平2

(54) 炮九退七　车5平6　(55) 车六平五　将5平6

(56) 相五退三　卒9平8　(57) 炮九进一　（红胜）

黑走车6进2后，即发现红可走车五退三，黑必失卒，红亦胜定。故黑走子后，主动认负。

19. 乘势沉炮劫卒胜

图32是2001年第七届世界象棋锦标赛中国吕钦对加东（指加拿大东部）牟海勤，双方交战40个回合弈成的一盘残局。红凭先行之利，趁黑方露出破绽的机会，沉炮牵制黑底线；然后兑兵残士，边兵奋起疾进，车炮兵巧妙配合进攻，并抓住黑误进中卒反扑之隙，劫卒奏凯。

（如图32，红先）

(41) 炮九进四　士5进6

红沉炮牵住黑底线，佳着。黑如炮3退4，则车六进二，车2平5，车六平七，炮3平4，（车5平

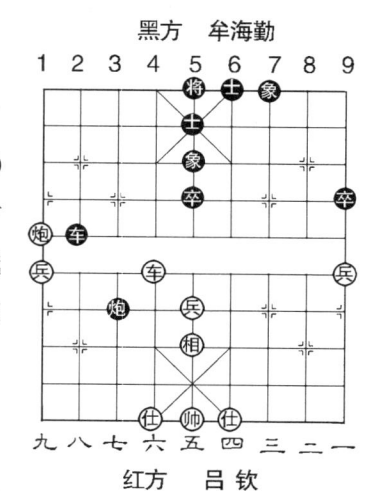

图32

3,车七平五,红方占优),车七进三,炮4退2,车七退五,炮4进2,兵五进一,红颇占优势。

(42)车六平七　炮3平4　　(43)仕四进五　卒9进1
(44)兵一进一　车2平9　　(45)车七进五　将5进1
(46)车七平四　……

红破士,为攻城开路,好棋。

(46)……　　　车9进5　　(47)仕五退四　车9退3
(48)车四退二　车9平5　　(49)兵九进一　车5进1
(50)仕四进五　炮4平2

彼此各有车炮兵且缺相无士,胜负取决于对攻速度的快慢,黑平炮是为争取时间。

(51)帅五平四　车5平7　　(52)车四进一　将5退1
(53)车四进一　将5进1　　(54)兵九进一　……

红边兵的位置不及黑中卒好,只有加快进兵步伐,胜望才大。

(54)……　　　车7进2　　(55)帅四进一　车7退1
(56)帅四进一　卒5进1　　(57)兵九平八　卒5进1
(58)兵八进一　车7退3

红下有炮九退一杀招,黑只好退车求兑。

(59)炮九退五　炮2退1　　(60)车四平六　……

红平车占要道,授人以机。

(60)……　　　象5进3

若黑车7进2,则帅四退一,车7进1,帅四进一,卒5进1,黑有胜机。

(61)炮九进四　炮2平3　　(62)帅四平五　炮3平4
(63)帅五平六　将5平6　　(64)帅六退一,　卒5进1

黑冲卒不如象7进9,红如仕五退四,象9退7,仕六进五,红亦大占优势,但黑不致丢卒败定。

(65)兵八进一　将6进1　　(66)车六平四　将6平5
(67)车四平五　将5平6　　(68)车五退六　……

红得卒胜定,黑只好城下订盟。

(68)……　　　炮4退3　　(69)仕五退四　车7进3
(70)帅六进一　车7平6　　(71)车五进五　（红胜）

20. 回师驱马捣帅账

图33是2000年"滕头杯"全国体育大会棋赛第十一轮,邮电潘振波对广东许银川角逐30个回合后弈成的一盘残局。分析棋势可见,彼此实力相当,红有兵过河乍看似占优。但黑方深知,红缺相忌炮,黑趁走子之机,挥炮扫边兵,然后兑中卒,并抓住红扑马急攻的弱点,回车驱马,运车从左翼进攻,掠仕残相,御驾亲征,困驹得胜。

(如图33,黑先)

(30)……　　炮2平9

(31)兵八平七　　……

如走马四进五(兵八平九,车4退2,兵九进一,卒5进1,黑优),车4退2,马五退四,车4平2,黑颇占优。

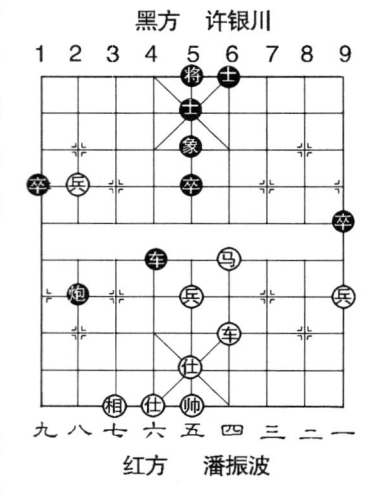

(31)……　　炮9退1　　(32)相七进五　　……

红若马四进五,车4平3,兵七平六,车3进4,黑占优势。

(32)……　　卒5进1　　(33)马四进三　　卒5进1

(34)马三进五　　……

红如兵五进一,则车4平5,马三退一,车5退2,兵七进一,炮9平2,黑方优势。

(34)……　　卒5进1　　(35)相五退七　　车4退3

黑退车驱马,扼守要道,走得精细。

(36)马五进三　　将5平4　　(37)马三退四　　车4平7

(38)仕五进六　　……

若红帅五平四,则炮9平4,车四平六,炮4退4,黑大占优势。

(38)……　　车7进7　　(39)帅五进一　　车7平4

黑剥红一仕,渐入胜境。

(40)兵七进一　　车4平3　　(41)车四进二　　……

红如兵七平八,则车3退6,车四进二,车3平4,车四退二(兵八平七,车4

进4,车四平八,卒5进1,帅五平四,卒5平6,黑胜),炮9平2,黑胜势。

  (41)……　　车3退7　　(42)车四平六　士5进4

  (43)马四进六　炮9平5　　(44)帅五平六　……

  若红车六平五,则车3平4,车五退一,车4进5,黑胜定。

  (44)……　　炮5退4　　(45)马六进四　将4平5

  (46)仕六退五　炮5进7

  黑炮击心仕,妙着。

  (47)马四退六　将5进1　　(48)车六退二　将5进1

(黑胜)

  至此,红马不能动弹,只好认负收枰。黑此局得胜,使粤队圆了男团冠军梦。

21. 炮辗丹砂　引而不发

  图34是火车头金波与沈阳苗永鹏在2000年全国个人赛上交战了27个回合形成的一盘残棋。本局双方旗鼓相当。黑利用红不愿兑车成和的心理,伺机运用炮辗丹砂技巧,引而不发,7路卒暗度陈仓,寻隙破仕,及时回车牵住红车马兵,调整防御阵形,终令红痛失街亭。

  (如图34,黑先)

  (27)……　　卒5进1

  (28)兵一进一　……

  因是首轮较量,红方抢分心切,不愿平淡成和。就棋论棋,红应马一进三,将5平6,车六平四,车6退3,马三退四,可望成和。

  (28)……　　炮4平2

  (29)兵七进一　炮2退5

  (30)兵七进一　象5退7

  (31)马一退三　炮2进8

  (32)相七进九　……

黑方　苗永鹏

图34

  若红仕五退六,则车6平5,车六退四,卒7进1,黑优。

  (32)……　　车6平1　　(33)相九进七　……

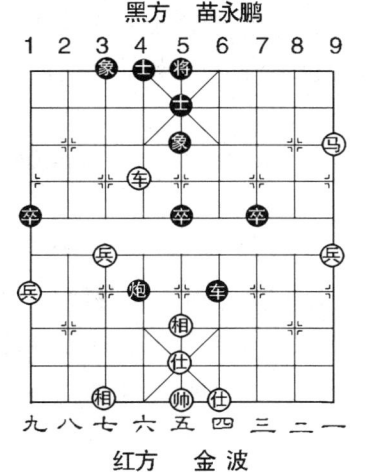

红如相五进七,则卒7进1,黑更占优。

(33)……　　车1进3

黑沉车,准备运用炮辗丹砂技巧,佳着。

(34)兵七进一　象3进5　　(35)兵七进一　卒1进1

(36)兵七平六　卒1平2　　(37)兵一平二　卒7进1

黑引而不发,牵住红底线,并送卒以便待机谋相,思路正确。

(38)马三进二　卒7平6　　(39)兵二进一　炮2平6

红已无法回防,只好进马进兵对攻;黑看到火候已到,连忙挥炮砍仕。

(40)仕五退六　炮6退3　　(41)兵二进一　车1退7

黑退车攻不忘守,老练。

(42)车六平八　象5进3　　(43)车八平二　车1平4

红平车保兵,无可奈何。现黑平车驱兵,红败势已显。

(44)兵六平七　士5退6　　(45)仕六进五　士4进5

(黑胜)

至此,黑阵形稳固,已成车炮三卒士象全胜车马双兵单缺仕残局,红再走下去已无意义,只好收枰认负。

22. 乘兑歼象捣将府

图35是河北张江与新疆薛文强在2001年"柳林杯"大师冠军赛鏖战20个回合后构成的一盘残局。审视可知,红方多兵,优势明显。现借先走之便,针对黑中象弱点,巧妙来个兑炮掠象,以车保兵进攻,终于迫黑弃甲丢盔。

(如图35,红先)

(21)炮七平一　……

红兑炮破象,明智。如车五平七,则炮9平3,车七进一,车2平1,车七退一,车1平8,车七平九(车七平五,车8进1,兵一进一,车8平9,车五退二,卒1进1,红虽占优,但黑还可周旋),车8进1,车九平五,车8平9,红难胜。

(21)……　　象7进9

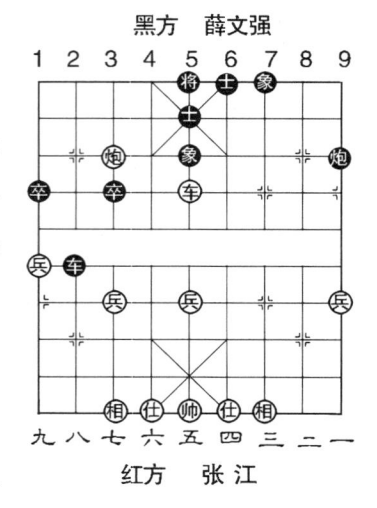

图35

(22) 车五进一　　车2平1

黑如象9退7,则车五退一,车2平1,车五平七,红胜势。

(23) 车五平一　　车1进1　　(24) 车一平五　　车1平3
(25) 相三进五　　车3退2　　(26) 兵一进一　　车3平6
(27) 车五退一　　卒1进1　　(28) 兵五进一　　……

若红贪卒改走车五平七,则黑车6平5,红取胜困难了。

(28) ……　　　　卒3进1　　(29) 兵五进一　　车6平8
(30) 仕六进五　　卒1进1　　(31) 帅五平六　　车8进1

黑若卒1平2,则车五平八,士5退4(车8平5,车八进三,红破士胜定),兵五进一,车8退1,兵一进一,红胜势。

(32) 兵一进一　　车8平5　　(33) 兵一平二　　车5进1
(34) 帅六平五　　卒1平2　　(35) 兵二平三　　车5平4
(36) 车五平七　　卒3进1　　(37) 兵五进一　　卒3平1
(38) 兵三进一　　卒2进1　　(39) 车七平八　　车4平5

黑不拴住红兵,也无计可施。

(40) 兵五平六　　士5退4　　(41) 车八退一　　士6进5
(42) 仕五退六　　车5平4　　(43) 兵六平五　　车4平5
(44) 兵五平六　　车5平4　　(45) 兵六平五　　车4平5
(46) 兵五平六　　车5平4　　(47) 兵六平五　　车4平7

黑车不能长捉过河兵,只好变着。

(48) 兵三平四　　车7平6　　(49) 仕四进五

(红胜)

至此,红已成车双兵仕相全例胜车双卒双士残局,黑虽苦战至158个回合,仍难逃一败。以下从略。若读者感兴趣,不妨翻阅屠景明编著的《象棋残局例典》等书。

23. 车兵困驹毁敌营

图36是2001年全国个人赛第九轮,上海万春林对河北刘殿中厮杀37个回合后走成的一盘残局。本例红方利用车炮兵的占位优势,运车胁马;然后冲兵迫黑车回防,挥车扫卒,再寻机弃炮兑双士,调运车兵困黑归心马,终于捣营

擒王。

(如图36,红先)

(38)车七平三 ……

红也可走炮八平三去象。黑如马7进6,则兵八进一,马6进5,兵八进一,红大占优势。

(38) …… 马7退9

(39)兵八进一 ……

红改车三平一,象7进9,车一平九,黑损卒多,亦难抗衡。

(39) …… 象7进5

(40)兵八进一 将4退1

(41)兵八平七 车4退4

若黑车4平2,则炮八平九,车2退4,车三平一,马9退7,车一平九,红胜定。

(42)车三平九 车4平2 (43)炮八平四 ……

红弃炮掠士,凶着。

(43) …… 士5退6 (44)车九进三 将4进1

(45)车九平四 马9退7 (46)车四退一 马7进5

(47)兵九进一 将4退1

如黑车2平1,则红兵九进一大占优势。

(48)车四进一 将4进1 (49)兵九进一 象5退7

(50)兵九进一 车2进5

黑若象7进9,则兵九进一,卒9进1,兵九平八,车2平1,车四退四,红大占优势。

(51)车四退一 车2退5 (52)兵九平八 车2平1

(53)兵八平七 将4退1 (54)车四进一 将4进1

(55)车四平五 ……

红车占中线,黑败势难挽。

(55) …… 卒9进1 (56)仕五退六 象7退9

(57)仕四进五 车1进2

如走车1平2(象9进7,车五平八,象7退9,车八退四,红胜势),车五平

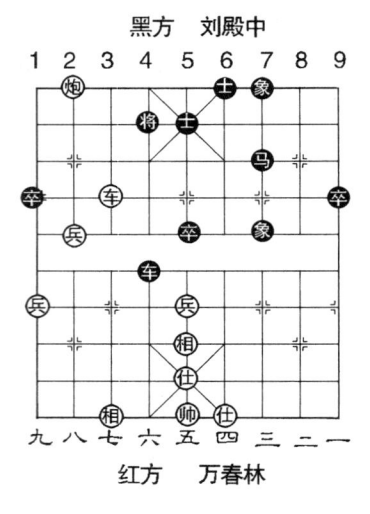

九,马 5 进 7,车九退四,红胜势。

(58)前兵进一　将 4 进 1　　(59)车五退一　车 1 平 3

(60)车五退三　车 3 退 2　　(61)车五平一　车 3 进 2

(62)车一平六　将 4 平 5　　(63)车六平五　将 5 平 6

(64)兵一进一　(红胜)

24. 歼相擒驹　斩关夺隘

图 37 是 2000 年全国个人赛江苏王斌与火车头金波激战了 26 个回合走成的一盘残局。乍眼看枰,红多一马似占优,实则黑可借走子之机,抓住红缺相破绽,歼相擒驹,用车护卒进攻,运炮配合,巧成妙杀。

(如图 37,黑先)

(26)　……　　车 3 退 2

(27)相五退七　车 3 进 2

(28)帅五平四　……

红如仕五进四,则卒 3 平 4,马七退八,车 3 退 5,仕六进五,车 3 平 2,车三平六,炮 2 平 1,帅五平六,士 4 进 5,马二进一,车 2 进 5,帅六进一,车 2 退 3,车六平五,车 2 平 1,车五进二,车 1 平 4,仕五进六,炮 1 退 7,黑方占优。

(28)　……　　卒 3 平 4

(29)马七进六　……

红宜马七退五,黑车 3 退 6,再帅四进一,车 3 平 5,车三平六,车 5 进 3,车六平四,士 4 进 5,马二进一,车 5 平 9,马一进三,车 9 进 2,帅四进一,炮 2 退 1,黑方仍占优,但红方形势比实战好。

(29)　……　　车 3 退 9

(30)帅四进一　车 3 平 4

(31)马二进一　车 4 进 4

(32)马一进三　……

如红车三平四,则黑炮 2 退 1,黑大占优势。

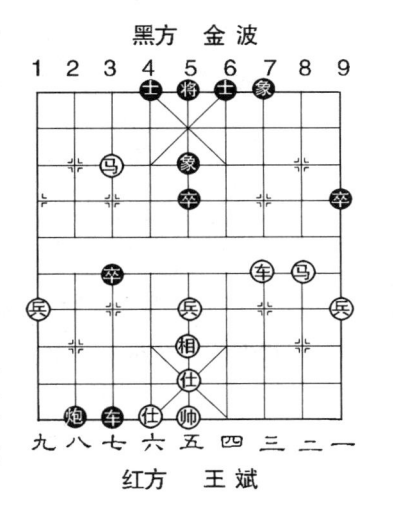

图 37

(32) ……　　炮2退1　　(33)帅四退一　炮2进1
(34)帅四进一　炮2退4　　(35)车三退二　……

红若车三进二,则炮2进3,仕五进四,卒4进1,车三平四,士6进5,车四进二,卒4进1,黑胜势。

(35) ……　　卒4进1　　(36)车三平八　炮2平3
(37)车八进七　炮3退5　　(38)兵五进一　卒5进1
(39)兵五进一　车4平5　　(40)兵九进一　士6进5
(41)车八退一　炮3进8　　(42)仕五进四　……

若走仕五退四,卒4进1,车八平五,将5平4,车五平四,车5平7,黑胜。

(42) ……　　卒4进1　　(43)帅四退一　卒4进1
(44)车八平五　将5平4　　(45)仕六进五　炮3进1

(黑胜)

25. 献炮残仕　车卒逼雄

图38是邮电袁洪梁与大连卜凤波在2001年全国个人赛九轮角逐了29个回合演成的一盘残局。本例红虽多一子,但车头低,炮被捉。反观黑方,7路卒已近王城,车正咬住炮,黑趁轮走之机,沉炮准备与车卒构成凶悍的杀势;然后弃炮残仕,车卒冲城,终令红因防卫残缺而败北。

(如图38,黑先)

(29) ……　　炮8进6
(30)炮四平五　……

红如走炮四退一(车一平二,车4平6,车二退九,车6退2,黑虽占优,但不一定能胜),车4平1,车一平二,车1进3,士五退六,炮8平6,黑占优势。可见,红应平车邀兑送回一子。

(30) ……　　车4平1
(31)车一平二　……

若红车一平四,黑将5平4,黑胜势。

(31) ……　　车1进3

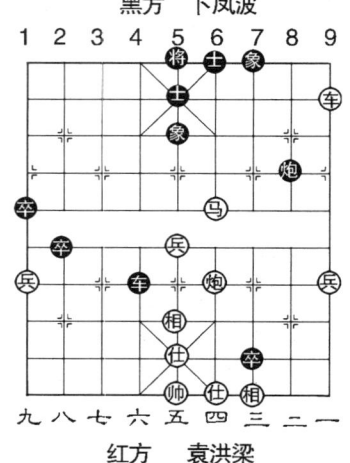

图38

(32)仕五退六　炮8平6

(33)相五退七　车1平3　　(34)帅五平四　……

红如相三进五,黑车3平2,红难应付。

(34)……　　　车3平4　　(35)炮五退三　车4退2

(36)炮五进二　车4进1　　(37)马四退三

黑进车点穴,红只好回驹救驾。

(37)……　　　车4进1　　(38)炮五退二　车4退3

黑借杀得马,红败势已露。

(39)车二平四　车4平7　　(40)相三进五　……

若红走炮五进七,则将5平4,帅四平五,车7平4,帅五进一,卒2进1,兵五进一,卒2进1,炮五退一,卒2平3,车四退三,车4进2,黑胜。

(40)……　　　车7平9　　(41)兵五进一　卒2进1

(黑胜)

至此,红因防御已破,难于久缠,遂主动收枰认负。

二、无车篇(41局)

马兵类(1局)

26. 骑兵得意夺旌旗

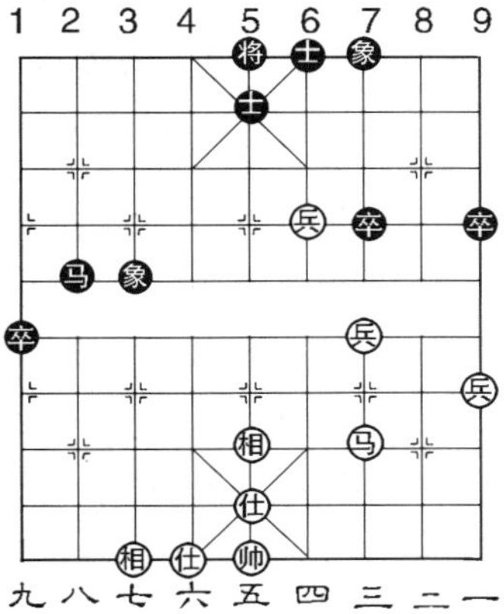

图39是广东两将许银川与黄海林在2001年全国个人赛十轮上交战了30个回合弈成的一盘残局。乍看双方各余马三兵仕相全,似可成和局。但认真审察后可发现,黑左翼双卒已成红囊中之物,红在后段酣斗中,利用骑兵占位优势,先夺双卒;随后,调动兵马抢占要道,巧妙化解了黑马卒对河头兵的袭击,谋驹夺旗。

(如图39,红先)

(31)兵四平三　……

在兵微将寡的残棋战中,兵卒的个数及占位,举足轻重,红先吃卒,势在

图39

必行。

(31)……　　象3退5　　(32)兵一进一　马2退4

(33)前兵平二　马4进5　　(34)马三进四　……

直观来看,红兵二平一杀边卒不是成了马三兵仕相全对马卒士象全胜局吗?红之所以不急于杀卒,是考虑到若给黑守住相位兵,渡河取胜将变得困难,故红跃马轧马。从此着可见,"许少帅"残棋功夫多么老练、精细。

(34)……　　卒1平2　　(35)兵二平一　卒2进1

(36)后兵进一　卒2平3　　(37)前兵平二　卒3平4

黑还续战,主要是看到红三路兵是相位,若不能过河,尚可支撑。

(38)马四进三　卒4平5　　(39)马三进四　卒5平6

(40)马四退二　象7进9　　(41)兵一进一　象5退7

(42)马二进一　将5平4　　(43)马一退二　卒6平7

(44)马二进四　卒7平6　　(45)马四退三　卒6平7

若黑误走马5退6,红兵三进一可胜定。

(46)马三进二　马5退4　　(47)马二退三　……

红如兵一进一杀边象,黑则马4退6,再马二退四,士5进6,兵一平二,红不一定能胜。

(47)……　　马4退6　　(48)马三退四　象7进5

(49)马四进六　象5退7

黑若象9退7,红则马六进四压马渡兵胜定。

(50)马六进四　马6退8　　(51)马四进三　(红胜)

临末,黑退马导致丢子是步失着,但红三兵必可过河亦成例胜局。

炮兵类（1局）

27. 智取孤卒陷敌营

图40是2001年全国团体赛哈尔滨张晓平与新疆杨浩较量了61个回合演成的一盘残局。本例红充分发挥炮兵及仕相的功能作用，运用停、迫着等技巧，伺机先歼孤卒，兵与帅分占四六线，令黑坐以待毙。

(如图40，红先)

(62) 兵五进一　炮5平6
(63) 帅四平五　炮6平5
(64) 炮六平二　炮5退2
(65) 帅五进一　炮5进1
(66) 帅五平六　炮5平4
(67) 仕六退五　卒6平5
(68) 仕五进四　卒5平4
(69) 帅六平五　炮4平5

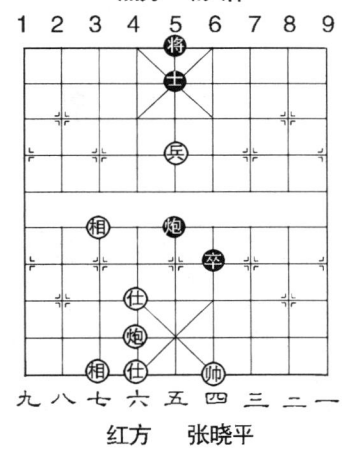

图40

如黑炮4进5，帅五平六，炮4平9，炮二平五，红可得士胜势。

(70) 帅五退一　炮5退1
(71) 炮二平四　炮5进1　(72) 帅五平四　卒4平5
(73) 仕六进五　卒5平4　(74) 相七进五　炮5进1
(75) 仕五进六　炮5退2　(76) 炮四平六　卒4平3

依笔者拙见，黑宜卒4进1去仕，以增加红取胜难度。

(77) 相五进三　炮5平6　(78) 仕四退五　炮6平5
(79) 仕五退六　士5退6

若黑士5退4，红兵五平四，黑炮5进3（士4进5，炮六平五，红大占优势），兵四进一，炮5平6，炮六平五，卒3平4，炮五退一，红胜势。

(80) 兵五平六　炮5退2　(81) 兵六进一　炮5平8

(82)炮六平五　卒3平4　　(83)相三退五　炮8平5

(84)炮五平六　……

如红兵六平五,黑士6进5,黑一卒一士尚有谋和希望。

(84)　……　　炮5平6　　(85)炮六进二　士6进5

(86)炮六平五　士5进6　　(87)帅四平五　炮6平9

(88)相五进三　炮9平8　　(89)炮五退二　炮8平6

黑如将5平6,红炮五平四,黑炮8平6,炮四进七,将6进1,帅五平四,红胜。

(90)相三退五　将5平6　　(91)炮五平三　将6平5

(92)炮三进七　……

红进炮限炮,运用停、迫技巧,好棋。

(92)　……　　炮6退1　　(93)相七退九　炮6进1

(94)相九退七　炮6退1　　(95)炮三退七　炮6进1

(96)炮三平五　将5平6　　(97)相七进九　炮6平8

(98)帅五平四　炮8平9　　(99)炮五平四　(红胜)

临末,黑如改炮8平6,红炮五平四兑炮亦胜定。

双炮兵类（4局）

28. 于微小处见功夫

图41是2001年"柳林杯"第四届全国大师冠军赛北京张强与火车头宋国强拼逐了36个回合弈成的一盘残局。棋谚有云："双炮一条绳",它说明了在残棋战中,双炮配合的灵活性不够大。本例红多一兵,稍微占优,但要取胜颇为不易。红在续战中,充分发挥勒磨功夫,先沉炮保兵,然后调炮右翼,并抓住黑不耐久缠之隙,巧歼双士,实为于微小处见功夫。

（如图41,红先）

(37)炮二进四　象5退7　　(38)炮二平一　炮2进3

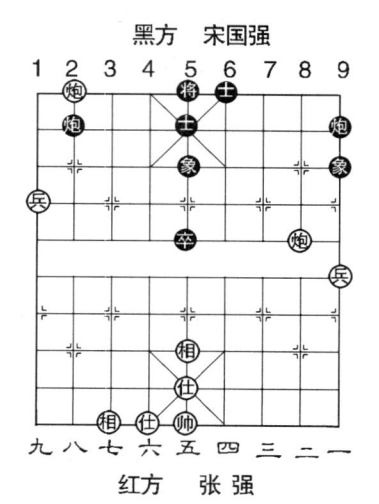

图41

在处下风形势下，黑升炮建立河沿防线，不让红兵渡河，正着。

(39)炮八退三　士5进6　(40)炮八平二　炮2平3

(41)兵九平八　炮3退4

黑退炮不如士6退5，红兵八平七虽仍占优，但黑可遏阻红进边兵，减弱其进攻力量。

(42)兵一进一　将5进1　(43)兵一平二　炮3平5

(44)炮二进三　将5平4　(45)炮二退一　炮5平3

(46)兵二进一　将4平5　(47)兵八平七　……

如红炮一退二杀象，黑可炮3进1，红炮二平七，炮9平3，红虽占优势，黑还可一战。

(47)……　　　炮3进1　(48)炮二进一　炮3退1

(49)兵二进一　象9进7　(50)兵二进一　炮9进1

(51)兵七平六　卒5进1　(52)炮一退一　……

红运炮进兵，令黑感到压力沉重。

(52)……　　　将5退1　(53)兵二平三　炮9平8

(54)兵六平五　象7退9

若黑士6退5，红炮一进一，象7退9，兵三进一，将5平4(士5退4，兵五进一，红杀)，兵三平四，将4进1，炮二平七，红胜定。

(55)兵三平四　卒5进1　(56)兵五平四　士6退5

(57)炮一平五　……

红炮击心士，胜局在望了。

(57)……　　　炮3进1　(58)后兵进一　象9进7

(59)炮五退二　将5平4　(60)前兵平五　炮8进3

(61)炮五平一　炮8平1　(62)炮一进三　象7退9

(63)炮二平四　(红胜)

29. 误走冲兵　前功尽弃

图42是火车头金波与上海孙勇征在2001年全国团体赛上拼杀了40个回合形成的一盘残棋，该黑方走子。观枰可见，红方不仅兵种好，而且防御力量强。可惜在图后交战中，红低估了黑双炮双卒构成的威胁，不愿兑炮，反而进

兵，被黑捕捉兵机，沉炮掠仕成杀局。

（如图42，黑先）

（40）……　　卒8平7

黑因缺士象，只好平卒一拼。

（41）马三退五　炮5退1

（42）炮六进二　卒3进1

（43）帅五平六　……

红如炮六平三，黑卒7平6，再兵三进一，卒6进1，马五退三，卒6进1，马三退五，卒3平4，黑"二鬼拍门"成杀。

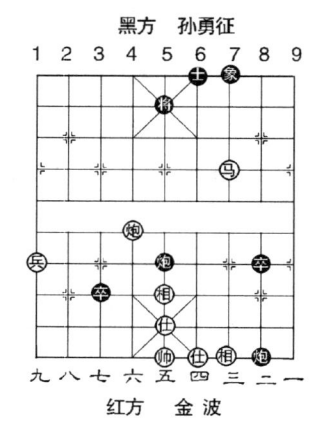

（43）……　　炮8退1

（44）仕五进六　……

黑退炮护卒，正着。若红马五退七，黑卒3平4，红帅六平五，炮8进1，炮六平三，将5平4，马七进六（马七退五，卒7平6，黑胜势），卒4平5，帅五平六，卒7平6，黑大占优势。

（44）……　　卒7进1　（45）马五退七　卒7进1

对杀战，实质是比试攻子的速度，黑进卒是正确的。

（46）仕六退五　将5平4　（47）炮六退一　炮5退3

（48）兵三进一　……

红此时进兵，无疑开门揖盗。依笔者愚见，不如马七进六，炮5平4，炮六进二，将4进1，帅六平五，卒3平4，马六退五，红尚可一战。这里不排除红为争团体成绩，宁败不和，铤而走险。

（48）……　　卒7平6　（49）兵三进一　炮8进1

黑沉炮已成强悍攻势，红不好应对了。

（50）马七退八　卒6平5　（51）相五进七　炮5平9

黑亦可炮5退2，下有炮5平4红也难应付。

（52）相七退五　炮9进7　（53）马八进六　卒3进1

（黑胜）

本局红48回合改走马七进六兑子，再回马化解黑方攻杀，足可一战。

30. 炮立中宫　兵到将危

图 43 是 2000 年全国个人赛重庆林宏敏对四川李艾东的一则残棋,由双方角逐 32 个回合演成。红在后段续战中,抓住黑因马炮双卒士象全优于双炮双兵仕相全而不愿成和的心理,借中炮之威,从正侧两面夹攻,劫得边卒,继而出帅进兵,令黑坐以待毙。

(如图 43,红先)

(33) 相五进三　马 7 进 6

黑如马 7 退 9,红炮三平二,马 9 进 8,炮五进一,红优。

(34) 炮三平二　将 5 平 4
(35) 仕六进五　炮 2 进 4
(36) 炮二进七　象 5 退 7
(37) 炮二退四　象 7 进 5
(38) 炮二平六　将 4 平 5
(39) 炮六平九　……

红先扫一卒,拓展实力,佳着。

(39) ……　炮 2 平 8
(40) 相七进五　炮 8 进 3
(41) 相五退三　马 6 退 7

图 43

黑如马 6 进 7,红炮九平一,再马 7 退 9,炮一进四,炮 8 退 9,红仍占优,但黑尚可一战。

(42) 炮五退一　炮 8 平 9
(43) 帅五平六　象 3 退 1

黑走将 5 平 4 为妥。

(44) 炮九平二　将 5 平 4

若黑马 7 退 9,红炮二进二,再将 5 平 4(象 1 退 3,兵六进一,红优),炮二平九,马 9 进 8,炮九退四,红颇占优势。

(45) 炮二平六　将 4 平 5
(46) 兵六进一　(红胜)

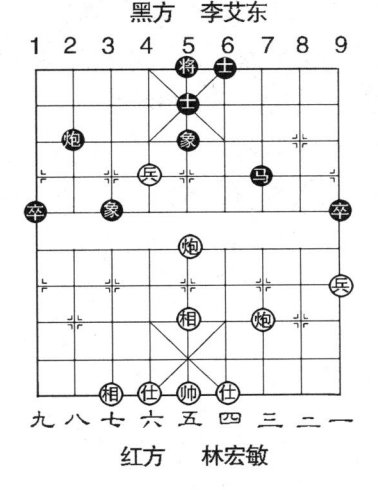

以下,黑如再走马7进5,红兵六平五,再象1退3,兵五平六,红胜定,故黑认负收枰。

31. 轻进左驹招烦恼

图44是2001年全国个人赛第五轮邮电袁洪梁对沈阳苗永鹏角逐了23个回合演成的一则残局。观枰可见,彼此成炮马争雄之势。黑趁轮走之便,炮镇当头,限制红中马活动范围,随后,渡边卒助攻,双炮卒两翼进击,并抓住红求胜心切,轻进左驹之隙,沉炮构成绝杀。

(如图44,黑先)

(23) ……　　　炮3平5

(24) 仕四进五　象3进5

黑立炮当头及上象,意在限制红中马活动范围。

(25) 马五进七　卒1进1

(26) 马七退六　炮5退1

(27) 马六进四　卒1进1

(28) 兵五进一　炮5平3

(29) 相一退三　……

如红兵五进一,黑炮1进3,再相一退三,卒1平2,黑方占优。

(28) ……　　　卒1平2　　(30) 兵五进一　炮1退3

(31) 马四进三　将5平4　　(32) 相三进五　象5进3

(33) 后马进五　……

红若兵五平六,黑象7进5,马三进五,卒2进1,黑优。

(33) ……　　　卒2进1　　(34) 兵一进一　炮1进3

(35) 马五进六　将4进1　　(36) 马六进七　卒7进1

黑不露声色,渡卒加强进攻兵力,好棋。

(37) 兵五平六　卒7平8　　(38) 兵六平七　炮3平7

(39) 马七退五　将4退1　　(40) 马五退三　……

柳大华认为,红应马五进七,黑将4进1,再马七进八,将4退1,兵七进一,红较有反扑机会。

(40)　……　　炮1退5　　(41)前马退四　象7进9

(42)马三进一　卒8平9　　(43)马四退五　炮7平8

(44)马五进三　卒9进1　　(45)马一退二　炮1进5

(46)马三退五　士5进6　　(47)马二进四　炮8进6

黑沉炮布下伏击陷阱，佳着。

(48)马五退六　卒2进1　　(49)马六进七　炮1平3

(50)马四进六　卒9进1　　(51)马六退五　……

如红马六进四，黑卒9平8，马七进五，士6进5，马四退六，炮3平9，黑方占优。

(51)　……　　炮3平9　　(52)马七退八　卒9平8

(53)仕五进四　……

红若帅五平四，黑卒8平7，再马五退三，炮8退3，马三进四，卒7进1，黑占优势。

(53)　……　　卒8平7　　(54)马五退三　炮8退3

(55)马三进五　炮9进3　　(56)兵七平六　……

红应帅五进一，如黑卒7进1，再马五退三，炮9退1，帅五退一，炮9退2，马三进四，红尚可反击。

(56)　……　　炮8进3　　(57)帅五进一　炮9退1

(58)马八进七　……

红进马自招烦恼，败着。应走马五退三，卒7平6，马八进六，卒6平7，马六进四，彼此尚有一番恶战，胜败未卜。

(58)　……　　卒7进1　　(黑胜)

以下红只有帅五退一，黑卒7平6成杀。

双马兵类（1局）

32. 双骑生风　围城夺帅

图45是北京张强与上海孙勇征在2000年全国个人赛上酣斗了31个回合弈成的一盘残局。一般来说，马炮双兵的兵种比双马三卒稍佳，但也要看到，黑

6路卒已深入腹地,前方3路马及中卒占位较佳。在图后续战中,黑方利用棋子占位的优势,先冲中卒胁马剥相,然后回驹谋边兵,以马护卒,伺机以卒换仕相,终于围城夺帅。

（如图45,黑先）

(31) ……　　　卒5进1
(32) 炮四平三　卒5进1
(33) 马六进七　前马进5
(34) 仕四进五　马5退7
(35) 帅六平五　马7退9

黑几着过招,已夺相得兵。红如不平帅改兵一进一,黑卒6平5更优。

(36) 炮三进二　马9进8
(37) 炮三退一　马8退6

黑亦可马8进7吃相,如红炮三平七,黑马3进5占优。

(38) 炮三平七　马3进5　(39) 马七进八　将4平5
(40) 马八退九　马5进4　(41) 炮七退四　……

红退炮牵制黑马卒,不失为下风棋势的一步好招,如改炮七退一,黑马4进3大占优势。

(41) ……　　　马6进8　(42) 马九退七　卒5进1
(43) 相三进一　卒5进1　(44) 马七退五　士5进6
(45) 相一进三　卒6平5

黑以卒换仕相,令红攻守两难。

(46) 仕六退五　马8退7　(47) 仕五退六　士6进5
(48) 仕六进五　象3进5　(49) 炮七平六　马7进5
(50) 炮六进二　……

若红仕五进六,黑马4进3颇占优。

(50) ……　　　马5进7　(51) 仕五进四　马4进2
(52) 炮六平二　将5平4　(53) 炮二退二　马2进3
(54) 炮二平六　将4平5　(55) 帅五平六　马3退4
(56) 炮六平八　卒5平6　（黑胜）

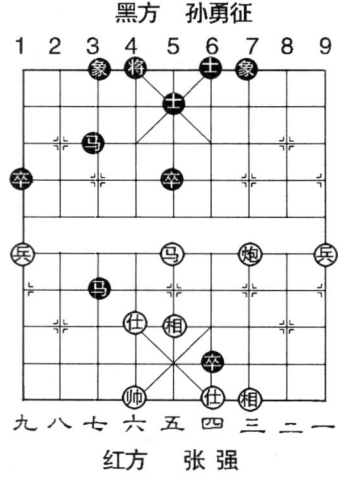

黑方　孙勇征

图45

红方　张强

至此,红已防卫尽失,黑稳操胜券。以下从略。本局较好地说明了棋子位置在实战中的重要性。

马炮兵类(8局)

33. 背水一战　舍卒夺炮

图46是2001年BGN首届世界象棋挑战赛复赛一轮第二局江苏廖二平与湖北柳大华激战了60个回合的一盘残局。黑因头局已马失前蹄,此局和棋即被淘汰,故宁败不和,可以理解。红则不同,只要弈和,即大功告成。观枰可见,双方兵力大体相等,黑方仅凭兵种略优于红方的少许优势,马炮卒从正侧两面夹攻,不惜抛士弃象歼红防卫,终于以舍卒得炮告捷。

(如图46,黑先)

(60)　……　　　马3进1
(61)炮五平六　将4平5
(62)炮七平五　士6进5
(63)兵四平五　炮4退1
(64)炮六平二　……

红如兵五进一,黑卒3进1,红仕五进四,马1进3,黑胜势。

(64)　……　　　卒3进1
(65)炮二退四　卒3平4
(66)帅六平五　炮4平5
(67)帅五平六　马1进2
(68)炮五平一　……

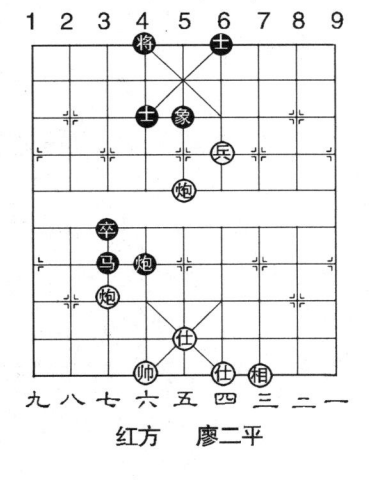

图46

若红炮二进一,黑炮5平1,帅六平五,炮1进4,仕五退六,马2退1,仕六进五(帅五进一,马1进3,黑优),马1进3,帅五平六,炮1退4,黑大占优势。

(68)　……　　　马2退3　　(69)帅六进一　炮5平1
(70)相三进五　炮1平4　　(71)仕五进六　炮4退1
(72)帅六平五　马3退4　　(73)兵五进一　……

红方仕丢定,如改炮二进一,马4进6,炮二平四,卒4进1,黑亦大占优势。

(73)……　　马4进6　　(74)炮一平四　卒4进1
(75)相五进七　马6退5　　(76)帅五平四　马5进4
(77)炮四进一　炮4平6　　(78)炮四平五　马4退5
(79)兵五平六　……

黑弃士,悍将本色。红如帅四平五,黑马5进6,帅五退一,卒4进1,黑胜势。

(79)……　　将5平6　　(80)炮五进一　马5进3

黑若士5进4去兵,红炮二进三尚可支持。

(81)仕四进五　马3进5　　(82)帅四退一　马5进7
(83)帅四平五　炮6平5　　(84)兵六进一　卒4平5
(85)炮五进四　卒5进1　　(86)帅五平六　卒5平4!
(87)帅六进一　马7进6　　(黑胜)

至此,红失炮败定。下略。此战柳大华虽扳回一局,无奈加赛铩羽,无缘进入复赛二轮。

34. 兵换士象　马炮立功

图47是深圳卜凤波与火车头于幼华在2000年全国团体赛鏖战了48个回合演成的一盘残局。一般来说,黑双炮士象全可以守和马炮兵仕相全。红经过精心筹算后,利用兵塞象眼的微弱优势,进炮窥象,然后寻机以兵兑士象,最后以马炮仕相全迫黑城下签盟。

(如图47,红先)

(49)炮二进四　炮2进1

红进炮瞄象,如黑象5进3(象5退3,马四退二,红得象),炮二退二,炮9进2,马四进五,红优。

(50)马四进六　象5进3
(51)马六退七　……

红马以退为进,目的在于谋象。

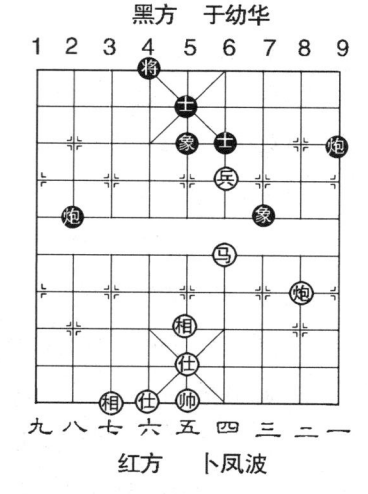

图47

(51)　……　　　炮 9 退 2

黑若炮 9 进 2,红可马七进五,炮 2 退 1,炮二退二,红亦占优。

(52)马七进五　　炮 9 平 6

黑因必丢象,只好谋兵求和。

(53)兵四进一　士 5 进 6　　(54)马五进三　士 6 退 5

(55)马三进五　象 3 退 5　　(56)炮二退一　……

红亦可马五进七,黑将 4 平 5,马七退六,象 5 进 3,马六进四,炮 6 进 2,红方占优。

(56)　……　　　炮 6 进 2　　(57)马五退六　炮 2 退 2

(58)仕五进六　炮 2 平 6　　(59)马六进七　象 7 进 3

(60)仕六进五　(红胜)

至此,红已控制黑象,黑虽经苦战,至 116 个回合终败,余下从略。读者如有兴趣,不妨翻阅拙著《象棋大赛残局例析》一书,内有类似局例。本局也说明,在现代残棋战中,仕相不仅有防守作用,也有助攻能力,其价值明显提升。

35."金人七燕"　步步为营

图 48 是 2001 年 BGN 首届世界象棋挑战赛初赛第三轮吉林陶汉明与河北刘殿中第二局,酣斗 70 个回合演成的一盘残棋。此前,黑已取得头局的胜利。观枰可见,彼此均有取胜希望。然而红方只有获胜,方有加赛机会,因而竭力求胜,无可厚非。在此图后续战中,红步步为营,伺机运用古局"金人七燕"的技巧,夺得孤士;并抓住黑误平炮的破绽,献兵夺炮,再谋孤象,终于赢得战局。

(如图 48,红先)

(71)兵四进一　将 5 退 1　　(72)相五进七　卒 5 进 1

(73)炮二退四　卒 5 进 1　　(74)炮二平九　卒 3 平 4

黑如马 3 进 1(炮 2 平 1,炮九进四,马 3 进 1,马七退八,红优),红马七退八,黑卒 3 平 4,炮九进二,红亦占优。

(75)炮九进六　卒 5 平 6　　(76)相七退九　象 7 退 5

(77)炮九平七　马 3 进 5　　(78)炮七平九　马 5 退 7

(79)兵四平三　将 5 进 1　　(80)马七退六　马 7 进 5

(81)马六进八　卒 4 平 5　　(82)炮九退四　炮 2 退 1

（83）马八进七　马5进7

（84）炮九进二　象5进3

若黑马7退6，红可马七退八，黑马6进7（马6退7，炮九进二，红得马胜），炮九进二，炮2进1，马八进六，红大占优势。

（85）相七进五　象3退1

（86）相九退七　马7退8

（87）兵三平四　将5平4

（88）炮九平六　士4退5

（89）炮六退一　……

红觅得战机谋士，佳着。

（89）　……　　将4进1

（90）马七退六　将4平5　（91）兵四平五　象1进3

（92）炮六平三　马8进9　（93）炮三进四　……

红进炮与古局"金人七燕"相似。

（93）　……　　马9退7　（94）炮三平五　将5平4

（95）马六进八　象3退1　（96）炮五平六　将4平5

（97）马八退六　象1进3　（98）炮六平九　炮2退1

（99）兵五平四　炮2平8

黑平炮失着，若改炮2进5，相五进七，马7退8，黑尚可支撑。

（100）马六进七　将5平6　（101）马七进五　将6退1

（102）炮九平二　……

红混战中俘获一炮，渐入胜境。

（102）　……　　马7退8　（103）马五退六　象3退5

（104）炮二平九　马3进6　（105）马六退八　象5进3

（106）仕五进六　……

红因无兵，只好利用仕相作炮架。

（106）　……　　马6进5　（107）炮九退八　马5进7

（108）马八进六　象3进5　（109）马六退五　将6平5

（110）马五退三　象5进7　（111）炮九平五　马7进8

（112）帅四进一　马8退7　（113）帅四退一　马7进8

(114) 帅四进一　马8退7　(115) 帅四退一　将5平4

黑重复攻帅始终要变,若马7进8,帅四进一,卒6进1,马三退四,马8退6,帅四进一,红胜定。

(116) 相五退三　马7进8　(117) 帅四进一　马8退7
(118) 帅四退一　马7进8　(119) 帅四进一　马8退7
(120) 帅四退一　将4退1　(121) 帅四平五　马7进8
(122) 炮五平三　象7退5　(123) 炮三平六　将4平5
(124) 炮六平五　马8退6　(125) 帅五平四　……

红如马三退四,黑卒6进1,红炮五进六,将5平6,炮五平四,将6进1,黑尚有转机。

(125) ……　　　马6进8　(126) 帅四进一　马8退7
(127) 帅四退一　将5平4　(128) 炮五进六　……

红步步为营,小心谨慎,得象后胜利在望。

(128) ……　　　马7进8　(129) 帅四进一　卒5平4
(130) 仕六进五　将4平5　(131) 相七进五　卒6平5

黑应马8退7,红帅四退一,再卒6平5为妥。

(132) 马三退二　卒5进1　(133) 炮五平二　(红胜)

红获胜后,再一鼓作气,取得加赛胜利,晋身第四轮比赛。

36. 稳步进取　消除后患

图49是2000年"广洋杯"大棋圣战广东吕钦与火车头金波厮杀了72个回合演成的一盘残局,该黑方走棋。黑方通过权衡利弊后,决定扬士杀炮,利用兵种优势。针对红无防卫的致命弱点,以马护卒,稳步进取,发挥士象的助攻功能,巧歼红兵,消除后患,终于获胜。

(如图49,黑先)

(72) ……　　　士5进4

同样是得回一子,黑扬士夺炮,不仅兵种好,且子位也佳,老练。

(73) 炮五平六　马6退4　(74) 帅六平五　马4进6
(75) 帅五进一　马6退5　(76) 马三退四　象7进5
(77) 马一进三　将6平5　(78) 兵一进一　卒1进1

(79) 兵一进一　　卒1进1

(80) 兵一平二　　卒1平2

(81) 兵二平三　　士4退5

(82) 兵三平四　　马5进6

(83) 马四退六　　……

以上几招，双方进行兵卒速度争决战，黑有士象终占上风。红如马四进五，黑卒2进1，红兵四进一，卒2平3，黑已卒临将门，红危矣。

(83) ……　　　象5进3

(84) 兵四进一　　卒2平3

(85) 帅五平四　　卒3平4

(86) 帅四退一　　卒4平5

(87) 帅四退一　　士5进4

(88) 马六退七　　马6退7

黑方且攻且守，稳步进取，精明干练。

(89) 马三退四　　卒5平4　　(90) 兵四平五　　马7进6

(91) 马七进九　　象3退1　　(92) 马九进八　　士4退5

(93) 兵五进一　　……

红方深知，无防卫难于久缠下去，故进兵一搏。

(93) ……　　　马6退5　　(94) 帅四平五　　士5退6

(95) 马八进七　　马5退3

黑回骑保象窥兵，使红难以反扑，好棋。

(96) 马七退六　　象1退3　　(97) 帅五平四　　卒4进1

(98) 兵五平四　　炮4平1　　(99) 兵四进一　　马3退2！

黑退马消灭红兵，稳操胜券。

(100) 兵四进一　　将5平6　　(101) 帅四平五　　马2进4

(102) 帅五进一　　马4进6　　(103) 帅五退一　　象3进5

(104) 马六进七　　卒4进1　　(105) 帅五进一　　……

若红马七退五去象，黑将6平5后，红马不能动弹亦败定。

(105) ……　　　将6进1　　(106) 马四进六　　马6进4

(107) 马七退五　　马4进3　　(108) 马五退三　　将6退1

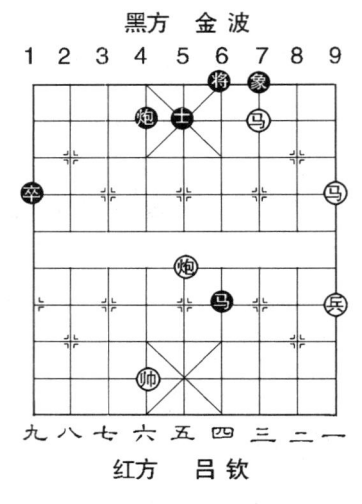

（109）马三退四　炮1平4　　（110）马六退四　卒4进1
（111）帅五退一　马3退5　　（112）前马进三　炮4平7
（113）马四退二　将6平5　　（114）马二进四　……

红如马二退四,黑炮7平5,红丢马亦败。

（114）……　　　炮7平5　　（115）帅五平四　……

若红马三进五,黑可马5进6,红帅五平四,卒4平5,马四退三,将5进1,黑亦胜。

（115）……　　　卒4平5　　（116）马四退三　马5进6
（117）前马退五　炮5平1　（黑胜）

以下,黑沉炮即杀,红已无术回天。由于本届"广洋杯"赛采用双败淘汰制,此战是参赛者在第五轮的负者区相遇的,所以,彼此都全力以赴,结果金波得胜,获得比赛亚军。

37. 乘兑残相　炮卒破营

图50是2001年全国团体赛湖南肖革联与广东吕钦拼斗了55个回合弈成的一盘残局。分析棋势可见,黑多双卒,明显占优;然而红却针对黑象位卒未能渡河参战,进行顽强抵抗;但功夫老到的黑方,却抓住红中马弊端,兑马残相,继而调运炮卒控制中场,从容进卒,终于兑仕谋炮得胜。

（如图50,黑先）

（55）……　　　马2进3

黑运用先弃后取技巧,找到了突破口,走得好。

（56）相五退七　炮1平5
（57）相七进五　炮5进4
（58）炮九平五　炮5平2
（59）帅五平四　士4进5
（60）炮五平九　卒9平8
（61）仕四退五　卒8平7
（62）炮九退一　卒7平6
（63）炮九平八　炮2平6
（64）帅四平五　卒6平5

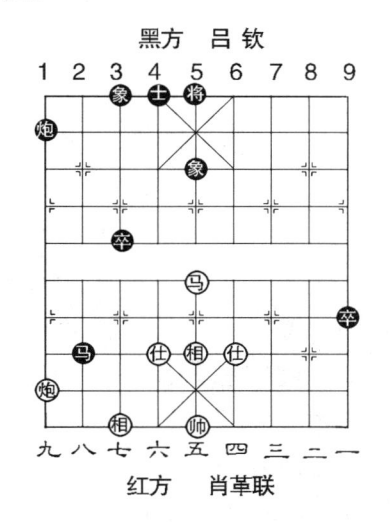

图50

(65)炮八进二　炮6平5

红缺相后,进炮保相,不失为劣势下的一着好棋。然而,黑有对策,摆炮攻相,为河头卒前进开路,正着。

(66)相五进三　将5平6　　(67)炮八进七　象3进1
(68)炮八退三　卒5平4　　(69)帅五平六　炮5退2
(70)炮八平六　卒3进1

黑卒渡河后,胜利指日可待。

(71)炮六退一　卒3进1　　(72)炮六平四　象5进7
(73)炮四退三　士5进4

黑不急于进卒而飞象扬士,表现了炉火纯青的残棋功夫。

(74)相三退五　象1进3　　(75)炮四平二　士4退5
(76)炮二平四　将6平5　　(77)炮四平二　士5进6
(78)炮二进一　炮5退2　　(79)炮二平一　将5平4

黑调将四路,为以后谋仕打基础,是实战常用的残棋技巧。

(80)炮一平二　象3退5　　(81)相五进三　卒3进1

黑此时进卒,恰到好处,红败定矣。

(82)炮二进三　卒3平4　　(83)士五进六　卒4进1
(84)炮二平六　将4进1　　(85)炮六退三　炮5退1
(86)炮六进三　卒4进1　　(87)帅六进一　炮5平4

(黑胜)

38. 谋卒残象　骑兵夺阵

图51是2001年首届BGN世界象棋挑战赛初赛首轮上海孙勇征与广东宗永生交战了20个回合走成的一盘残棋。本局黑虽多一卒,遗憾的是兵种及双马位置不佳。红借先行之利,马踩中卒,横炮扫边卒,反得多兵实惠;随后中、边兵衔枚疾进,配合马炮侧攻,先夺一象,并退炮回防,化解了黑方进袭,终以马双兵钳杀击败黑方。

(如图51,红先)

(21)马六进五　……

此着红亦可走马六退八,黑象3进5,再炮七平一,红方占优。虽然红马的位置不及实战好,但黑方的过河卒被消灭,可消除后患。

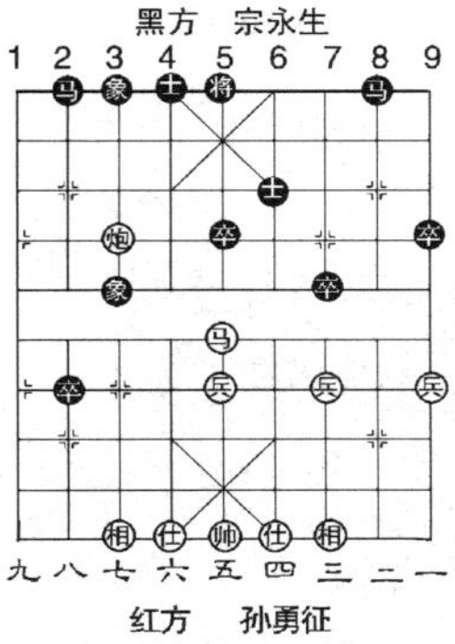

　　(21) ……　　　象 3 退 5
　　(22) 炮七平一　卒 2 平 3
　　(23) 兵五进一　马 8 进 6
　　(24) 兵五进一　士 6 退 5
　　(25) 马五进三　马 2 进 3
　　(26) 兵一进一　马 3 进 2
　　(27) 兵五平四　马 2 退 4

图 51

如黑马 2 进 4,红兵四进一占优。

　　(28) 兵一进一　马 4 进 5
　　(29) 兵一平二　马 5 进 7
　　(30) 炮一进三　士 5 进 6

从实力来看,黑方不弱,与红方大体相等。但从子位来分析,红方马炮双兵的位置比黑好得多,致命的弱点是黑六路马未能跃出,红沉炮后,黑若贸然走马 6 进 8,红炮一平二,黑马危在旦夕。

　　(31) 兵二进一　马 6 进 4　　(32) 兵四进一　马 4 进 5
　　(33) 兵二进一　士 4 进 5　　(34) 马三进二　象 5 退 7

黑退象,看似随手,但士 5 退 6,红兵二平三,更占优势。

　　(35) 仕六进五　将 5 平 4　　(36) 炮一平三　马 5 进 4
　　(37) 帅五平六　马 7 退 5　　(38) 兵四平五　马 5 退 3
　　(39) 马二退三　将 4 进 1

黑权衡利弊,如将 4 平 5,红兵五平四后黑仍被动挨打,还手机会更少了,所以黑进将以求一拼。

　　(40) 兵五平六　马 3 进 5　　(41) 兵六平七　卒 3 进 1
　　(42) 相七进五　卒 3 进 1　　(43) 炮三平一　马 5 进 3
　　(44) 炮一退八　卒 3 平 4　　(45) 炮一平六　马 3 进 4
　　(46) 帅六进一　……

彼此兑子后,构成马双兵仕相全对马卒单缺象残局。这是个未有胜和定论的残局。其胜和要视双方的残局功力和临场竞技状态。

　　(46) ……　　　将 4 退 1　　(47) 马三退四　将 4 平 5

(48) 兵七平六　马 4 进 2　　(49) 帅六退一　将 5 平 4
(50) 兵二平三　马 2 退 1　　(51) 仕五进六　马 1 退 3
(52) 马四退五　马 3 进 5　　(53) 兵六平五　马 5 进 7
(54) 马五进七　马 7 退 8　　(55) 兵三平二　马 8 进 7
(56) 马七进五　士 5 退 6

若黑不转士,红下着兵五平四,黑更难应付了。

(57) 马五退四　马 7 退 9　　(58) 相三进一　士 6 退 5
(59) 兵二平三　将 4 进 1　　(60) 相五退三　将 4 退 1
(61) 帅六平五　将 4 平 5　　(62) 仕六退五　将 5 平 4
(63) 仕五进四　象 3 进 1　　(64) 兵三进一　象 1 进 3
(65) 兵三平四　将 4 进 1　　(66) 兵五平六　……

以上一段酣战中,红方深知,马兵类残局要取胜,须化仕露帅配合,然后双兵分别从两翼切入,现红平兵是谋胜要着。

(66) ……　　将 4 退 1　　(67) 兵六平七　象 3 退 5
(68) 兵七进一　卒 7 进 1

黑如马 9 退 8,红兵七进一,黑马 8 进 6,马四进五,象 5 进 3,马五进七,马 6 退 5,兵七平六,将 4 平 5,马七进八,红胜定。

(69) 相一进三　马 9 退 7　　(70) 马四进六　马 7 退 8
(71) 兵四进一　马 8 进 6

红兵杀士,凶着。若黑士 5 退 6,则兵七平六,象 5 退 7,马六进七,士 6 进 5,兵六进一,将 4 平 5,兵六平五,红胜势。

(72) 马六进七　马 6 退 7　　(73) 相三进一　士 5 退 6

如黑象 5 进 7,红兵七进一,红胜定。

(74) 兵七平六　马 7 进 6　　(75) 兵六平五　士 6 进 5
(76) 仕四退五　将 4 平 5　　(77) 仕五进六　将 5 平 4
(78) 帅五进一　将 4 平 5　　(79) 马七进九　将 5 平 4
(80) 马九退八　将 4 平 5　　(81) 兵五进一　(红胜)

至此,黑如续走马 6 退 5(将 5 平 6,帅五平四,红亦胜),红马八进六,红得马胜定。红历经 60 多个回合战斗,先拔头筹。红次局弈和,以 1 胜 1 和进入第二轮比赛。

39. 回炮防袭　正面包抄

图 52 是 2001 年"柳林杯"四届大师冠军赛黑龙江聂铁文与湖北李望祥角斗了 24 个回合演成的一盘残棋。从棋子位置来看,红有兵过河且马位与中兵的位置不错,自然优于黑方。然而黑也并非败势。在后段交锋中,红先退炮防马,然后出帅进炮抢占要道,扑马挺兵,马炮兵联成一气,终于构成绝杀。

(如图 52,红先)

(25)炮八退一　……

红退炮防马,"先为不可胜",老练。

(25)　……　　　马 8 退 6

(26)炮八平九　　将 5 平 4

(27)帅五平六　　马 6 进 7

(28)炮九平六　　……

红亦可走炮九进五去卒,黑若马 7 退 9(炮 9 进 5,炮九退一,红大占优势),红可炮九退一,卒 9 进 1,炮九平六,将 4 平 5,兵九进一,红方占优。

(28)　……　　　将 4 平 5

(29)炮六进四　　马 7 退 9

(30)兵六平五　　士 5 退 4

红平兵窥象,凶招。黑如士 5 进 6(马 9 进 7,前兵进一,象 7 进 5,炮六平五,红杀),红马八进六,将 5 进 1,兵五平四,红大占优势。

(31)马八进六　　将 5 进 1　　(32)前兵平四　　马 9 进 8

(33)兵五进一　　马 8 退 7　　(34)兵四进一　　炮 9 平 8

(35)兵五进一　　马 7 退 4

黑似先炮 8 进 3,红如炮六退二,黑再马 7 退 6 稍比实战好。

(36)炮六平五　　将 5 平 4　　(37)炮五平六　　将 4 平 5

(38)马六退八　　马 6 进 4　　(39)兵五平四　　炮 8 进 8

(40)相五退三　　马 4 进 3　　(41)帅六平五　　马 3 退 1

黑若马 3 退 2,红炮六平五,黑将 5 平 4,前兵进一,马 2 退 3,炮五平六,红

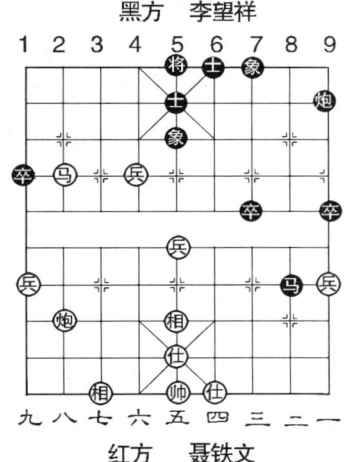

胜势。

（42）炮六平五　将5平4　（43）前兵进一　炮8退4
（44）炮五平六　炮8平5　（45）仕五进六　马1退2
（46）后兵平五　（红胜）

40. 落相困驹　失却和愿

图53是2001年第七届世锦赛中国香港赵汝权对中国吕钦，彼此厮杀了27个回合弈成的一盘残棋，该红方走子。本局中，红方意欲利用此次比赛规则谋和，可惜其误以为落相困马可得子，被黑回炮窥闷宫，令马绝处逢生。伺后黑方弃卒运马卧槽，冲中卒助攻，适时调整阵势，终于攻相迫红方城下订盟。

（如图53，红先）

（28）车二平六　马4进2
（29）相九退七　……

红落相，以为平车可得马，实是败着。应走车六平三，炮7平8，车三平八，马2退4，车八平六，马4进2，车六平二，炮8平7，循环往复。按中国现行规则，一车不能分捉二子，否则判负；但按本届世锦赛规则可判和。红此机一失，难下了。

（29）　……　　　炮7退8
（30）车六平八　马2退3

黑马绝处逢生，渐入佳境。

（31）车八进四　卒1进1
（32）车八平一　马3退1
（33）车一平九　马1退3　（34）相七进五　马3进2
（35）车九退一　马2进4　（36）仕五进六　……

红如不支仕顶马而改走车九退二，马4进3，帅五平四，卒5进1，黑方占优。

（36）　……　　　马4进6　（37）帅五进一　马6退5
（38）车九退二　马5退7　（39）帅五退一　卒5进1

黑中卒渡河助攻，佳着。

（40）仕六进五　象5退7　（41）车九进二　象3进5

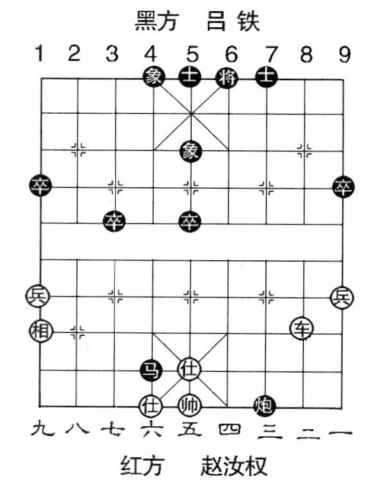

(42)车九退二　炮7平5　　(43)车九平三　卒5平6

(44)车三退一　象7进9　　(45)车三平二　炮5平9

(46)车二平一　马7进6　　(47)车一退一　炮9平5

黑摆炮破仕或相，红难以招架。

(48)兵一进一　炮5进6　　(49)帅五平四　炮5退3

(50)兵一进一　炮5平6　　（黑胜）

至此，红如续走帅四平五，黑象5进7亦胜定，故红认输罢战。本局红应利用棋规谋和。

双炮马兵类（15局）

41. 两军相逢勇者胜

图54是2001年全国个人赛第八轮河北刘殿中对上海林宏敏角斗了50个回合弈成的一盘残局。观盘可见，彼此已成短兵相接、一触即发之势。红深知两军相逢勇者胜，趁发令之先，扑马催杀，然后冲兵胁炮，双炮兵控制黑方"上二路"，终于运兵入九宫成杀。

(如图54，红先)

(51)马四进三　士5进6

红进马暗伏杀机，黑如误走马5进3，则马三进五，红杀。

(52)兵六进一　炮2退1

若黑马5退4，红马三进五，再马4退3，马五退六，红胜。

(53)马三退五　士6退5

(54)兵六平七　炮2进2

黑如卒1进1，红兵七平八，再炮2平1，炮七进一，将6进1，炮八退一，将6退1，兵八平九，红得炮胜定。

(55)炮七平九　炮2平5　　(56)帅五平六　炮5平4

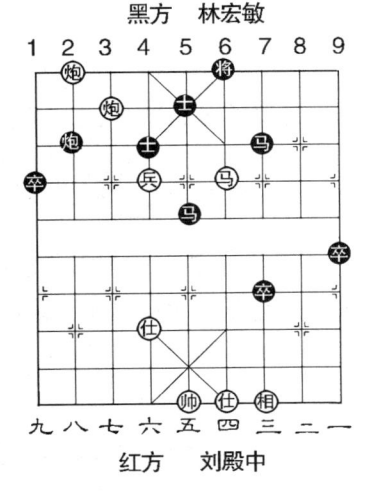

图54

（57）帅六平五　　炮4退2

黑若卒6进1,红兵七进一,红大占优势。

（58）炮九进一　　将6进1　　（59）兵七进一　　炮4进1
（60）炮八退一　　马7进5

如黑将6进1,红炮八退一,黑将6退1,炮九退一,红方占优。

（61）马五进三　　后马进3　　（62）炮九退一　　马3进2
（63）兵七平六　　……

两军相逢勇者胜,红弃仕平兵,思路正确。

（63）　……　　马2进4　　（64）帅五进一　　马4进3
（65）帅五退一　　炮4平2　　（66）仕四进五　　卒6进1

黑若炮2进7,红仕五退六,黑马5进4,兵六平五,红胜。

（67）兵六平五　　将6进1　　（68）炮九退一　　炮2进7
（69）仕五退六　　炮2平1　　（70）炮九平七　　马3退2
（71）仕六进五　　马5退3　　（72）炮八退一　　（红胜）

42. 排除路障　待机而动

图55是2000年全国个人赛火车头金波对新疆薛文强角斗了58个回合演成的残棋形势。乍一看,红少一相,似颇吃亏。然而红分析全局后,决定摆炮攻马;伺后消灭黑卒,排除障碍,以炮护兵,寻隙掠士,终迫黑铩羽而归。

（如图55,红先）

（59）炮七平五　　马5进4

黑如马5进6,则马五进六,后马退7,马六进七,将5平6,炮五平三,黑失子。

（60）帅六平五　　炮2退6
（61）炮五平三　　……

红先灭黑卒,排除障碍,正着。

（61）　……　　马6退5
（62）兵三进一　　炮2进3
（63）马五退六　　马5进7

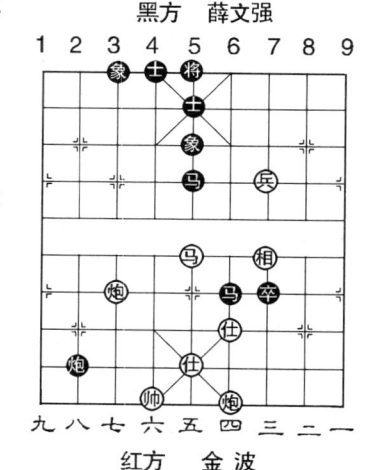

图55

（64）兵三进一　炮2退2　　（65）炮四进一　士5进6

黑要扬士,似改士5进4较稳。

（66）炮四进六　炮2平5　　（67）帅五平四　马4退6
（68）炮三退二　士4进5　　（68）炮四平一　马7退9
（70）马六进五　炮5进1　　（71）兵三平四　马6进5
（72）马五退三　马9进8

若黑马5进7,马三进四,马9进8,炮一平三,红仍占优,但黑较实战好。

（73）炮三平二　马5进7　　（74）帅四进一　士5进6
（75）仕五进六　炮5进2　　（76）帅四平五　炮5退3
（77）炮一进二　……

红沉炮,待机而动,好棋。

（77）……　　炮5平6　　（78）兵四平三　炮6平5
（79）帅五退一　炮5平9　　（80）炮二平五　将5平4

如黑炮9平5,红则帅五平六亦大占优势。

（81）炮五平六　将4平5　　（82）炮六平五　将5平4
（83）炮五平六　将4平5　　（84）马三进五　将5平6

若黑炮9平5,红帅五平六,马8退7,马五进六,将5平6,炮六平四,红胜势。

（85）炮六平四　炮9进6　　（86）马五进六　……

红骏骑奋进,黑败势难挽了。

（86）……　　马7进8　　（87）帅五进一　炮9退1
（88）帅五退一　炮9进1　　（89）帅五进一　炮9退1
（90）帅五退一　后马退7

黑如前马退6,红马六进四,马6退4,帅五平四,马8退9,炮一平二,红杀。

（91）炮四平二　（红胜）

以下黑只能马7退8,于是红炮一退五,后马进7,炮一平四,将6平5,马六进七,红亦胜。

43. 两面出击奏凯歌

图56是2000年全国个人赛湖南张申宏与火车头于幼华拼逐了26个回合

走成的一盘残局。乍眼看枰,红多一兵似占优。然而黑认真审势后,知悉己方子力占位连成一气,可趁轮走之便,调动军马从正、侧两面夹攻;然后退炮谋相,巧妙俘获一炮,终令红城下签盟。

(如图56,黑先)

(26) ……　　炮1平5

(27) 相七进五　马8进7

(28) 炮四退一　炮6平9

黑平边炮从左翼进攻,佳着。

(29) 炮九平八　炮9进3

(30) 炮四退一　马7退8

(31) 炮四进二　马8进7

(32) 炮四退一　马7退9

(33) 炮四进一　马9进7

(34) 炮四退一　马7退8

(35) 炮四进二　卒5进1

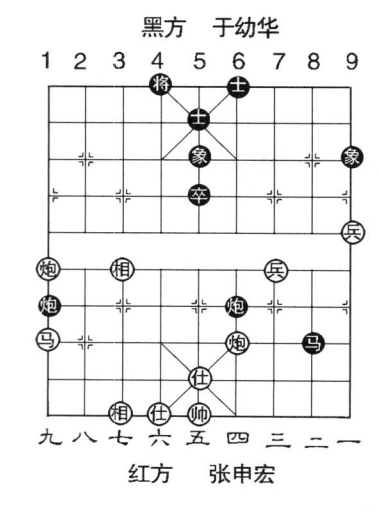

黑方　于幼华

图56

红方　张申宏

黑进卒,正着。前几招黑为争取时间思考。

(36) 马九进七　马8进6　　(37) 帅五平四　炮5平6

(38) 帅四平五　炮6平5　　(39) 帅五平四　马6进8

黑因违例,始终要变招。

(40) 相五退三　马8退7　　(41) 帅四进一　炮5平6

(42) 炮四平六　马7退5　　(43) 马七退五　将4平5

(44) 仕五退四　炮9退4

黑退炮窥相,好棋。

(45) 炮六进四　炮9平3　　(46) 炮八进三　……

若红炮六平五,黑马5进3,炮八进三,炮6退2,黑胜势。

(46) ……　　炮3平5　　(47) 炮八平一　将5平4

(48) 炮一进二　象5退7　　(49) 兵一平二　炮6退5

红不能帅四平五,因黑马5退3得炮胜。黑适时残棋炮归家,老练。

(50) 帅四平五　马5退3　　(51) 马五进七　马3退4

黑得子得势,红难以应付了。

(52) 炮一退四　马4进3　　(53) 马七进五　……

如红炮一平五,黑则马 3 退 5,马七进五,马 5 进 7,胜定。

(53) ……　　卒 5 进 1　　(54) 炮一退一　马 3 进 5

(55) 兵三进一　……

红若炮一平五,黑马 5 退 7,黑大占优势。

(55) ……　　卒 5 平 6　　(56) 帅五退一　炮 6 进 1

(57) 仕四进五　炮 6 平 1　　(58) 仕五进六　炮 1 进 7

(59) 仕六进五　炮 1 平 7　　(60) 炮一进二　象 7 进 5

(61) 炮一平四　炮 7 平 9　　(62) 兵三进一　马 5 进 7

(63) 炮四平八　卒 6 进 1　　(64) 炮八退四　马 7 进 8

(65) 仕五退四　卒 6 平 5　　(黑胜)

至此,黑卒 5 平 4 得仕胜,红只好认输罢战。

44. 扫兵歼藩篱　双炮卒夺营

图 57 是 2000 年全国个人赛云南徐健秒对火车头于幼华彼此鏖战了 24 个回合演成的一盘残局。乍看去,双方势均力敌。然而黑方经过通盘思考后,发挥子位优势,先谋边兵拓展实力;伺后侧攻掠相,边卒长驱直入,以卒换相,兑马灭尽红樊篱,终于以双炮卒迫红败走麦城。

(如图 57,黑先)

(24) ……　　炮 3 平 9

(25) 相三进一　炮 7 退 1

(26) 相一进三　……

黑挥炮扫兵,实惠。红如炮八退七,黑马 8 进 6,兵五进一,马 6 进 7,帅五平四,炮 7 平 6,黑方占优。

(26) ……　　炮 9 平 7

(27) 仕五进四　后炮平 2

(28) 马五退六　象 5 退 7

(29) 马六进七　炮 2 进 3

(30) 马七退五　象 7 进 5

(31) 马五退三　象 5 进 7

(32) 马三进五　象 7 退 5

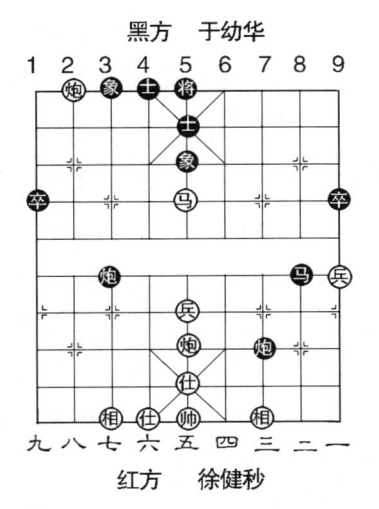

图 57

（32）马五退七　马8退6

黑可利用棋例迫红变着。

（34）炮五退一　炮2退6　　（35）炮五平四　马6进4

（36）马七进六　炮2平4　　（37）兵五进一　炮7平4

（3S）马六退四　马4退3　　（39）炮四平五　象5进7

（40）炮八退三　……

红若马四进六,黑前炮平5大占优势。

（40）　……　　卒9进1　　（41）炮八退一　象3进5

（42）炮五平七　士5进6　　（43）相七进九　士4进5

（44）炮七平九　马3进2

黑舍卒换相,削弱红防卫力量,正着。

（45）炮九进五　马2进1　　（46）炮九进三　马1进3

（47）帅五平四　将5平4　　（48）仕四退五　马3退5

（49）马四进六　后炮平3　　（50）炮八平七　……

如红炮八平一,则炮3进7,帅四进一,马5退7后再炮3退2,黑成杀。

（50）　……　　炮4平2　　（51）炮九退七　炮2进3

（52）帅四进一　马5退7　　（53）炮九平三　卒9进1

（54）炮七退二　炮3平4　　（55）兵五进一　卒9平8

（56）仕五进六　炮2退2

黑退炮打炮,减少红方反扑机会,老练。

（57）炮七退一　卒8进1　　（58）帅四退一　炮4平1

（59）帅四平五　炮1进7　　（60）帅五进一　士5进4

（61）炮三平四　……

若红马六进四,黑马7退5可得仕而居胜势。

（61）　……　　炮2平4　　（62）炮四进一　马7进8

（63）炮七退一　马8进6　　（64）帅五平四　马6退4

（65）帅四平五　炮4进2

黑兑马剥仕,红大势已去。

（66）帅五平六　炮4退6　　（67）炮七进二　卒8进1

（68）炮四退三　士6退5　　（69）炮七平九　炮1退2

（70）炮四进六　卒8平7　　（71）兵五平四　象7退9

（72）帅六进一　炮4平2　　（73）炮九平八　炮2进1
（74）炮四平五　卒7平6　　（75）炮五进二　……

红炮不去士,也无计可施。

（75）　……　　炮2平3　　（76）炮五平四　将4平5
（77）炮四退二　象5退7　　（78）炮四平五　炮1退6
（79）炮八平五　将5平4　　（80）前炮平六　士4退5
（81）兵四平五　炮1进3　　（82）兵五进一　……

如红炮五进五,黑炮1平5去兵亦胜定。

（82）　……　　炮3平4　　（83）炮六平八　炮1平2
（84）帅六退一　炮2进1　　（85）炮五进二　卒6平5

（黑胜）

45. 攻驹谋相　正面冲锋

图 58 是 2001 年全国个人赛二轮南方棋院宗永生与广东许银川酣斗了 27 个回合构成的一盘残棋,轮到黑方走子。黑方经过全面思考后,针对红中兵弱点,炮击中兵镇当头;然后进炮驱马,跃马谋相,双炮双卒从正面杀入,终令红因无法招架而败北。

（如图58,黑先）

（27）　……　　炮8平5！
（28）仕六进五　……

黑炮击中兵,比马吃好,此时红如马七进五,黑马4进5不仅多卒且兵种比红方好。

（28）　……　　炮5退1
（29）后炮进二　士5进4

黑扬士而未雨绸缪,是高手残棋功夫超卓之处。

（30）兵九平八　士6进5
（31）兵八平七　炮7进1
（32）马七进九　……

红如马七进八,黑即卒3进1大占优势。

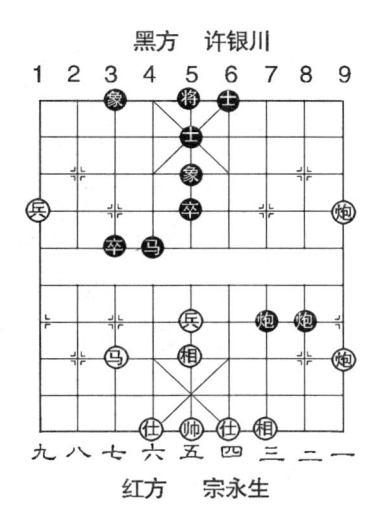

图 58

(32)……　　马4进3　　(33)后炮退二　……

若红帅五平六,则黑炮5进1得子胜。

(33)……　　炮7退1　　(34)马九退七　马3进5

黑攻马得相,红不好应对了。

(35)帅五平六　马5退3　　(36)兵七平六　卒5进1
(37)前炮退三　炮7进1　　(38)后炮退一　炮7进1

黑进炮,连消带打,好招。

(39)仕五进四　炮5平7　　(40)相三进一　后炮平日
(41)马七进五　卒5进1　　(42)前炮平七　……

如红不兑子而改走马五进三,则炮8进4,相一退三,象5进7,黑胜势。

(42)……　　卒5进1　　(43)相一进三　卒3进1
(44)炮七平九　炮8进4　　(45)仕四进五　炮7进1
(46)帅六进一　炮8退1　　(47)帅六退一　卒5平4
(48)炮九退一　卒3进1　　(49)炮一进一　……

红进炮防卒,是迫于无奈,否则让黑卒3进1后,红岌岌可危了。

(49)……　　炮8进1　　(50)帅六进一　炮日退5
(51)帅六退一　炮8平4　　(52)帅六平五　炮7退3
(53)炮九进一　炮7平5　　(54)仕五退六　……

红若相三退五,则炮5退1,帅五平四,黑炮4平6,再卒4进1亦黑胜势。

(54)……　　炮5退1　　(55)炮一进一　……

如红兵六平七,黑将5平6,红亦难走。

(55)……　　炮4平6　　(56)炮九进二　炮6平5
(57)帅五平四　前炮平6　　(58)帅四平五　卒4平5
(59)仕六进五　卒3平4　　(60)炮九退四　卒5平6
(61)帅五平六　炮6平4　　(62)炮九平六　炮4进3

(黑胜)

以下红如续走帅六进一,则炮5平4,仕五进六,卒6进1,黑亦胜定。

46. 马炮谋大势　双卒显神威

图59是2000年全国个人赛深圳卜凤波对沈阳苗永鹏,彼此角逐了34个回

合构成的一盘残局。黑方经过认真筹算后,抓住红左马屯底线的弊病,先行沉炮牵制;然后运炮从正面进击,3 路卒趁势渡河,伺机欺驹,破仕残相,终以马双卒令红落荒而逃。

(如图 59,黑先)

 (34)　……　　　炮 2 进 8
 (35)炮九平七　　马 3 进 2
 (36)帅五进一　　……

红如仕四进五,则炮 8 平 9,炮七平一,炮 9 进 5,黑大占优势。

 (36)　……　　　炮 8 进 5
 (37)马五进三　　炮 8 平 5
 (38)帅五平六　　炮 5 平 4
 (39)帅六平五　　卒 3 进 1

黑再渡一卒,如虎添翼,红方穷于招架了。

 (40)炮七平二　　卒 3 进 1
 (41)炮二退五　　马 2 退 1
 (42)马七进八　　……

若红炮二进一,黑卒 3 进 1,红有丢马之危。

 (42)　……　　　马 1 进 3　(43)帅五平四　　马 3 进 4
 (44)帅四平五　　马 4 退 3　(45)帅五平四　　卒 3 平 2
 (46)马八退七　　卒 5 进 1

黑冲卒攻相,恶招。

 (47)相五进三　　炮 4 平 9　(48)马三退一　　炮 9 平 6
 (49)马七进六　　炮 6 退 5　(50)炮二进一　　马 3 退 4
 (51)马六进五　　……

如红帅四平五,黑卒 5 平 4 后红更难走。

 (51)　……　　　炮 2 平 7　(52)马一进二　　马 4 进 3
 (53)仕四进五　　卒 5 平 6　(54)马五进四　　马 3 退 2
 (55)炮二进三　　炮 7 平 1

黑左炮右调,攻守兼施,红无法突围了。

 (56)帅四退一　　马 2 退 4　(57)炮二平五　　炮 1 退 5

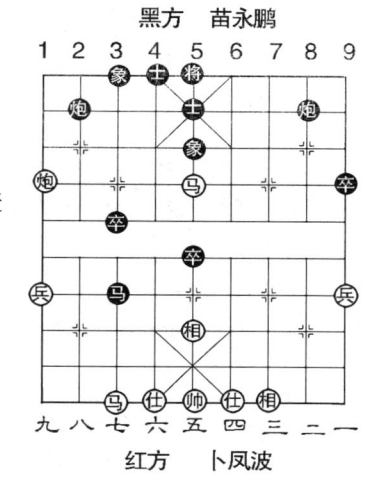

黑方兑子后,稳成胜局,可见其经验丰富。

(58)炮五平九　马4退6　(59)马二退三　炮6进1
(60)相三退一　卒2平3　(61)帅四平五　卒3平4
(62)炮九平五　马6退4　(63)炮五平二　马4进3
(64)马三退五　马3进5　(65)马五进四　士5进6

(黑胜)

至此,黑已成马双卒士象全必胜炮单仕相残局,红虽苦战至81回合,终败。余略。象棋国手苗永鹏,棋坛戏称其为"苗大侠",曾获1993年全国个人赛季军。

47. 射骑夺兵　循序渐进

图60是2001年全国团体赛火车头于幼华对哈尔滨赵国荣较量了29个回合弈成的一盘残局。本例黑方针对红兵行线上的马兵,进炮攻马谋兵;然后抓住红进炮窥边卒的破绽,巧渡3路卒,调运马炮控制中场,循序渐进运卒,策马入卧槽,终令红方不敌而败北。

(如图60,黑先)

(29)……　　炮1进2
(30)马五退三　……

红如马五进三,则马6进7,相五进三,炮1平9,炮八平一,卒9进1,黑大占优势。

(30)……　　炮8退2
(31)炮八进四　马6进4
(32)炮三平一　……

若红炮八平七,黑炮1平9,黑占优势。

(32)……　　卒3进1
(33)炮八平二　卒3进1
(34)炮一进五　卒1进1
(35)兵一进一　炮1进3
(36)马三退二　……

红如相五进三,则卒1进1,兵一进一,卒1平2,炮一进三,将5平6,黑方

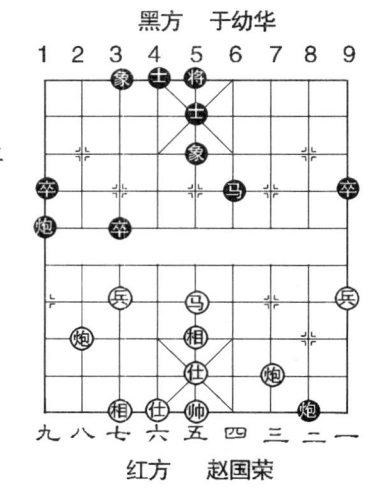

优势。

(36)……　　马4进6　　(37)马二进四　炮8退3
(38)马四进三　炮8平5　(39)帅五平四　卒3平4
(40)马三进四　士5进6　(41)炮一退一　象5进7

黑改走炮5平9,红兵一进一,黑马6进5亦占优势。

(42)帅四进一　炮1退1　(43)帅四退一　炮1进1
(44)帅四进一　卒1进1　(45)炮二平四　……

红若炮二退二,黑卒1进1占优。

(45)……　　马6进7　　(46)炮四平五　将5进1
(47)马四退三　炮5进2　(48)炮五退二　炮5平6
(49)马三进四　炮1退1　(50)仕五退四　……

如红仕五进六,黑卒4进1,黑大占优势。

(50)……　　卒4进1　　(51)炮一进一　将5平6
(52)炮一平三　马7退8　(53)炮五平三　卒1平2
(54)帅四平五　……

红平帅不让黑卒4进1占要道。

(54)……　　炮1进1　　(55)马四退三　将6平5
(56)前炮平六　将5平4　(57)炮六退二　……

红若炮三平六,将4平5,炮六退四,黑仍占优,但红比实战好。

(57)……　　炮6退1　　(58)炮六平五　炮1退3
(59)帅五退一　卒2进1　(60)马三退四　卒4进1
(61)马四进六　卒2进1　(62)仕四进五　……

如红马六进七,则炮6平3,相五进七,马8进7,仕四进五　炮1平5,仕五进四,卒2平3,黑胜势。

(62)……　　炮1平4　　(63)马六进八　马8进7
(64)炮五退一　马9进7　(65)帅五平四　炮4退2

(黑胜)

到此,红如炮五进二,黑马7退5亦胜势。红虽苦战多几十回合,仍败。下略。

48. 雪花盖顶　寻机夺子

图61是2000年全国团体赛火车头金波对深圳汤卓光酣战了30个回合演

成的一盘残棋。观枰可见，彼此功力相当，红有兵渡河，稍占优势。在后段交锋中，红抓住黑3路马弱门，先来个雪花盖顶罩马，调炮边线夺卒侧击；并利用黑贪胜不愿兑子而误平炮之机，巧劫一子，夺得胜利。

（如图61，红先）

（31）相五进七　　卒5进1

红雪花盖顶，飞相罩马，好招；黑进中卒以便救马。

（32）炮一退一　　马8退6

（33）炮一平九　　……

红分炮谋卒，佳着。

（33）　……　　马6进4

（34）炮八进五　　士5进6

（35）炮九进五　　卒5进1

若走马4进5，马七退五，炮2进3，兵七进一，马5退3，兵七进一，红方占优。

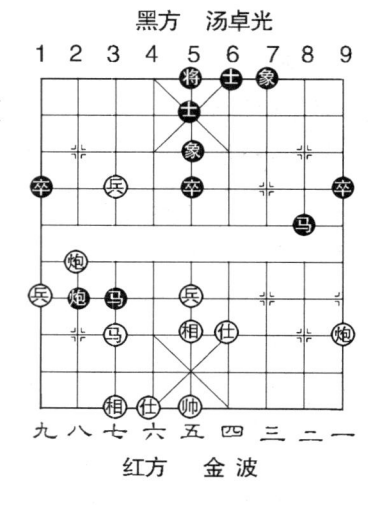

（36）兵五进一　　马3退5　　（37）仕六进五　　炮2平3

（38）炮九进三　　将5进2　　（39）炮九退五　　马4进2

黑如马5退7，红兵七平六，红亦占优。

（40）炮八退四　　马5退7

以棋论棋，黑应马2进3，之后，炮九平五，象5进7，相七退五，马3退1，黑势不差。

（41）马七进五　　炮3退3　　（42）马五进六　　炮3进1

（43）马六进七　　将5平4　　（44）马七进八　　将4平5

（45）相七进五　　马7进8

黑若马2进3，红马八退七，黑将5平4（将5平6，炮九进三，红优。又如将5退1，炮九进四，红胜势)，炮九进四，马3退1，炮八进三，将4进1，马七退九，马1退2，炮八退一，马2退1，马九进七，将4退1，马七进八，红得子胜。

（46）帅五平六　　马2进3　　（47）帅六进一　　马3进2

（48）帅六退一　　马2进3　　（49）帅六进一　　马3进2

（50）帅六退一　　马2进3　　（51）帅六进一　　炮3平4

黑平炮失着，应走马3退1，马八退七，将5退1（将5平6，炮八进三，炮3

平1,马七退八,马1进3,相七退九,红优),炮八进四,炮3平1,红仍占优,但黑尚可拼搏。

(52)马八退七　将5平4

如黑炮4退2,红炮八进二,红可得子胜。

(53)马七退六　马3退5　　(54)炮八退五　马5退4

(55)炮八平六　士6进5　　(56)炮六进五　将4退1

(57)炮九平八　（红胜）

以下红得子成双炮兵仕相全胜马卒士象全,黑虽竭力苦战至111个回合,终要败阵。余下从略。

49. 各攻一翼　兵临城下

图62是2001年"柳林杯"第四届全国大师冠军赛上海孙勇征对广东黄海林酣斗了30个回合演成的一则残局。审势可见,彼此功力相当,互相纠缠。红趁轮走之便,平炮塞象田渡兵,继而进炮窥边卒,并抓住黑舍象谋兵的机遇,调炮侧攻,退炮钳驹夺中卒,骏骑迂回腾挪掠士,终于兵临城下,令黑拱手称臣。

(如图62,红先)

(31)炮八进二　炮1退1　　(32)炮八退二　炮1进1

(33)炮七平六　卒1进1

黑不论是象3进1或马3进1,红炮八进二,七兵可以渡河。

(34)炮八进二　卒1平2

(35)兵七进一　炮1退2

(36)炮八平一　象3进1

黑上回合退炮主要是不让红走兵七进一。现在若改卒2进1,红兵一进一更占优。

(37)马四进五　炮7平3

(38)马五退七　炮1进1

(39)炮六平二　炮1平9

(40)炮二进三　将5平4

(41)炮一进三　将4进1

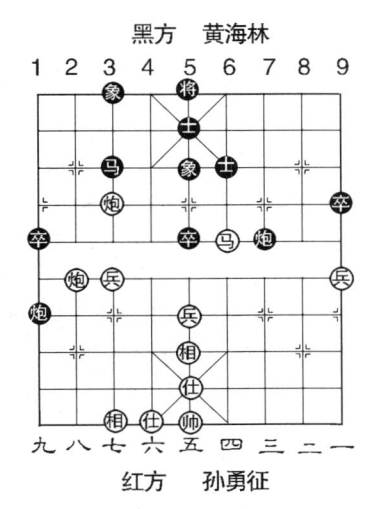

图62

（42）炮一退二　炮9平3

如黑象1退3，红马七退五，马3进4，马五退三，红方优势。

（43）马七退五　马3进4　（44）兵五进一　前炮进3

黑不能随走后炮平5去马，否则红兵五进一，黑必失一子。

（45）马五进三　马4进3　（46）兵五进一　马3进4

（47）仕五进六　后炮进5　（48）仕六进五　前炮平1

（49）帅五平四　炮3平1

黑如炮3进1，红帅四进一，炮1退1，炮一进一，红方优势。

（50）炮一进一　士5退6　（51）马三进二　士6进5

（52）马二退三　士5进6　（53）马三进二　士6进5

（54）马二退三　士5退6

若黑将4退1，则红马三进五占优势。

（55）马三进四　士6进5　（56）马四退二　士5退6

（57）马二退三　马4进2　（58）相五退七　马2退3

（59）仕五退六　象1进3

如黑马3进4，红马三进四，将4平5，马四进二，将5进1，兵五进一，将5平4，马二进四，红杀。

（60）马三进四　象3退5　（61）兵五进一　（红胜）

至此，红已兵临城下，黑只好推枰作负。

50. 旗鼓相当　歼卒兑象

图63是2001年全国个人赛五轮江苏王斌与广东黄海林酣斗了22个回合演成的一盘残局。交战前两人均为二胜二和，积分相等。分析棋势可知，双方旗鼓相当，红利用一兵渡河、双炮位置较佳的微少优势，先挺中兵保边兵，然后冲兵歼黑中卒，伺机再炮取边卒，策马入卧槽，换象掠士，迫黑落荒而逃。

（如图63，红先）

（23）兵五进一　象1退3

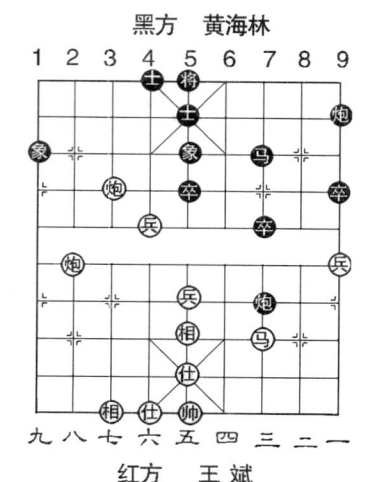

图63

（24）兵六进一　马7进6　（25）兵六平五　……

红先灭中卒，拓展实力，正着。

（25）……　　　马6进4　（26）前兵平六　马4进2

黑如炮9进4,红炮七平一,红优。

（27）炮八平七　将5平6　（28）兵五进一　炮9进4

（29）兵五平四　炮9平5

黑摆中炮不如卒9进1,红炮七平四,黑将6平5,炮四退三,红仍占优,但黑方形势比实战好。

（30）前炮平一　炮5平8　（31）炮一退五　卒7进1

若黑炮8进3,红炮七平四,将6平5,炮四退三,红方占优。

（32）炮七平二　卒7平8　（33）马三进五　马2退4

（34）仕五进四　炮7平9　（35）炮一平四　将6平5

（36）兵四进一　炮9平6

黑处下风,邀兑求和非下策。

（37）仕四退五　卒8进1　（38）马五进七　卒8平7

（39）仕五进六　炮6平5　（40）仕六进五　卒7平6

（41）帅五平四　炮5退2　（42）炮四平一　……

因黑有炮5平6兑死炮之着,红只能平炮回避。

（42）……　　　卒6平7　（43）炮一进三　马4进6

（44）炮一平四　炮5平6　（45）仕五进四　马6退4

（46）马七进八　……

红扑马卧槽牵制黑局势,好棋。

（46）……　　　马4进2　（47）马八进七　将5平6

（48）兵四平五　炮6平9　（49）兵五平四　炮9平6

（50）兵四平五　炮6平9　（51）兵五进一　……

红以兵换象,找准了突破口,佳着。

（51）……　　　象3进5　（52）马七退五　炮9退3

（53）炮四平八　炮9平6　（54）仕四退五　炮6进1

（55）帅四平五　马2退4　（56）相五进七　马4进6

（57）炮八进五　将6进1　（58）炮八退一　士5进4

黑若将6退1,红马五退四,红大占优势。

（59）马五进六　将6平5　　（60）炮八平九　将5退1

如黑马6进4，则帅五平六，马4退3，兵六进一，马3退2，兵六平五，红胜。

（61）马六退五　马6进7　　（62）帅五平六　炮6进4
（63）马五进三　将5平6　　（64）仕五进四　炮6平4
（65）仕六退五　士4退5　　（66）马三退四　将6平5
（67）炮九退五　……

红退炮管卒，防黑反扑，精细。

（67）……　　　卒7平6　　（68）兵六平五　士5退6
（69）兵五进一　炮4退5　　（70）炮九退二　马7退8
（71）马四进三　将5平4

黑如炮4平6，则兵五平四，红胜定。

（72）炮九进八　卒6平5　　（73）炮九平四　卒5平4
（74）兵五平六　炮4平6　　（75）炮四平一　马8退7
（76）相七进五　马7进5　　（77）炮一退三　马5退4
（78）马三退二　马4进3　　（79）马二进四　马3退2
（80）兵六进一　将4平5　　（80）炮一进二　（红胜）

红方为晋身国手行列，又闯一关。

51. 夺象残士挫强将

图64是2001年12月30日第22届"五羊杯"分组赛第二轮吕钦与赵国荣彼此酣斗了20个回合演成的一盘残局。红趁轮走之便，先夺一象以削弱黑防卫力量，然后回炮退马，拦炮阻马保兵，退炮窥象卒，策马入卧槽，伺机歼黑双士，兑去黑炮，终以马炮仕相全挫败黑双马象，获出线权。

（如图64，红先）

（21）炮七进八　……

红炮击象，实惠。

（21）……　　　卒1进1　　（22）马七进八　马1进2
（23）马八进六　马2进4　　（24）仕四进五　马7进6

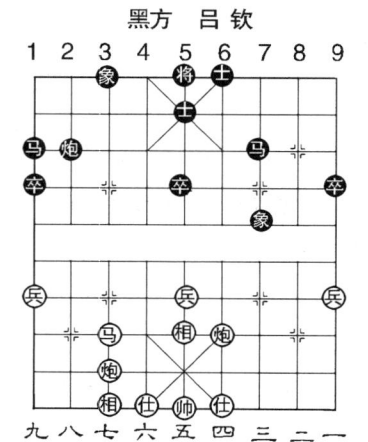

图64

(25) 兵五进一　马4进2　(26) 炮七退二　……

红拦炮令黑难以组织攻势,正着。

(26) ……　马6进7　(27) 马六退七　士5进4
(28) 炮四进一　马2退3　(29) 炮七退一　卒9进1
(30) 炮七平八　炮2退1　(31) 炮八退一　……

红退炮窥象谋卒,好棋。

(31) ……　马3进4　(32) 仕五进六　炮2平5
(33) 炮八平一　炮5进4　(34) 仕六进五　象7退5
(35) 马七进六　马7退8　(36) 炮四平五　士6进5
(37) 兵一进一　……

红亦可走炮五进三,则马4进6,帅五平四,炮5平6,马六退四,马6进8,帅四平五,马8进6,炮五平一,红势不差,但黑亦足可应付。

(37) ……　炮5平6　(38) 马六进八　马8进7
(39) 马八进七　将5平6　(40) 炮五平四　炮6平5
(41) 炮一平四　炮5平6　(42) 前炮平六　炮6平5
(43) 炮六退一　……

红退炮保兵兼压马,正着。

(43) ……　马4进2　(44) 帅五平六　卒1进1
(45) 兵九进一　马2退1　(46) 炮六退一　……

红应走兵一进一保留兵较好,黑若马1进3,则炮六平七,马3进2,炮七退三,炮5平1,帅六平五,红比丢兵好。

(46) ……　马7退9　(47) 炮六平五　马1退3
(48) 炮四退一　马3进4　(49) 炮四退二　马9进8
(50) 炮五进三　马4退3　(51) 炮五退一　马3进4
(52) 炮五平四　马4退6

如黑炮5平6,红马七退五,红方占优。

(53) 炮四平五　士5进6　(54) 炮四进七　将6进1
(55) 炮四平六　马8退6　(56) 炮五平九　炮5平4
(57) 帅六平五　后马退4　(58) 炮六退三　……

红兑炮形成马炮仕相全对双马象优势残局,但未有胜和定论,要凭临场水平的发挥。

(58)……　　马6退4　　(59)炮九进三　将6退1
(60)相五进七　象5进7　　(61)马七退六　后马退2
(62)炮九退七　……

红残棋炮归家，准备利用仕相助攻，老练。

(62)……　　马4进6　　(63)相七进五　象7退5
(64)炮九平六　将6平5　　(65)帅五平四　马6退8
(66)仕五进四　马8进6　　(67)仕六退五　马6退5
(68)炮六退一　将5平6　　(69)马六退四　象5退3
(70)炮六平五　马2退4　　(71)仕五进六　将6平5
(72)相七退九　将5平4　　(73)相五进七　马4退2

若黑马4进2，马四进二，象3进1，马二进三，红大占优。

(74)马四进二　马2进3　　(75)马二进三　马5进6
(76)炮五平六　……

红平炮攻将牵黑双马，制胜佳着。

(76)……　　马6退4　　(77)帅四平五　象3进5
(78)帅五进一　将4进1　　(79)马三退四　将4退1
(80)马四退五　将4平5　　(81)马五进六　马4退5

如黑马4进6，红炮六平五，红得象胜势。

(82)炮六平五　马3进4　　(83)马六退五　将5平4
(84)马五进四　象5进3　　(85)炮五平六　象3退5
(86)马四进三　（红胜）

以下，黑如续走象5退3，则马三退二，象3进5，马二退四，红胜定。赵国荣最后获这届"五羊杯"赛第四名。

52. "三英战吕布"

图65是2001年全国团体赛广东许银川与煤矿景学义酣战了42个回合弈成的一盘残局。观枰可知，红多一子一兵，但无车；因此，在后段交战中，红借先走之利，采取"先为不可胜，以待敌之可胜"的策略，以炮仕护驹，徐徐进取，"三英战吕布"，终于令黑败走麦城。

（如图65，红先）

（43）马四进三　车7平3

黑如车7进3,则炮八退三,车7退3,炮八平三,车7平3,相七进五,车3进4,炮九进四,车3平4,炮九平五,红方优势。

（44）相七进五　车3进4

（45）炮九进四　车3平4

（46）炮九平五　将5平4

（47）仕六进五　车4退4

（48）炮五退二　车4进3

（49）兵九进一　卒9进1

（50）炮五平二　士5进6

（51）炮二退四　车4平1

此时黑不灭兵,心别无好棋可走。

（52）炮二平一　车1退1　（53）炮八退二　车1退1

（54）炮八平六　将4平5　（55）炮六进一　士6进5

（56）兵五进一　车1平4

若黑卒1进1,则炮一进五,车1平5,炮六平五,车5退1,炮一退一,车5平7,炮一平三,红仍占优势。

（57）炮六退一　车4进1　（58）炮一进五　车4平5

（59）相五退三　车5退1　（60）炮一退一　车5进1

（61）炮一平二　车5平7　（62）相三进五　车7平5

（63）炮二退二　车5退2　（64）炮二平一　车5进2

（65）炮六退二　……

红拥有双炮马对黑单车,棋坛将之喻为"三英战吕布";黑处下风之所以还要顽抗,主要是因红仕相残缺,进攻有所顾忌。红退炮底线,待机而动,老练。

（65）……　　　车5退1　（66）炮六进三　车5平7

（67）炮六退一　车7平5　（68）炮一平二　车5进1

（69）炮六退一　车5平4　（70）炮六平七　将5平4

（71）炮七进一　将4平5　（72）炮二退一　车4平5

（73）仕五进六　车5平4　（74）仕六退五　将5平4

（75）炮二平三　车4平2　（76）炮三退一　车2平5

（77）相五进三　……

红以炮保相，寻机渡边兵，耐性可嘉。

（77）……　　　车5退1　（78）兵一进一　象5退7
（79）炮七平五　象7进5　（80）炮五平四　车5平6
（81）相三退五　车6平5　（82）马三进四　象5退3

如黑车5进1，则炮三平四，车5退1，前炮退一，车5平7，仕五进四，车7进4，炮四平五，车7平9，炮五进六，红胜势。

（83）炮三平四　象3进5　（84）相五退七　象5退7
（85）前炮平五　车5进1　（86）仕五进四　车5退1
（87）炮四进一　象7进5　（88）炮四退一　象5退7
（89）炮四进一　象7进5　（90）马四进三　（红胜）

黑知再缠下去，亦难逃劫运，遂主动认负。

53. 左右逢源　得心应手

图66是2000年全国团体赛江苏王斌与河北阎文清酣斗了32个回合构成的一盘残棋。该局红方针对黑方缺士少象和边骑受困的主要弱点，先补仕驱卒，解除黑方对己方威胁；然后回炮牵制黑马炮；再马炮左右逢源，跃马剥士，冲兵成杀。

（如图66，红先）

（33）仕四进五　卒6平7

如黑卒6进1，炮八退二，炮日平6，炮一退一，红颇占优势。

（34）炮一退一　士4进5
（35）相七进五　卒5进1
（36）马六进四　象5进7
（37）炮八进六　马6进4

黑若马6退4，而红炮八退七，马4进2，兵七平六，红大占优势。

（38）仕五进六　马4退2
（39）炮八退四　……

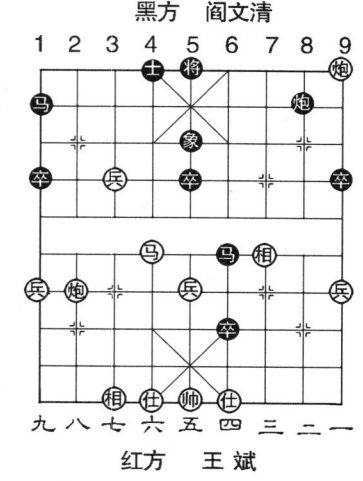

图66

红马炮左右逢源,可谓得心应手。此着莫轻易走兵七平八,因黑马2进1尚有反扑机会。

(39) ……　　马1退3　　(40)马四进三　士5进6
(41)兵七平六　马3进2　　(42)兵六平五　前马进1

如黑后马进3,红炮八平五,黑炮8平5,炮五进三,马3退5,马三退一,士6退5,马一退二,红大占优势。

(43)炮八退三　卒7进1　　(44)前兵平四　马2进4
(45)仕六进五　马1进2　　(46)炮八退一　马2退4
(47)马三退一　象7退9

黑若炮8进8,红马一退三,红胜定。

(48)马一退二　卒5进1

如黑士6退5,红炮八平七,后马进2,帅五平六,士5退4,马二进三,红胜势。

(49)兵四平五　后马进2　　(50)马二进三　炮8进8
(51)马三进二　卒5进1

黑若士6退5,红兵五进一,马2退4,兵五进一,红胜势。

(52)马二退四　将5平4　　(53)兵五平六　卒7进1
(54)仕五退四　炮8平6　　(55)兵六进一　(红胜)

黑最后以为马4退6可得马,后发现红炮八平四反成绝杀,遂即认负。

54. 争兵夺势　遣将猛攻

图67是2000年全国个人赛火车头于幼华与厦门郑一泓交战了32个回合弈成的一盘残局,观盘可知,红有兵渡河,且攻子位置较佳,占优是无疑的。红乘势而上,采取争兵夺势策略,先挥炮扫卒,然后运马助位,配合边炮进攻,并抓住黑将不安于位的弱点,巧渡三路兵,遣将调兵奔袭,终于谋士得炮凯旋。

(如图67,红先)

(33)炮四平七　　……

红如兵七进一,黑炮4平9,红炮五平一,马3进1,马四进六,马1进2,红方占优,但黑势不差。

(33)　　……　　马3进1

(34)炮七平一　　炮4平9

(35)马四进三　　炮2平6

(36)马三进四　　……

如红马三进二,黑炮6退4,黑还可一战。

(36)　……　　　将5平6

(37)马四进二　　炮9退1

(38)马二退三　　将6进1

若黑将6平5,红炮一进三,红大占优势。

(39)炮一平四　　炮6退1

(40)兵三进一　　象5进3

黑如卒7进1,红炮四退一,红杀。

(41)兵三进一　　将6进1

(42)炮四平一　　将6平5

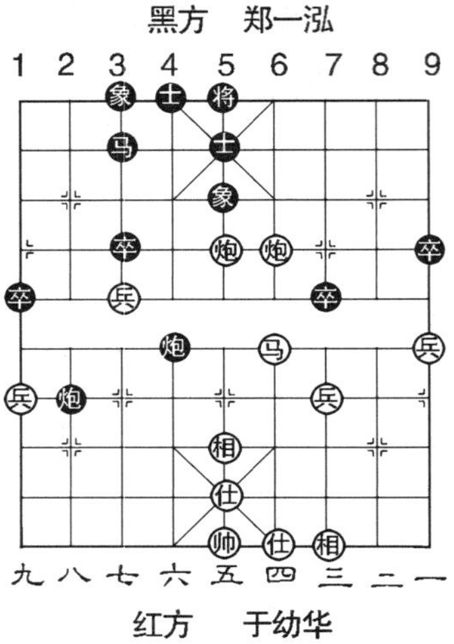

黑若将6退1,红马三进二,将6进1,兵三平四,黑仍要平将,否则红有炮五退二再炮一平五的杀招。

(43)兵三平四　　将5平4　　(44)炮五平六　　士5进6

黑如象3进5,红炮六退二,黑即成败势。

(45)炮六退三　　将4退1　　(46)炮一进二　　……

红进炮意在谋黑6路士。

(46)　……　　　将4平5　　(47)兵四进一　　马1进3

(48)炮六平五　　象3退1

若走将5平6,马三进二,将6平5,兵四进一,红大占优势。

(49)兵四进一　　炮6进1　　(50)炮一退一　　炮9平7

(51)兵四平五　　将5平6　　(52)马三进二　　炮7退4

(53)炮一进二　　(红胜)

至此,红必得炮,黑放弃续弈作负。

55. 谋卒掠士挫敌军

图68是2000年全国个人赛黑龙江聂铁文对云南廖二平的一盘残局,由双方角逐了22个回合而演成。红方经过审时度势后,利用各子占据战略要津之

黑方　郑一泓

图67

红方　于幼华

机,运炮谋兵,并调另一炮控制黑马;随后沉炮侧击掠士,终迫黑俯首称臣。

(如图68,红先)

(23)炮三平一 ……

红方炮谋卒,实惠。

(23) …… 马4进6

(24)炮一进三 炮6进1

(25)炮七平三 ……

红平炮控制黑跳马,引而不发。如改兵三进一,马6进8,炮一进四,马8进9,红徒劳无功。

(25) …… 马8进6

(26)兵五进一 后马进8

红进兵阻马,佳着。黑进拐脚马不如马8进9静观其变。

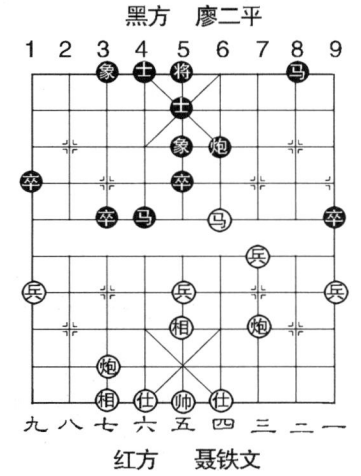

(27)炮一进一 炮6退2

若黑马8退6,红兵九进一,前马进7,兵一进一,红方占优。

(28)炮一平九 马6进7 (29)兵一进一 士5进4

(30)炮三平八 马8进6 (31)马四进六 炮6平5

(32)兵三进一 马6退8

黑切忌炮5平4,因随后红炮九平五,士4进5,炮八进八,象3进1,马六进八,红胜定。

(33)兵三平二 马7退6 (34)兵一进一 马8退7

(35)仕六进五 卒5进1 (36)兵五进一 炮5进3

(37)炮八进八 马6进4 (38)炮九进三 ……

红沉炮后,黑必损士丢象,红大占优势。

(38) …… 马4进3 (39)帅五平六 炮5平4

(40)炮八平六 将5进1 (41)马六进八 炮4平5

(42)炮六退一 象3进1 (43)炮九退一 将5退1

(44)炮九平七 马3退2 (45)炮七平八 马2进3

(46)炮八进一 将5进1 (47)炮八平六 马7进8

(48)前炮退二 马8进6 (49)炮六退六 马3退4

(50)前炮平八 卒3进1 (51)马八退六 马6退4

(52) 马六退七　马4退2　　(53) 仕五进六　（红胜）

至此，红必可得回一子而胜定，黑推枰认负。

2000 年全国个人赛，聂铁文能在三位特级国际大师占据前三名之后，首次夺得第四名，表现十分出色，荣获象棋国手称号。

双马炮兵类（5 局）

56. 回师反击　双驹逞雄

图 69 是 2000 年"滕头杯"全国体育大会棋赛厦门蔡忠诚对上海万春林酣战了 30 个回合构成的一盘残局。审势便知，黑多一卒自然占优，但红双驹正控制黑右边卒，伺机觅取。黑乘走子之便，先渡左卒加强攻击力，并抓住红急于谋右卒而误进炮的空隙，回师反击，钳制红炮；左骑迅即赶赴前线，巧妙弃炮成杀。

（如图 69，黑先）

(30) ……　　卒9进1

(31) 后马退五　卒9平日

(32) 炮六退一　马4进2

(33) 炮六进五　……

红应炮六进三，如黑仍走马2退4，红可仕五进六，黑仍占优，但红比谋兵好。

(33) ……　　马2退4

(34) 炮六退二　马4进3

(35) 炮六进三　卒8进1

(36) 马五退七　马7讲8

(37) 后马进八　……

若红前马退六，黑则马8进6，红相五进三（马六退八，马3进1，黑优），马6进4，黑方优势。

(37) ……　　马8进6　　(38) 相五进三　象5进3

(39) 仕五进六　……

红如马八进九，黑可马6进4，仕五进六（兵五平六，炮6进4，黑优），马4

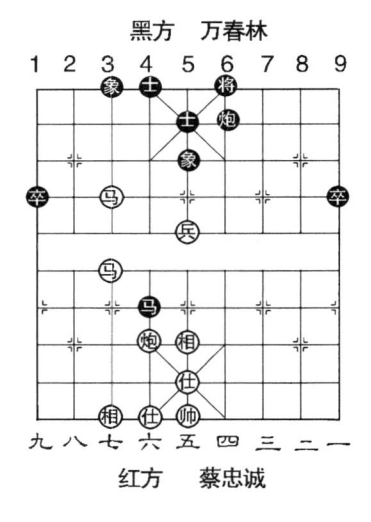

图 69

进6,帅五进一,马6退7,黑大占优势。

(39) ……　　马6进7　(40)仕六进五　炮6平9

(41)仕五进四　炮9进8　(42)马八进九　……

如红仕六退五,黑马7进8,仕五退四,卒8平7,马八进九,卒7进1,黑大占优势。

(42) ……　　马7进9　(43)帅五进一　……

红若仕四退五,则马9进7,仕五退四,马7退6,帅五进一,马6退7,黑胜势。

(43) ……　　马9进7　(44)帅五平四　马3退2

(45)仕六退五　卒8进1　(46)炮六退一　……

红不退炮改走仕五退四,黑卒8平7,马九退八,卒7平6,帅四平五,炮9平6,相三退一,马7退8,红亦成败势。

(46) ……　　卒8进1

黑弃炮已算准双马卒可成绝杀。

(47)炮六平一　马7退8　(48)帅四退一　马2进3

(黑胜)

以下黑卒8平7即杀,故红认负。

57. 马炮扬威卒显能

图70是2001年全国团体赛广东黄海林与河北张江对垒角逐了44个回合构成的一盘残局。观枰可知,黑不但多一卒,而且马和卒的位置比红好。黑借先行之利,针对红右翼马炮弱点,外进盘马牵住红马炮,伺后边卒渡河,以马兑炮夺取兵种优势,双卒结成连环,迫红俯首称臣。

(如图70,黑先)

(44) ……　　马7进8

黑外进马,套住红马炮,限制其活动范围,明智。

(45)马八退七　卒9进1

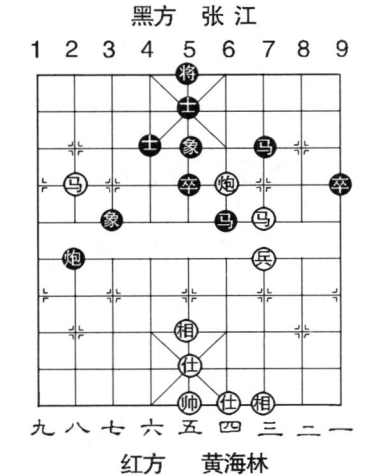

图70

（46）马三进二　马8退6

黑以马兑炮，取得兵种优势，老练。

（47）马二退四　卒9进1　　（48）兵三进一　马6进4
（49）兵三进一　卒9平8　　（50）马四退五　卒5进1
（51）马五退四　马4进6

红第50回合回马值得斟酌。当前黑正为中卒前进找出路，红右马控制黑卒过河，依笔者愚见，改走兵三平二较实战走法好。

（52）马七退六　炮2平4　　（53）相三进一　炮4退2
（54）兵三平四　炮4平2　　（55）相五退三　马6退7
（56）相一进三　炮2进1　　（57）兵四平三　马7进9
（58）相三退五　马9进8　　（59）兵三平四　将5平4
（60）兵四平五　将4平5　　（61）兵五平六　炮2退4

红双驹回防不让黑中卒前进，黑只好退炮另辟蹊径。

（62）相五退七　卒8平7　　（63）马四进六　……

红若相七进五，则卒7平6，马四进二，卒5进1，马二退四，马8退6，黑更占优。

（63）……　　　卒5进1　　（64）前马进七　卒5平4
（65）马七退九　卒7平6　　（66）仕五退六　……

红下仕不如马九进八好。

（66）……　　　炮2平4　　（67）马九进八　将5平6
（68）马六进八　卒6平5　　（69）前马进七　将6进1

（黑胜）

至此，红知再战下去，只是拖延战程，终难免一败，遂主动认负。

58. 贪仕失机　转优为劣

图71是2001年12月30日第22届"五羊杯"分组赛第二轮陶汉明对刘殿中鏖战了72个回合演成的一盘残棋。该局双方子力大体相等，是一个可胜可和的棋局，但黑有车显然占有主动。遗憾的是，图前一着，黑因求胜心切，误走挥炮砍仕之着，被红回驹困炮，巧劫一子，致红反夺优势。随后，红兑兵残象，终以"三英战吕布"挫败对手。

(72) ……　　炮9平4

(如图71,红先)

(73)马五退六　……

红捕捉战机,回马困炮,是转劣为优的佳着。

(73)　……　　炮4退1

(74)帅四平五　车7平8

(75)帅五平六　车8进2

黑必失一子,红大占优势。

(76)帅六进一　车8平3

(77)炮四平三　……

红平炮攻卒兑兵,消除后顾之忧,黑只有招架之功,而无还手之力了。

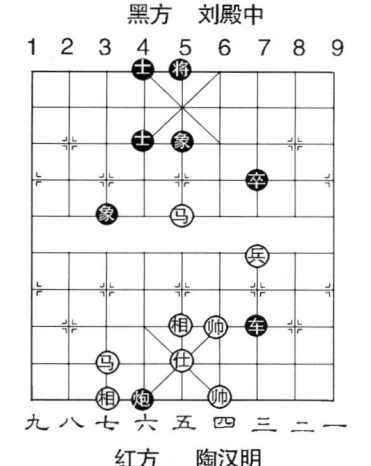

图71

(77)　……　　卒7进1　(78)兵三进一　象5进7

(79)仕五退六　车3平2　(80)马六进七　……

红下仕伏有退炮打死车的凶着,黑只得平车。红掠得一象,好棋。

(80)　……　　士4进5　(81)马七退八　象7退5

(82)炮三平四　将5平6　(83)炮四退二　车2退2

(84)马八进六　将6平5　(85)帅六平五　车2平4

(86)马六进四　车4进2

若黑象5进7,则马七进八,车4进2,炮四进三,车4退3,马八进六,红大占优势。

(87)炮四进三　象5进7　(88)炮四平五　将5平6

(89)马七进八　车4退5　(90)马四进三　将6进1

(91)炮五平四　车4进5

如黑车4进2,红马八进六(因黑不能车4退1,红马三退得车胜),红胜势。

(92)马八进六　象7退5　(93)马三退四　士5进6

(94)马四进五　将6平5　(95)炮四平五　将5平6

(96)马五退叫　将6退1　(97)马六进行　(红胜)

以下黑为解杀只能士6退5(士4退5,马五进三,将6进1,马三进二,将6退1,马四进三,红杀),马五进三,将6进1,马三进二,将6进1(将6退1,马四进三,红杀),炮五平四,红杀。

59. 见缝插针 借杀得炮

图 72 是 2000 年"嘉周杯"特级大师邀请赛上海胡荣华对河北刘殿中较量了 25 个回合弈成的一盘残局。从形势看,双方旗鼓相当。黑方在随后交战中,抓住红多兵不愿兑兵成和的心态,捕捉战机,马炮卒从左翼进攻,暗伏杀招,终于借杀擒炮获胜。

(如图 72,黑先)

(25) ……　　炮 3 平 7

(26)炮八平一　……

图 72

棋坛元老杨官磷有一名言:进入残局阶段,一卒之微,足以致命。双方进行兵卒争夺,势在必行。

(26) ……　　炮 7 平 8　　(27)马五进七　卒 7 进 1

(28)兵一进一　……

红多一兵,不愿兑卒,如相五进三,马 5 退 3,红虽占优,但黑亦足可应付,和味甚浓,这与胡荣华的棋风不大相称。

(28) ……　　卒 7 进 1　　(29)兵一平二　卒 7 进 1

(30)炮二平一　……

红分炮似不如炮二退二,静观其变。

(30) ……　　炮 8 进 3

黑见缝插针,沉炮进攻,佳着。

(31)仕四进五　卒 7 进 1　　(32)前炮平二　炮 8 平 9

(33)帅五平四　……

若红炮一进七,黑亡 5 进 6,红马七退五,马 5 进 7,马五进四,将 5 进 1,帅五平四(仕五进四,卒 7 平 6,黑胜),马 2 退 4,黑胜势。

(33) ……　　马 2 退 4

黑回师救驾,守中有攻,好招。

(34)炮一进七　士 5 进 6　　(35)炮二平五　……

如红炮一退三,黑马 4 进 6,更凶。

(35) …… 将5平6　　(36) 马七进六　士4进5

(37) 炮五平四　将6平5　　(38) 兵二平三　……

红若炮四平三,则士5进4,炮三平五,将5平4(也可士4退5),马六进四,象5退7,马四退三,象7进5,士五进四(炮一退三,马4进5,黑胜势),马5进7,黑大占优势。

(38) …… 马5进7　　(39) 仕五进四　……

黑跃马暗伏杀机,红如炮四平三,黑卒7平6即成杀。

(39) …… 卒7平8　　(40) 帅四平五　马4进5

(黑胜)

黑借杀得炮,红败定了。

60. 善觅兵机　丝丝入扣

图73是2001年首届BGN世挑赛初赛头轮首局河北张江与上海胡荣华角逐了31个回合形成的一盘残局,该黑方走子。观枰可知,彼此成犬牙交错形势,善于洞察局面的黑方,即发现红方中相弱点,兑马掠相,并运用丝丝入扣的残棋高超功夫,兑兵再歼孤相,马炮卒巧妙配合,终成绝杀。

(如图73,黑先)

(31) …… 马6进5!

(32) 相七进五　……

黑趁机兑马剥相,削弱红方防守力量,好棋。红如马五退三,黑马5退7,黑方占优。

(32) …… 炮2进4

(33) 相五退七　马7退5

(34) 马二进四　马5进3

(35) 马四进五　卒7平6　　(36) 炮五平七　……

红如走炮五平一,黑卒6平5,黑方占优。

(36) …… 马3退1　　(37) 马五进六　卒6平5

(38) 马六进四　卒5进1　　(39) 炮七进三　炮2退8

（40）炮七平六　将4平5　　（41）兵六进一　士5进6

（42）兵六进一　士6进5　　（43）马四退三　士5进4

（44）马三退五　……

若红马三进二,则士6退5,帅五平四,卒5平6,黑仍占优。

（44）……　　　炮2进5　　（45）仕六进五　炮2平9

（46）马五进三　炮9平2　　（47）马三进一　马1进3

（48）马一退三　马3退5　　（49）相七进五　炮2进1

（50）帅五平四　……

红在49回合上相不如帅五平四,黑若炮2平6,则马三进五,红尚可一战。此时红若相五退三,黑马5进4去仕大占优势。

（50）……　　　炮2平5　　（51）马三进二　将5平6

（52）炮六进一　炮5平7　　（53）炮六平四　士6退5

（54）马二进四　马5退6　　（55）马四退六　马6进4

（56）马六进四　马4退6　　（57）马四退六　马6进4

（58）帅四平五　炮7平5　　（59）帅五平六　炮5退4

黑退炮隔马,老练。

（60）炮四平七　卒1进1　　（61）仕五进四　卒1进1

（62）炮七退四　卒1平2　　（63）炮七平五　象7进5

（64）炮五平六　马4进5　　（65）炮六平五　马5进3

（66）炮五平七　马3退4　　（67）炮七平一　卒2进1

（68）炮一平六　马4退3　　（69）兵六平五　……

红不舍兵换士,改兵六平七,黑炮5平6,红马六退五,炮6退2,炮六平七,马3进4,红兵亦死。

（69）……　　　士4退5　　（70）炮六平四　士5进6

（71）炮四进六　马3进4　　（72）炮四平二　卒2平3

（73）炮二退六　将6平5　　（74）马六进七　将5进1

（75）马七退六　将5退1　　（76）马六进七　将5进1

（77）炮二平八　马4退2　　（78）炮八平六　马2进1

黑见缝插针,运马进攻,好棋。

（79）马七退六　将5退1　　（80）马六进七　将5进1

（81）马七退六　将5退1　　（82）炮六平五　马1进3

(83)炮五平七　卒3平4　　(84)仕六退五　将5平4
(85)马六进七　将4进1　　(86)马七退六　卒4平5
(87)帅六平五　卒5平4　　(88)帅五平六　将4退1
(89)马六进七　象5退7　　(99)马七退六　卒4平5
(91)帅六平五　卒5进1

黑经旷日持久的缠磨,方小心翼翼进卒,足见棋战之艰苦。

(92)帅五平四　马3退5　　(93)炮七进三　将4平5
(94)炮七平五　将5平6　　(95)帅四平五　将6进1
(96)马六退八　马5进3　　(97)马八进七　炮5进1
(98)马七退五　将6退1　　(99)马五进三　将6平5
(100)马三退五　将6退1　(101)帅五平四　……

如红马五退三,黑则卒5平6,红马三进四,卒6进1,黑亦胜。

(101)　……　卒5进1　　(102)马五进三　将6平5
(103)马三退五　将6退1　(104)马五进三　将6平5
(105)炮五平四　卒5平4　(106)马三退二　将6平5
(107)马二进三　将5平4　(108)炮四平五　马3退5
(109)马三退四　马5进7　(110)帅四进一　炮5退1
(111)炮五退二　……

红如炮五平六,黑炮5平6,黑胜定。

(111)　……　马7进8　　(112)帅四退一　炮5平9

(黑胜)

本局对弈中,黑方表演了丝丝入扣的残局功夫,值得学习。可喜的是,黑方再接再厉,再克一城以二连胜进入第二轮比赛。

双马双炮兵类(6局)

61. 谋卒灭象破阵

图74是2001年全国团体赛火车头金波出战煤矿孙树成,彼此经过22个回合角斗演成的一盘棋势。观盘可见,红多一兵,但少一相,双方成犬牙交错局面。红针对黑左翼子力不畅的微小弱点,挺兵活马,卸炮谋边卒,并抓住黑退马

之机,挥炮取卒,回马兑子,取得多双兵优势;伺后调炮回营,借兑歼象,破阵擒将。

（如图74,红先）

(23)兵三进一 ……

红挺兵活马,正着。

(23) ……　　士4进5

(24)马三进四　马1进2

(25)炮五平一　炮6进2

(26)仕五进六　炮3退3

(27)兵一进一　马9退7

黑退马不如炮3平1,随后红炮一进四,炮1退1,相三进五,炮6平5,马四退三,马2进4,炮八进七,炮1平9,红仍占优,黑比实战形势好。

(28)炮一进四　马7进8　(29)炮一平三　马8进7

黑虽夺回一兵,但小卒已无,红的优势扩大了。

(30)马五退三　马7进6　(31)炮八平四　炮6进3

(32)马三进五　马2进1　(33)炮三退五　……

红退炮防马袭击,残棋功夫老到。

(33) ……　　炮3平2　(34)仕四进五　炮6平8

(35)马四进六　炮2进3　(36)相三进五　炮2平1

(37)仕五进四　……

红扬仕设下谋子陷阱,好招。

(37) ……　　马1进3　(38)帅五平六　炮1退8

若走炮8平5(马3退5,炮三平五,黑更难走),马五退四,炮5进2,仕四退五,红可得子。

(39)炮三平六　炮8退6　(40)兵一进一　炮1平4

(41)仕四退五　士5进4　(42)马五进三　炮8进7

黑如炮8平5,红马三退四,红仍大占优势。

(43)仕五进四　士4退5

黑下士失着,应走马3退2,红如马六进四,则士6进5,黑不致损象败阵。

(44)马六进五　（红胜）

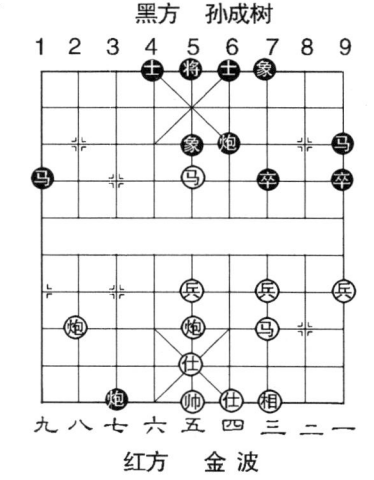

至此,黑兑子后形成马炮或双马双兵单缺相例胜马炮单缺象残局,黑续弈亦要败阵,故主动收枰认负。

62. 扑马贪攻 丢兵损相

图75是2000年全国团体赛湖北李雪松对江苏王斌,彼此酣战了22个回合的形势。该局双方子力相等,黑多一卒,实力稍为占优。黑趁轮走之先,跃出边驹;随后抓住红急于求胜误进马及升炮攻骑的软手,骏马闪入卧槽,挥炮扫红二路兵,以象夺兵,攻马破相,夺得胜局。

(如图75,黑先)

(22) ……　　马9进8

(23) 马四进六　……

扑马过急,红应兵三进一,黑如炮1进3,红炮八进二,黑炮1退5,马四进六,炮6平4,炮二进二,红足可应付。

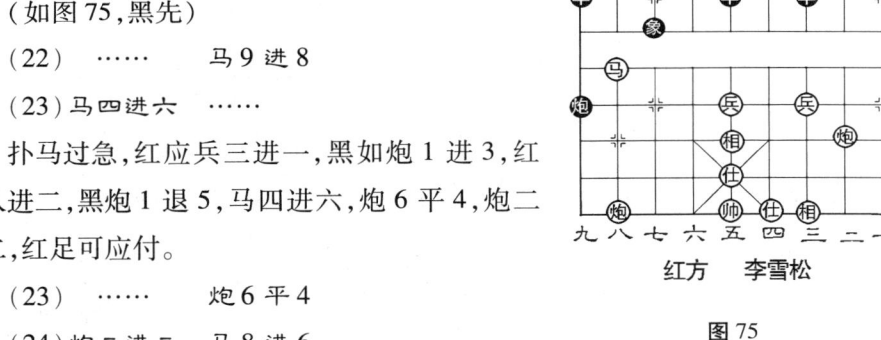

(23) ……　　炮6平4

(24) 炮二进二　马8进6

(25) 兵五进一　马6进8

(26) 炮八进一　……

红应走炮二平三,黑如象7进5,炮八进三,马8退9,炮八平五,炮1平7,炮五进三,黑仍占优,但红比实战形势好。

(26) ……　　士4进5

(27) 炮二平三　象7进5

(28) 炮八进二　……

红进炮攻马不如炮三平一,黑若卒7进1,则红炮一退三,红势不差。

(28) ……　　马8退9

(29) 炮三平一　……

红炮八退二不致再丢一兵好。

(29) ……　　炮1平7

(30) 炮八平五　炮4退1

（31）兵五进一　　卒5进1

黑弃象换兵，明智。

（32）炮五进四　　士5进6　　（33）马六退四　……

红如马六进四，黑炮4平6，炮五平六，士6进5，黑胜定。

（33）……　　　象3退5　　（34）马四退三　马3进2

（35）仕五进四　卒1进1　　（36）仕四进五　马2进4

（37）马八进六　象5进3　　（38）相五进七　……

若红马三进二，黑马4进2，黑胜势。

（38）……　　　炮4平7　　（39）马三退一　炮7进8

（黑胜）

至此，红缺相输三个兵，胜负可判。余略。

63."双杯献酒"　谋象困驹

图76是沈阳苗永鹏与湖北李望祥在2001年"柳林杯"大师冠军赛上厮杀了24个回合的阵势。红方经过通盘筹算后，借出击之先，沉炮渡兵，接而回炮窥黑河沿双卒；伺后调炮回防，双骑抢占河头阵地，巧用"双杯献酒"战术，弃兵残象，终以马炮兵挫败对手。

（如图76，红先）

（25）炮八进三　　象5退3

（26）兵七进一　　炮3平7

（27）炮八退四　　马7进5

（28）兵七平六　　马3进2

红沉炮、渡兵、退炮攻卒三招是谋势佳着。此时黑不能马5退3咬双，因红炮八平七，后马进5（前马进4，炮七进四，红得马胜），炮七进四后再兵六平五，红大占优势。

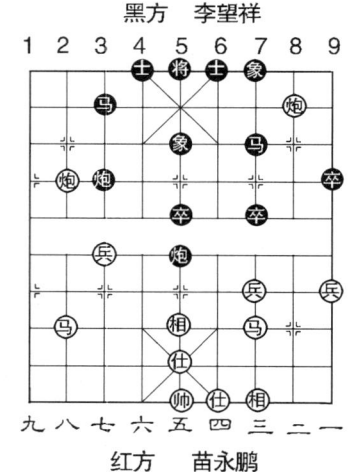

（29）兵六平五　　马5退3　　（30）炮八平三　象3进5

（31）炮三退一　　士4进5　　（32）马三进五　炮7进3

（33）炮二退六　……

图76　黑方　李望祥／红方　苗永鹏

红退炮攻守两利,正着。

(33) ……　　炮 7 平 8　　(34) 炮三退三　马 3 进 2

(35) 马八进七　后马退 4　　(36) 马五进三　马 2 进 4

黑若炮 8 平 7,红炮三平一,马 2 进 3,帅五平六,红优。

(37) 马七进六　炮 5 平 6　　(38) 炮二平三　……

红平炮攻闷宫,棋坛称之为"双杯献酒"战术。

(38) ……　　象 7 进 9　　(39) 前炮进一　象 5 进 7

(40) 兵五平四　前马进 6　　(41) 后炮进一　将 5 平 4

(42) 兵四平三　象 9 进 7　　(43) 前炮进二　士 5 进 6

如马 6 进 7,帅五平六,炮 8 平 4,前炮进四,马 4 退 5,马六退五,炮 6 退 3,马三进四,红胜势。

(44) 后炮平一　士 6 进 5　　(45) 炮三进四　马 4 退 6

(46) 炮三退一　炮 8 退 2　　(47) 炮一进四　炮 8 平 5

(48) 马六退五　炮 6 退 2　　(49) 炮一进二　……

红切忌随走马三进四杀炮,因黑马 6 进 7 杀。

(49) ……　　炮 6 进 2　　(50) 兵一进一　炮 5 平 7

(51) 马三退四　炮 7 平 5　　(52) 兵一进一　炮 6 进 2

(53) 炮一平四　炮 5 平 6

黑宜马 6 进 4,红马五退六,炮 6 平 4,炮三退五,炮 4 退 3,帅五平六,红仍占优,但黑的形势比实战好。

(54) 仕五进四　炮 6 退 3　　(55) 仕四进五　(红胜)

黑走了马 6 退 5 后,发现红马炮兵仕相全例胜马炮双士,续弈无意义,即主动认负。

64. 围歼防御　积优为胜

图 77 是广东两将庄玉庭与汤卓光在 2001 年首届 BGN 世界象棋挑战赛初赛一轮头局相遇时的棋局,是彼此交战了 22 个回合弈成的。红趁拔枪之先,调炮攻马窥边卒;然后乘兑进兵摆中炮,运马谋黑士象,积优为胜,终以马炮兵闹九宫,令黑铩羽而归。

(如图 77,红先)

(23) 炮七平二　　马 8 进 6

黑如炮 8 进 2,炮二进五,红可得子胜势。

(24) 前炮平三　　马 6 退 4
(25) 炮二平一　　象 5 退 7
(26) 炮一进四　　炮 1 平 4
(27) 相七进五　　炮 4 进 2
(28) 炮一平六　　马 3 进 2
(29) 炮三平五　　士 5 进 6

如黑象 3 进 5,兵五平六,马 2 进 1,马四进二,炮 8 平 6,马二进三,红方占优。

(30) 兵五平六　　炮 8 平 1

黑若马 2 退 4,兵六进一,马 4 进 6,炮五平九,马 6 进 8,马四进二,士 6 进 5,兵一进一,红大占优势。

(31) 兵六平七　　马 1 进 3　　(32) 兵七进一　　马 3 退 5
(33) 仕六进五　　马 5 退 4

若黑马 5 退 3,炮六退一,炮 1 进 5,马四进二,炮 1 平 6,马二进三,将 5 进 1,炮五平二,红大占优势。

(34) 兵七平六　　马 4 进 6　　(35) 马四进二　　将 5 平 4

红进马谋士象,积优为胜。如黑马 6 退 8,马二进四,将 5 进 1,炮五平九,红胜势。

(36) 马二进四　　士 6 进 5　　(37) 马四进三　　卒 1 进 1
(38) 炮五退一　　将 4 进 1　　(39) 兵六平五　　马 6 进 5
(40) 炮五平六　　士 5 退 6　　(41) 马三退四　　将 4 平 5
(42) 炮六平五　　将 5 平 6　　(43) 马四退六　　士 6 进 5
(44) 马六进五　　炮 1 平 5

黑若象 3 进 5,红马五退七,炮 1 进 5,兵五进一,黑亦败定。

(45) 马五进七　　马 5 退 3　　(46) 炮五平六　　炮 1 平 3
(47) 相五进七　　卒 1 进 1　　(48) 相三进五　　卒 1 平 2
(49) 兵一进一　　炮 3 平 4　　(50) 马七退九　　卒 2 平 3

黑无士象,无法防守,只好杀相一拼。

(51) 马九退七　　将 6 退 1　　(52) 兵五进一　　炮 4 平 5

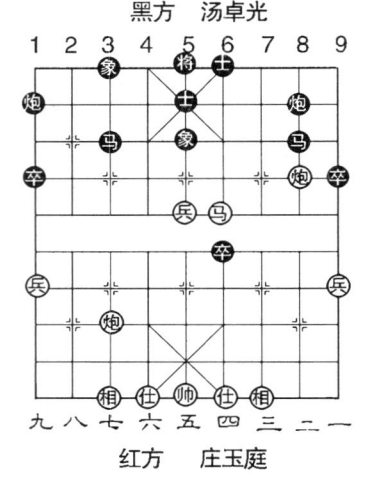

黑方 汤卓光

图 77

红方 庄玉庭

(53) 马七退五　（红胜）

以下黑如再走马3进1,红马五进三,将6进1,兵五进一,将6进1,炮六平二,红成杀。初战告捷后,红方于次局再下一城,以两胜的成绩转入二轮比赛。

65. 跃马咬卒入牢笼

图78是2000年全国个人赛河北苗利明与福建傅光明角逐了23个回合弈成的一个棋势。观盘可知,彼此成犬牙交错的互缠态势,黑方针对红左骑弱点,先平炮驱马,进而跃马控马,并乘红误扑马咬中卒之机,运驹咬双,劫子告捷。

（如图78,黑先）

(23)　……　　炮5平3

黑平炮射马,目标选得好。

(24) 马七退六　马6进4

(25) 炮八进四　……

黑扑马过河的目的是控制红贴身马。红如炮八平九,而炮2进7,马六进八,炮2平1,黑方占优。

(25)　……　　卒3进1

(26) 马四进六　士4进5　(27) 炮六平九　……

笔者认为,红平边炮不如炮八平一实惠。黑若马4进2,红炮一平九,双方尚有一番恶战。

(27)　……　　炮3平4　(28) 前马进七　……

红进马咬中兵,败着。应炮八退五,如黑马3进4,则前马进七,前马进2,炮九平八,红势不差。

(28)　……　　马3进1

黑出马咬双,胜负可判。

(29) 马七进八　炮4进8　(30) 仕五退六　马1进2

(31) 炮九进四　炮2退1　(32) 马八退六　马2退3

(33) 炮九进二　炮2进5　(34) 兵九进一　将5平4

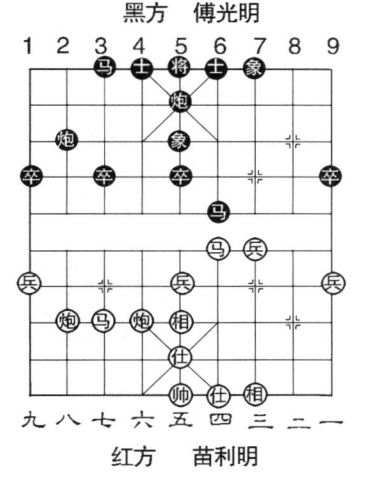

（黑胜）

本局红28回合不进马，改退炮，不致失子，尚可一战。失子后红已无术回天。

66. 运炮制驹　双骑驰骋

图79是2001年全国个人赛十轮江苏徐超与黑龙江聂铁文酣斗了18个回合弈成的棋势。可以看出，彼此成势均力敌的互缠局势。黑颇明智，采取待机而动的策略，先兑卒活马，然后左马盘河，回炮谋相，双骑奔驰入卧槽，以炮换马掠兵，并抓住红误出马弊端，巧妙劫子得局。

（如图79,黑先）

（18）……　　卒7进1

黑兑卒活马，正着。

（19）兵三进一　　象5进7

（20）马八进七　　炮1平2

（21）兵七进一　　卒3进1

（22）相五进七　　马7进6

（23）炮六退一　　炮2平3

（24）马七退九　　……

如红相七进五，而马4退1,炮六平五,马6进4,红势不妙。

（24）……　　象7退5

（25）兵一进一　　马6进8

（26）马三退一　　炮7退1

（27）炮四平五　　……

红平炮弃相不如相七进九,若炮7平9,黑仍占优,但红比失相好。

（27）……　　炮7平3

（28）炮五进四　　马8进6

（29）马一进二　　后炮平9

黑不仅得兵，而且开通马路，颇占优势。

（30）兵五进一　　马4进2

黑双骑闪入卧槽，很是得力，但黑此着不能马6退5杀兵，因为红可马二进三借杀得炮。

(31)马二退四　炮9平6

如红炮六平五,黑马2进3可得子胜。现摆炮射马,准备兑子谋兵。

(32)炮六退二　炮6进2

黑如马2进3,红炮六平七兑子。

(33)仕五进四　马1进4　　(34)仕六进五　马6退5

(35)马九进八　马4退6　　(36)马八进七　马6退5

(黑胜)

临末,红马失前蹄,导致丢子速败。如改炮五平六虽居下风,但还可周旋。

第三章 中局佳构

一、弃子进攻(26局)

1. 运炮轰龙困敌营

如图80是2000年"巨丰杯"棋赛广东庄玉庭对吉林洪智的一个中局,由双方以五六炮对屏风马开局排阵厮斗了15个回合走成。红经过审时度势后,针对黑炮窥伺红卒林车的弊点,卸炮策应;随后,趁黑马谋炮之机,运炮轰车回边,借兑残象,炮立当头,令黑全盘受困,俯首称臣。

(如图80,红先)

(16)炮五平七　马8进7

红卸炮针锋相对,正着。黑如卒3进1,红炮六进四占先。

(17)炮七进五　马7退6　　(18)相三进五　卒7进1

(19)车三退二　炮7进5

若炮7平6,兵七进一,红优。

(20)车三退二　车8进4　　(21)兵七进一　象5进3

(22)车八平四　马6退5

(23)炮六平八　……

红运炮攻车,好棋。

(23)……　　　　车2平1

(24)车四平七　马5进3

(25)车七进一　前马进5

(26)兵五进一　车1进2

(27)兵五进一　象3进5

(28)车七进一　炮2退3

(29)兵五进一　炮2平3

(30)车七平八　车8平5

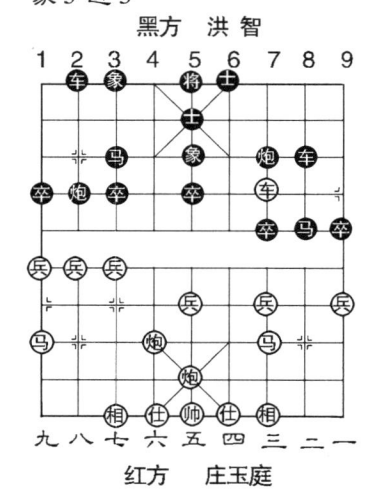

图80

（31）兵五进一　车5退4

如黑炮3进9,红仕六进五,黑炮3退2,兵五进一,车5退5,相五退七,红胜势。

（32）仕六进五　马3进4　（33）车八进三　车1平3

（34）车三进二　炮3平4　（35）相五进七　……

红飞相发挥炮的功能,佳着。

（35）　……　　　马4进5　（36）炮八平二　车5平8

（37）炮二平五　车3平2　（38）车八平七　车8平4

（39）马九进七　车2进5

黑若车4进4,红相七退九,红大占优势。

（40）车三退一　车4进4　（41）马七退九　车4平3

如黑车2平3,红仕五退六,黑车3进2,士四进五,车3退2,车三退一,红仍占优势。

（42）仕五退六　车3平4　（43）仕四进五　车2退4

（44）车三平四　车2平5　（45）帅五平四　车8退3

（46）马九进八　（红胜）

至此,黑全局受制,胜负可判了。

2. 以饵投鱼　"将军卸甲"

图81是2000年全国团体赛上海浦东蒋志梁与广东庄玉庭,彼此以中炮过河车对屏风马平炮兑车布阵激战了15个回合构成的一个中局。分析枰面可知,红不仅多兵,而且车又捉住黑马;然而黑方不被红表面攻势所吓倒,苦思出妙计,抓住红中相弱点,以饵投鱼,反夺主动权;伺后黑方利用红帅位欠佳的微隙,巧妙来个"将军卸甲",迫红落荒而逃。

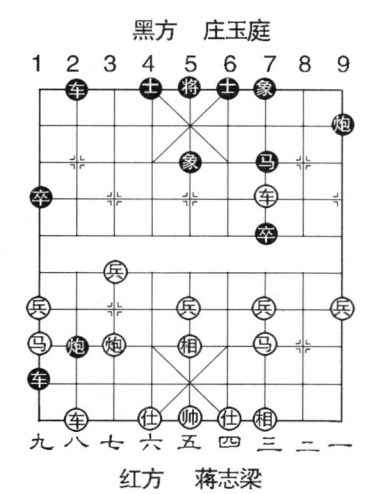

（如图81,黑先）

图81

（15）　……　　　马7进5！　（16）车三平五　……

黑盘马出击,以饵投鱼,佳着。红如兵三进一,则马5进4,炮七平六,马4

进6,黑优。

(16) …… 炮2平51

黑无此妙手,断不敢贸然出马。

(17) 车八进九 ……

若红车五平八,黑车2进3,车八进六,炮5平1,黑得子占优。

(17) …… 炮5退4　　(18)炮七平五　炮5进4

(19)相三进五　车1退1　　(20)帅五进一　炮9平5

(21)帅五平六　……

如红车八退一,黑象5退3,红帅五平六(车八平六,车1进1,车六退七,车1退2,黑优),车1进1,帅六进一,炮5进1,车八平六,士6进5,黑方占优。

(21) …… 车1进1　　(22)帅六进一　炮5平4

(23)车八退一　炮4进1　　(24)相五退七　车1平3

(25)马三退五　……

红若车八退六,车3进1,仕六进五,车3退4,黑大占优势。

(25) …… 车3退2　　(26)帅六平五　车3平5

(27)帅五平四　士6进5　　(28)车八退二　象5退3

黑落象来个"将军卸甲",以便露将造杀。

(29)车八平六　炮4平6　　(30)马五进七　……

如红车六退三,黑车5退1,马五进七,车5平6,帅四平五,车6平3,黑胜势。

(30) …… 车5平6　　(31)帅四平五　车6平3

(32)车六退四　车3平5　　(33)帅五平四　车5平7

(黑胜)

至此,黑必得子而胜定。

3. 献驹夺势破中门

图82是2000年全国团体赛哈尔滨聂铁文出战吉林洪智的一个中局,由双方以中炮直横车对屏风马列阵角斗13个回合弈成。观枰可知,红双马受制,一时间难以开出参战,于是红选择中路突破战术,先行挺中兵;然后平炮、送兵、献驹、冲兵兑象,强行从中路破门擒王。

(如图82,红先)

(14) 兵五进一　士6进5

(15) 炮八平七　马3进1

红挺中兵,选点进攻正确。黑上边马,准备偷袭红左翼,争取对攻。

(16) 兵七进一　炮7平2

(17) 兵五进一　卒3进1

黑如卒5进1,红炮五进四,红方占优。

(18) 兵五进一　卒3进1

(19) 马九进七　……

红献马杀卒,已看准了中路的突破口。

(19) ……　　　炮1平3

(20) 兵五进一　象3进5

(21) 车六平七　炮3退2

黑切莫随手走马1进3,否则红炮五进六可追回失子胜。

(22) 炮五进六　士5进4　　(23) 炮五退四　炮2平3

黑中门洞开,无法防守,只好攻车一拼。

(24) 车七平五　将5平6　　(25) 车五平四　将6平5

(26) 炮七平六　车1平4　　(27) 仕四进五　马1进2

(28) 车四平五　马7退5　　(29) 车五平七　后炮平5

(30) 车七退三　车4平5

黑平车邀兑,目的是减轻中路压力。

(31) 炮五进二　车5退1　　(32) 相五进七　马5进3

(33) 炮六平五　(红胜)

至此,黑因失势,难于再战,故主动认输。

4. 车换马炮势如虹

图83是河北刘殿中与吉林陶汉明在2000年全国团体赛上的一个中局,是彼此以五七炮对屏风马排阵酣斗了14个回合演成的。红经过审时度势后,抓

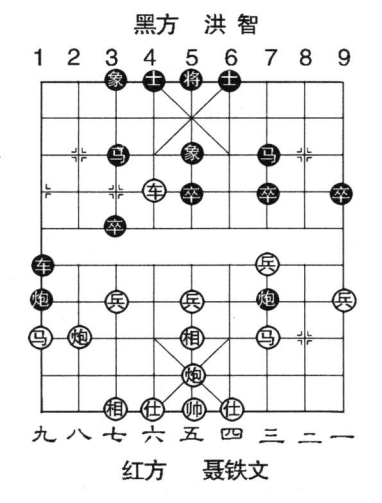

住黑孤象弊端,献车换马炮,排除路障;伺后右马盘河,扑出边驹配合进攻,调炮控制中场,终以破竹之势,令黑落荒而走。

(如图83,红先)

（15）车八进三　……

红弃车砍炮,为进攻铺路,好棋。

（15）　……　　前车进2
（16）车二退四　士4进5

黑如前车退2,红车二进二,黑前车平7,马三进四,士4进5,马四进五,马3进5,炮五进四,红方优势。

（17）马三进四　前车退2
（18）马四进六　后车进1

若黑车2平4,而马九进八,卒3进1,炮七平六,红仍占优。

（19）仕四进五　后车平4
（20）马九进八　卒3进1

如黑象5进3,红炮七平六,车4平2,马六进四,炮7平6,马八进六,象3退5,兵五进一,红攻势强烈。

（21）炮七平六　车4平2　　（22）马六进七　炮7平3
（23）马八进六　卒3进1　　（24）炮五进四　卒3进1
（25）相七进九　炮3退1　　（26）炮五退二　（红胜）

以下黑如续走前车平3（后车进1,炮六平三,将5平4,炮五平六,炮3平4,马六进五,红胜）,炮六平三,将5平4,炮五平六,将4平5,马六进五,亦是红胜。

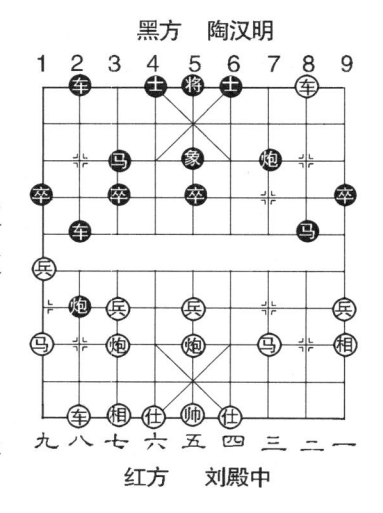

黑方　陶汉明

图83

红方　刘殿中

5. 迫虎跳墙　杀声四起

图84是2000年"嘉周杯"赛广东吕钦对河北刘殿中的一个中局,由双方以中炮过河车对屏风马平炮兑车布阵剧斗17个回合演成。反应机敏的黑方,乘出招之先,针对红左边线弱点,发炮取兵,采取迫虎跳墙策略,掀起战端。随后,黑炮立空头,迫红挥师猛攻黑右翼,继而升车增援右防,并趁红左车右调之机,

挥炮摧杀,巧妙兑马化解红侧攻,终于残仕夺相赢得胜局。

(如图84,黑先)

(17) ……　　炮1进4

(18) 兵五进一　……

箭在弦上,不得不发。红如车四进三(车四进一,炮1退1,黑优),黑车8进5,马六退四(马六进四,车8平6,黑优),车8平3,相三进五,车3进1,黑方优势。

(18) ……　　炮1退1

(19) 马六进七　……

红如兵七进一,黑炮1平5,红车四进一,卒5进1,马六进七,象5进3,马七退五,炮9平5,黑甚有攻势。

(19) ……　炮1平5　　(20) 车四平八　马2进3

(21) 马七进九　炮9退1　(22) 炮四进六　士5退4

(23) 炮四平九　车8进1

红也毫不示弱,进炮平炮,杀声四起;黑进车及时保驾护航,增援右翼,明智。

(24) 前炮进一　象5退3　(25) 兵七进一　炮9进1

(26) 车八平二　……

若红兵七进一,黑炮9平1,炮九进五,车8平1,兵七进一,车1进1,车八进六(炮九平八,车1平3,黑优),象7进5,黑方占优。

(26) ……　车8平2　　(27) 车二进四　……

迫虎跳墙,红只好进车一拼。

(27) ……　炮9进4　　(28) 帅五进一　……

若红车二退四(车二退三,炮5退1,黑优),炮9退2,黑大占优势。

(28) ……　象7进5　　(29) 兵七进一　马3退2

(30) 马九进八　车2进7　(31) 帅五进一　车2退8

(32) 帅五平四　炮9平6　(33) 车二平四　……

红恶马兑掉,黑胜利在望了。此时红不能仕四进五,因黑车2进7杀。

(33) ……　炮6进3　　(34) 帅四平五　炮6平3

(35)车四退三　卒5进1

黑冲卒保炮,红已无力组织反击了。

(36)帅五平四　士6进5　　(37)后炮平五　炮5平2
(38)炮九退一　炮2进2　　(39)帅四退一　车2进6
(40)炮九进一　车2平5

黑平车制炮,消除红最后一击,稳操胜券。

(41)帅四平五　卒5进1　　(42)车四平二　炮3平7
(43)兵七进一　炮2退3　（黑胜）

以下黑炮2平5可得炮,红只好推枰认负。

6. 封车制马扰敌势

图85是2000年全国个人赛云南徐健秒对北京张强的一个中盘,由双方以仙人指路对卒底炮布局鏖战22个回合而弈成。该局红虽多一子,但车双马受封制。黑趁出手之先,针对红左翼车马弊端,进马咬车,迫其屯边;接着挺车占据要道,以卒换马扰乱红方阵势,终于残相夺马奏凯。

（如图85,黑先）

(22)　……　　马4进3
(23)车八平九　……

红如车八平七,黑马3退5,黑必可得一马占优。

(23)　……　　车2进6
(24)仕五进六　……

若红兵三进一,黑卒7进1,相五进三,卒2平1,黑颇占优。

(24)　……　　卒2平1
(25)车九进二　车2进3
(26)帅五进一　车2退1
(27)帅五退一　车2进1
(28)帅五进一　车2平4
(29)炮五平四　将5平4

黑方　张强

图85
红方　徐健秒

黑封车制马夺回一子后,车马进攻,扰乱红方阵势。此着出将令红车仍无

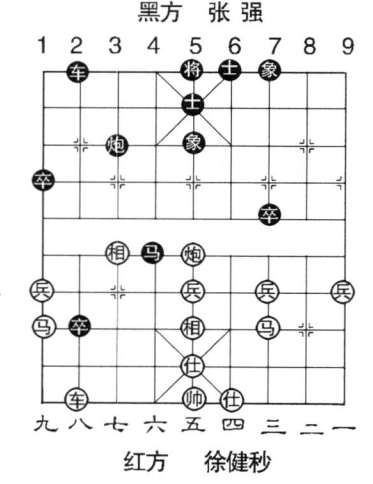

法开出。

(30) 炮四退二　车4平2　(31) 相五退三　……

如红兵三进一,黑车2退1,帅五退一,马3退2,车九退二,卒7进1,相五进三,车2平7,黑优。

(31) ……　车2退1　(32) 帅五退一　车2进1

(33) 帅五进一　马3退4　(34) 车九平八　车2平3

(35) 兵五进一　……

红若相七退五,而车3退1,帅五退一,车3平7,黑可得子胜势。

(35) ……　车3退4　(36) 炮四进二　象5退3

(37) 车八进四　……

如红炮四平六,黑车3平4,黑亦胜势。

(37) ……　车3进3　(38) 帅五退一　炮3平5

(39) 马三进五　……

若红相三进五(帅五平六,马4进3,黑胜),马4进5,黑胜定。

(39) ……　马4退3　(40) 相三进五　炮5进4

(41) 相五进七　车3进1　(42) 帅五进一　马3退5

(43) 兵一进一　车3平6　(44) 炮四退三　马5进6

(45) 车八平九　马6进7　(46) 车九平四　卒7进1

(47) 车四退三　炮5平2　(48) 相七退五　炮2退4

(黑胜)

7. 破门而入　调炮侧攻

图86是2000年全国个人赛深圳卜凤波对火车头宋国强的一个中变棋局,由双方以五八炮对屏风马布局酣斗15个回合演成。红借轮走之便,揪住黑右防空虚的痛脚,扑出边马;随后调炮左翼侧攻,策马入卧槽,寻机献驹夺士,急攻紧取,巧妙轰象成杀。

(如图86,红先)

(16) 马九进八　士5进6

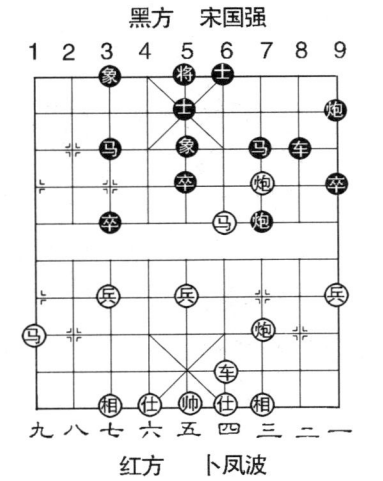

图86

黑扬士意在牵车马谋子。

(17)后炮平九　马3退1

黑如炮9平6,红则炮九进七,象3进1(将5进1,马四进六,将5平4,车四进六,红胜势),马八进七,车8进1,马七进九,车8平7,马九进八,马3退4(象5退3,马八退七后再车四平八,红胜),车四平六,士6进5(炮6进3,车六进八,红胜),马四进五,炮7平5,相三进五,炮5退2(将5平6,车六进八,红杀),马八退九,马4进2,车六进八,将5平4,马九进八,红妙杀。

(18)马八进九　士6进5　　(19)马四进六　马1进2

若黑炮9平6(炮7平5,相七进五,车8进1,车四平三,红优),炮三平四,红方优势。

(20)马六进五　……

红献驹夺士,破门而入,好棋。

(20)……　　炮7平5　(21)相七进五　马2进1

黑如士6退5,红炮三平八,红破士大占优势。

(22)车四进六　将5进1　(23)马九进七　将5退1

(24)马七退五　炮5平7　(25)马五进七　炮9平5

红第22回合改马五退七亦占优势,此时黑不平炮,也无计可施。

(26)炮三平九　炮5进5　(27)仕六进五　炮7平5

(28)前炮进三　象3进1　(29)后炮进五　（红胜）

以下黑如再走马1退2,红后炮平八,马2退4,车四进一,红亦胜。

8. 铁马生风　献炮毁城

图87是2000年全国个人赛湖南张申宏对重庆林宏敏的一个中变局势,由双方以过宫炮对中炮列阵拼杀15个回合演成。黑趁走子之使,针对红七路线上车炮的弊病,迅速盘出左马;随后乘兑献炮残相,集中子力偷袭红右翼,夺回失子,终于残仕毁肋。

(如图87,黑先)

(15)……　　马7进6

(16)兵七进一　……

红如兵九进一,黑则马6进5,红马三进五,马4进5,马九进八,车6平2,

马八进九,车2进2,兵九进一,马5进3,车七进二,炮7平1,黑优。

(16) ……   炮3进5
(17) 兵七平六 ……

若红车七进二,黑马6进4,红车七进二,前马进6,黑大占优势。

(17) ……   马6进4
(18) 马三进二 炮3平2
(19) 车七进四 马4进6
(20) 马二退一 炮7进8

黑挥炮砍相,取胜关键。

(21) 车七退二 炮7平9
(22) 车七平八 车6平8
(23) 帅五平四 ……

黑方 林宏敏

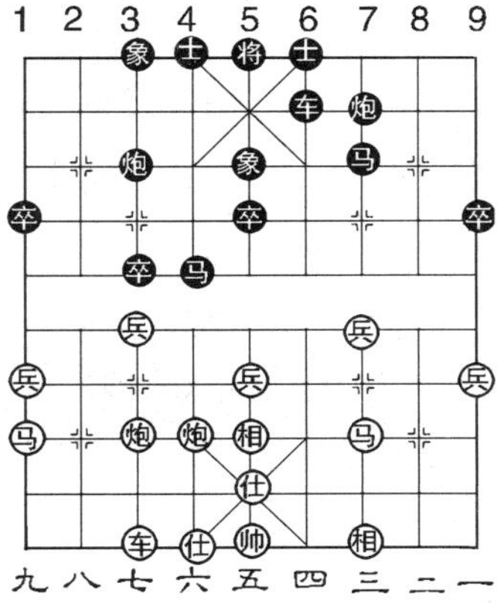

图87

红方 张申宏

红若仕五进四,黑车8进6,相五进七,车8平6,马一退三,车6平7,黑大占优势。

(23) ……   车8进8   (24) 帅四进一 炮9退1
(25) 仕五进四 马6进8   (26) 帅四平五 车8退1
(27) 帅五退一 炮9进1   (28) 仕六进五 ……

如红仕四退五,黑马8进6,红炮六退一,车8进1,仕五退四,车8退2,帅五进一,马6退7,黑占优势。

(28) ……   车8平9   (29) 帅五平六 车9退1
(30) 车八进四 ……

红若相五进七,黑马8进7,红帅六进一,车9退1,黑方占优。

(30) ……   炮9平8   (31) 车八平五 车9进2
(32) 帅六进一 ……

红如马九进七,黑炮8退1,仕五退四,车9平6,帅六进一,车6平3,马七进五,马8进6,仕四退五,车3退1,帅六退一,车3平5,黑胜定。

(32) ……   炮8退1   (33) 仕五退六 马8进6
(34) 仕六进五 ……

若红仕四退五,而车9退3,车五平四,马6进5,车四退五,车9平8,黑方

占优。

　　（34）……　　车9平1　　（35）马九进七　……

　　红如相五进七，黑马6退8,仕五退四,车1退1,帅六退一,炮8进1,仕四进五,马8进7,仕五退四,马7退6,黑胜。

　　（35）……　　马6退8　　（36）仕五退四　车1平6

　　（37）相五进七　（黑胜）

　　红走了飞相后，即发现黑走马8进6,红再仕四退五,黑则马6退5杀着,红遂主动认负。

9. "二鬼拍门" 双龙翻腾

　　图88是2000年全国个人赛河北刘殿中对北京张强的一个中盘，由双方以中炮对反宫马开局拼杀37个回合弈成。综观形势，红多子且破象，看似胜局在望；然而黑方凭借出招之先，利用车卒的有利条件，调三路车攻帅压肋构成"二鬼拍门"的杀势，并抓住红不愿送回一炮而退车的破绽，弃卒掠仕，双龙翻腾闹九宫，终于谋车得局。

　　（如图88,黑先）

　　（37）……　　车3平4　　（38）帅六平五　车4进8

　　黑进车压肋与6路卒配合成杀势。棋坛将此类技巧，称之为"二鬼拍门"。

　　（39）炮七进一　……

　　红如车三进三,黑将5平4,红车三退八,卒6平5,仕四进五,车6进2,黑杀。

　　（39）……　　将5平4

　　（40）车五退二　……

　　红应炮七平六，黑如卒6进1,仕五退四,车4退1,仕四进五,车4进1,车五退二,红尚有转机。

　　（40）……　　卒6进1

　　（41）仕五退四　车4进1

　　（42）帅五进一　车6平4

　　黑解兑还杀，凶着。

　　（43）相五退三　后车进2

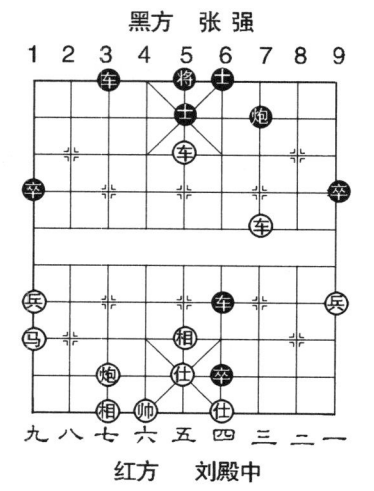

黑方　张强

图88

(44)帅五进一　后车退1

(45)帅五退一　炮7平6

黑平炮避捉还杀,红回天乏术。

(46)炮七进四　后车进1　(47)帅五进一　前车平5

(48)帅五平四　车5平6　(49)帅四平五　车6平5

(50)帅五平四　车4退5

黑双车如龙翻腾在红九宫追杀,此时献车做杀,妙着。

(51)车五退五　……

如红车五平六,黑士5进6,红车六平四,车5平6,红丢车亦败。

(51)……　　　车4平6　(52)帅四平五　车6平5

(53)帅五平四　士5进6　(黑胜)

以下,红只能车三平四,黑车5进6,炮七平四,士6退5,黑亦得车胜定。

10. 贪兵沉炮走麦城

图89是2000年全国个人赛火车头宋国强对河北张江的一个中盘,由双方以上马对仙人指路开局酣斗17个回合演成。黑方借走子之机,抓住红图前一着贪杀中卒和续战沉炮急攻的破绽,进炮攻边马,7路卒暗度陈仓;伺后寻隙舍马残相,车双炮卒奋起猛攻,终令红败走麦城。

(17)车五进二　

(如图89,黑先)

(17)……　　　炮4进4

黑进炮攻马,反攻佳着。

(18)马一退二　卒7进1

(19)炮八进七　……

红因图前一着车杀中兵,转先为后,沉炮准备破釜沉舟。如改相五进三,则马3退4,相七进五,车3进2,炮八退一,黑仍占优,但红比沉炮好。

(19)……　　　卒7平6

(20)炮八平九　卒6进1

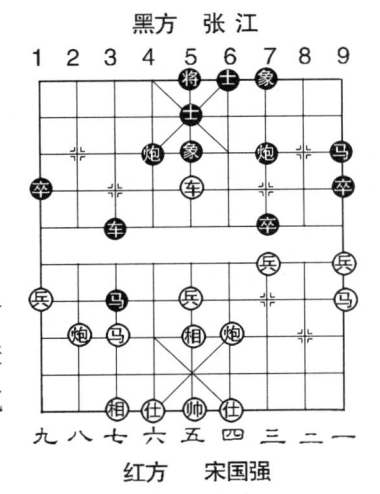

图89

（21）炮四平三　　炮4进2！

黑进炮塞象眼，难以应对。

（22）车五平八　　士5进6　　（23）炮三进二　　炮7进2
（24）车八退五　　炮4退3　　（25）仕四进五　　炮7平5
（26）车八进八　　将5进1　　（27）车八退一　　将5退1
（28）车八平六　　炮4平2　　（29）马二进一　　……

若红车六退六，则炮2进2，马七退八，炮2进1，马二进一，卒6平5，黑大占优势。

（29）……　　　　马3进5

黑弃马残相，步入杀门，凶着。

（30）相七进五　　……

如红马七进八去炮，则马5进7，帅五平四，炮5平6，炮三平四，车3进1，马一退三，卒6平5，炮四平六，卒5平6，黑胜势。

（31）……　　　　车3进3　　（31）车六平八　　炮5进3
（32）仕五进六　　炮2平3　　（33）车八进一　　将5进1
（34）车八退六　　车3平4

黑车砍仕，红败势难救了。

（35）车八平七　　炮3平2　　（36）车七进五　　将5退1
（37）车七进一　　将5进1　　（38）车七退一　　将5退1
（39）炮三平七　　车4平3　　（40）帅五平四　　炮2进4
（41）帅四进一　　车3进1　　（42）仕六进五　　炮2退1
（43）帅四退一　　车3进1　　（黑胜）

张江是曾获2000年全国个人赛第六名的象棋国手。

11. 衔枚疾进　困驹降龙

图90是2000年全国个人赛云南王跃飞对北京张强的一个中盘，由双方以中炮对反宫马列阵厮杀19个回合演成。审势可知，红方多子且有空头炮，但黑方多卒，彼此成对攻局面。在图后续战中，黑方利用红贪仕求杀之隙，舍士调车困驹，双卒衔枚疾进，巧妙献卒得车制胜。

（如图90，黑先）

（19）……　　卒5进1

（20）帅五平四　……

红如炮五退三，则卒5进1，相五进七，车1平8，马一退三，车8进8，相七退五，炮1平5，帅五平四，黑仍占优，但红尚有转机。

（20）……　　车1平七

（21）炮五退三　卒5进1

（22）车四进三　……

若红车四平五，黑炮1平5，车五退三，车8平6，帅四平五，车6进7，车五平三，车6平9，帅五平四，车9进1，黑多卒占优。

（22）……　　将5进1

（23）车四平三　卒5平6

（24）马一退三　炮1平8

黑调炮侧攻，取胜要着。

（25）帅四平五　炮8进7　　（26）仕五退四　卒6进1

黑舍卒衔枚疾进，凶狠。

（27）车三退六　卒6进1　　（28）仕六进五　车8进7

（29）车三平五　象3进5　　（30）相五进三　……

如红相五进七去卒，黑车8平7，黑胜势。

（30）……　　卒1进1　　（31）相三退一　炮8平9

（32）兵一进一　卒3平4　　（33）马九退七　……

红回马防黑卒4进10

（33）……　　卒6进1　　（34）仕五退四　车8平3

（35）车五平四　……

若红车五进四，黑将5平6，车五平二（车五退一，车3平6，黑胜势），车3平6，车二退七，车6进1，帅五进一，炮9平7，黑胜势。

（35）……　　车3进1　　（36）帅五进一　车3退1

（37）帅五进一　卒4平5　　（38）仕四进五　……

红如马三进四，则卒5进1，车四平五，车3退1，帅五退一，车3平6，黑胜势。

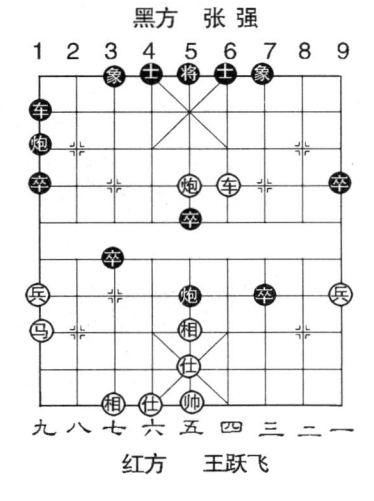

（38）车3退5　　　　（39）马三进二　　卒5进1
（黑胜）

以下红只能车四平五，而黑炮9平5得车胜。

12. 双炮争锋　残相掠仕

图91是2000年全国个人赛广西冯明光对福建傅光明的一个中局，由双方以顺炮直车对横车厮杀16个回合弈成，该黑方走棋。黑抓住红左翼子力不通畅的弊端，运炮调边；伺后利用红进炮谋驹之机，调兵遣将从侧翼猛攻，残相掠仕，巧妙重炮成杀。

（如图91，黑先）

（16）……　　　　炮5平7
（17）车三平二　　马7进6
（18）车二平三　　……

红如车二退一，黑则炮2进2，红车二平三，炮7平1，黑好走一

（18）……　　　　炮7平1
（19）炮八进三　　车4进4

黑平边炮与进车压马弃子，思路正确。

（20）炮八平四　　炮2进7
（21）炮七退二　　炮1进5
（22）相五进七　　……

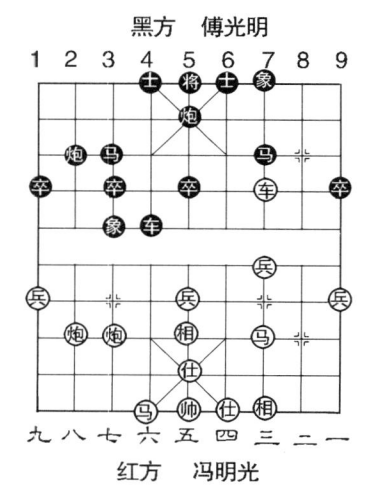

红飞相为解左翼之危，无可奈何。如炮四退四，黑炮1进3即杀。

（22）……　　　　炮1进3　　（23）相七进九　　车4平1
（24）相三进五　　车1退1　　（25）仕五进六　　……

黑第23回合除平车捉相外，也可改走车4平2，此后相三进五，车2退1，相九进七，车2平3，仕五进四，车3进1，仕四进五，车3进1，黑仍胜势。

（25）……　　　　炮2平4　　（26）车二进三　　……

如红炮四退三，则车1平3，炮1平八，炮4退1，黑胜势。

（26）……　　　　车1平3　　（27）炮四平二　　炮4退1
（28）帅五进一　　炮4平2　　（29）帅五平四　　车3平4

黑如误走士4进5,红炮二进四,黑反吃亏。

(30)车三平四　将5进1　(31)马三进四　车4进1

(32)帅四进一　……

若红仕四进五,则车4退4,仕五进六,车4平8,黑胜定。

(32)　……　　炮1退2　(33)相五进七　炮1平3

(34)仕四进五　车4退1　(黑胜)

以下不论红退马或落相,黑车4平5,帅四平五,炮2退1,黑重炮杀。傅光明是曾获1979年第四届全运会棋赛第三名的象棋国手。

13. 舍车砍骏马　三子降一龙

图92是2001年全国团体赛上海孙勇征对河北阎文清的一个中盘,由双方以五七炮对屏风马布局经过16个回合交锋弈成。观枰可知,彼此成犬牙交错形势。黑针对红河线车马及中防弱点,架炮占中路,继而舍车砍马,并伺机平炮串打红七路上马炮,终于劫得一子得胜。

(如图92,黑先)

(16)　……　　炮8平5

(17)车三进二　……

图92

红如炮三进五,则炮2平7,车三进三,车3进2,马九进八,马4进5,马八退七,马5退6,仕四进五,马6退7,黑仍占优,但红势比实战好。

(17)　……　　马4进5　(18)车四进二　车3平6

黑舍车砍马,精妙绝伦。

(19)车四进一　马5进7　(20)车四平五　车8进5

(21)马九进七　……

红进马保车不如车五进一(炮七平三,车8平5,炮三进五,炮2平7,车三进一,车5进2,仕四进五,车5平1,黑得子胜),卒5进1,炮七平三,马7退8,车三平一,黑仍占优,但红势比进马好。

(21)　……　　前马退6　(22)车三退三　马6退8

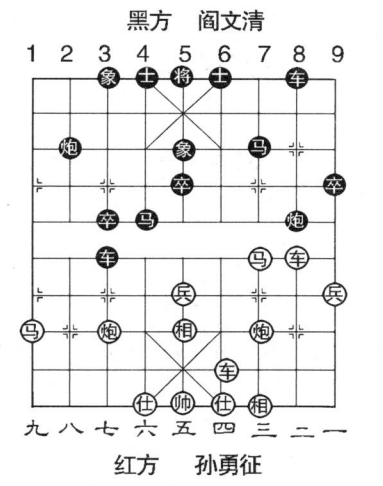

（23）车三平四　炮2平4

黑平炮串打,红失子难走。

（24）仕六进五　车8平5　　（25）马七进五　炮3进5

（26）帅五平六　士6进5　　（27）车四平六　炮3平2

（28）车六进三　象3进1　　（29）车六平八　炮2平3

（30）兵一进一　马8进6　　（31）车八退四　炮3进1

（32）车八进一　象1退3

黑得子后,回象固防,老练。

（33）车八平六　炮3平2　　（34）车六平八　炮2平1

（35）马五退四　炮1退6

黑残棋炮归家,利于稳步进攻,好棋。

（36）车八平五　马6退4　　（37）车五进一　马4进3

（38）车五平八　马7进8　　（39）帅六平五　……

如红车八平二,黑则马3进2胜势。

（39）……　　　马8进7　　（40）马四进三　马3退5

（41）车八平六　马5进6　　（42）帅五平六　炮1平4

（43）仕五进六　卒3进1　　（44）车六进二　马6退7

黑兑马后,红成一车对黑双炮马三卒士象全,败象已呈。

（45）相五进三　将5平6　　（46）相三进五　卒3进1

（47）仕四进五　炮5进2　　（48）车六退二　马7退9

（49）帅六平五　马9退7　（黑胜）

至此,黑已成例胜局势,红虽再下13个回合,仍难免一败。余略。

14. 突出奇兵破敌阵

图93是2001年全国团体赛哈尔滨张晓平对南方棋院李鸿嘉的一个中局,由双方以中炮对反宫马布阵角斗21个回合弈成。反应机敏的红方,利用重兵集结左翼并抓住黑方3路底象的弱点,弃兵扑马轰象,然后冲兵调车,车双炮两面夹攻,终于兵到功成。

（如图93,红先）

（22）兵七平八　车2进1

红弃兵为侧击做准备；黑车不吃兵则丢炮，实属无奈。

(23) 马七进六　　车2平4
(24) 炮七进七　　将5进1
(25) 炮八进二　　将5进1
(26) 马六退四　　将5平6
(27) 兵五进一　　……

挺兵通车路,便于调车配合双炮进攻,颇为及时。

(27) ……　　　将6平5
(28) 炮七平九　　马7进6
(29) 车八平二　　车4进3

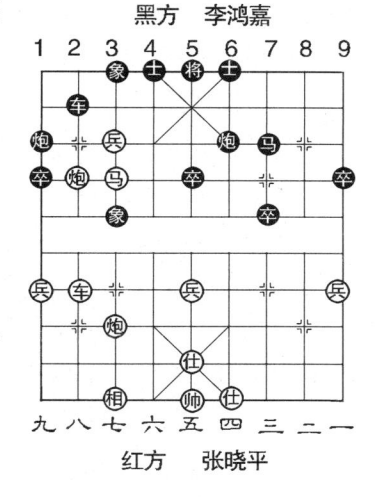

黑方　李鸿嘉

图93

红方　张晓平

黑如车4退1,则炮八退一,车4进3,车二进四,将5退1,车二进一,将5进1,炮九平七,红大占优势。

(30) 炮八退一　　卒7进1　　(31) 车二进四　　将5退1
(32) 车二平一　　将5进1　　(33) 兵五进一　　马6进7

红突出奇兵,好棋。黑若卒5进1,则炮九平七,车4平2,车二平八红胜定。

(34) 炮九平七　　车4平2　　(35) 兵五进一　　将5平4
(36) 兵五平六　　将4平5　　(37) 车二退一　　将5退1
(38) 兵六进一　　……

红兵到功成,黑败定矣。

(38) ……　　　炮1退1　　(39) 炮八进一　　将5平6
(40) 车二进一　　将6进1　　(41) 炮七退二　　象3退5
(42) 兵六进一　　（红胜）

张晓平是曾获1989年全国赛第四名的象棋国手。

15. 石破天惊转乾坤

图94是2001年全国团体赛哈尔滨聂铁文对火车头金波的一个中局,由双方以中炮过河车对屏风马列阵拼杀19个回合演成。乍眼看枰,红多兵且兵种好,然而,黑方经过审度全局后,针对红中路弱点,走出了石破天惊的献炮抢空

头妙手,与红展开紧张激烈搏斗;随后进车谋相。红也不示弱,飞炮与黑背水一战。可惜在残棋战中,红贪象进炮,败走麦城。

(如图94,黑先)

(19)……　　炮2平5
(20)兵五进一　……

黑弃炮抢空头,石破天惊。红如相三进五,黑炮1平5得车胜。

(20)……　　炮5退1
(21)车五平七　车2进7
(22)帅五进一　车2平3
(23)兵一进一　车3进1
(24)帅五退一　车3退1
(25)帅五进一　车3退2

黑杀相实惠。

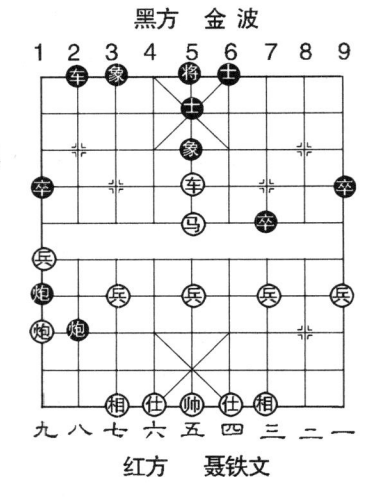

(26)炮九平二　车3退1　(27)帅五进一　车3平8
(28)炮二进四　炮5退2　(29)兵五平四　士5退4
(30)炮二平五　士6进5　(31)车七进三　……

红因多兵,没有考虑帅位较差,不宜贪象。笔者认为,红应炮五平九,黑若炮1平7,再车七平一,红势不差。

(31)……　　炮1平7　(32)车七退五　车8平6
(33)炮五平八　车6平2　(34)炮八退二　车2退2
(35)相三进一　炮7平8　(36)兵五进一　……

红应车七平二,之后车2平3,炮八平五,车3平5,帅五平六,象5退7,兵五平四,将5平6,兵四平三,红势不错。

(36)……　　象5退3　(37)兵五平四　炮8平5
(38)车七平五　车2平3　(39)兵四进一　车3平2
(40)兵四进一　炮5平6　(41)炮八平六　炮6退4
(42)炮六进四　……

红应车五平二,黑车2平5,红帅五平六,士5退6,炮六平五,车5平4,帅六平五,车4退1,帅五退一,鹿死谁手,仍难预料。

(42)……　　车2平4　(43)车五进二　车4退1

(44)帅五退一　车4平9　　(45)炮六平九　炮6平5

(46)车五平二　车9平5　　(47)帅五平六　士5退6

(48)车二平六　士6进5　　(49)车六平一　士5退6

(50)车一平六　士6进5　　(51)车六平三　士5退6

(52)车三进三　……

若红车三平六,则士6进5,车六平九,炮5平4,黑胜势。

(52)　……　　士4进5　　(53)炮九进一　象3进1

(54)炮九平四　炮5平4　　(55)车三平一　炮4退1

(56)兵四平五　将5进1　　(黑胜)

16. 献车成杀　擒龙奏凯

图95是2001年全国团体赛甘肃焦明理对大连熊学元的一个中局,由双方以中炮对反宫马列阵厮杀23个回合构成。乍眼看去,红双车兵占据兵行线似乎占优;但黑利用左翼车马炮配合较佳的长处,先回驹钳炮,迫红炮屯边,然后马踩兵窥相,运车压肋捉马,献车成杀势,终于得车班师。

(如图95,黑先)

(23)　……　　马7退5

(24)炮六平九　……

黑退马盯炮,佳着。红如车二退四、黑马5进4得仕占优。

(24)　……　　马5进3

(25)马三进四　……

若红马三退四,则车4进8,马七进八,马3进2,黑优。

(25)　……　　卒3进1

(26)兵五进一　象7进5

(27)马四进三　车4进8

(28)马三进五　马3进5

如红相五进七,则车7进5,仕五退四,马3退5黑杀,黑马杀相,凶着。

(29)马五进七　将5平4　　(30)车八平六　炮2平4

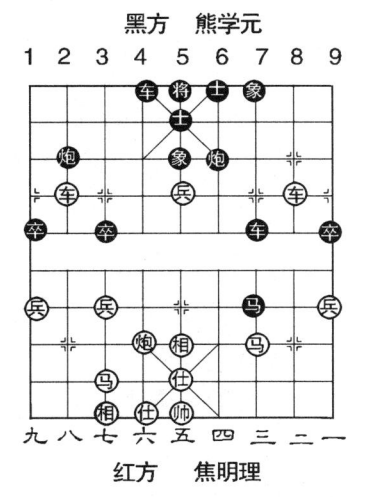

图95

（31）车六退五　马5进7　（32）帅五平四　马7退6

（33）炮九平四　……

红若仕五进四，则马6进4，帅四平五，炮4进6，黑胜势。

（33）……　　　车7进5　（34）帅四进一　马6进8

（35）炮四平三　车7退2　（36）车二退四　……

红如车六进五，黑马8退7，红成败势。

（36）……　　　车7平8　（37）车六进五　炮6退1

（38）后马进五　……

若红前马退五，黑将4平5，黑方占优。

（38）……　　　车8退5　（39）马七退九　……

如红误走马七退八，则车8进1，黑得子胜定。

（39）……　　　车8进1　（40）士六退一　车8平6

（41）仕五进四　车6平4　（黑胜）

以下红只好车六平四，黑炮4平6得车胜定。

熊学元是曾获1990年全国第五名的象棋国手。

17. 马退窝心将发昏

图96是2001年全国团体赛沈阳苗永鹏对澳门陈天问的一个中局，由双方以仙人指路对上马局布阵酣斗10个回合演成。红经通盘筹划后，决定弃马冲兵，并抓住黑窝心马的心腹大患，飞炮夺卒，兑兵扑骑；随后，乘黑飞边象之机，以炮换马，引离黑车，炮立空头；最后，终于迫黑弃甲甩兵而逃。

（如图96，红先）

（11）兵七进一　……

红弃马冲兵，争先之着。如改兵三进一，则车7进4，马四退二，车7进2，车四进七，车4进3，兵七进一，车7平8，兵七进一，车8平5，兵七进一，炮8进7，黑势不差。

（11）……　　　炮2平6

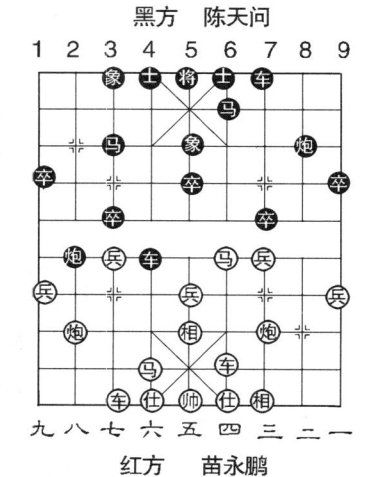

图96

（12）兵七进一　炮8平6　　（13）车四平二　马3退5

黑马退窝心,后患无穷。依笔者愚见,改走马3退1稍比实战好。

（14）马六进七　车7平8　　（15）车二进八　马6退8
（16）兵三进一　象5进7　　（17）炮八进四　……

红飞炮夺中卒,可见黑退马窝心之不智。

（17）……　　　卒5进1　　（18）仕六进五　马8进7
（19）炮三进二　车4退3

若黑前炮退2（前炮进1,兵五进一,红优）,兵五进一,车4进1,兵五进一,红弃马有攻势占优。

（20）兵五进一　后炮进1　　（21）炮八退一　卒5进1
（22）马七进五　……

红如炮三平五,黑炮6平5尚可支撑。

（22）……　　　象3进17

黑上边象、空着。宜改车4进2,红仍占优,但黑势比实战好。

（23）炮八进四　象1退3　　（24）炮三进三　车4平7
（25）车七平六　后炮平4

黑舍炮无可奈何,若改马5退7,而车六进九,将5进1,马五进四,红胜势。

（26）兵七平六　车7平2

如黑马5进3,则炮八平九,士6进5,车六平七,红大占优势。

（27）马五进七　车2退1　　（28）马七进六　车2平4
（29）炮八退四　马5退7　　（30）炮八平五　……

黑几经周折,虽摆脱归心马困境,但红空头炮颇具威力,黑仍难走。

（30）……　　　炮6退3　　（31）马六进四　……

红退马不仅可控制黑出马,还可冲兵攻城。

（31）……　　　车4平3　　（32）车六进五　象7退9
（33）兵六进一　（红胜）

此局黑从退马归心后,一直受攻挨打,可谓马退窝心,老将发昏。

18. 弃卒活马破营垒

图97是2001年首届BGN世挑赛初赛一轮二局江苏徐健秒对辽宁卜凤波

的一个中局,由双方以中炮过河车对屏风马平炮兑车布防交战18个回合演成。该局黑不因领先一盘而消极防御,而是针对红底马及右边兵弱点,发炮从边线出击,继而运外进马与红对攻;随后弃卒活马,调车抢占要道,车马炮紧密配合进攻,终令红因无法解困而再陷一城。

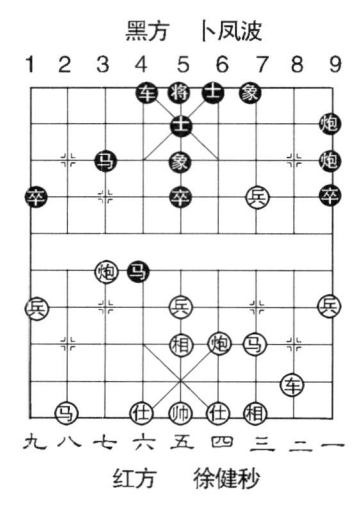

黑方 卜凤波

红方 徐健秒

图97

(如图97,黑先)

(18) ……　　前炮进4
(19) 车二进二　……

红如马三进一,则炮9进5,车二进二,炮9进3,黑方占先。

(19) ……　　前炮进3
(20) 车二退三　马3进2
(21) 马三进二　……

若红仕六进五,则车4平2,马八进七,马2进3,黑方占优。

(21) ……　　卒9进1　(22) 马二退一　前炮退1
(23) 车二进一　前炮进1　(24) 车二退一　前炮退1
(25) 车二进一　前炮进1　(26) 马一退三　马2进1

黑马杀边兵,实惠。

(27) 车二退一　前炮退3　(28) 车二进五　卒9进1

黑弃卒活马,思路正确。

(29) 炮七平一　马4进2　(30) 仕四进五　马2进3
(31) 帅五平四　车4进6　(31) 炮一平三　……

黑升车抢占兵行要道,正着。如红车二退二,则黑前炮平5杀中兵占优。

(32) ……　　后炮平6　(33) 车二平四　……

红若炮三平四,则黑炮9平6而大占优势。

(33) ……　　炮6进6　(34) 车四退三　车4平5
(35) 车四进六　象7进9　(36) 马八进六　……

如红炮三平二,黑车5平7,黑仍占优。

(36) ……　　车5平7　(37) 马三进一　车7平4
(38) 车四退二　马1退2　(39) 车四平五　……

红若兵三进一,黑马2进4,黑大占优势。

(39) …… 车4平6 (40)帅四平五 马2进3

(41)车五平七 炮9退2 (42)马一退三 车6平7

(43)帅五平四 ……

红如马三进一,则炮9平2,炮三平八,车7平4,黑大占优势。

(43) …… 炮9平6 (44)车七平四 车7平6

(45)帅四平五 车6进2 (46)车四平七 炮6平1

(47)炮三平八 炮1进5 (48)炮八退四 后马进1

(黑胜)

至此,红必丢子失势,胜负可判。卜凤波连下两城进入第二轮战斗。

19. 献炮侧攻 锐不可当

图98是2001年首届BGN世挑战初赛二轮头局河北刘殿中与江苏徐天红对垒的一个中盘,由双方以五七炮对屏风马"左炮封车"布局拼杀15个回合构成。观枰可见,彼此刀光剑影,火药味浓。红方借出手之先,迅速调车左翼侧攻;伺后抓住黑误平贴身炮的软手,献炮出击,以锐不可当的攻势,令黑落荒而逃。

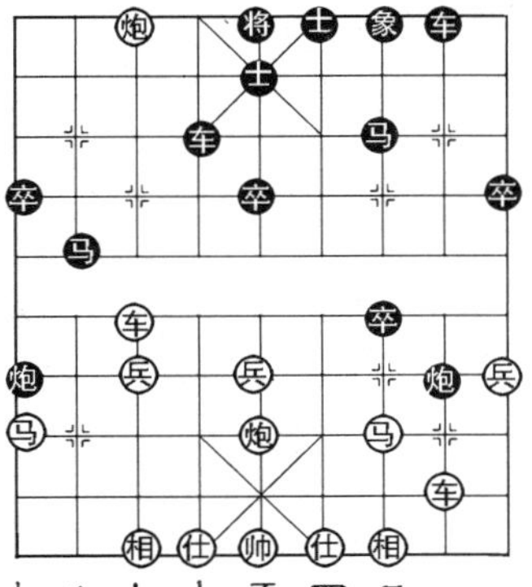

(如图98,红先)

(16)车二平八 卒7进1

红亦可车七平三去卒,黑如车8进4,红则车三平七稳占优势。

(17)车八进四 卒7进1

(18)炮五平八 ……

红卸炮集中主力猛攻黑右翼,凶悍之着。

(18) …… 象7进5

(19)车八平六 车4平2

(20)炮七平九 ……

红献炮侧攻,凶狠之着。

(20) …… 炮1退6

(21)车六进三 炮1平4

图98

柳大华指出,目前棋势黑平贴身炮解杀,看似正常,其实黑应走车2退2,红若马九进八,则车2平4,马八进七,车4进1,马七进六,炮1进1,炮八进七,炮日退5,马六退八,炮1平3,马八退六,红虽有攻势,但黑尚有转机。

(22)马九进八　车2平4

(23)马八进七　车4退1

黑不兑车改车4平2,红马七进五,黑士5进6,车六进一,将5进1,红炮八进二胜定。

(24)炮八进七　炮4进9

(25)马七进六　炮8退5

黑如炮4退7(车8进1,帅五平六,红胜势),炮八平九,黑亦难以应付。

(26)车七进五　士5退4　　(27)帅五平六　马7进6

(28)炮八平九　马6进5　　(29)车七退二　将5进1

若黑士4进5,则马六进八,象5退3,车七进二,士5退4,马八退七,红杀。

(30)炮九退一　将5退1　　(31)马六退四　炮8平6

(32)车七平六　士4进5　　(33)炮九平四　马5进3

(34)帅六进一　(红胜)

此局黑第21回合按柳大华的意见改走车2退2尚有周旋余地,此着一误,局势便难以收拾。

刘殿中是曾获1975年、1984年、1992年三次全国第四名、1996年全国第五名的象棋国手,现为特级大师。

20. 一针见血　一着二用

图99是2001年"柳林杯"赛黑龙江聂铁文对辽宁尚威的一个中盘,由双方以五六炮横车对过宫炮转屏风马开局角逐16个回合弈成。红通过审局后,即一针见血抓住黑7路线上的弊病,献马残象;然后舍仕夺回一马;再冲兵制马,升炮抢攻,扑马助战,终于谋炮兑车迫黑拱手称臣。

(如图99,红先)

(17)马五退三　……

红一针见血,突破口选得准。

(17)　……　　车2进4

(18) 仕五退六　象5进7

(19) 车三退一　炮6平4

(20) 车三退二　……

红舍仕夺回一马，正着。如红仕四进五，黑可炮4进4保留多子局势。

(20) ……　　　车2平4

(21) 帅五进一　象7进5

(22) 兵五进一　炮4退2

(23) 兵五进一　马2进4

(24) 炮六进七　士5退4

(25) 车三进四　象5退7

(26) 炮四进二　车4退4

红升炮一着两用，既可架中炮，又可平炮射象。如黑不回车跟炮，红摆中炮，黑也不好走。

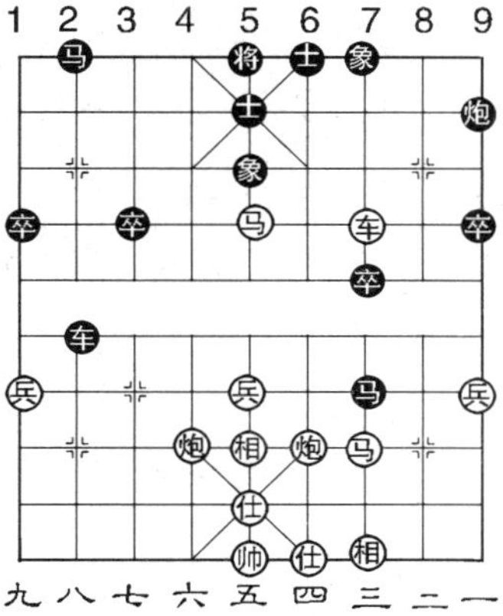

(27) 炮四平三　象7进9　(28) 炮三平一　卒3进1

(29) 马三进五　卒9进1　(30) 炮一进三　马4进3

(31) 马五进三　卒3进1　(32) 炮一平二　马3进2

黑因无象，难以防守，如炮9平8，车三平七，马3进2，车七退三，红大占优势。

(33) 炮二进二　士6进5　(34) 帅五退一　马2进1

(35) 车三进二　士5退6　(36) 车三退一　士6进5

(37) 马三进二　……

红不杀炮而扑马，凶着。

(37) ……　　　将5平6　(38) 车三退七　炮9进1

红如马二进一去炮，黑则马1进3，帅五进一，车4平8，车三进一，将6进1，帅五平六，车8退4，红无便宜。黑不炮9进5，是防红车三平四杀。

(39) 马二进一　车4平8　(40) 马一退三　将6进1

(41) 炮二退四　炮9退2　(42) 兵五进一　车8平6

(43) 炮二平四　炮9平5　(44) 车三平九　……

红平车驱马，老练。

(44) ……　　　马1退3　(45) 车九平二　马3进1

(46) 车二进七　将6进1　(47) 车二退二　马1进3

图99
黑方　尚威
红方　聂铁文

(48) 帅五进一　　炮 5 进 3

黑为解杀，只好忍痛弃炮，如将 6 退 1，红车二平四后再兵五进一胜。

(49) 车二平五　　车 6 进 4　　(50) 马三进一　　将 6 退 1
(51) 车五平四　　士 5 进 6　　(52) 马一进三　　将 6 退 1
(53) 车四进一　　将 6 平 5　　(54) 炮四平二　　马 3 退 4
(55) 帅五平六　　马 4 进 2　　(56) 帅六平五　　车 6 退 7
(57) 马三退四　　将 5 进 1　　(58) 马四退六　　将 5 退 1
(59) 马六进七　　将 5 进 1　　(60) 炮二平八　　马 2 退 4
(61) 帅五平四　　（红胜）

21. 舍驹出击破重城

图 100 是 2001 年"柳林杯"赛火车头金波对山西张致忠的一个中局，由双方以仙人指路对上马局列阵交战 21 个回合弈成。审势可知，彼此已成互兑局面。然而，红方针对黑炮塞象眼的弱点，兑子争先，随后进车破象，献马侧击，终成妙杀。

(如图 100，红先)

(22) 炮六进六　　车 3 平 4
(23) 前车进一　　……

红送回一子，击毁黑方防卫，好棋。

(23)　……　　　士 4 进 5
(24) 前车平五　　车 7 进 3
(25) 马六进四　　马 1 进 2
(26) 车五平三　　车 7 退 1

黑如车七平六，则炮一平二，将 5 平 4，炮六退二，马 2 退 4，马四进六，车 6 进 6，帅五平四，车 4 退 1，炮二进七，将 4 进 1，车三平七，红胜势。

(27) 马四进三　　将 5 平 4

若黑车 4 退 3 去炮，则炮一进四，士 5 进 6，炮一进三，士 6 进 5，车四平二，红胜势。

(28) 炮一进四　　将 4 进 1　　(29) 炮一进二　　将 4 退 1

图 100

（30）炮一进一　将4进1　（31）车四进八　（红胜）

以下黑难解红马三进四杀势,只好认负。

22. 献龙破防线　一车十子寒

图101是2001年"柳林杯"赛江苏徐健秒对上海孙勇征的一个中局,由双方以五七炮对屏风马布阵酣斗多个回合弈成。图前一着,红进兵杀卒,挑起决战波澜。黑洞悉来势,针对红三路线弱门,送卒调炮攻相;随后抓住红帅位不安、攻子受制的弊端,发挥"一车十子寒"的威力,谋得中兵,车炮从两翼进攻终于困驹得胜。

(如图101,黑先)

（11）……　　　卒3进1

（12）车八平七　炮2平7

（13）车四退一　……

黑弃马反攻,正着。红如相三进一,则马6进7,相一进三,马7进5,相三退五,车2进7,黑已反先,但红势仍比实战好。

（13）……　　　前炮进5

（14）仕四进五　前炮平9

（15）帅五平四　车8进9

（16）帅四进一　车8退1

（17）帅四退一　士4进5

（18）车七进三　……

黑方　孙勇征

图101

红方　徐健秒

若红车七平三,黑炮7平6弃子有攻势。

（18）……　　　炮7平3　（19）炮七进五　车2进3

（20）炮七退三　车8进1　（21）帅四进一　车8退3

（22）炮七平六　……

红如炮五平六,则车8平7,车四退三(相七进五,车2进4,黑优),卒5进1,黑方占优。

（22）……　　　炮9平3　（23）车四进一　车2进4

（24）炮六退二　炮3退1　（25）帅四进一　车8进2

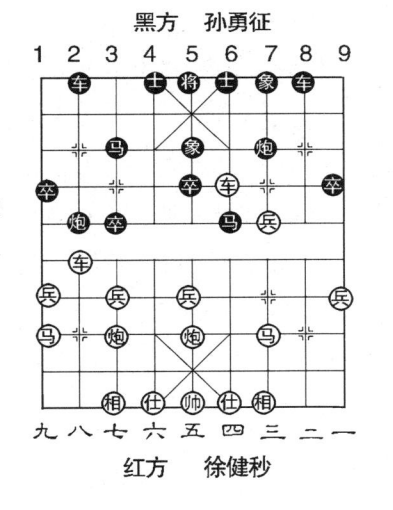

(26)炮五平八　车8平6　(27)帅四平五　车6退5
(28)炮八平七　炮3平1　(29)兵七进一　炮1退2
(30)兵七进一　……

红若马九进七,黑炮1平2,红亦难走。

(30)　……　　象5进3　(31)马九进七　车6进1
(32)仕五退四　炮1平2　(33)帅五退一　炮2退3
(34)炮七平九　象3退5　(35)炮六平七　……

黑发挥"一车十子寒"的作用。红平炮是防车6平3攻击。

(35)　……　　炮2进3　(36)炮七退一　车6进3
(37)马七退五　炮2进1　(38)马三进二　车6退2
(39)马二进一　车6平1　(40)炮七进七　……

红进炮为解边炮之危。

(40)　……　　车1进　(41)马一进三　车1平5
(42)马三退四　车5退2　(43)马四进二　将5平4
(44)炮七退七　车5平4　(45)帅五平四　……

如红马五进七,黑车4进2,黑胜势。

(45)　……　　炮2进1　(46)炮七进一　车4平8
(47)马二进三　车8进4　(48)帅四进一　炮2退1

(黑胜)

至此,红必失马,只好认负罢战。

23. 先解后攻　献骑夺兵

图102是2001年"柳林杯"赛火车头梁文斌与煤矿景学义对阵,双方以中炮过河车对屏风马平炮兑车开局交战26个回合弈成的一个中盘。观枰可见,黑方三子集结左翼来势汹汹;然而红方看准来头,沉着应战,先行兑车残象,继而献马冲兵,终于多兵破营。

(如图102,红先)

(27)车七进二　……

红兑车残象,好棋。

(27)　……　　象5退3

（28）马七进八　炮8平7

黑如炮8平9,则车四平一,炮9平7,马三进四,红优。

（29）兵五进一　……

红弃马冲兵,有胆识。

（29）　……　前炮退2

若黑卒5进1,则马八退六,将5平4,车四平六,后炮平4,马六进八,将4平5,仕六退五,红大占优势。

（30）兵五进一　车8进1
（31）帅五进一　前炮平9

如黑前炮退3,则马八退六,将5平4,马六退四,后炮平4,兵五平六红优。

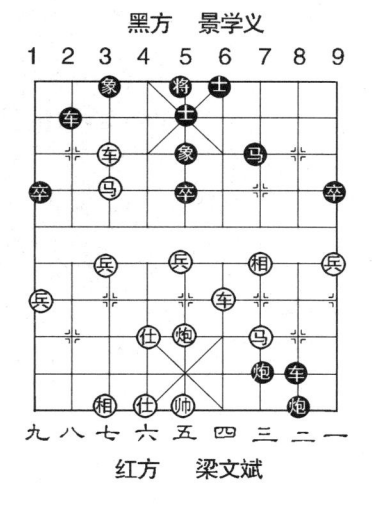

（32）兵五平四　象3进5　（33）车四平一　车8退1
（34）帅五退一　炮7进1　（35）仕六退五　车8进1
（36）仕五退四　炮7进1　（37）仕四进五　马7进6

黑若炮7平4,则仕五退四,炮4退8,车一退二,红胜势。

（38）车一退二　炮7平4　（39）仕五退四　炮4平6
（40）车一平四　炮6平3　（41）帅五进一　马6进4
（42）帅五平六　炮3退1　（43）车四进一　马4进5

黑如车8退3,则马八退六,将5平4,马六退五,车8平5,车四进二,车5退2,车四平六,将4平5,兵七进一,红胜势。

（44）车四平五　车8退1　（45）帅六退一　车8进1
（46）帅六进一　（红胜）

末后,黑如再走车8平2,则马八退九,车2退6,车五进四,红亦胜定;黑因少兵,知难逃一败,遂主动认负。梁文斌是曾与黄少龙、钱洪发并列获1977年全国第三名的象棋国手。

24. 拍马挺枪　设网擒龙

图103是2001年全国个人赛火车头于幼华对吉林洪智的一个中变棋局,

由双方以飞相对当头炮布阵交战10个回合演成。观盘可知，这是从开局向中局转化的一个局势，黑车正威胁红左驹；然而红却胸有成竹，抓住黑左防空虚之机，弃马扑马，左炮右调，集中火力猛攻黑左翼，巧妙舍马设网擒龙告捷。

（如图103，红先）

（11）马四进六　　卒3进1

红弃马争先，佳着。

黑如车2平3，则炮二退二，炮5进4（车3进1，炮八进八，车1平2，车九平七，红先），马六退五，车3退1，马五进四，红优。

（12）炮八平三　　……

红左炮右调，攻杀选点准确。

（12）　……　　车1平2

（13）炮三进五　象7进9

（14）炮二进四　卒3进1

若黑前车平3，红则炮二平三，黑象9退7，车二进八，车3平4，马六进五，象3进5，前炮平四，红弃马有攻势。

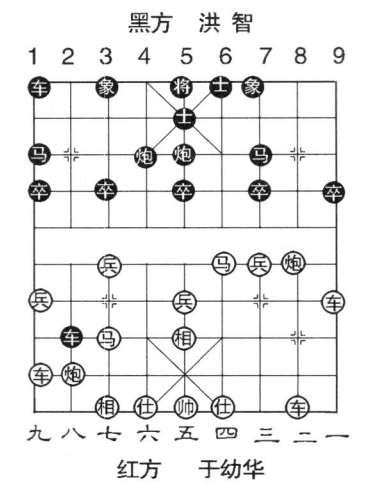

（15）炮二平三　将5平4　（16）车二进八　前车平3

黑不杀马，也别无好招应对。

（17）前炮进一　将4进1　（18）马六进五　车3平4

（19）仕四进五　车4退1　（20）马五进三　炮4进7

黑发炮击仕，孤注一掷。

（21）前炮退二　车2进2　（22）马三退五　……

红方再弃马急攻，不愧悍将本色，好棋。

（22）　……　　车2平5　（23）前炮进一　将4退1

若黑走士5进6（士5退4，车九平八，将4退1，前炮进一，士6进5，炮三平一，红胜），车九平八，车5平3，车八进七，将4进1，炮三退一，红胜定。

（24）前炮进一　将4进1　（25）车九平八　车5平3

黑不能马1进3，因红后炮平七胜势。

（26）车八进七　马1退3　（27）后炮进二　将4进1

（28）前炮平七　（红胜）

25. 弃炮掠象　牵驹陷阵

图 104 是 2001 年全国个人赛火车头金波对上海董旭彬的一个中变棋局,由双方以中炮对反宫马开局拼逐 21 个回合走成。红借轮走之机,针对黑右防空虚的弱点,弃炮掠象,调集军马从黑右翼切入,并抓住黑车砍仕而露出的破绽,运车牵黑车马,谋子奏凯。

(如图 104,红先)

(22)炮五进二　士5进4

红弃炮掠象,突破口选得准。黑如象 3 进 5,则炮八进七,象 5 退 3,车七进六,士 5 进 4,车七退六,士 4 进 5,炮八平四,红胜势。

(23)车七进六　车6进1

若黑卒 7 进 1,则炮八进七红得车胜势。

(24)兵五进一　卒7进1

(25)车七退六　车6平2

(26)炮八平三　炮6进2

(27)兵五进一　马7进5

(28)炮五平一　马5进4

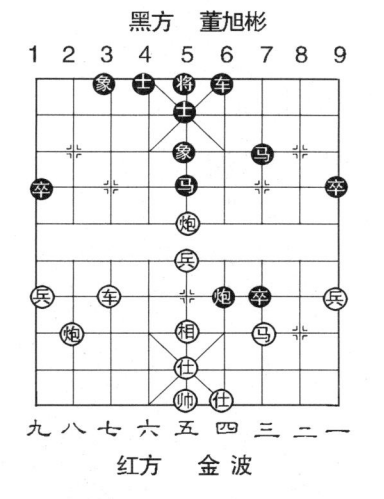

黑如车 2 平 9,则车七平五,车 9 进 1(车 2 平 5,相五退七,红胜势),车五进三,士 4 进 5,车五平九,红胜势。

(29)车七进一　马4进6　　(30)车七平五　士4进5

(31)炮一进二　炮6平8

黑若车 2 进 8,则仕五退六,炮 6 平 8,炮三进七,炮 8 退 8,仕四进五,马 6 进 7,帅五平四,车 2 退 3,仕五进四,红方占优。

(32)炮三进七　炮8退8　　(33)帅五平六　车2进5

(34)仕五进六　车2退3

黑宜车 2 平 4,红如仕四进五,马 6 进 5,帅六进一,马 5 退 7,兵九进一,红仍占优,但黑势比实战好。

(35)帅六进一　车2平6　　(36)车五平四!　士5进6

红套住黑车马,黑如车 6 退 1,则帅六退一,马 6 进 8,炮三退七,红胜定。

(37)炮三平四 ……

红平炮可得马,黑败定了。

(37) ……　　车6退1　(38)帅六退一　将5进1

(39)车四退一　(红胜)

至此,红得马胜定,下略。

26. 弄巧成拙失城池

图 105 是 2001 年全国个人赛农协俞云涛与浙江陈孝坤交锋的一个中局,是由双方以飞相对上马列阵角逐 11 个回合弈成的。分析棋势可知,红图前一着,进炮轰车,乍看凶招,其实弄巧反拙,授人以隙。黑连忙打蛇随棍上,献车砍中兵,控制中场;随后运车钳马炮,终以摧枯拉朽之势,谋车凯旋。

(11)炮六进一 ……

(如图 105,黑先)

(11) ……　　车7平5

(12)车八进二 ……

黑弃车杀兵,是反先取势,佳着。红如马七进五,则炮 2 平 5,仕四进五,车 2 进 8,黑方占优势。

(12) ……　　车2进6

(13)马七进五　卒5进1

黑冲卒明智,如改车 2 平 4,马五进四,红尚可周旋。

(14)马五退三　车2平4

(15)马三进二 ……

若红仕四进五,则车 4 平 8,黑大占优势。

(15) ……　　马5进6　(16)后马进三　车4平8

黑平车胁马炮,红大势已去。

(17)炮二退二　卒5平4

黑可走马 6 进 7,之后车一平三,车 8 退 1,炮二平三,马 7 进 5,黑大占优势。

(18)仕六进五　马6进4　(19)帅五平六　马4进3

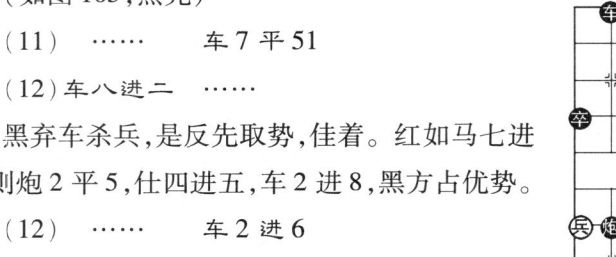

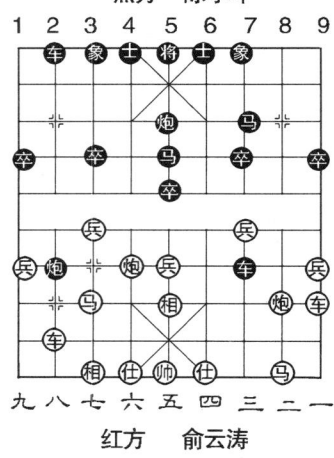

图 105

(20) 仕五进六　炮5平4　　(21) 车一退一　卒4平5
(22) 车一平六　马7进5　　(23) 炮二平三　马5进6
(24) 马三进四　车8进2　（黑胜）

至此,黑得车胜定。

陈孝坤是曾荣获1980年全国第四名的象棋国手。

二、兑子争雄（29局）

27. 巧兑占线闹帅堂

图106是2000年全国团体赛农协程俊超对重庆林宏敏的一个中盘,由双方以顺炮直车对缓开车布局拼逐15个回合走成。乍眼看去,红多双兵且有中炮连环马,似颇具威力；然而黑通过仔细审局后,即发现红七路线上的弱点,迅速用炮换马,运车占线,随后扑出左马杀兵,炮从边塞进袭,盘马弯弓,巧兑残仕夺帅。

(如图106,黑先)

(15) ……　　　炮3进6
(16) 马五退七　车9平3
(17) 炮八退一　马7进8

黑以炮换马后平车占线,争势佳着。黑除进马外,也可走车3进5,红如车八退五,马6进5,相七进五,炮1进4,黑方占优。

(18) 炮八平七　士6进5
(19) 仕六进五　马8进7

如黑车3进2,则兵七进一,马8进7,车八退四,马6进5,相七进五,马7退5,车八平五,马5退6,兵七进一,黑反吃亏。

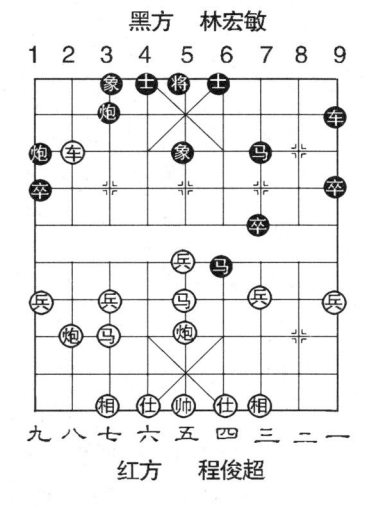

(20) 马七退九　车3进5　　(21) 炮五平七　车3平4
(22) 马九进八　士5进4　　(23) 前炮平六　士4进5
(24) 相七进五　……

若红兵五进一,黑炮1进4,相七进五,马6进8,黑方占优。

(24)……　　马7退5　　(25)炮七进七　炮1进4

(26)炮七平八　马6进8

黑策马入卧槽,且攻且守,好棋。

(27)炮八进一　士5退4　　(18)车八退三　士4退5

(29)帅五平六　马5退3　　(30)马八进六　马3进5

(31)马六退八　车4平3　　(32)炮六平九　……

如红马八退九,黑马5进4,仕五进六,车3平6,黑大占优势。

(32)……　　马8进7　　(33)炮九退一　马7退6

(34)帅六平五　……

红若车八平五,则车3平2,炮八平九,车2平4,帅六平五,车4进2,黑胜势。

(34)……　　车3平4　　(35)炮八退三　马5退3

(36)马八退六　……

红如车八进一,则马3进2,炮八退三,车4进2,黑胜势。

(36)……　　马6进4　　(37)仕五进六　车4进1

(38)炮九平一　车4退4　　(39)仕四进五　炮1平5

(40)炮八平一　马3退4　　(41)车八平五　马4进5

(黑胜)

以下红不能车五退一杀炮,因黑马5退3伏杀得车胜。

林宏敏是曾获1983年全国第三名、1986年、1997年全国第四名、1991年全国第六名的象棋国手,现为特级大师。

28. 一车换双　摧枯拉朽

图107是重庆林宏敏与云南徐建秒在2000年全国团体赛对垒的一个中局,由双方以上马对仙人指路布局角斗15个回合弈成。观枰可见,黑方一马咬三子,红舍车难免。红一车换双后,乘黑以卒换相之机,炮占中场,双骑盘旋有姿,三路兵乘势而上,终以一系列摧枯拉朽的攻势,令黑败走麦城。

(如图107,红先)

(16)马六进四　炮3平8　　(17)马四退二　车2平3

(18)兵九进一　车3进5

黑如车3平1,则炮九进五,象3进1,车六平五,象1退3,车五平七,红优。

(19)炮九平五　车3退5
(20)兵九进一　马1退3
(21)炮五进四　士6进5
(22)车六进二　车3平5
(23)炮五平三　炮7进1
(24)车六退四　车9进1
(25)相三进五　卒3进1
(26)兵五进一　车5退1
(27)马三进四　……

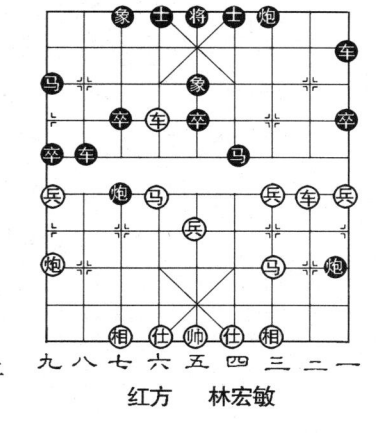

黑方　徐健秒

红方　林宏敏

图107

若红炮一进四,黑车9进1,马二进一,车5平7,马一退二,车7平1,双方各有利弊。

(27)　……　　 车5平1
(28)兵五进一　车9平8
(29)马二退三　车1平4　(30)车六平五　车4平6
(31)车五退一　炮7平6　(32)兵三进一　车6退1

若黑炮6进4,红兵五平四,车6平4,马三进四,红大占优势。

(33)马四退二　车6进6　(34)炮三平五　车6平8
(35)马二进四　后车平7　(36)车五平三　车8退3
(37)兵三进一　车7退2

黑如车7平6,兵三平四,红方优势。

(38)车三平一　车8进2　(39)炮一退一　车8进1
(40)炮一退一　炮6平7　(41)马三进五　车8平6

若黑车7平6,红兵五平四,车8平6,炮五平四,红方占优。

(42)马四进二　炮7平6　(43)马二进一　车7平9

如黑炮6进日,红炮一平三,车7平6,马一进三,车6退7,车一平四,红大占优势。

(44)马一进三　车9进1　(45)马三退二　车9进1
(46)仕六进五　车9平6　(47)车一平二　前车退2
(48)车二进一　后车平8

黑若后车进3,红马二退三,红方占优。

（49）马五进四	炮6平8	（50）车二平三	炮8进2
（51）马四进二	马3进2	（52）炮一进二	卒3进1
（53）炮一平二	车6平8		

如黑后车平6，红兵三进一，红胜势。

（54）兵三平四	将5平6	（55）炮二平四	前车平6
（55）相五进七	马2进1	（57）车三退一	车6退1
（58）相七退五	马1退2	（59）帅五平六	马2退4
（60）车三进一	车6进1	（61）兵五平六	马4进2
（62）兵六进一	马2进4	（63）车三平六	马4退6
（64）马二退三	车8进3	（65）车六退一	（红胜）

至此，黑必失子，红胜定。

29. 因势利导　环形扣杀

图 108 是 2000 年全国团体赛河北刘殿中对火车头于幼华，双方以中炮对反宫马排阵交战了 10 个回合弈成的一个中盘。黑方借走子之便，针对红左翼的弱点，因势利导，先分炮兑车，继而走外进马向红左翼袭击；并抓住红七兵咬卒的软手，运车占肋位，调炮射闷宫；再伺机以炮换驹，双车马环形扣杀，终于获胜。

（如图108，黑先）

（10）……　　　炮2平1
（11）车八平五　……

黑因势利导，分炮邀兑车，正着。红如车八进五，则马3退2，马二进三（炮五进四，炮6进7，帅五平四，马7进5，黑方好走），车4进4，黑势不弱。

（11）……　　　马3进2
（12）炮五平三　马2进1
（13）炮七平四　……

红左炮右调准备与黑一搏，如走相三进五，则马1进3，炮三平七，车4进7，马二进三，车2进7，炮七平六，车4平2，黑方占优。

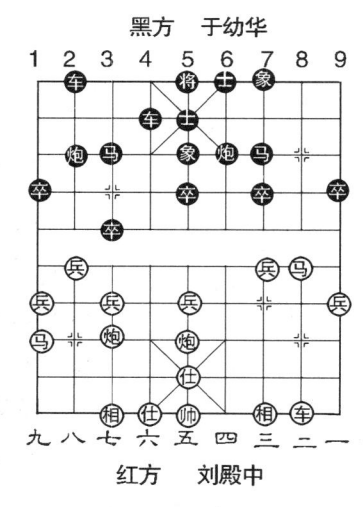

图 108

（13）……　　车 2 进 3　　（14）马二进三　　卒 3 进 1

（15）兵七进一　　……

红挺兵吃卒,授人以隙,错着! 不妨改走马三进五,象 7 进 5,炮三进五,车 4 进 4(卒 3 平 4,炮四平三,红尚可一拼),炮四平三,将 5 平 4,车五平六,卒 3 平 4,车二进五,红方占优。

（15）……　　车 4 进 7　　（16）炮四退一　　炮 1 平 3

（17）马九退七　　车 4 退 4　　（18）马三进五　　……

如红相七进五,黑马 1 进 3,红马三进五,象 7 进 5,炮三进五,将 5 平 4,黑大占优势。

（18）……　　象 7 进 5　　（19）炮三进五　　卒 5 进 1

（20）炮四平三　　将 5 平 4　　（21）车二进五　　车 2 平 1

（22）车五平四　　炮 3 进 6

黑以炮换马,为的是双车马环形扣杀。

（13）后炮平七　　车 2 进 4　　（14）车二进一　　……

红如炮七进二,黑马 1 进 3,车二进一,车 1 平 4,黑胜势。

（24）……　　马 1 进 3　　（25）车二平九　　马 3 进 5

双方互演献炮弃马战术,进行对杀速度比试,颇为精彩。

（26）车九进三　　将 4 进 1　　（27）炮三进一　　炮 6 退 1

（28）仕六进五　　车 2 进 1　　（29）仕五进六　　……

如红相三进五,则车 4 进 4 黑杀。

（29）……　　车 2 平 3　　（30）帅五进一　　车 4 进 3

(黑胜)

柳大华指出,该局红失利在第 15 回合以兵吃卒,如先发制人,用马踩象,彼此胜败难料。

30. 蛇随棍上　守中有攻

图 109 是 2000 年"滕头杯"体育大会棋赛黑龙江赵国荣对火车头于幼华的一个中局,由双方以飞相对上马布局角逐 13 个回合弈成。这是一个犬牙交错的形势。本来红以炮兑马,已找到进攻的突破口,可惜在决战关头,贪攻杀象而不补仕固防,反被黑打蛇随棍上,沉炮破仕,出车反攻,双车两面掩杀,骏马守中

有攻，反败为胜。

（如图109，红先）

（14）炮三进七　……

红以炮兑马，引开黑炮，为侧攻铺路。

（14）……　　炮2平7

（15）炮八进七　士6进5

（16）车六进七　将5平6

黑出将暗伏反击，正着。

（17）车七进三　……

柳大华认为，红不能攻不忘危，应仕六进五先防一手。此着一错，便转优为劣。

（17）……　　炮8进7

（18）马三退二　车6进5

（19）帅五进一　车9平8

（20）帅五平六　车8进7

若黑车8进8，红车七平六，将6进1，仕六进五，车6退1（车6平3，车六平三，红胜势），车六平三，红大占优势。

（21）仕六进五　将6进1　（22）相五进三　车6平3

（23）车七平六　车3平1　（24）炮八退八　……

黑打蛇随棍上，取得反扑机会，红只能回炮解杀。

（24）……　　车1退1　（25）炮八平七　马7进9

（26）前车平五　炮7退1

彼此经过一番对杀，黑已渐入佳境，现退炮保士，正着。

（27）车六退六　……

红退车保马，无可奈何。

（27）……　　车8进1　（28）车六平四　士5进6

（29）车五退二　马9进8

黑进马保士，守中有攻，佳着。

（30）车五退一　马8进7　（31）车四平五　炮7平8

（黑胜）

至此，红如续走后车平三，则炮8进8，仕五退六，炮8平3，黑胜定。该局红并非败势,主要是第 17 回合贪杀象,若补仕,颇有希望。

31. 金蝉脱壳得兵机

图 110 是 2000 年"广洋杯"大棋圣战火车头杨德琪对河北刘殿中的一个中局,是由双方以仙人指路对卒底炮布阵交锋 15 个回合弈成的。本来红方进炮牵住黑车马有利可图,可惜图前一着误走平车拿炮,被黑借兑来个金蝉脱壳,随后黑遣将调兵两面进攻,巧妙谋龙得胜。

(如图 110,黑先)

(15) ……　　前炮平 7

黑挥炮去兵,金蝉脱壳,好棋。

(16) 相三进五　　炮 3 进 3
(17) 车七退二　　前车进 8
(18) 车九平八　　车 2 进 9
(19) 相九退七　　士 5 退 4
(20) 炮六退二　　车 2 退 5

黑兑子后,已取得多卒优势。

(21) 车七平六　　马 4 进 6
(22) 炮四平九　　马 6 进 7
(23) 炮九进一　　士 4 进 5
(24) 相五进三　　卒 9 进 1
(25) 兵一进一　　马 7 进 9　　(26) 车六进四　　……

若红相七进五,黑后马进 8,车六进四,马 8 进 6,车六平七,士 5 进 4,炮六进二,卒 7 进 1,黑方占优。

(26) ……　　前马进 8　　(27) 车六平七　　士 5 进 4
(28) 相七进五　　马 9 进 8　　(29) 车七进三　　将 5 进 1
(30) 车七退一　　将 5 退 1　　(31) 车七平四　　炮 7 平 9
(32) 相三退一　　后马进 7　　(33) 相五进三　　马 8 进 9
(34) 炮六进一　　炮 9 平 8　　(35) 仕五退六　　车 2 进 3

以上一段交战,黑方双马炮猛攻红右防,现进车捉马,红渐入困境了。

(36) 车四平二　　炮 8 进 1　　(37) 马三退二　　……

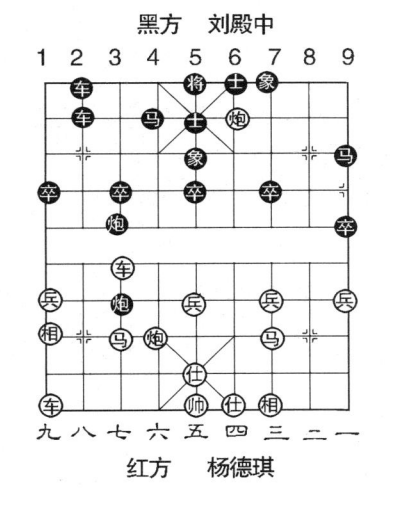

如红马三退五(炮六平七,象5进3,黑大占优势),车2进1,黑胜势。

(37)……　　车2进1　　(38)炮六平五　　士4退5

(39)车二退五　　炮8平1

黑分炮造杀,步入杀门,锐利无比。

(40)炮五进五　　马7进8　　(41)马二进四　　马8退6

黑不杀马是避免红炮五平八反扑。

(42)车二平四　　马6退4　　(43)马四进六　　马9退7

(44)车四退二　　车2平6　　(黑胜)

至此,红如马六退四去车,黑马4进3成马后炮杀。

32. 盘马弯弓破敌关

图111是2000年"广洋杯"大棋圣战火车头于幼华对河北阎文清的一个中变棋局,由双方以顺炮横车对直车布局经过15个回合交战弈成。红趁发令之先,充分发挥盘头马的威力,果断冲中兵,继而飞车占卒行线,盘马弯弓,调炮向黑右翼急攻,两面冲锋,终于令黑丢盔弃甲。

(如图111,红先)

(16)兵五进一　　卒5进1

(17)车六进六　　卒7进1

(18)马五进三　　车8平7

(19)马七进五　　马7进6

红冲兵,进车占要道,盘马弯弓。黑扑马求兑,为的是减轻红双马的压力。

(20)炮五平三　　卒5进1

(21)车六平八　　车7平8

(22)炮八进三　　马6进5

(23)马三进四　　车8平6

(24)炮三平八　　马5退7

(25)马四进二　　马7进8

若黑车6平8,红马二进四,红攻势锐利。

(26)前炮平九　　马8退6

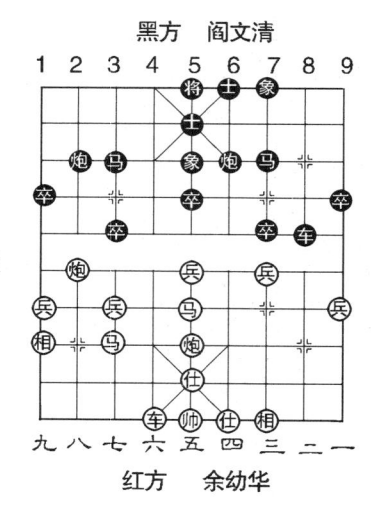

黑方　阎文清

图111

红方　余幼华

（27）炮九进二　……

兵贵神速，红沉炮为的是争取进攻速度。

（27）……　　　马6进7

（28）帅五平六　车6平4

（29）炮八平六　炮6平7

（30）车八平三　马7退6

（31）炮六退一　……

红如车三进一，黑马6进4，仕五进六，车4进3，帅六平五，马3进5，车三退一，马5进6，车三平八，将5平4，红虽得一子，但黑车马卒活跃，尚有反扑机会。

（31）……　　　炮7平6　　（32）马二进一　士5进4

如黑车4平7，则车三平八，车7平4，马一退三，红胜势。

（33）车三平七　象5进7　　（34）马一退三　将5进1

黑若将5平4，红马三退四，车4进1，马四进六，将4进1，车七平八，黑难应对。

（35）车七平八　将5平6　　（36）炮九平三　象7退5

（37）车八平二　……

红调车右翼，设下伏杀谋车圈套。

（37）……　　　将6平5　　（38）炮三平一　车4平7

（39）车二平八　（红胜）

以下黑如炮6退1，红车八进二，炮6平2，炮一退一，红胜。

33. 送卒换相　车马捣营

图112是2000年"广洋杯"大棋圣战上海孙勇征对火车头金波的一个中盘，由双方以飞相对仙人指路开局鏖战了32个回合弈成。黑经过审察全局后，针对红边线上双炮马弱点，借兑夺相；随后，车双马步步紧迫，中卒渡河助攻，再伺机破仕谋炮，令红败走麦城。

（如图112，黑先）

（32）……　　　卒1平2　　（33）车八进一　炮1进5

黑方送卒换相，取势佳着。

(34) 相七进九　车 5 进 2

(35) 相九退七　车 5 退 1

(36) 车八退二　马 7 进 8

(37) 前炮平一　车 5 平 3

(38) 相七进九　马 6 进 4

黑闪马入卧槽，控制局势，佳着。

(39) 车八平六　马 8 进 7

(40) 炮九平六　马 7 退 5

(41) 车六平五　马 5 退 7

(42) 炮一平二　马 4 进 3

(43) 炮六进一　马 3 退 2

(44) 炮二退六　车 3 平 9

黑方　金波

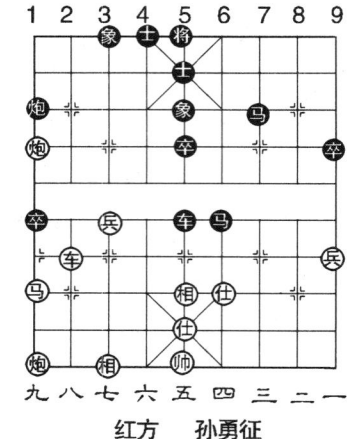

图 112

红方　孙勇征

黑趁势扫兵，减少红反扑力量，明智。

(45) 炮二平四　车 9 平 3　　(46) 车五平八　卒 5 进 1

(47) 炮六平九　卒 5 进 1　　(48) 炮四进一　车 3 平 5

(49) 相九退七　马 2 退 1　　(50) 车八平七　……

若红车八进三，黑则马 1 进 2 亦占优。

(50) ……　　马 1 退 2　　(51) 炮九平七　士 5 退 6

(52) 车七平八　马 2 进 4　　(53) 兵七进一　马 4 进 3

(54) 车八平七　马 3 进 1　　(55) 车七平八　车 5 平 3

(56) 兵七平六　卒 5 平 6

黑平卒加强攻击力，好棋。

(57) 相七进九　卒 6 进 1　　(58) 炮七平九　马 1 进 3

(59) 兵六平五　卒 6 平 7　　(60) 炮九平七　马 3 退 5

(61) 车八平五　士 6 进 5　　(62) 炮七平八　卒 7 进 1

(63) 仕五退六　……

红如炮四退一，黑马 7 进 8，炮八进一，马 5 退 7 (马 8 进 7，炮四进一，黑占优，但未能破门)，黑方占优。

(63) ……　　卒 7 平 6　　(64) 车五平四　车 3 进 1

(65) 炮八进四　马 5 退 6　　(66) 炮八平三　象 5 进 7

(67) 相九进七　马 6 进 8　　(68) 车四平二　马 8 退 6

(69)车二平四　士5退6　　(70)兵五进一　象7退9

(71)帅五平四　……

红深知黑车马士象全例胜车兵单仕相,黑目前因车马受制,红尚强力支撑,现红弃仕破士,以图一拼。

(71)　……　　马6进4　　(72)车四进七　将5进1

(73)车四平六　马4退6　　(74)相七退五　马6退7

(75)帅四平五　车3退1　　(76)车六退八　马7进5

(77)兵五平四　车3进2　　(78)帅五进一　车3退5

(79)车六进一　车3平5　　(80)兵四进一　马5退7

(81)帅五平六　车5进4　　(黑胜)

以下红只能帅六退一,黑马7进6,红亦无法解杀。

34. 双车攻仕　一锤定音

图113是上海董旭彬与广东庄玉庭在2000年全国个人赛上,双方以飞相对仙人指路列阵交锋了10个回合演成的一个中盘。黑方经过认真审局后,借兑夺取兵种和子位的优势;伺后寻机双车攻仕,集结兵力猛攻红右防,舍炮击仕,一锤定音,终令红弃甲曳兵。

(如图113,黑先)

(10)　……　　卒3进1

(11)炮七进五　炮8平3

(11)车二平七　……

红如车二进五,则马9退8,仕四进五,炮2进1,黑方占优。

(12)　……　　车8进3

(13)车七进三　……

若红炮一平五,则车8平5,车七进三,卒3平4,黑方优势。

(13)　……　　车8平9

(14)车七退四　炮2进1

(15)车七退一　炮2退1

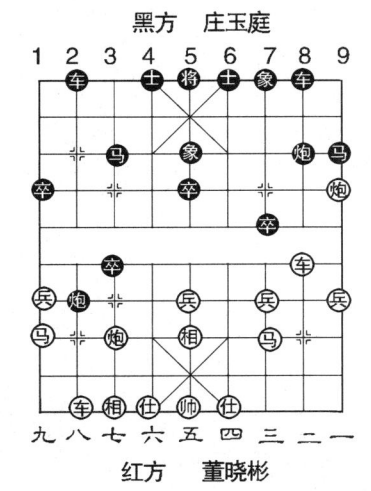

图113

（16）车七进四　　车9平6

（17）马三退五　　……

红如仕四进五,黑车6进5,黑仍占优。

（17）……　　　车2进4

（18）马五进七　　……

柳大华指出,红应马五退三,黑如车2平6,红仕六进五,炮2平7,虽然还是黑好走,但红势较实战好。

（18）……　　　车2平6

（19）仕四进五　　……

如红仕六进五,黑炮2平7,黑方优势。

（19）……　　　后车平8

（20）仕五退四　　炮2平7

（21）仕六进五　　车6进4

黑进车做杀,取胜佳着。

（22）帅五平六　　炮7进3

（23）帅六进一　　炮7退1

（24）车八进四　　……

红若车七平六,则士6进5,帅六退一,车8进6,黑胜利在望了。

（24）……　　　马9进8　　（25）帅六退一　　马8进7

（26）马九进七　　……

红如马七进六,则车8进6,车七退五,炮7平5,黑胜势。

（26）……　　　车8进6!

黑沉车步入杀门,红难以应付。

（27）车八退三　　士6进5　　（28）车七平五　　……

若红前马进五,则马7退5,兵五进一,炮7平5,黑胜定。

（28）……　　　炮7平5!

黑炮击仕,一锤定音,红无力抗御了。

（29）车八平五　　车6进1　　（30）帅六进一　　车6平3

（黑胜）

该局红第18回合改走马五退三,黑仍占优,但红不致右翼完全不设防,还可周旋。

35. 围魏救赵闯雄关

图 114 是 2000 年全国个人赛黑龙江赵国荣对火车头金波的一个中局,由双方以仙人指路对卒底炮开局激战 23 个回合演成。审势可知,红方双车双炮正从中、侧两翼进攻黑方阵地;黑洞悉来意,采取围魏救赵策略,策马入卧槽反攻红方,然后借兑调集主力攻红右翼空防,左右开弓,反击奏捷。

(如图 114,黑先)

(23)　……　　马 7 进 8

黑扑马卧槽,围魏救赵,谋势要着。

(24) 仕五进六　马 9 进 8

(25) 帅五进一　……

红应车七退七,黑前马进 6,红车七平四,马 6 退 5,兵五进一　车 4 平 5,车四进二,黑仍占优,但红势比实战好。

(25)　……　　将 5 平 4

(26) 炮五平二　车 4 退 1

(27) 车七退四　前马进 7

(28) 兵一进一　车 4 退 2

(29) 炮八进一　卒 7 进 1　　(30) 兵一进一　马 8 退 7

(31) 车八退二　后马进 5　　(32) 炮二进四　将 4 平 5

(33) 炮二平三　……

若红车七平五,则马 5 进 3,车五平七,炮 4 退 2,黑方占优。

(33)　……　　炮 4 退 2　　(34) 兵一平二　……

如红兵一进一,则卒 7 进 1,午七平三,炮 4 平 7,马三进四,马 5 进 4,黑方优势。

(34)　……　　炮 4 平 8　　(35) 马三进二　……

红若马三进一,黑马 7 退 6,帅五退一,炮 8 进 2,黑更优。

(35)　……　　马 7 退 8　　(36) 车八退二　车 4 进 4

(37) 马二退四　马 5 进 4

黑进马咬马比车 4 平 5 更锐利,因红有车七平二先弃后取兑铲手段。

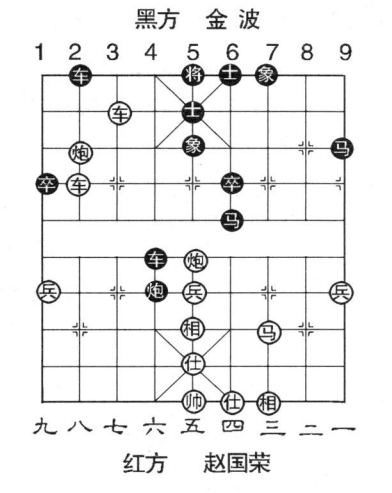

(38)兵五进一　　车4平6　　(39)车七平六　　炮8平9
(黑胜)

至此,红难以化解黑左翼车马炮的攻杀,遂主动认负。

36. 一矢中的　暗度陈仓

图115是2000年全国个人赛河北张江对深圳汤卓光的一个中盘,由双方以飞相对士角炮列阵角逐21个回合演成。红经审局后,抓住黑河头马及低头车弱点,一矢中的,回炮窥马,引黑车牵制;然后中兵暗度陈仓,伺机借兑掠象,出师胁士,运炮拴车,调集军力猛攻黑左翼,终成妙杀。

(如图115,红先)

(22)炮六退三　　车7平4

红退炮河头,一矢中的,好招;黑如车7平8,马二进三,马1进2,兵五进一,红优。

(23)兵七进一　　炮7进2

(24)车六平四　　马6退7

红平车捉马,摆脱牵制,机警;如黑炮7平4,红车四进二,红占优势。

(25)车四进四　　象5进3

(26)兵五进一　　……

红中兵暗度陈仓,借兑掠象,争先谋势佳着。

(26)　……　　炮7平4

(27)兵五平六　　马7进8

(28)兵六平七　　士4进5　　(29)车四退四　　象3进1

(30)兵七进一　　车4进3　　(31)炮七进二　　士5退4

(32)马二进三　　马1退3　　(33)帅五平四　　士4进5

若黑士6进5,则兵七进一,车4平3,兵七进一,车3退3,炮七平五,马8退7,车四进四,红胜势。

(34)炮七平三　　马8退7　　(35)车四进三　　车4平7

(36)兵七进一　　……

红冲兵后,黑局势难堪了。

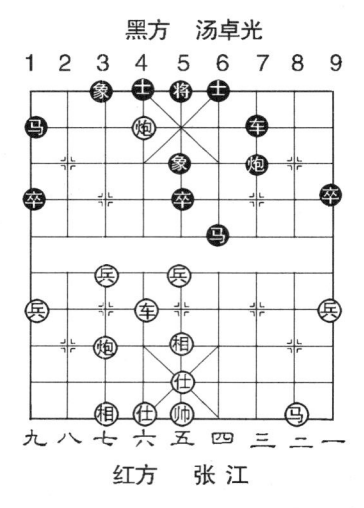

图115
黑方　汤卓光
红方　张江

(36)……　　马3进1　　(37)兵七进一　　马1进3

(38)马三进五　　马7进8

如黑卒9进1,则帅四平五,马3进2,马五进七,红大占优势。

(39)车四平一　　象1进3　　(40)帅四平五　　象3退5

(41)兵七平六　　车7平5　　(42)马五进七　　车5平4

(43)车一平二　　马8进6　　(44)车二进一　　……

红进车占穴,黑难救颓势了。

(44)……　　马6进4　　(45)马七退五　　马4进3

(46)帅五平四　　车4进1　　(47)帅四进一　　车4平6

(48)仕五进四　　车6退3　　(49)车二退二　　前马退4

(50)炮三平一　　车6平9

黑若车6进4(象5退7,仕六进五,红胜势),炮一进五,象5退7,车二进四,红胜定。

(51)马五进三　　士5退4　　(52)马三进二　　车9平8

(53)炮一进五　　士6进5　　(54)车二平四　　(红胜)

以下红仕四退五即杀,黑只好停钟认负。

37. 运炮窥车　遭多铩羽

图116是2000年全国个人赛上海董旭彬对深圳卜凤波的一个中局,由双方以飞相对仙人指路布局交战14个回合构成。审势可知,彼此兑子难免,黑乘发令之先,以炮换马,并趁红误走运炮窥车的错手,沉炮侧击,兑车扑马,俘获双相,各攻子巧妙配合进攻,终于成杀。

(如图116,黑先)

(14)……　　马1进3

黑如误走炮8平7,红则马七进九,象3进1(炮7进4,马九进七,炮4退1,炮六进七,黑吃亏),车三平二,炮4进6,车九平六,红先。

(15)炮六进六　　马7进6

(16)炮二平四　　……

柳大华认为,红平炮窥车,致败之源。应走兵七进一,象5进3,炮六平八,马6进5,车三退一,红足可应付。

(16) …… 马6进5

(17) 车三退一 ……

若红车三平二,则炮8平6,炮四进六,前车退2,车二退四(炮六平八,马5进7,红成败势),士5进4,黑大占优势。

(17) …… 炮8进8

(18) 相五退三 ……

红如车三退三,黑后车平8,炮六平八,马5进7,黑大占优势。

(18) …… 后车平7
(19) 车三进六 象5退7
(20) 炮六退一 车6进1
(21) 兵七进一 车6平3
(22) 车九平八 车3平7
(23) 相七进五 马3进4
(24) 仕五退六 ……

红若车八进三,则马4进5,车八平二,车7进5,黑胜势。

(24) …… 马4进5
(25) 车八平二 后马退7

黑亦可走车7进5杀相。

(26) 仕六进五 马7进6
(27) 仕五进四 车7进5
(28) 帅五进一 马5退6
(29) 马六进七 马6进4
(30) 帅五平四 车7退2

黑改车7退3更佳。

(31) 仕四进五 ……

红如马七退五,黑可车7退3仍胜势。

(31) …… 炮8平2 (32) 车二进二 炮2退1
(33) 仕五进六 车7进1 (34) 帅四退一 马4进6

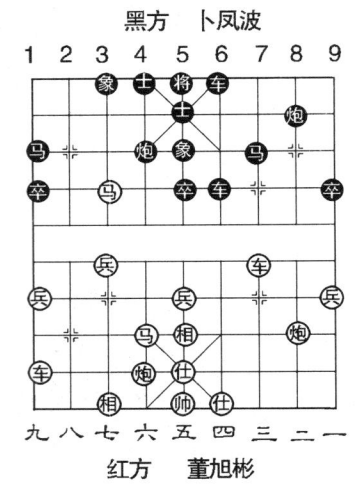

(黑胜)

38. 剑拔弩张　正面叩宫

图 117 是 2000 年全国个人赛火车头宋国强对河北刘殿中的一个中局,由双方以顺炮直车对缓开车列阵角斗 16 个回合构成。黑经审势后,针对红八路上车马未露头弱点,先出车牵制,接而亮车求兑;伺后扑马调车,剑拔弩张,从正面杀入,终于赢得胜局。

(如图 117,黑先)

(16)　……　　　车 1 平 2

(17) 车三退五　……

黑出车拴车马,红如马八退七,黑车 2 进 8,再马七退八,车 9 平 2,黑方占优。

(17)　……　　　车 9 平 7

(18) 车三平六　……

若红车三进四,则马 5 退 7,马八退七,车 2 进 8,马七退八,马 7 进 8,黑略优。

(18)　……　　　马 5 进 7

(19) 车八进一　……

红如车六进三,黑车 7 进 1,黑方占优。

(19)　……　　　象 3 进 5

(20) 车六进三　　车 2 进 1

(21) 炮五进四　　士 6 进 5

(22) 炮五退二　　车 7 平 6

(23) 炮九进四　　马 7 进 8　(24) 车八平二　……

红若炮九进三,则车 2 退 2,车六平七,马 8 进 7,黑方占优。

(24)　……　　　马 8 进 7　(25) 仕四进五　　车 6 进 5

(26) 车二进八　　车 6 退 6　(27) 车二退一　　车 6 进 6

(28) 车二进一　　车 6 退 6　(29) 车二退一　　车 6 进 6

(30) 炮九进三　　……

红一将一杀,违例要变。

(30)　……　　　车 1 退 1　(31) 车二平五　　将 5 平 6

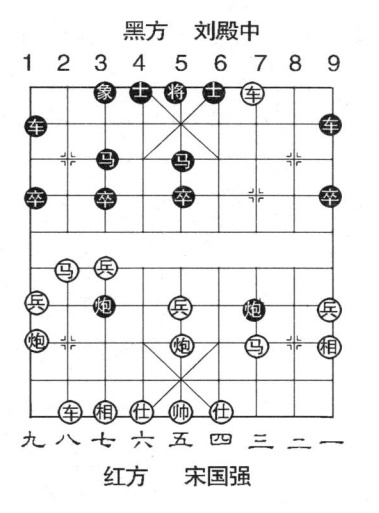

(32)车五进一　将6进1　(33)车六平七　……

此时,彼此已成剑拔弩张的对杀局势,红如车六进一,则士4进5,车六平五,马3退5,车五平八,炮7平5,黑胜势。

(33)……　　　炮7平5　(34)仕五进四　象5进7

(35)车五平三　……

红如走车七进一,则士4进5,车五平八,车6进1,帅五进一,车6平4,帅五退一,车4进1,黑胜。

(35)……　　　车6进1　(36)车三退一　将6退1

(37)车三进一　将6进1　(38)车七进一　士4进5

(39)车三退一　将6进1　(40)车七退一　象7退5

(41)车三平五　车6平5　(黑胜)

39. 回骑攻车　兑子得势

图118是2000年全国个人赛河北阎文清对沈阳张石,彼此以仙人指路对上马布阵角逐10个回合弈成的一个中局。红针对黑7路线上马象的弊端,采取送兵回骑攻车,调炮窥马等手段,夺得战局主动权;伺后运车占肋困马,出帅摧杀,迫黑兑车解危;并乘黑升车而不愿退马之机,兑子得势,歼象谋卒告捷。

(如图118,红先)

(11)兵三进一　卒7进1

(12)马二退四　车6平5

(13)炮四平三　马3退5

(14)马四进三　车5平6

(15)车九平六　车1平2

红送兵,回骑攻车,平炮射马,开贴身车,是夺取主动的几步好棋。着黑车6进1,则车六进八,车6平7,帅五平六,红占优势。

(16)炮八平九　炮1进3

(17)兵九进一　炮5平1

(18)车六进八　象7进9

(19)帅五平六　车6平4

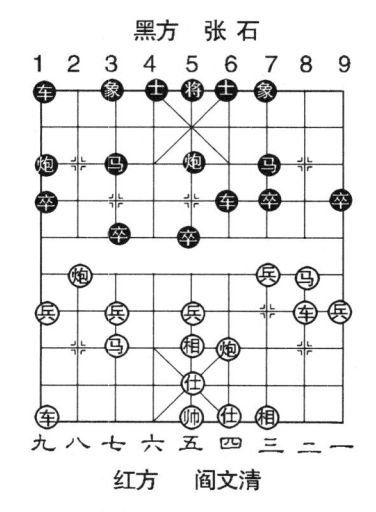

图118

(20)车六退二　马5进4　　(21)车二进三　车2进2

黑应走马7退5,红炮三平二,黑象3进5,马三退四,红虽仍占优,但黑比升车丢士好。

(22)车二平六　象9进7　　(23)车六进三　将5进1

(24)兵七进一　卒3进1　　(25)车六退一　将5退1

(26)车六进一　将5退1　　(27)车六平七　……

红得士残象,黑局势已支离破碎。

(27)　……　　马7进5　　(28)车七退三　马5退4

(29)车七退二　车2平4　　(30)帅六平五　象7退5

(31)炮三平一　车4进1　　(32)马七进六　将5退1

如黑炮1平4,红马六退四,车4平5,车七进四,红亦胜势。

(33)车七进五　将5进1　　(34)车七退三　将5退1

(35)马六退四　车4平3　　(36)车七平八　马4进6

(37)炮一平四　……

红运炮攻马,目的是夺中卒。

(37)　……　　士6进5　　(38)车八进五　车3退3

(39)车八退二　炮1进3　　(40)炮四进五　(红胜)

40. 双龙出海马嘶鸣

图119是河北阎文清与新疆傅光明在2001年全国团体赛对垒的一个中局,由双方以半途列炮布阵拼杀18个回合演成。红乘拔刀之先,亮车掩杀;然后兑马运车压黑驹,挺兵扑出左马助战,炮镇中场,巧成妙杀。(如图119,红先)

(19)车一平四　将5平4

红亮车掩杀,正着。黑切忌象7进9,因红马一进二得子胜势。

(20)马一进二　车8进5

(21)前车平七　车1进2

(22)车四平三　象7进9

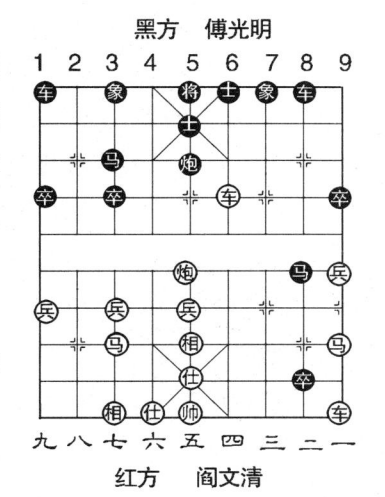

图119

(23) 兵七进一　车1平2

若黑炮5进4,则车七平六,士5进4,车六进一,将4平5,车六平五,将5平4,车五平四,红胜势。

(24) 兵七进一　象3进1　　(25) 车七平六　将4平5

(26) 兵七进一　马3退2　　(27) 马七进六　车8进1

黑如车8退1,则炮五进二,红大占优势。

(28) 炮五进二　车8平5　　(29) 马六进四　……

红骏骑嘶鸣,黑难挽救了。

(29) ……　车5平8　　(30) 车三进六　象9进7

若黑车8退4,则车三平四,卒8平7,马四进二,车8退6,帅五平四,红胜。

(31) 车三退一　象1退3

如黑车8退3,则车三进二,车8平6,炮五平一,红胜势。

(32) 车六进二　车8退3

黑若车8退6,则红车三进二,红亦胜定。

(33) 马四进五　车2平5　　(34) 车六平五　（红胜）

阎文清是先后获1980年、1990年全国第四名、1991年全国第五名、1998年全国亚军的象棋国手,现为特级大师。

41. 慢火煎鱼　水到渠成

图120是2001年全国团体赛哈尔滨聂铁文对厦门郭福人的一个中盘,由双方以对兵局列阵酣战12个回合演成。红即利用车横向牵制黑车马象,运车窥象;然后采取慢火煎鱼策略,炮取中卒,回车驱炮,上相固防;再伺机运车拴车马,边驹跃出,终于水到渠成得胜。

(如图120,红先)

(23) 车二平三　士4进5

红平车窥象,一矢中的;黑如炮2平1(车4退3,炮五进四,红大占优势),炮三进三,象5退7(士6进5,炮三平二,车2进7,车七进一,炮1平3,车七退七,车2平3,车三进二,红大占优势)。车三平

图120

七,红方占优。

(24)车七进一　车2平3　(25)炮三进三　象5退7
(26)车三平七　马3进4　(27)车七平八　炮2平1
(28)炮五进四　将5平4　(29)车八进二　将4进1
(30)车八退九　炮1退1　(31)车八进一　炮1进1
(32)炮五平二　车4平6

红正面转向侧攻,好棋。黑如车4退2,则炮二进二,士5进6,炮二退六,红方占优。

(33)炮二平六　马4进6　(34)炮六退四　象7进9
(35)相三进五　卒1进1　(36)车八退一　……

红捉炮避免黑从底线骚扰,老练。

(36)……　　 炮1退1　(37)车八进八　将4退1
(38)车八进一　将4进1　(39)车八退二　将4退1
(40)车八平一　……

红慢火煎鱼,再歼一象,好棋。

(40)……　　 车6进1　(41)车一平五　将4平5
(42)车五退一　炮1平2　(43)马一进二　车6退1
(44)马二进三　车6进1

黑车马受钳制,若改炮2退2,红兵三进一更占优。

(45)车五平八　炮2平3　(46)车八平七　炮3平2
(47)炮六进二　车6退1

红进炮,水到渠成。如黑马6退4,红炮六平一,红胜势。

(48)炮六平七　炮2退4　(49)马三进四　车6进17
(50)车七进三　(红胜)

临末,黑进车败着。若改炮2平4,兵五进一,车6进1(车6平5,车七平四,红胜定),兵五进一,炮4退4,炮七平二,马6进8,马四退二,红亦胜定。

42. 回炮串打　损士受挫

图121是火车头于幼华与湖北柳大华在2001年全国团体赛上的一个中局,由双方以仙人指路对卒底炮列阵酣战31个回合弈成。在随后续战中,红凭

子位较佳的微弱优势，横车扫边卒，并抓住黑误退炮串打之机，兑子掠士，迅速调动主力攻黑左防，巧成妙杀。

（如图121，红先）

（32）车八平一　……

红偷闲扫边卒，佳着。

（32）……　　　炮8进1
（33）炮六平五　炮3退1
（34）马五进六　炮8退17

柳大华指出，黑退炮失着。应走车2平4，如红马六退七（马六退五，车4进4，黑势不差），则炮3进2，车一进一，车4进2，炮八退四，车4进2，黑势不错。

（35）马六进五　……

红兑子掠士，好棋。

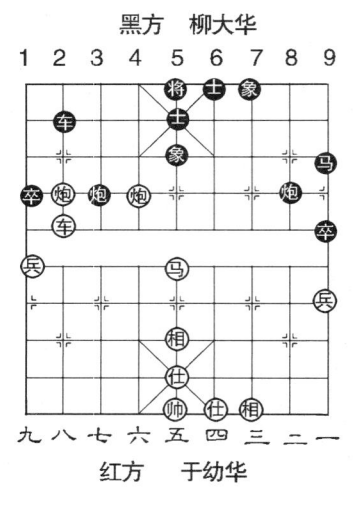

```
黑方　柳大华
```

图121

（35）……　　　士6进5　（36）炮八平二　炮3平1
（37）车一退一　车2进8　（38）仕五退六　车2退5
（39）车一平七　将5平6　（40）仕六进五　卒1进1
（41）兵九进一　车2平1　（42）炮五进二　……

红再残一士，胜利在望了。

（42）……　　　车1平6　（43）炮五平一　车6平8
（44）炮一进一　将6进1　（45）车七进四　将6进1
（46）炮二进二　……

红进炮准备构成车双炮杀势，走得好。

（46）……　　　象5进3　（47）车七退二　象7进5
（48）车七退一　将6退1　（49）车七平四　……

红亦可炮一退一，将6退1，车七平六，将6平5，帅五平六，黑亦败定。

（49）……　　　将6平5　（50）车四平八　炮1平4
（51）车八进二　（红胜）

于幼华是曾获1987年及1990年全国第五名、1994年全国第三名、1996年及2001年全国第四名的象棋国手，现为特级大师。

43. 侧击剥象 手到擒来

图 122 是 2001 年首届 BGN 世挑赛初赛一轮头局辽宁卜凤波对江苏徐健秒的一个中局,由双方以中炮过河车对屏风马两头蛇开局角斗 12 个回合弈成。红借发令之先,抓住黑河头象及 7 路马弱点,兑兵活马;伺后兑车争占中路制高点,飞车调炮袭击黑左翼,剥象制胜。

(如图 122,红先)

(13) 兵三进一　马 4 退 5

黑如象 3 退 5,则兵三进一,象 5 进 7,马七进六,红优。

(14) 车七平八　炮 2 平 3

(15) 兵三进一　炮 3 进 4

(16) 兵三平二　马 5 进 3

若黑车 8 进 4,则车二平七,炮 3 平 7,炮八平三,红方颇占优势。

(17) 车八退二　马 7 进 6

(18) 炮五进四　象 3 退 5

(19) 兵二平三　……

红平兵捉马兑车,谋势佳着。

(19) ……　　　车 8 进 5　　(20) 马三进二　马 6 进 4

(21) 炮五退二　炮 3 平 6

黑如炮 3 退 3,红炮八平三,黑象 7 进 9,相三进五,炮 3 平 5,马二进四,象 9 进 7,炮三平二,红大占优势。

(22) 马二进四　马 3 进 5　　(23) 仕四进五　炮 6 退 2

(24) 炮八平二

红调炮准备袭击黑右翼,黑难以抵御。

(24) ……　　　象 5 进 7

黑若炮 6 平 8,则红兵三进一,象 5 进 7,兵三进一,黑更难应对。

(25) 车八平三　车 4 进 2

如黑象 7 退 9,则车三退二,炮 6 进 1,马四进二,炮 6 退 5,马二进四,车 4 进

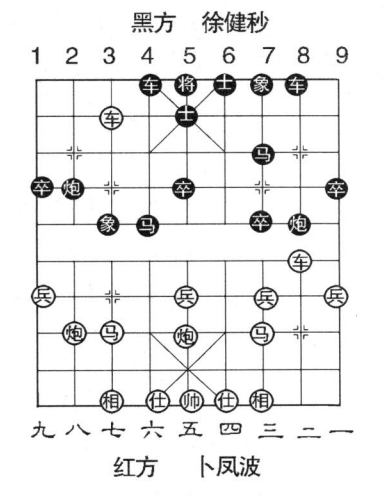

4, 车三进四, 红得子胜。

(26) 车三退一　马 4 进 2

黑如车 4 平 8, 则炮二平三, 象 7 进 9, 车三进一, 红胜势。

(27) 车三退一　炮 6 进 1　(28) 车三进五　……

红再歼一象, 黑束手就擒。

(28)　……　马 2 进 3　(29) 帅五平四　炮 6 平 1

(30) 马四进五　炮 1 退 2　(31) 炮二进七　(红胜)

该局红锐利的攻杀, 令人击节赞赏。

卜凤波是曾先后获 1996 年全国个人赛第三名、1985 年、1995 年、2000 年三次全国第五名的象棋国手, 也是特级大师。

44. 双车钳驹再夺关

图 123 是 2001 年首届 BGN 世挑赛初赛一轮二局火车头金波与上海林宏敏交锋的一个中局, 由双方以顺炮直车对横车布阵厮杀 13 个回合演成。黑因已失一局, 此仗力求扳回, 拼杀之心可以理解。此时双方已成互兑形势, 红揪住黑 3 路马痛脚, 兑炮射马, 调整阵形, 随后调动双车钳马, 步步紧迫, 再夺一关。

(如图 123, 红先)

(14) 马三进五　象 3 进 5

(15) 炮八平七　马 3 退 5

红平炮攻马, 争先之着。黑如马 3 退 2, 则红炮五平四, 红方占优。

(16) 炮五平四　车 7 进 1

(17) 车二进四　炮 2 进 3

若黑炮 2 进 4, 红相三进五, 红仍占优。

(18) 车二进四　炮 2 进 1

(19) 炮七平八　车 3 退 5

(20) 车七平六　车 3 退 4

红平车伏杀, 黑如马 5 进 3, 则车二平七, 马 3 进 2, 车七退三, 象 5 进 3, 车六平八, 红可得子胜势。

(21) 车六进三　炮 2 进 2　(22) 车六进五　……

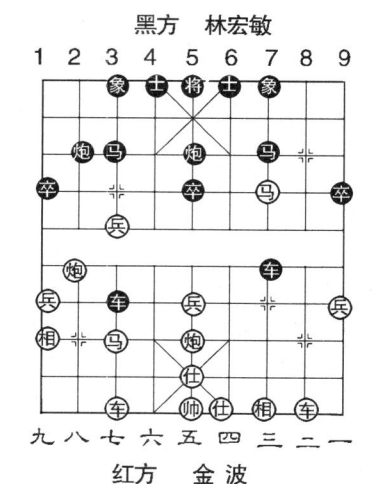

图 123

红进车压肋钳马,剽悍之着。

（22）……　　车7退2　　（23）马七进六　炮2进1

黑若马7进6,则马六进五,车7退1,车二平四,红胜。

（24）炮四平七　……

红平炮解攻还攻,黑大势已去。

（24）……　　车3平2　　（25）车二平四　车7平3

（26）炮八平七　（红胜）

以下黑如续走车3平7,则马六进七,炮2平1,帅五平六,象5进3,马七进八,红亦胜。

金波以连胜两局进入二轮比赛。

45. 突破中场　气势昂扬

图124是2001年首届BGN世挑赛初赛三轮头局河北刘殿中对吉林陶汉明的一个中局,由双方以五七炮对屏风马左炮封车列阵厮杀16个回合演成。审势便知,兑车难免。交换后红果断冲兵突破中场,并抓住黑兑马之隙,进炮压车,调炮争占滩头阵地,调兵遣将、气势昂扬地从正、侧两面夹攻,终于劫子班师。

（如图124,红先）

（17）车二进八　炮7进3

（18）仕四进五　炮7退4

（19）车二退五　炮7进1

（20）车二平七　象7进5

（21）炮七平八　卒1进1

刘大师对这个布局的研究颇有心得,在第二轮对徐天红时,在图前一着改走车二平八,经过一番对杀,取得胜利;此仗变招兑车,相对缓和一些。如黑将进边卒改为马2退3,而红炮八退二,马3进4,炮八进二,黑要变招。

（22）兵五进一　马2退3　　（23）炮八退七　马3进4

（24）兵五进一　……

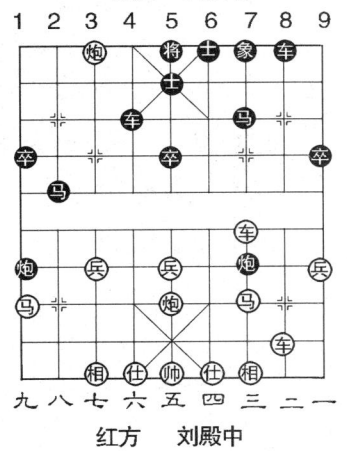

图124

红弃兵目的是为突破中场,寻找突破口。

（24）……　　　卒5进1　　（25）炮八平六　　马4退3

若黑车4平3,则车七平六,马4退2,车六进二,红方占优。

（26）车七平三　　炮7平5　　（27）帅五平四　　马7进8

（28）兵七进一　　炮1退1　　（29）车三进二　　马8进6

如黑炮5平7,则马九进八,炮1平3,马八进七,炮3平5,炮五进三,红方占优。

（30）马三进四　　炮1平6　　（31）炮六进四　　……

红进炮压车,凶着。

（31）……　　　炮5平6　　（32）帅四平五　　象5退7

（33）炮六平五　　将5平4

如黑象7进5,则车三退三,车4进4(炮6平4,后炮平六,红大占优势),前炮平二,红大占优势。

（34）车三退三　　车4进4　　（35）后炮平六　　车4平1

（36）炮五平六　　将4平5　　（37）后炮平三　　象7进5

红平炮窥象,黑如士5进4(象7进9,炮六平二,红优),则炮三进七,将5进1,兵七进一,红胜势。

（38）炮六平二　　前炮平5　　（39）相七进五　　将5平4

（40）炮二退三　　马3进4　　（41）兵七进一　　卒1进1

黑不能象5进3去兵,因红车三进三,黑炮5退1,炮二进六,红得子胜。

（42）炮二进六　　将4进1　　（43）兵七平六　　卒5进1

（44）车三进三　　（红胜）

至此,红得子得势胜定,黑认负收枰。

46. 借兑残象立战功

图125是2001年"柳林杯"第四届全国象棋大师冠军赛上海万春林对火车头杨德琪,双方以中炮巡河炮缓开车对三步虎布阵酣战14个回合演成的一个中局。红方在图后续战中,骏马以退为进,并抓住黑误升炮攻车之机,借兑残象,谋子奏捷。

（如图125,红先）

(15)后马退五　炮2进27

红以退为进运马,为左车参战开路,正着。黑升炮攻车失策,应走士4进5(卒3进1,兵七进一,车3进4,马五进七,红优),车九平六,红虽占先,但黑比丢象好。

(16)马六进五　卒3进1

如黑象7进5,则车四平八,马8进6,车九平六,红方优势。

(17)车四平七　车3进4
(18)兵七进一　象7进5
(19)兵七平八　马4进3
(20)兵八平七　象5进3

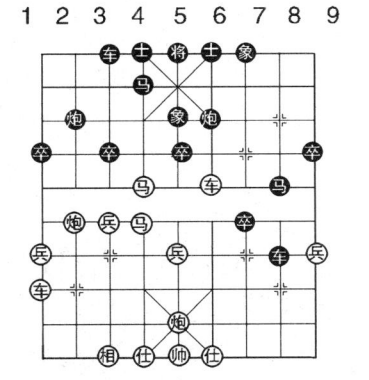

红弃兵明智。黑若马3进5(马3退2、车九平七,红优),则兵五进一,马5退7(车8平2,兵五进一,车2退1,车九平七,红大占优势),炮八进五,士4进5,兵七平八,车8平4,车九平七,红方占优。

(21)车九平七　炮6平3　(22)炮八平七　……

红平炮串打,必得一子,胜利在望。

(21)……　马8进6　(23)炮七进二　象3退1
(24)炮七平八　炮3进7

黑以炮轰相兑子,以图一拼。

(25)车七退二　马6进5　(26)炮八退五　卒7平6
(27)相一退三　(红胜)

至此,黑失子失势,败局只是时间而已。若续走马5退7,红炮八进二,黑亦败定。

47. 突出奇招施妙计

图126是2001年"柳林杯"赛火车头金波对沈阳苗永鹏的一个中局,由双方以仙人指路对卒底炮拼逐24个回合演成。本例红先行迂回运马占领战略据点,然后揪住黑进车胁马的痛脚,谋得边卒,并借黑回师制马之机,突出奇招,进车邀兑;伺后破士兑车,飞相隔马,掠象凯旋。

图125　黑方　杨德琪　红方　万春林

(如图126,红先)

(25)马七进五　……

红扑马河头,为的是争占战略据点。

(25)　……　　　车7平5

(26)马五退六　马8进6

(27)车二平四　车5退1

如黑马6进4,红炮七退二,黑马4退3,炮七平六,车4平3,马六进七,红方占优。

(28)车八退三　马6退7

(29)马六进七　车4进5

黑进车胁马,不如车4进4稳妥。

(30)马七进九　车5进1

(31)马九进七　车4退27

(32)车四进三　车5进3

红进车邀兑,突出奇招。黑车杀相失算,应走车4平6,马七退五,车6进5,马五退三,炮7进3,相五进三,马7进5,红虽仍占优,但黑势比实战好。

(33)车八进六　士5退4　(34)车八平六　车4退3

(35)相三进五　马7进8　(36)相五进三　……

红飞相隔马,连消带打,黑难以应付。

(36)　……　　　士6进5　(37)炮七平五　车4进6

(38)车四平二　马8进7　(39)马七进五　……

红马杀中象,黑在劫难逃。

(39)　……　　　马7退6　(40)车二进三　炮7平6

如黑马6进5,则车二平三,士5退6,相三退五,红胜定。

(41)车二平三　炮6退2　(42)马五进七　将5平4

(43)炮五平六　车4平3　(44)马七退六　将4平5

(45)车三退一　士5进4

黑若车3平5,则马六进七,将5平4,车三退三,红亦胜。

(46)马六进四　炮6进1

(47)车三平四　(红胜)

48. 炮镇当头气势虹

图127是2001年全国个人赛上海董旭彬对上海万春林的一个中局,是由双方以顺炮缓开车对直车开局酣斗20个回合演成的。黑方借发令之先,针对红中路空虚之弱点,炮镇当头,马从中路盘出,借兑先夺红底相;向后千方百计运出底马,车炮巧妙配合尽歼红方防卫,令红不敌而败。

(如图127,黑先)

(20) ……　　　炮3平5

黑炮镇当头,反先夺势,佳着。

(21) 仕六进五　　马7进5

(22) 马六退七　　……

红如炮七退三,则象5进3,相三进一,车7退2,黑优。

(22) ……　　　马5退3

(23) 车六进五　　炮5平8

(24) 车六退二　　车7进51

黑掠底相,及时且实惠。

(25) 帅五平六　　车7退3

(26) 车六平七　　车7平4

(27) 仕五进六　　……

红宜炮五平六,黑炮8进4,帅六进一,马3退4,黑虽仍占优,但红比丢仕好。

(27) ……　　　车4进1　　(28) 帅六平五　　马3退4

(29) 马七进八　　马4进2　　(30) 车七退二　　炮8退3

(31) 仕四进五　　车4退3　　(32) 马八退六　　马2进4

(33) 炮五平一　　……

如红炮五平六,则车4平3,黑仍占优。

(33) ……　　　卒5进1　　(34) 马六退七　　车4平5

(35) 炮一进四　　马4进3　　(36) 车七退一　　炮8进2

黑进炮设陷阱,凶招。

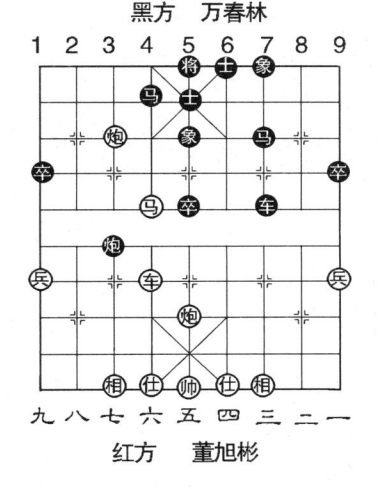

图127

黑方　万春林

红方　董旭彬

(37) 车七平二　炮8平3　　(38) 马七进八　炮3进6

黑再歼一相,其势如虹,红难以挽救。

(39) 车二平七　炮3平2　　(40) 炮一进三　车5平9

(41) 炮一平二　车9平8　　(42) 炮二平一　车8进5

(43) 仕五退四　炮2平6　　(44) 车七平四　炮6平7

(45) 车四平三　炮7退1　　(46) 帅五进一　炮7平9

黑平炮强兑,老练。

(47) 炮一退八　车8退1　　(48) 帅五退一　车8平9

(49) 马八退六　马3进2　　(黑胜)

49. 巧兑得炮　以攻为守

图128是2001年全国个人赛吉林陶汉明对火车头金波的一个中局,是由双方以对兵局列阵厮杀14个回合弈成的。乍眼观枰,双方各有空头炮,成互兑局势。黑针对红双炮弱点,运车钳炮,巧兑劫得一子;伺后,再以攻为守,舍象弃士,终以车马卒迫红城下签盟。

(如图128,黑先)

(14) ……　　　车6进2

(15) 车二进九　马7退8

(16) 车八进一　……

黑进车胁炮,红失子难免。如红车八进二,黑车6平7,黑大占优势。

(16) ……　　　车6平5

(17) 炮三平九　炮5进2

(18) 炮九退二　炮5平1

(19) 相七进五　炮1平9

(20) 兵三进一　象7进5

黑亦可炮9进3,红如车八退三,车5进3,兵七进一,象7进5,黑势比实战好。

(21) 仕六进五　象5进7　　(22) 车八平三　马8进6

(23) 炮九平二　马6进8　　(24) 车三进二　马8进9

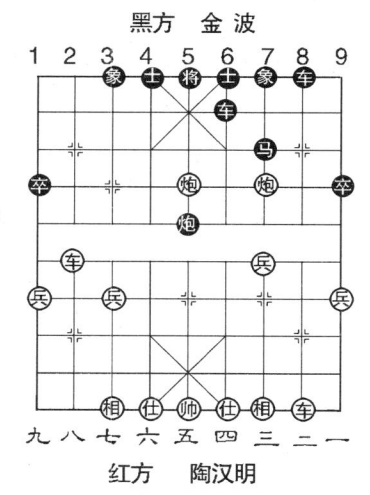

图128

（25）炮二进五　　将5进1　　（26）车三进一　　将5进1
（27）炮二平一　　炮9平8　　（28）车三退一　　将5退1
（29）车三进一　　将5进1　　（30）车三退五　　炮8退1
（31）兵七进一　　车5进1　　（32）炮一平六　　……

红如炮一退四去马，则黑卒9进1，红亦难和。

（32）　……　　　将5退1　　（33）炮六退七　　炮8进4
（34）车三退一　　象3进5　　（35）车三平二　　炮8平9
（36）车二退二　　炮9退3　　（37）车二进四　　将5退1

黑将回原位，可以从容进攻，老练。

（38）车二平一　　炮9平8　　（39）车一平二　　炮8平9
（40）车二平一　　炮九平八　　（41）车一平二　　炮8平1
（42）车二进二　　车5平2　　（43）相五退七　　……

若红车二平一，则车1进5，仕五退六（炮六退二，马9进8，车一平三，象5进7，车三平四，炮1进3，黑胜势），马9进8，车一平三，象5进7，车三平四，炮1进3，黑胜势。

（43）　……　　　车2进5　　（44）相三进五　　炮1平5
（45）帅五平六　　炮5平9

黑平炮保卒兼侧攻，好棋。

（46）炮六进四　　炮9进3　　（47）车二退六　　车2退6
（48）车二平一　　……

红如炮六退四，则黑炮9退3，黑大占优势。

（48）　……　　　车2平4　　（49）帅六平五　　马9进8
（50）车一平三　　车4进3　　（51）车三进二　　卒9进1

（黑胜）

至此，黑已成车马卒单士象胜车兵仕相全残局，红续战至86回合始败。余下从略。

50. 钳形冲杀　　炮火连天

图129是2001年全国个人赛火车头于幼华对云南王跃飞的一个中盘，由双方以对兵局布阵鏖战17个回合弈成。红方乘轮走之利，先运车赶马，消除中

马压力；随后扑马过河迫黑以炮兑马；继而出帅助攻，炮镇中路，七路兵暗度陈仓，炮火连天，双车炮钳形冲杀，巧成绝杀。

（如图129，红先）

(18) 车七平五　　马5退7
(19) 车五平四　　车8进6
(20) 马五进四　　炮6进2

黑如车8平6，则马四进六，车6退3，马六进七，将5平4，马七进九，车6平3，车八进九，车3退3（象5退3，炮九平七，车3进2，炮七进七，红优），车八平七，象5退3，炮九进四，炮6平9，马九退八，象3进5，马八退六，炮9进4，兵七进一，红大占优势。

黑方　王跃飞

红方　于幼华

图129

(21) 车四退一　　车8平1
(22) 帅五平四　　……

红出帅助攻，佳着。

(22) ……　　　　后车平4
(23) 炮九平五　　……

红炮镇中路，制胜关键。

(23) ……　　　　车1平5
(24) 车八进三　　车5退1
(25) 兵七进一　　车4进5
(16) 兵七平六　　……

红趁势渡兵，攻势如火如荼，现平兵挡车，妙不可言。

(26) ……　　　　车5平6
(27) 帅四平五　　车6平5
(28) 车八进三　　卒9进1
(29) 车八平四　　象7进9

若黑马7退6，则前车子九，将5平4，车九平六，将4平5，车六平四，将5平4，后车平一，红多双兵居胜势。

(30) 前车子九　　卒9进1
(31) 车九进三　　士5退4
(32) 车九退二　　象9退7
(33) 车四进三　　……

红车如龙翻大海，左右掩杀，以形成强大的钳形攻势。现进车压肋，胜利指日可待。

(33) ……　　　　士4进5
(34) 炮五进五　　将5平4
(35) 炮五平三　　车4退1
(36) 车九进二　　将4进1
(37) 相七进五　　车4退2

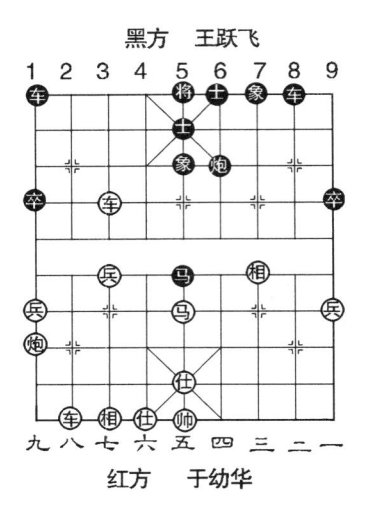

如黑马7退5,则车四退二,车4平7,炮三退一,红胜势。

（38）炮三进一　　车4平6　　（39）车九退一　（红胜）

以下不论黑进将或退将,红车四平五绝杀。

51. 借兑谋势　车卒夺旗

图130是南方棋院两将李鸿嘉与庄玉庭在2001年全国个人赛对垒中的一个中局,由双方以中炮对三步虎布局酣斗15个回合走成。黑方针对红七路线上的弱点,借兑谋势,冲卒渡河控制中路;然后运炮牵红车马,扑出边驹,弃卒残象,兑炮再夺一相,终以车卒迫红败走麦城。

（如130图,黑先）

（15）……　　　前车平2

（16）车八退一　　马3进2

（17）马七进五　　炮3进1

（18）车三退二　　……

红如车三平五,则马2退4,炮五平六,炮3平5,黑方胜势。

（18）……　　　卒3平4

（19）相七进九　　卒4进1

（20）马五进六　　卒5进1

（21）马六进八　　……

若红马六进五,则象7进5,炮五进五,士5进6,黑得子占优。

（21）……　　　车4进5　　（22）车三进二　……

红若车三平六,则马2进4,黑方优势。

（22）……　　　马2退4　　（23）马八进七　马4退3

（24）车三平七　　马3进1　　（25）车七平二　车4平2

（26）炮八平七　　马8进7　　（27）车二平一　马7退8

（28）兵七进一　　卒5进1

黑双卒渡河,优势日显。

（29）兵三进一　　车2退1　　（30）车三平二　马8进7

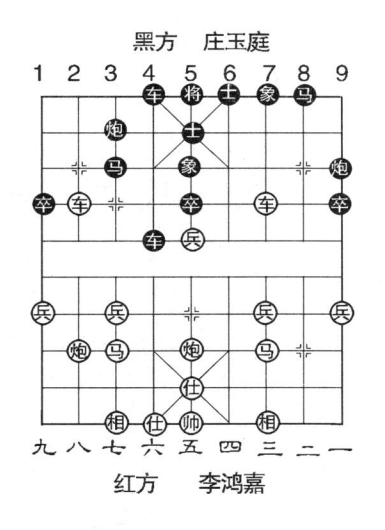

图130

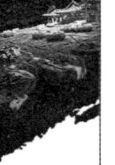

(31)车二平三　马7退8　　(32)炮五平四　卒1进1

(33)炮四进六　……

如红相三进五，则黑车2平8，黑优。

(33)　……　　车2平6　　(34)炮四平一　炮9平7

(35)炮一进一　车6平8　　(36)炮七平五　车8退2

黑退车不仅保象，而且可捉死炮。

(37)兵七进一　卒9进1　　(38)炮一退三　象5进3

(39)炮一平二　卒5进1　　(40)马三进五　……

红若炮五平八，则黑象3退5，黑亦占优。

(40)　……　　卒4平5　　(41)炮五平二　车8平9

(42)后炮进七　车9平8　　(43)前炮平一　象3退5

(44)相九退七　马1进2　　(45)相七进五　马2进4

(46)车三平八　卒5进1　　(47)炮二平五　……

如红相三进五，则马4进5，仕五进四，象5退3，黑大占优势。

(47)　……　　卒5进1　　(48)仕六进五　马4退5

(49)车八平五　炮7进7

黑趁势再夺一相，红难应付。

(50)车五退一　炮7平9　　(51)仕五进六　车8退2

(52)炮一退三　车8进7　　(53)兵一进一　……

若红车五平六，则车8平5，帅五平六，车5退4，炮一进四，车5进3，车六平九，车5平4，黑胜势。

(53)　……　　卒9进1　　(54)炮一退六　车8进2

(55)帅五进一　车8平9　　(56)车五平一　车9退1

(57)帅五退一　车9退2　　(58)车一平九　车9平5

(59)帅五平四　卒9进8　　(黑胜)

52. 悬崖搏斗　出帅得炮

图131是2001年全国个人赛第十轮上海孙勇征对广东吕钦一个中局，由双方以飞相对仙人指路布阵角逐19个回合构成。审势可知，彼此已成剑拔弩张、一触即发之势。在此决战关头，红决定出帅与黑进行殊死搏斗，随后红破士

进炮牵制黑方右翼,并在混战中俘获一马,再乘势而上,夺取胜利。

(如图131,红先)

(20)帅五平四 ……

悬崖搏斗,不能手软。红如相七进九,黑马3进2,车四平八,炮8平5,帅五平四,炮5平1,黑反占优势。

(20) …… 炮3进7

若黑士6进5(士4进5,马八进七,炮3进7,帅四进一,炮3平8,炮八进七,红得子胜势),则马八进七,炮3进7,帅四进一,炮3平8,炮八平六,红方占优。

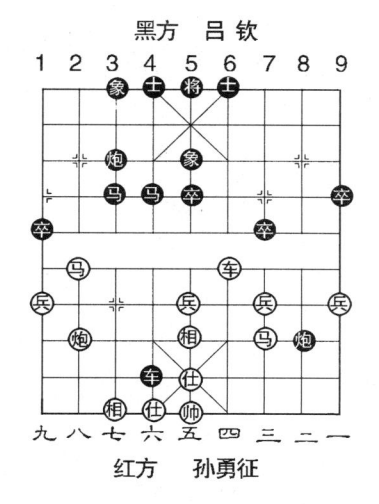

黑方　吕钦

图131

红方　孙勇征

(21)帅四进一 马3进2

黑如炮3平8,则车四进五,将5进1,马八进七,红方占优。

(22)炮二平七　马2进3　　(23)车四进五　将5进1
(24)炮八进六　马4进2　　(25)帅四退一　车4退3
(26)马三退二　车4平8　　(27)车四退一　将5退1
(28)炮八进一　马2退1

如黑马2进4,则红相五退三占优。

(29)炮八平九　马3退5　　(30)车四退五　马5退4
(31)车四进六　将5进1　　(32)车四平六　马4进6
(33)车六平五　将5平4　　(34)炮九退一　马1进3
(35)车五平七　马6退5　　(36)车七退三　车8平6
(37)马二进四　马5退7

以上一段交锋,双方对攻激烈。如黑改炮8平6,而红帅四平五,炮6退1,车七平六,将4平5,炮七进八,将5退1,车六退四,红方大占优势。

(38)车七平六　将4平5　　(39)炮七进八　将5退1
(40)车六平八　车6进3　　(41)帅四平五　炮8平3

若黑炮8退7,则车八平五,红大占优势。

(42)仕五退四　车6退3　　(43)炮九进一　将5进1
(44)车八进二　炮3平4

黑如车 6 平 5，则红仕六进五，炮 3 平 5，仕五进六，象 5 进 3，炮九退一，红胜势。

(45) 仕六进五　车 6 平 5　(46) 帅五平六　象 5 进 3
(47) 仕五进六　马 7 进 6　(48) 仕六退五　车 5 平 4
(49) 帅六平五　车 4 退 2　(50) 车八退一　车 4 平 1
(51) 炮九平八　车 1 退 1　(52) 炮八退一　将 5 退 1
(53) 车八退四　……

红退车控马，防黑反扑，功夫老到。

(53) ……　　　　象 3 退 5　(54) 车八平二　象 5 退 7
(55) 炮八退七　车 1 平 3　(56) 炮八平四　（红胜）

此局红胜，为孙勇征晋升 2001 年全国季军奠定基础，而吕钦屈居 2001 年全国个人赛第六名。此外，孙曾获 1999 年全国个人赛第五名，成为象棋国手。

53. 将计就计　一车兑三

图 132 是 2001 年全国个人赛沈阳金松对火车头于幼华的一个中变棋局，由双方以仙人指路对飞象局布阵交战 12 个回合弈成。黑方通过全面筹算后，抓住红方兵行线的子力破绽，进车争占要津，牵住红马炮；伺后，将计就计，一车兑三子，令红弃甲曳兵而逃。

(如图 132，黑先)

(12)　……　　　　车 2 进 5

黑进车捉炮，争占要道，好棋。

(13) 前炮进三　车 2 平 4
(14) 前炮平九　车 4 平 1
(15) 炮九退一　……

如红马七退八，则车 1 平 2，炮六进二，马 7 进 6，炮六平四，炮 9 平 6，黑方占优。

(15) ……　　　　马 2 进 4
(16) 兵七进一　车 1 平 3
(17) 炮九退一　……

红若炮九进四，则车 3 退 2，马七进九，马 4 进

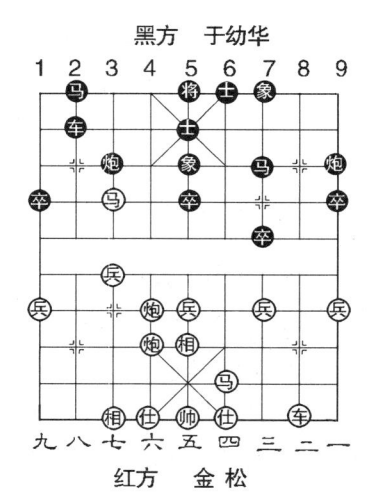

黑方　于幼华

图 132

2,黑可得子胜势。

（17）……　　车3退2　　（18）炮九平七　……

红平炮为的是救马。

（18）……　　车3退1

黑将计就计，用车杀马，此乃取胜关键。

（19）炮六平七　车3进2　　（20）相五进七　炮3进5

黑一车兑三，渐入胜境。

（21）车二进二　炮3退1　　（22）车二平六　马4进2

（23）车六进一　炮3进2　　（24）车六进一　马2进3

黑马盘踞河头，红虽有一车，但势单力弱，难以久缠。

（25）兵一进一　炮3平1　　（26）马四进二　马7进6

（27）车六退一　……

如红车六平四，则炮1退4，仕四进五，炮9平6，黑胜势。

（27）……　　炮1退3　　（28）相七进五　马6进7

（黑胜）

至此，红如续走下去，不过是聊尽人事，难逃一败，故主动认输罢战。

54. 平卒险成和　回车落荒逃

图133是2001年12月31日第22届"五羊杯"分组赛第三轮柳大华对赵国荣的一个中局，是彼此以顺炮直车对横车列阵厮杀38个回合弈成的。观枰可知，黑方多双卒且车炮牵制红方车马炮，颇占优势，岂料图前一着，误走平中卒，给红方有谋和希望。可惜红因限时较紧，无法细算，导致错失和机，被黑再渡一卒，不敌而败。

（38）……　　卒4平5

（如图133，红先）

（39）车三退一　……

柳大华告诉笔者：黑于图前一着平中卒是错着，给红谋和之机。若走卒9进1，基本可胜定。

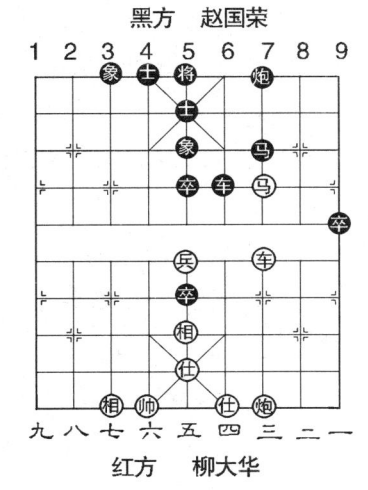

图133

而红接走退车捉卒是失去谋和机会的败着，应走马三退一，黑则炮 7 进 5，马一退三。此时黑有以下两种走法。

第一种：车 6 退 1，炮三进七，车 6 平 7（前卒进 1，相七进五，车 6 平 7，马三退四，车 7 进 4，相五退三，黑不易胜，成巧和），马三退五，车 7 进 4，马五进三，车 7 平 4，帅六平五，车 4 退 2，兵五进一和局。

第二种：车 6 进 2，炮三进七，前卒进 1，相七进五，车 6 平 5，马三退四，车 5 进 2，炮三退七，卒 5 进 1，炮三平二，车 5 平 2（车 5 退 1，仕五进六，车 5 平 6，仕四进五，车 6 退 1，炮三平五，和局），帅六平五，士 5 退 6，炮二进一，车 2 退 1，仕五退六，车 2 平 6，仕四进五，车 6 平 9（卒 5 进 1，炮二平四，车 6 平 5，马四进五，和局），炮二平四，黑因无法进中卒成巧和。当时柳因时间紧，未能算到，是在场观战的吕钦事后指出了这种变化。

（39）……　　卒 5 平 6　　（40）车三进一　　卒 9 进 1

（黑胜）

至此，红因主力受困难以脱身，久缠下去亦难逃一败，遂主动认负罢战。

此局红方临末已成败势，黑方给予红方转机却让红方错过了。两位老冠特指出的和棋路子，颇有参考价值。

55. 兑马发难　兵到将亡

图 134 是 2002 年 1 月 2 日第 22 届"五羊杯"分组赛第五轮赵国荣对陶汉明的一个中局，由双方以飞相对上马开局酣斗 23 个回合弈成。红经权衡利弊后，针对黑子力分散、车尚屯边的弱点，平车攻马；随后跃出边驹，平炮射马；再伺机兑子发难，闪马入卧槽，车双马左右夹攻，谋卒残士，冲中兵配合助攻，终于破象擒王。

（如图 134，红先）

（24）车三平二　　马 8 进 6

红平车攻马，正着。黑如马 8 退 6，车二退一，马 2 进 3，马九进八，红方占优势。

（25）马九进八　　马 2 进 3

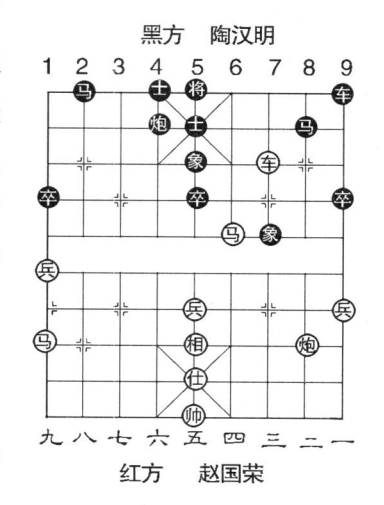

图 134

（26）炮二平四 ……

红平炮准备兑子抢攻,好棋。

（26）…… 炮4进1 （27）车二退三 车9平7

（28）炮四进五 ……

若红马八进七,黑则车7进3,红仍占优,但黑还可周旋。

（28）…… 炮4平6 （29）车二进二 ……

红进车要道,加强对局势的控制,正着。

（29）…… 卒9进1 （30）马四退六 炮6平9

（31）马八进七 车7平6 （32）马七进九 车6进5

红策马入卧槽发难,如黑炮9退1（车6平7,马九进七,将5平6,车二平四,炮9平6,马七退五,红占优势）,车二进二,车6平9,马九进七,将5平6,马六进四,红胜势。

（33）车二进三 士5退6 （34）马九进七 将5进1

（35）马六进五 车6退4

红马杀中卒已渐入胜境。黑若马3进5,则车二退一,车6退4,马七退六,红得车胜。

（36）马五进三 将5平4 （37）马三进四 将4平5

（38）马四退二 炮9平8

如黑炮9进4（车6平7,马二退一,炮9平6,车二平六,红大占优势）,马二退三,车6平7,马三退五,红方占优。

（39）马二退四 炮8平7

黑若车6进1,则车二退一,车6退1,车二退一,红大占优势。

（40）马四退五 炮7退1 （41）车二退一 炮7退1

（42）车二退二 车6进3 （43）马五退七 将5平6

（44）兵五进一 ……

红冲兵助攻,黑难逃一败。

（44）…… 马3进2 （45）兵五进一 车6进1

（46）兵五进一 马2进4 （47）兵五进一 马4进6

（48）仕五进四 （红胜）

至此,黑如再走象7退5,红前马退五,将6平5,马七进六,将5平4（将5退1,车二进三,红胜）,马五退七,将4进1,车二进一,红胜,故黑停钟认负。

三、运子建功（33 局）

56. 谋定而动　浑水摸鱼

图 135 是 2000 年全国团体赛火车头于幼华与甘肃李家华对垒，双方以仙人指路对卒底炮开局交战 12 个回合弈成的一个中局。红经审察全局后，决定采取谋定而动的策略，先平炮亮车，升车巡河防马；然后伺机掠卒，开出边马；再运炮占中路，并针对黑炮处兵行线的弱点，车炮联攻骚扰黑将，于浑水摸鱼中劫炮奏凯。

（如图 135，红先）

(13) 后炮平六　马 6 进 5

黑如马 1 进 2，则车一平四，马 6 进 5，车八进四，红方占先。

(14) 车八进四　车 9 平 6

(15) 兵三进一　车 3 平 8

若黑卒 7 进 1，车一平二，卒 7 进 1，车八平三，马 5 进 7，车二进六，红方先手。

(16) 炮八平三　马 5 进 3

(17) 车八进二　炮 8 平 7

(18) 马九进八　炮 7 进 3

如黑马 3 进 2，红炮六平八，红多兵占优。

(19) 车一平四　车 6 进 9

(20) 帅五平四　车 8 平 6

(21) 帅四平五　炮 7 进 1

(22) 炮三退二　卒 9 进 1

黑若马 3 进 2，则炮六平八，卒 9 进 1，炮三平五，红方优势。

(23) 炮三平五　将 5 平 6

(24) 车八平三　象 5 进 7

黑如炮 7 退 2，则马三进二，车 6 进 1，马二进一，红方优势。

(25) 车三平二　马 3 进 2

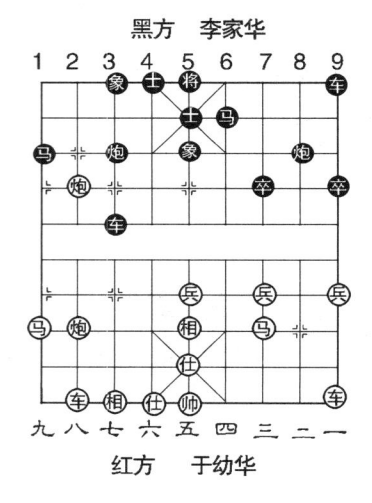

图 135

（26）炮六平八　　马1进2

若黑象3进5,则车二进三,象5退7(将6进1,车二退六,红优),车二退六,炮3进4,车二进一,红优。

（27）车二进三　　将6进1　　（28）车二退五　　后马进4

（29）炮五平四　　炮3平6　　（30）炮四退二　　……

红利用车炮攻将,骚扰黑方。此着退炮拴住黑方车炮,设下谋子圈套。

（30）……　　　　将6退1　　（31）车二进五　　将6进1

（32）车二退六　　炮7退1

（33）马八退六　　（红胜）

红于浑水摸鱼中困死黑炮,黑只好推棋作负。

57. 针锋相对　轧马剥士

图136是2000年全国团体赛火车头金波对上海万春林的一个中局,由双方以中炮对左炮封车排阵酣斗9个回合演成。红方经过通盘筹算后,揪住黑右翼车马未动的痛脚,针锋相对,扑马困驹;然后,骏马迂回腾挪转向右翼钳制黑炮,左车轧马剥士,终于谋子捣营。

(如图136,红先)

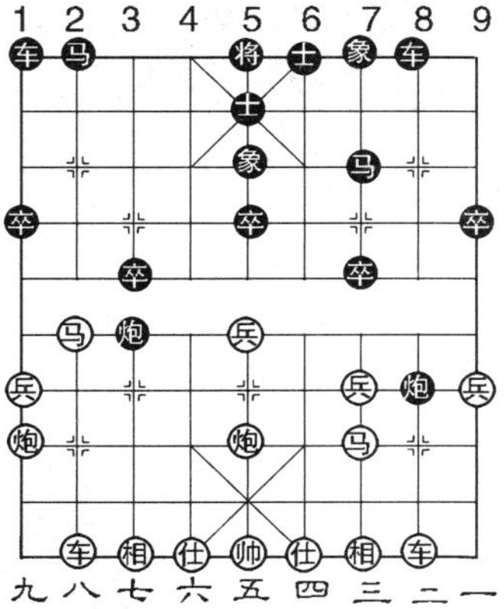

（10）马八进九　　马2进4

红马杀边卒,针锋相对。黑如炮8平1,则车二进九,马7退8,车八进三,炮1退1,炮五进四,红优。

（11）炮五进一　　炮8退3

黑可炮8平5,红若车二进九,则马7退8,马三进五,车1平2、车八进九,马4退2,马九退七,象5进3,马五进七,红虽仍占优,但黑势比退炮好。

（12）马九进七　　车1进6

（13）马七退六　　炮8平7

若黑车1平4,则马六进四,士5进6,仕六进五,红方占优。

（14）车二进九　　马7退8　　（15）车八进八　　炮7退2

图136

（16）相三进五　炮3进2　　（17）马三退五　炮3平4

（18）车八平七　……

红平车轧马，取胜要着。

（18）……　　炮4进1　　（19）马五进三　马8进7

如黑车1平4，则马六进四，炮7平6，炮九进七，红方占优。

（20）马六进四　炮7平6　　（21）马四进三　士5进4

黑若车1平4，则红炮九进七，红大占优势。

（22）车七进一　将5进1　　（23）仕四进五　马4进2

（24）车七平四　车1退6　　（25）炮五进三　象5退3

如黑马7进5，则马三退四，炮6进1，车四退二，红胜势。

（26）兵五进一　车1进3　　（27）帅五平四　马7进5

（28）兵五进一　炮6进7　　（29）仕五进六　……

红化仕必得一子，黑败局已定。

（29）……　　车1平5　　（30）车四退八　将5平4

（31）车四平六　（红胜）

58. 钳驹困炮　炮卒掠阵

图137是2000年"嘉周杯"赛吉林陶汉明对辽宁卜凤波，彼此以飞相对士角炮开局鏖战24个回合演成的一个中局。此仗黑方利用红兵种较好而不愿成和的心理，先进炮压马，并抓住红避免兑子而轻进马之隙，平车困马，迫红弃相救驹兑车，然后困红底炮，巧妙以炮双卒残仕夺帅。

（如图137，黑先）

（24）……　　炮4进3

（25）车五平六　炮4平8

（26）兵五进一　……

红如车六平七，则炮1平5，车七平一，炮8进4，黑势不差。

（26）……　　士6进5

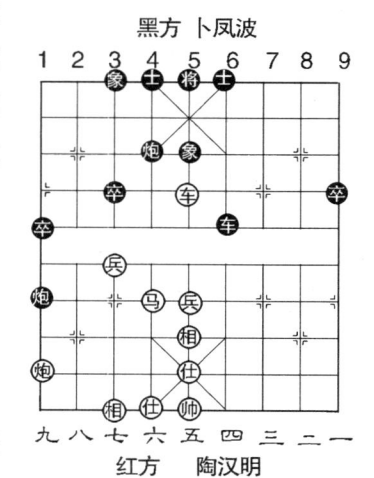

图137

(27)车六平二　炮8平3　　(28)马六进五　炮3平1

(29)炮九平八　……

红平炮避兑,显见不愿成和,若改炮九进三,卒1进1,车二平一,卒3进1,车一进三,成和局。

(29)……　　　后炮平2　　(30)马五进七　卒1进1

(31)车二退三　……

红退车钳炮,不如车二平一杀卒实惠。

(31)……　　　炮1进3　　(32)兵五进一　车6平7

(33)兵五进一　象5退7　　(34)马七进六　车7退2

(35)炮八进二　炮1退3　　(36)炮八退一　车7平4

红退炮不如车二进六。黑平车胁马,红局势不妙。

(37)马六退八　车4平3　　(38)相五进七　……

红若车二平一,则炮2平5,车一平八,炮1进3,黑大占优势。

(38)……　　　车3进3　　(39)马八退六　车3进4

(40)车二进六　炮1进3　　(41)车二平三　士5退6

(42)帅五平四　士4进5　　(43)帅四进一　炮1退1

(44)帅四退一　车3退3　　(45)车三退五　车3平6

(46)帅四平五　炮1进1　　(47)炮八退二　车6平3

(48)帅五平四　士5进4　　(49)车三平七　车3进3

(50)帅四进一　……

如红车七退四,则炮1平3,帅四进一,炮2进3,黑大占优势。

(50)……　　　炮2进3　　(51)帅四进一　卒1进1

(52)车七退四　炮1平3　　(53)马六退五　卒1进1

(54)马五退七　炮2退1　　(55)马七进九　……

红不能马七退九杀卒,因黑炮3退2得马胜定。

(55)……　　　炮2进1　　(56)马九退七　炮3退2

(57)炮八平七　炮2退1　　(58)帅四退一　炮3退1

(59)仕五进六　卒1进1　　(60)炮七平八　炮2平1

(61)帅四退一　炮3进1　　(62)仕六进五　卒9进1

(63)兵五平六　士6进5　　(64)马九进九　卒9进1

(65)马九退七　卒9平8　　(66)马七退八　……

红迟早要兑子,若让黑卒赶至,还会丢子。

(66) ……　　　卒1平2　　(67)炮八平九　卒8平7
(68)炮九进四　卒7平6　　(69)炮九平六　卒2平3
(70)炮六进一　炮3平2　　(71)炮六平一　卒6进1
(72)兵六平五　卒6平7　　(73)帅四平五　……

若红炮一退四,则黑卒3进1,再仕五退六(帅四进一,炮2退1,黑得炮胜),卒3平4,红亦难和。

(73) ……　　　卒7进1　　(74)炮一退四　卒3进1
(75)仕五退六　卒7平6　　(76)仕六退五　卒6平5
(77)炮一进二　卒3平4　　(78)帅五平六　卒5平4
(79)炮一平六　炮2退8　　(80)炮六进三　士5进6
(81)炮六退二　士4退5　　(82)兵五平六　象3进5
(83)炮六退二　炮2退1　　(黑胜)

以下黑炮2平4兑死炮后,红欠行败局。

59. 进退有序挫强敌

图138是2000年"嘉周杯"特级大师邀请赛河北刘殿中与江苏徐天红,双方以中炮过河车对屏风马横车开局激战16个回合演成的一个中局。红方借拔刀之先,针对黑边线卒象弱点,挥炮击卒攻车;伺后飞车胁黑左驹,补仕回马解围,左车右调增援,并抓住黑误退车保炮的软手,调炮回防,瓦解黑方攻势,七兵直进王城,终于劫炮奏凯。

(如图138,红先)

(17)炮九进四　炮4进1

黑如卒5进1,则马六进七,车6退1,马七进九,马6进7,仕六进五,红弃子有攻势。

(18)车八进七　将5平6
(19)仕六进五　马6进8
(20)马六退四　马7进6

黑跃马不如车6进3,此后炮二平六,马7进

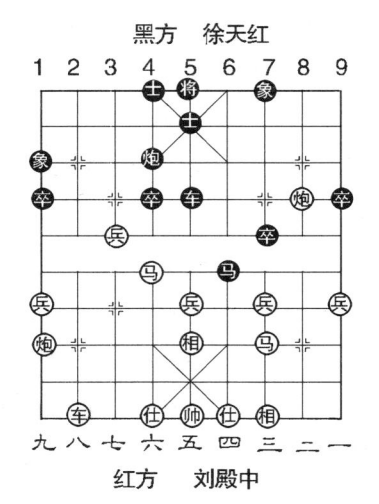

图138

6,炮六退五,车6平7,车八平二,黑势比实战好。

(21)炮二进三　象7进5　(22)车八退三　卒7进1

(23)车八平三　车6退17

柳大华指出,黑退车保炮软着,应马6退8,车三进三,车6退1,车三平四,后马退6,马三退二,象1进3,炮九平五,炮4进3,兵五进一,炮4平7,兵九进一,炮7平9,红虽仍占优,但黑足可应战。

(24)炮九平八　马6退7

若黑马6退8,则车三平六,车6进5,炮二退六,车6平7,马三退一,红方占优。

(25)车三进三　车6进5　(26)炮八退五　……

红回炮防马,进退有序,俱见功力。

(26)　……　　炮4退2　(27)兵七进一　卒5进1

(28)兵七进一　车6退3

黑应炮4平1,红如马三退一,则马8进9,炮八平一,炮7进5,炮一进五,炮7平5,帅五平六,车6平9,车三退一,红虽仍占优,但黑尚可周旋。

(29)兵七进一　车6平2　(30)马三退一　车2进5

如黑马8退7,则兵七平六,炮7平4,兵三进一,红胜势。

(31)马一进二　(红胜)

至此,黑炮必丢,红胜定了。

这次"嘉周杯"赛有八位特级大师参加,刘殿中夺得第三名。

60. 先声夺人得胜机

图139是2000年"广洋杯"大棋圣战上海胡荣华对火车头金波的一个中局,由双方以半途列炮开局厮杀16个回合弈成。黑方借轮走之便,针对红双车屯边未参战的弱点,运车捉中马,先声夺人;然后策马入卧槽咬炮,混战中俘获一炮,迫红败走麦城。

(如图139,黑先)

(16)　……　　车2进6

黑进车捉马,先声夺人,好棋。

(17)兵五进一　马6进8

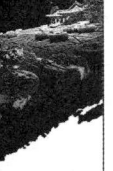

（18）马四进六　……

如红马五进七，则马8进6，车九进一，车8进5，黑优。

（18）　……　　马8进6
（19）车九进一　炮5进2
（20）车一进二　炮9平7
（11）车一平三　……

红若炮三平四，则黑车2平4，黑仍占优。

（21）　……　　炮7进6
（22）车三平四　……

红应车三进一不致失子；但红此着不能走车九平四，因黑车8平6，车三平四，炮7退4，黑方优势。

（22）　……　　炮7退4　（23）车四进一　炮7平4
（24）炮五进三　卒5进1　（25）车九平四　炮4平3
（26）马五进四　车2平6　（27）车四进二　车8平6

黑运车拴红车马，保持多子胜势，机警。

（28）马四退二　车6进6　（29）马二退四　卒5进1

（黑胜）

至此，黑已成马炮三卒单缺象对红马四兵仕相全的例胜残局，红虽苦战多20回合但终至败。

61. 不露声色　献车擒王

图140是黑龙江赵国荣与火车头金波在2000年"广洋杯"大棋圣战上的一个中盘，是双方以飞相对仙人指路布局酣斗25个回合弈成的。黑方趁轮走之先，弃卒兑卒透松局势；后针对红误飞高相的软手，不露声色，运炮横扫边兵，暗伏杀机，巧妙献车成杀。

（如图140，黑先）

（25）　……　　卒9进1　（26）车一进四　卒3进1
（27）相七进九　……

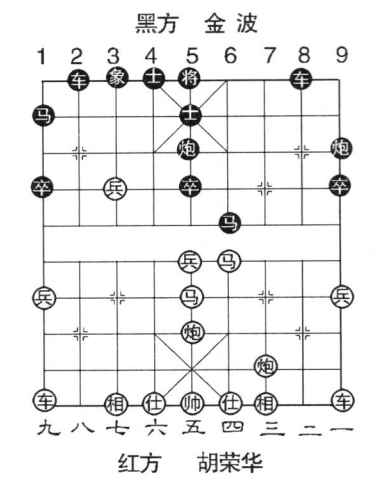

图139

红飞边相软着,可走兵七进一,车2平3,马六进五,马7进5(车3退1,马五退四,红方好走),车三平五,红势不差。

(27) ……　　卒3进1
(28)相九进七　炮3平2

黑平炮不露声色,好棋。

(29)车一退四　车2平3

黑平车窥相,待机而动,正着。

(30)炮六平八　车3平4
(31)马六退四　车8进2
(32)炮四平一　炮7平9

如黑车8平6,红炮一进七,红反占优。

(33)车一平四　炮9进2　(34)马三进四　……

红若马三退一,则车8平9,炮一平三,车9退3,黑势不差。

(34) ……　　炮9平6　(35)马四进三　将5平4
(36)炮八平六　炮2平4　(37)炮六进五　车4退2
(38)车三进一　炮6平1

黑炮横扫边兵,暗伏杀机,走得好。

(39)炮一进七　……

如红相七退九,则炮1平2,相九退七,炮2进3,车四进五,车4进6,黑虽仍占优,但红不致即败。

(39) ……　　将4进1　(40)马三退五　炮1进3
(41)相五退七　车4进7

黑弃车杀仕,妙着。

(42)仕五退六　车8平5　(黑胜)

临末,红不退马杀象而改相七退九,则炮1平2,相九退七,炮2进3,马三进五,车4进6,炮一退一,车8退5,车三平一,红尚可拼搏。

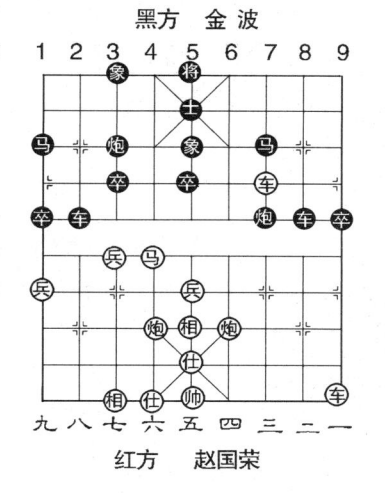

图140

62. 平淡无奇　乘虚而入

图141是2000年"广洋杯"第三届象棋大棋圣战江苏徐天红对火车头于幼

华,双方以中炮对反宫马排阵激战了12个回合弈成的一个中盘。观枰可知,这是一个平淡无奇的形势。黑凭出手之先,针对红左车被封的弱点,调动双炮马钳制红左翼子力;随后乘虚而入,进车胁驹劫相,运子从正面进击,一举破城。

(如图141,黑先)

(12) ……　　炮6进5
(13) 炮七进二　炮2进1
(14) 相三进五　炮6进1

黑在平淡无奇的棋势下,调动双炮,反先谋势,好招。

(15) 车二进一　车9平6
(16) 炮五平七　马3进4
(17) 后炮退三　……

红如车八平九,则黑炮2平7得子胜势。

(17) ……　　车6进7

黑乘虚而入,捉马破相,妙着。

(18) 仕四进五　车6平5
(19) 车二平四　……

若红马三进四,黑车5平3,黑优。

(19) ……　　车5平7　　(20) 车四进三　车2进6
(21) 前炮进一　车2平5　　(22) 车八进二　……

如红前炮平三,则车7进2,车四退四,炮2平5,仕五进六,车7平6,帅五进一,炮5平1,黑胜定。

(22) ……　　车7平2　　(23) 前炮平三　车5退2
(24) 马九进八　车2平8　　(25) 车四退四　车5平3
(26) 炮七平八　车3进1　　(27) 马八进九　马4退2
(28) 车四进三　车3进3　　(29) 炮八退一　车3进1
(30) 炮八进一　车3退1　　(31) 炮八退一　车3退3

(黑胜)

至此,红如续走兵九进一,而黑车3平5,炮八进一,车8进2,车四退三,马2退4,黑胜。

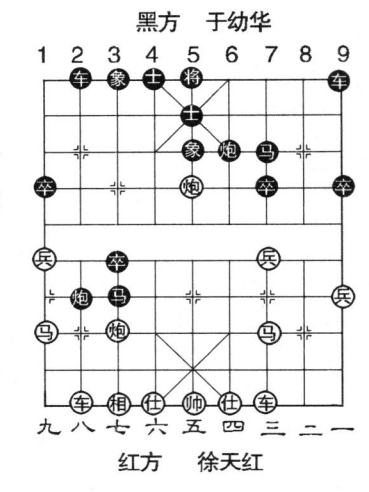

63. 乘势而上摧强敌

图 142 是 2001 年"广洋杯"大棋圣战大连卜凤波对上海孙勇征的一个中局,是双方用中炮过河车对屏风马平炮兑车布局交锋了 19 个回合构成的。乍看去,红多双兵实力占优,然而黑方却抓住红双马弱点,3 路卒渡河迫马,乘势而上。伺后黑设下弃卒谋车陷阱,各个攻子紧密配合,大显神威,终令红全军受制,不敌而败。

(如图 142,黑先)

(19) ……　　　卒 3 进 1

黑进卒迫马,争先佳着。

(20) 马六退四　　车 8 平 3

(21) 相三进五　　卒 3 进 1

(22) 车八进四　　车 1 平 4

(23) 马五退三　　卒 3 平 4

(24) 兵五进一　　车 4 平 5

黑乘势而上,运卒攻马。红不能炮五退三杀卒,因黑可车 4 进 6 得子胜势。

(15) 马四退三　　车 4 进 3

(26) 炮五退三　　……

图 142

如红兵五进一,则车 3 平 5,炮五退三,车 5 进 2,车八进一,马 9 进 7,车三平九,马 7 进 5,黑方优势。

(26) ……　　　马 9 进 7　　(27) 仕四进五　　炮 7 进 4

(28) 兵三进一　　车 4 进 3　　(29) 炮五平四　　车 3 平 4

(30) 后马进一　　前车退 1

黑得车后,退车邀兑谋中兵,好棋。

(31) 车八退一　　前车平 5　　(32) 炮四进三　　车 5 退 3

(33) 炮四退五　　马 7 进 5　　(34) 马一进二　　车 5 平 6

(35) 马二退四　　车 6 平 8　　(36) 马四进五　　炮 2 退 1

(37) 马三进二　　马 5 退 4　　(38) 马二退四　　炮 2 平 5

黑架中炮,寻找入局突破口,佳着。

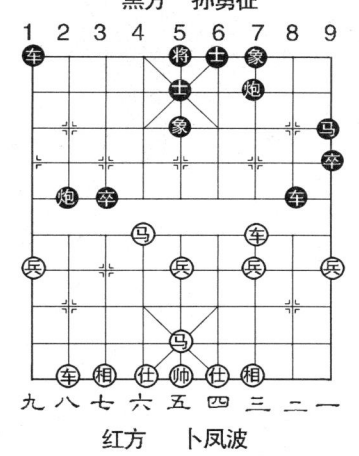

(39) 车八进六　士5退4　　(40) 车八退六　车4平5

(41) 马五退六　马4进3　　(42) 马六进七　车5平4

(43) 车八平五　车4进1

黑进车钳马,令红难以反扑,精细。

(44) 炮四退一　士4进5　　(45) 炮四平三　将5平4

(46) 兵九进一　马3进1　　(47) 兵三进一　炮5平3

(48) 马七进九　炮3退3

黑回炮归家,攻守兼备。

(49) 马九进八　炮3进2　　(50) 炮三进四　马1进2

(51) 马八退九　……

若红车五平八,则马2退4,车八平七,马4进6,黑胜定。

(51) ……　　　马2退4　　(52) 马九退七　车8进6

(53) 炮三退四　马4进3　　(54) 帅五平四　象5进7

(55) 车五平四　炮3平6　　(黑胜)

至此,黑各子大显神威,令红全局受制,只好认输罢战。

64. 一箭双雕　钳炮谋驹

图143是2000年全国个人赛解放军杨永明对河北阎文清的一个中变局面,由双方以士角炮对上马布局酣斗20个回合演成黑方趁先走之利,针对红左翼车马兵受制的弱点,沉炮谋相马,一箭双雕;伺后运车扫兵钳炮,马炮争鸣,巧妙谋驹奏捷。

(如图143,黑先)

(20) ……　　　炮8进8

黑沉底炮,窥红相马,一箭双雕,好招。

(21) 马七退六　车3平5

(22) 车八平六　马4进2

(23) 炮一进四　马5退7

(24) 车六平八　车5平9

(25) 马六进七　……

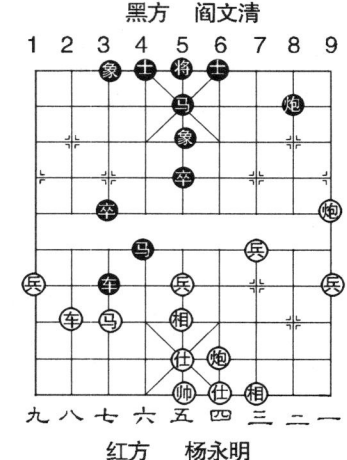

图143

如红炮一平二,则炮 8 退 8,炮四进六,车 9 平 4,马六进八,卒 3 进 1,马八进六,马 2 退 4,黑方占优。

(25) ……　　炮 8 退 8　　(26) 马七进八　　马 2 退 8
(27) 车八平六　　炮 8 进 4

黑第 26 回合也可改走炮 8 平 2,以套住红车马。此着进炮伏下谋子陷阱。

(28) 兵三进一　　卒 3 进 1　　(29) 相五进七　　马 4 进 6

黑跃马咬车,必得一子而居胜势。

(30) 车六进一　　……

红若车六平八,则黑车 9 退 6 得炮亦胜。

(30) ……　　炮 8 平 2　　(31) 炮一平四　　士 4 进 5
(32) 前炮退三　　马 7 进 8　　(33) 前炮平二　　象 5 进 7
(34) 帅五平六　　……

红出帅准备追回失子,如接走车六平八,则黑马 6 进 4 抽车胜。

(34) ……　　炮 1 退 3　　(35) 炮四平八　　车 9 平 8
(36) 炮二平一　　……

如红炮八进一,则车 8 退 3,炮八平四,车 8 进 3,黑得子胜。

(36) ……　　马 6 进 7　　(37) 车六进三　　车 8 平 1
(38) 炮八进四　　炮 2 平 1　　(黑胜)

65. 谋卒歼双象　马兵显威风

图 144 是 2000 全国个人赛福建傅光明出战甘肃李家华,彼此以五七炮对屏风马开局厮杀了 24 个回合弈峘的一个中局。红针对黑河线上炮象被牵弊端,先行扑马谋卒残象;然后兑马运兵,骏马迂回入卧槽,再歼孤象,马兵显威风,夺得胜局。

(如图 144,红先)

(25) 马九进七　　炮 4 平 6　　(26) 马七进五　　炮 6 平 5

黑如炮 6 退 3(卒 5 进 1,车九平五,红方占优;又若象 7 退 5,兵六平五,亦红优),车九平三,红破象大占优势。

(27) 兵六平五　　炮 5 进 2　　(28) 马五进三　　炮 5 平 2
(29) 车九平八　　车 4 进 1　　(30) 后马进四　　车 4 平 7

若黑车4平3,则红兵一进一,红方占优。

（31）兵一进一　炮2平5

（32）帅五平六　炮5平3

（33）车八平五　炮3退4

（34）兵五平六　……

红平兵,待机而进,佳着。

（34）　……　　炮3平5

（35）帅六平五　将5平6

（36）车五平七　象3进1

（37）车七平六　象1退3

（38）马三进五　……

红兑马,令黑难以反扑,明智。

（38）　……　　马7进5

（39）兵六平五　炮5平1

（40）车六平七　炮1进3

黑若炮1进7,则相七进九,象3进1,车七平四,将6平5,马四进二,车7平2,仕五进六,车2进3,帅五进一,车2退7,马二进四,红大占优势。

（41）车七平四　将6平5

（42）马四进六　车7平2

如黑炮1进4,红相七进九,车7平2,仕五进六,车2进3,帅五进一,车2退5,车四平二,士5退6,马六进四,车2平8,马四退二,黑边卒必被歼,红胜势。

（43）马六进四　车2平7

（44）车四平七　车7退3

黑若炮1平8（象3进1,车七进二,炮1进4,仕五退六,红得象胜定）,车七平二,炮8平6,车二进一,红胜定。

（45）车七进四　炮1平8　（46）车七退五　炮8进4

（47）相五退三　车7进6　（48）车七平二　炮8平9

（49）相七进五　车7退6　（50）车二退四　炮9退3

（51）车二平三　（红胜）

以下黑如续走车7进6兑车,则黑边卒难保,红马双兵单缺相例胜炮双士。若改走炮9平7,则红车三进二套住黑车炮,红亦胜定。故黑主动认负。

66. 困骑扫兵一面倒

图 145 是 2000 年全国个人赛湖北柳大华对深圳卜凤波的一个中局,由双方以飞相对仙人指路开局酣斗 12 个回合形成的。此战黑方针对红左翼子力拥塞的弊病,运车困住红穿宫马;随后发炮取边兵,扑马冲卒兑炮,连掠红三个兵,造成一面倒的态势,迫红落荒而逃。

(如图 145,黑先)

(12) ……　　车 1 平 4

(13) 仕四进五　车 4 进 5

黑进车困马占要道,红难下了。

(14) 车八进五　炮 1 进 4

(15) 炮七进一　卒 1 进 1

黑进边卒是步良好的停着。

(16) 车八平七　卒 1 进 1

(17) 车二进四　卒 1 平 2

(18) 车七平八　……

若红兵七进一,则卒 2 进 1,炮七平九,卒 2 平 1,马九退八(马九退七,车 4 平 3,黑大占优势),车六平三,红亦难走。

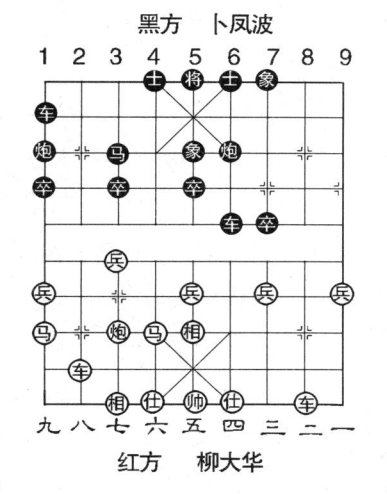

(18) ……　　马 3 进 4　(19) 车八平九　卒 2 进 1

黑进卒是保持多卒局面的好棋。

(20) 马九退七　……

红如炮七平九,则卒 2 平 1,马九退七,车 4 平 3,马七退九,车 3 平 5,黑亦占优。

(20) ……　　车 4 平 5　(21) 炮七平九　卒 2 平 1

(22) 车九退一　车 5 平 7　(23) 车二退四　……

红若兵一进一,则车 6 进 4,车二退四,马 4 退 6,黑胜势。

(23) ……　　车 7 平 9

黑已多三个卒,胜负可判了。

(24) 仕五退四　士 6 进 5　(25) 仕六进五　卒 9 进 1

（26）马六进五　……

红知损兵难以久缠，只好扑马一拼。

（26）……　　车6平5　（27）马五退六　卒9进1
（28）车二进六　车9平3　（19）马七退九　炮6进4
（30）车九平八　卒7进1　（黑胜）

黑多卒已成一面倒之势，红放弃续弈认负。

67．挺兵夺象破城垒

图146是2000年全国个人赛北京张强对上海万春林的一个中局，由双方以上马对仙人指路排阵角逐28个回合演成。观枰可见，红缺相多兵，帅位不佳。双方成对攻形势。红趁出手之先，针对黑中防弱点，先发制人，挺兵夺象，争占中场；然后扑马落相露帅，车飞马跃炮如神，终于谋驹破城垒。

（如图146，红先）

（29）兵五进一　车4平2
（30）兵五进一　……

对攻战兵贵神速，红冲兵夺象，正着。

（30）……　　象7进5
（31）车五进四　炮3平4
（32）帅六平五　车2平5

黑如炮4进7杀仕，红则炮六平三，将5平4（车2平7，车五退一，车7进1，车五平六，红得子胜），车五退四，炮4退5，炮三进五，将4进1，炮三退八，红大占优势。

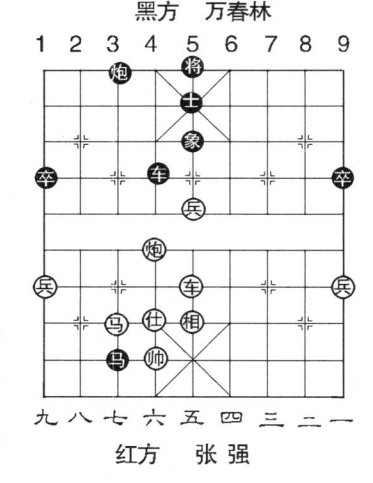

（33）炮六平四　炮4进2
（34）炮四退三　车8进5
（35）马七进六　炮4进5

若黑车8退3，则马六退四，车8进3，马四进五，红胜势。

（36）相五退七　炮4平9
（37）马六退八　炮9平4

黑如炮9进1，红则车五平七，将5平4，车七进二，将4进1，马七进八，马3

退 4(车 8 退 3,炮四进七,红杀),马八退六,炮 9 平 6,马六进五,红胜势。

　　(38)车五平七　炮 4 退 7　　(39)车七退一　卒 1 进 1
　　(40)车七平一　炮 4 进 2　　(41)车一平七　马 3 进 1

　　如黑炮 4 平 5,则车七进三,士 5 退 4,车七退二,炮 5 退 1,车七平六,红胜势。

　　(42)马七进六　车 8 退 3　　(43)车七进三　炮 4 退 2
　　(44)马六进四　车 8 平 5　　(45)相七进五　仕 5 进 4
　　(46)车七退七　车 5 平 6　　(47)马四进二　车 6 退 2
　　(48)马二进三　车 6 退 2　　(49)马三退二　车 6 进 6
　　(50)马二进三　车 6 退 6　　(51)车七进六　……

　　红如重复可判和,故红捉车变招。

　　(51)　……　　　　士 6 进 5　　(52)马三退二　车 6 进 6
　　(53)兵一进一　卒 1 进 1

　　若黑车 6 平 7,则相五进三,车 7 平 6,车七退六,车 6 退 4,车七进四,红胜势。

　　(54)兵九进一　马 1 退 2　　(55)车七退六　马 2 退 1
　　(56)车七退二　马 1 进 2　　(57)车七退二　马 2 退 1
　　(58)相五退七　车 6 退 1

　　黑不能车 6 平 3 去车,因红马二进四杀。

　　(59)车七进四　炮 4 进 1

　　如黑车 6 平 5,则相七进五,车 5 平 6,马二进三,车 6 退 5,马三退四,车 6 平 8,相五进三,红胜定。

　　(60)马二进三　车 6 退 5　　(61)马三退四　车 6 平 8
　　(62)马四进六　将 5 平 6　　(63)车七平四　将 6 平 5
　　(64)车四平九　将 5 平 6　　(65)车九进三　炮 4 退 1
　　(66)车九退五　(红胜)

68. 御驾亲征夺将还

　　图 147 是沈阳苗永鹏与厦门郑一泓在 2000 年全国个人赛上,双方以顺相局布阵交战了 14 个回合构成的一个中局。乍眼看去,红缺相少兵,似居下风。

然而,红方趁发令之先,针对黑左翼弱点,拍马踩卒塞象眼;然后御驾亲征,兑子劫象,巧妙借杀谋驹夺将。

(如图147,红先)

(15)马四进三　车2退4

红马杀卒,率先发难,好棋。黑如炮3平4,则马三进四,红还有炮四平三射闷宫之着,黑即成危局。

(16)仕五退四　炮3平9

(17)马三进四　炮9平7

黑若车2平6,则炮四平三,炮9平7(将5平4,炮三进七,将4进1,车二退二,红大占优势),炮六进一,车6退4,炮六平三,红胜势。

(18)炮四平三　车2进1

(19)兵三进一　车2平5

(20)帅五进一　……

黑方　郑一泓

图 147

红方　苗永鹏

红御驾亲征,是保持攻势的好招。

(20)　……　　　车5退1

黑如车5平6,则红兵三平四,炮7平1,车二平三,红有攻势。

(21)车二平五　车5平6　　(22)车五平七　车6退4

(23)兵三平二　马9退7

若黑炮7平5,则相五进三,炮5平7,炮六平五,将5平4,车七退二,红大占优势。

(24)炮六进六　车6进3

如黑炮7平5,则红相五进三仍可得子胜势。

(25)炮六平三　车6平8　　(26)前炮退四　车8平5

(27)车七平三　士5退4　　(28)前炮进五　炮7退6

(29)炮三进七　士6进5　　(30)车三平一　卒3进1

黑若卒9进1,则红车一进二破士亦胜势。

(31)车一退一　卒3进1　　(32)车一退三　车5平7

(33)炮三平二　卒3进1

黑如车7平3,则红车一进六可破士胜势。

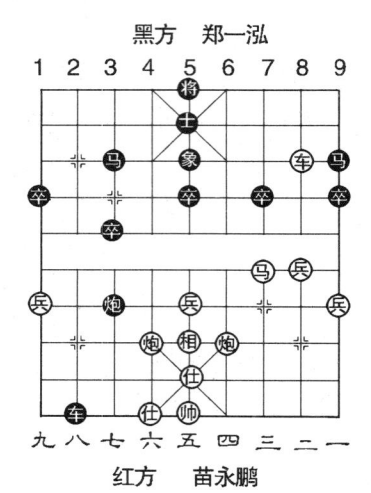

(34) 车一进六　车 7 进 3　　(35) 炮二退五　士 5 退 6

(36) 车一退三　卒 3 平 4　　(37) 车一平五　士 6 进 5

(38) 相五退七　车 7 退 2　　(39) 炮二进二　卒 1 进 1

(40) 车五退一　车 7 平 6　　(41) 帅五退一　卒 1 进 1

(42) 兵九进一　车 6 平 1　　(43) 仕四进五　卒 4 进 1

(44) 车五平六　车 1 平 8　　(45) 炮二平四　（红胜）

69. 犬牙相制　拴驹入局

图 148 是福建傅光明对农协程进超在 2000 年全国个人赛上的一个中局，由双方以五七炮对屏风马排阵角斗 14 个回合走成。审势可知，彼此成犬牙相制形势。红乘轮走之便，挺七兵摆脱黑对河线的牵制；继而回车制黑边马，再伺机进炮拴黑车马，终于得子入局。

（如图 148，红先）

(15) 兵七进一　车 4 退 3

红冲七兵，正着。黑如车 4 平 7，则车二平三，炮 1 平 7，相三进五，炮 7 退 1，兵七进一，炮 8 平 3，车八平六，象 3 进 1，红方先手，但黑比退车好。

(16) 车二退一　车 4 平 1

(17) 兵七进一　马 2 退 3

(18) 兵七进一　马 3 进 1

(19) 车八退二　……

红退车钳马，谋势要着。

(19) ……　　　炮 1 进 1

(20) 兵五进一　炮 8 平 3

如黑炮 1 退 1，则红相三进五黑亦难以解困。

(21) 车二进六　马 7 退 8

(22) 相三进五　马 8 进 7

(23) 马九进七　车 1 退 1

黑若炮 3 进 3，红炮四平七，红亦占优。

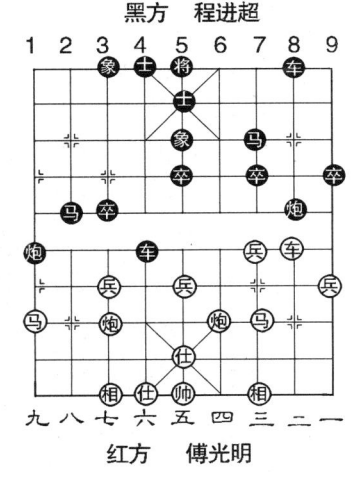

(24) 马七进六　马1退2

黑如炮1平6,则炮七平九,马1退2,兵七进一,炮6退5,兵七平八,马2进4,兵八平七,红方得势。

(25) 炮四进六　……

红进炮拴黑车马,黑失子难免。

(25) ……　　　车1进3　　(26) 炮四平八　炮3进5
(27) 相五退七　车1平4　　(28) 车八退三　炮1进3
(29) 车八平九　炮1平2　　(30) 车九平七　卒7进1
(31) 兵七进一　马7进6　　(32) 兵五进一　……

红弃兵阻马,老练。

(32) ……　　　卒5进1　　(33) 兵七进一　炮2退5

黑回炮以解燃眉之急,无可奈何。

(34) 兵三进一　马6退7　　(35) 兵三进一　马7退6
(36) 马三进四　卒5进1　　(37) 马四进五　炮2平3
(38) 马五退七　象5进3　　(39) 炮七进三　(红胜)

70. 移步换形　驱龙劫炮

图149是2000年全国个人赛河北刘殿中对上海孙勇征的一个中盘,由双方以五七炮对屏风马列阵交战18个回合构成。黑方在后段续战中,抓住红卸中炮的软手,采取挺中卒、退象扑马、运炮驱车等手段,反夺主动权;随后,移步换形,调从中路偷袭,终于劫炮而胜。

(如图149,黑先)

(18) ……　　　卒5进1
(19) 仕六进五　象5退7

黑退象,准备移步换形。如改马3进5,红则炮七进四,马5进7,相一进三,黑无便宜。

(20) 兵七进一　马3进5
(21) 兵七平六　卒5进1
(22) 兵六平五　……

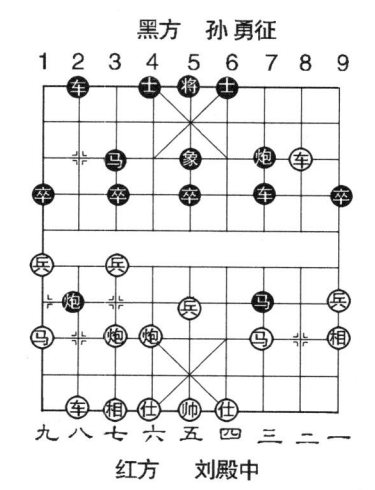

图149

若红兵五进一,则马5进4,炮七进二,马7进9,黑方占优。

（22）……　　马5进3　　（23）后兵进一　炮7平2

黑运炮驱车,是反先取势的好棋。

（24）车八平九　后炮平5　（25）兵五平六　马3进4

（26）兵五进一　……

黑复架中炮从正面出击,红如相一退三,则炮2平1,车九平八,车2进9,马九退八,马7退5,炮六平五,马4进3,帅五平六,车7进3,黑大占优势。

（26）……　　马7退5　　（27）炮六平五　炮2平1

黑平炮迫红兑车,有利于攻杀入局。

（28）车九平八　车2进9　（29）马九退八　马4进3

（30）帅五平六　车7进3　（31）炮五进一　……

如红兵五进一,则车7平4,炮七平六,车4进1,仕五进六,炮1平4,仕六退五,马5进4,黑杀。

（31）……　　车7进1　　（32）炮七平四　炮1进3

（33）炮四进六　车7退1　（黑胜）

以下红即使车二平五,黑可士4进5,车五平八（炮五退一,车7平4再马5进4,黑胜）,车7平5,黑亦胜定。故红主动作负收枰。

71. 切中利弊建功勋

图150是2000年全国个人赛上海万春林对江苏王斌的一个中局,由双方以中炮对半途列炮列阵拼杀15个回合演成。红趁出手之先,抓住黑归心马弱点,策马入卧槽,切中利弊,迫黑回炮解杀；随后兑车抢攻,调车胁马掠士,终于构成杀势,令黑俯首称臣。

（如图150,红先）

（16）马七进八　炮9退1

红进马,可谓切中利弊。黑如车2平4,则马八进七,车4退4,车九进二,车8退1,车九平六,炮9退1,兵七进一,车8平3（马5进4,炮七平

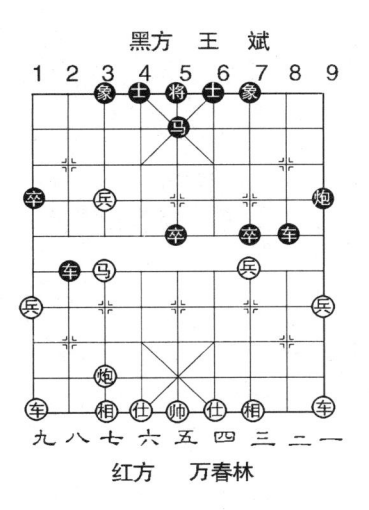

图150

六,红优),兵七平六,车4平3,炮七进七,红方占优。

(17)车九进二　车8退1　(18)车九平七　卒7进1

若黑马5进4,则兵七平六,车2退2,炮七进八,红方优势。

(19)车一进二　象3进1　(20)车一平二　车8进4

如黑卒7平8(车8平6,车二进六,红大占优势),车二平四,红更占优。

(21)车七平二　马5进4

黑进马邀兑以图解除心腹之患。

(22)车二进六　炮9进5　(23)车二平八　车2平5

(24)仕六进五　炮9平2　(25)车八平六　……

黑第24回合不能马4退6,因红马八进七后再马七退六可得子胜势。此着红平车点穴,妙着。

(25)……　　　炮2平5　(26)帅五平六　马4退6

若黑不平中炮叫将,接走马4退6,则车六退五,炮2进3,相七进五,士6进5,马八进七,将5平6,车六平八,炮2平1,马七退九,红大占优势。红出帅后黑不能车5平4,因红炮七平六后黑马已成瓮中之鳖。

(27)车六进一　将5进1　(28)车六退六　卒7进1

(29)仕五进六　炮5平6　(30)相三进五　车5平6

(31)马八进七　象1退3

黑如将5平6(卒5进1,炮七平八,红胜势),炮七平四,炮6进3,车六平三,红胜。

(32)炮七平四　炮6进3　(33)车六平三　马6进8

(34)炮四平九　(红胜)

72. 骏骑遭钳帅府危

图151是江苏王斌与上海孙勇征在2001年全国团体赛上角逐的一个中局,由双方以中炮过河车对屏风马平炮兑车开局酣斗24个回合构成。面对平淡的局势,黑运车压马,诱红升炮保马;随后退车扼守要津,化士进车巡河,运炮屯边夺取有利态势,并抓住红误进马的微隙,运车控马,劫子奏捷。

(如图151,黑先)

(24)……　　　车5进1

(25) 炮八进二　车3平2
(26) 马五退七　……

红如马六退七,则车5退2,黑局势不差。

(26) ……　　　车5平6
(27) 帅四平五　车6退2
(28) 相七进五　炮4退2
(29) 炮八退一　士5进4

黑化士攻马,以便调整阵势。

(30) 兵九进一　士6进5
(31) 炮八平九　车2进3
(32) 车三进一　炮4平1

黑分炮,伺机从边线出击,正着。

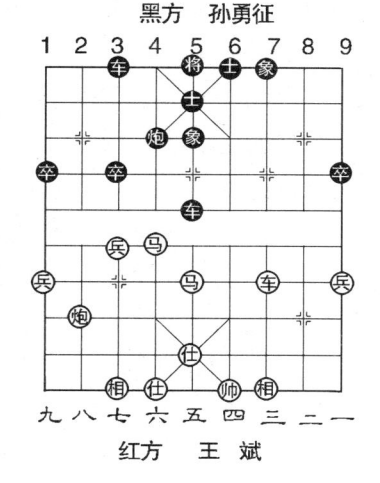

(33) 炮九平五　车2进1　(34) 炮五进三　卒3进1
(35) 兵七进一　车2平3　(36) 车三退一　将5平6

黑出将摆脱红牵制,正确。

(17) 炮五退二　车6进2　(38) 马六进五　……

若红炮五进二,则炮1进5,车三平九,卒1进1,黑优。

(38) ……　　　车3平5　(39) 马五进三　将6平5
(40) 炮五平八　炮1进5

黑趁势取边兵,实惠。

(41) 车三平九　炮1退1　(42) 马三退一　车5退1

黑退车捉马,红马有失子之危。

(43) 马一进二　车5平3　(44) 炮八平七　车6平8
(45) 马七进八　炮1平2　(黑胜)

以下,黑必可得子胜定。

73. 峰回路转　"将军脱袍"

图152是2001年全国团体赛北京张强对沈阳苗永鹏的一个中局,由双方以仙人指路对过宫炮列阵厮杀22个回合弈成。审势可知,黑集结四子于红左翼,准备与红一决雌雄。红看准来势,果断弃兵残象,车炮从右翼冲杀;随后以

炮换马,峰回路转,并借黑兑炮之机,巧妙"将军脱袍",车马成杀。

(如图152,红先)

(23)兵五进一　马7退5

黑如象7进5,则炮二进三,象5退3,车六平三,红方优势。

(24)车六平三　马3进4

(25)马五进七　车2平5

若黑马4退5(马4退2,车三平八,车2平5,炮二平五,红方占优),车三进三,马5进4,炮二进三,红优。

(26)车三进三　车5进1

(27)炮二进三　车5平8

(28)车三退四　……

红借杀兑马,峰回路转,老练。

(29)　……　　车8退3

(29)车三平六　车8进3

(30)炮八退三　马5进3　(31)车六平七　车8平2

黑若炮3进4,则车七退一,马3进4,车七退三,马4退6,帅五平六,红大占优势。

(32)车七进三　车2进3　(33)相五进三　……

红"将军脱袍"催杀,妙着。

(33)　……　　将5平4

如黑马3退5,则车七进一,士5退4,马七进六,车2退1,马六进四,将5进1,车七退一,将5进1,车七退一,将5退1,马三进四,红胜定。

(34)车七进一　将4进1　(35)马三进四　车2进3

(36)帅五进一　车2退7　(37)马七进五　马3退4

黑如车2平5,则马四进三,红得马胜。

(38)马四进六　车2进2　(39)车七退一　将4退1

(40)车七进一　将4进1　(41)马五进四　士5进6

(42)车七退一　将4退1　(43)马六进七　(红胜)

临末,红弃马入局,精彩。至此,黑无招可解了。

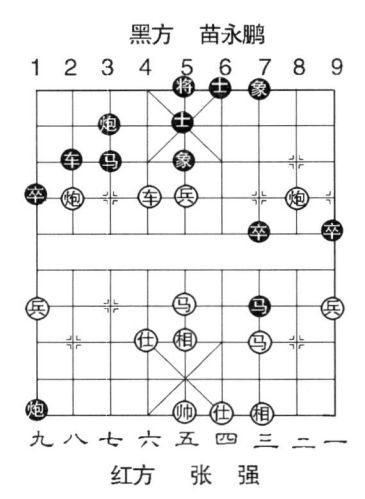

张强是曾夺得1992年全国第五名的象棋国手。

74. 骏马生威巧困龙

图153是2001年全国团体赛湖北柳大华对南方棋院庄玉庭的一个中局，由双方以中炮过河车对屏风马平炮兑车列阵拼杀17个回合弈成。审势可知，彼此已成复杂的对攻形势。黑趁轮走之便，右马外进扑出；伺后抓住红退车阻马前进的微隙，炮从边线偷袭，策马入卧槽，调炮困车，终于多子得胜。

(如图153，黑先)

(17) ……　　马3进2

(18) 车六退一　……

红应车六平八，马2进4，马四进六，象5进3，马六进四，车8进1，马四退五，成复杂局势，胜败未卜。

(18) ……　　马2进4　(19) 马四进三　前炮进4

(20) 车一平三　车8进3

黑进车捉马，准备与红拼杀，有胆识。

(21) 马三进四　士6进5　(22) 兵五进一　……

若红炮四平一，则前炮平4，车六平五，炮9进6，兵五进一，马4进6，黑大占优势。

(22) ……　　前炮进3　(23) 炮四退二　马4进6

(24) 车六平四　后炮平7

黑平炮必得一车，红势急转直下了。

(25) 车三平一　马6进7　(26) 车四退四　马7进9

(22) 兵三进一　车8退1

黑退车管兵，红难以反扑。

(28) 兵三进一　车8平5　(29) 马七退八　马9退7

(30) 马八进九　……

红如兵三平四，黑马7退日，黑亦胜势。

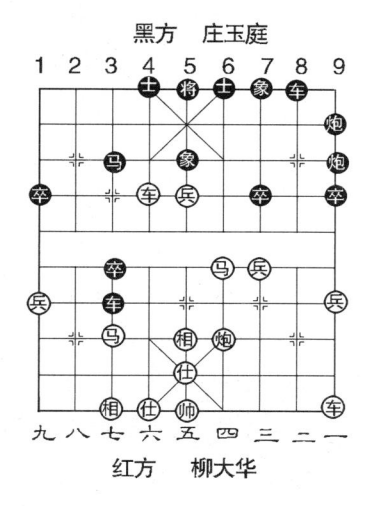

图153

(30) …… 车3平7 (31)相五进七 士5进6
(32)兵三平四 士4进5 (33)相七退五 炮7进3
(34)炮四平三 ……

若红马四退二,则炮7平5,黑大占优势。

(34) …… 马7退6 (35)炮三进五 马6退7

(黑胜)

75. 远炮轻发惹祸殃

图154是2001年全国团体赛火车头金波与河北阎文清对阵的一个中局,由双方以仙人指路对上马局布防激战14个回合而走成。此局黑抓住红远炮轻发的破绽,进炮施行横向牵制;随后右马从边线扑出,并趁红急于谋炮的空隙,车马炮急攻紧取,终于谋炮告捷。

(如图154,黑先)

(14) …… 炮8进5

黑进炮施行横向牵制,要着。

(15)炮一退一 炮2平3

(16)兵五进一 ……

如红炮八进五,则马7进8,马七退九,马8进9,黑方占优。

(16) …… 马7进8

(17)车四进三 ……

柳大华认为,红应马七进五,炮3平7,车四平二,马8进9,兵五进一,黑仍占上风,但红势比实战好。

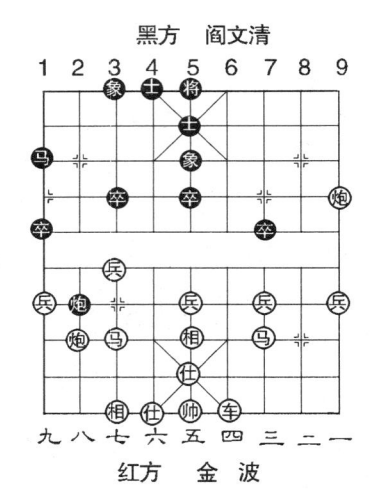

黑方 阎文清

图154

红方 金波

(17) …… 马8进9

(18)车四平七 ……

红宜马七退八,炮3进2,车四退三,黑仍占优,红稍比实战好。

(18) …… 马9进7 (19)车七平四 炮8进2

黑趁势沉炮,红不好应付了。

(20)仕五进六 马7进9 (21)帅五进一 马9退8

(22)车四退一　……

红为防黑马8进7掩杀,只好忍痛舍炮。

(22)　……　　马8退9　(23)车四平一　车8进4
(24)马七进六　卒7进1

黑弃卒通车路,红无力反击了。

(25)马六进五　……

如红兵三进一,则黑马1进2更占优势。

(25)　……　　卒7进1　(26)马五进三　车8平2
(27)车一平二　马9进8　(黑胜)

至此,红损子失势,如续走炮八平九,则炮8平9,黑亦胜定。

76. 双车占要道　双驹鸣萧萧

图155是邮电潘振波与天津崔岩在2001年全国团体赛上的一个中局,由双方以仙人指路对上马局列阵角逐11个回合演成。黑方抓住红方右翼子力未开出的弊端,调炮射车,双车抢占红兵行要道;伺后双驹腾空跃出,3路卒寻机挺进,终于马到功成。

(如图155,黑先)

(11)　……　　炮2平9
(12)马二进一　……

黑平炮射车,红如炮二平一,则车8进8,黑方占先。

(12)　……　　车1平2
(13)兵一进一　炮9进3
(14)车一进二　车8进6
(15)炮八平六　车2进6

黑方双车争线占道,谋势佳着。

(16)兵五进一　士4进5
(17)仕六进五　马1退3

黑迂回运马,走子灵活。

(18)兵一进一　马3进2

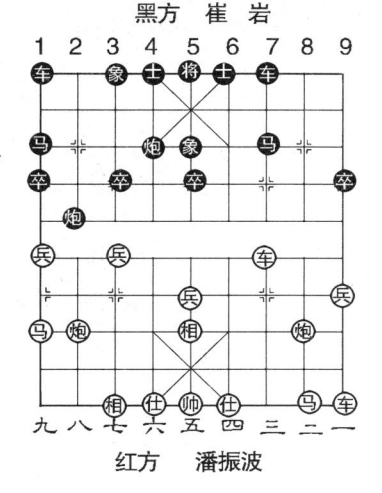

图155

（19）兵一进一　马2进1

（20）车三进二　卒3进1　（21）炮二平三　……

如红兵七进一，则马1退3，车一进二，卒1进1，黑方占优。

（21）……　　　车2平7　（22）兵一平二　……

红若车三退三，则车8平7，炮三进五，炮4平7，兵七进一，马1退3，车一进二，卒1进1，黑方占优势。

（22）……　　　卒3进1　（23）炮三退二　马1退3

（24）车一平二　马7退9

黑退马是胶着状态下的一步好招。

（25）车三退三　车8平7　（26）兵二进一　马9退7

（27）兵二进一　……

如红炮三进九，则象5退7，相五进七，马3进5，黑亦占优。

（27）……　　　马7进6　（28）炮三平一　卒3进1

（29）相五进七　……

红若炮一进九，则象5退7，炮六进三，象3进5，黑方占优。

（29）……　　　马3进5　（30）炮六平五　车7平9

黑平车是为了避免红从边线偷袭。

（31）炮一平二　马6进7　（32）炮二平三　马7进6

（黑胜）

77. 反客为主破巢穴

图156是上海林宏敏与火车头金波在2001年首届BGN世挑赛初赛头轮初战的一个中盘，由双方以飞相对仙人指路开局列阵酣斗30个回合走成。此局黑抓住红左边兵的微隙，挥炮取兵，反客为主；伺后沉炮牵制红底线，偷闲进卒助攻，调炮控住红车，小卒直迫红巢穴，攻驹破相得胜。

（如图156,黑先）

（30）……　　　炮1进3

黑乘隙掠兵，反客为主，佳着。

（31）马八进六　炮1平9

（32）马六进四　……

在现代棋战中,双方处于缠斗平淡局面,若一方损失双兵,颇为难走。此局中,红如改车四平二(马一进二,前炮平六,马2进3,黑大占优势),则马7进6,车二进五,象5退7,炮六平七,前炮平5,黑亦占优。

(32) ……　　后炮平6

(33) 车四平三　炮6进2

(34) 马一进三　车7平6

(35) 车三进一　……

若红马三进一,则马7进9,车三平一,卒1进1,黑大占优势。

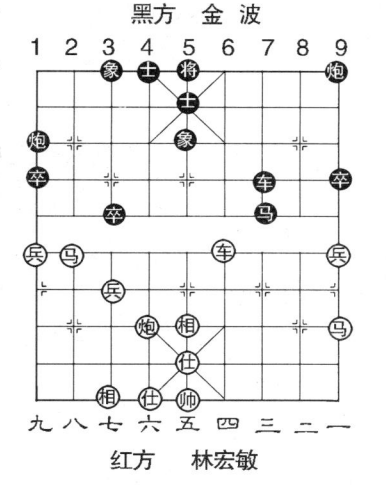

(35) ……　　炮9进4

(36) 车三平二　车6平7

(37) 马三进五　卒1进1　(38) 车二进四　士5退6

(39) 车二退七　卒1进1

红车马炮虽兵种较车双炮好,但由于子力配置不佳,特别是损失双兵,致黑偷闲进卒,增强攻击力。黑正着。

(40) 车二平一　炮9平8　(41) 车一平三　车7平5

(43) 车三进二　炮8平9　(43) 车三平一　炮6平9

(44) 车一平四　后炮平8　(45) 车四平一　炮8平9

(46) 车一平四　车5进1

黑进车顶马,防红偷袭,老练。

(47) 车四平二　卒9进1　(48) 炮六进一　后炮平7

(49) 炮六平三　……

如红仕五进六(切不可炮六平五,因黑车5进1得子胜),则士4进5,炮六平五,车5平4,黑方优势。

(49) ……　　士4进5　(50) 仕五进六　卒1平2

(51) 仕六进五　卒2进1

黑借势进卒,好棋。

(52) 兵七进一　卒3进1　(53) 相五进七　卒2进1

(54) 相七退五　卒2平3

黑运卒迫近红方巢穴,红难应对。

(55)炮三退二　炮7进1　(56)炮三进二　……

红若马五退四,则黑车5进2大占优势。

(56)……　　　卒3进1　(57)相七进九　卒3平4

(58)炮三退二　……

如红相九进七,则车5平2,帅五平四,车2平6,帅四平五(仕五进四,炮7平6,黑胜势),车6进2,黑胜势。

(58)……　　　炮7平5　(59)马五退七　车5进2

(60)马七退六　炮5进4　(61)帅五平四　炮5平1

(黑胜)

至此,红知已损兵失势,续战亦难免一败,遂主动认负。

78. 回马金枪拔头筹

图157是2001年首届BGN世界挑战赛初赛二轮头局火车头两将金波与于幼华相遇时的一个中局,是双方以仙人指路对上马局布阵鏖战了21个回合弈成的。黑针对红二路马弱点,先回马金枪,继而重炮窥射红七路线,并抓住红不愿兑子而渡兵之机,回车保炮,马掠中兵驱车,运车胁驹,于混战中夺得一炮,先拔头筹。

(如图157,黑先)

(21)……　　　马5退7

黑回马金枪,迂回运子,好棋。

(22)马二退三　马7进6

(23)炮四平三　……

红如兵七进一,则车4平3,炮八平七,炮3进3,马五进七,马6进5,黑方占优。

(23)……　　　象7进5

(24)马三进四　炮5平3

(25)仕五进六　……

若红相七进九,则卒3进1,黑优。

(25)……　　　士6进5

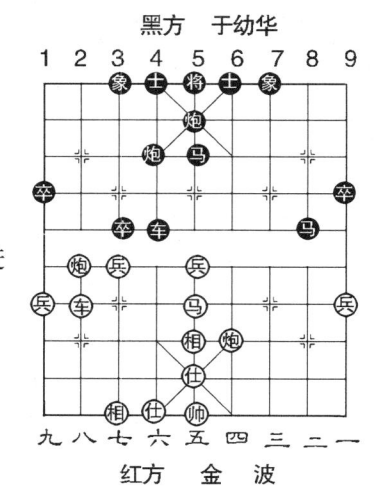

图157

（26）马四退五　前炮平2　　（27）炮八平九　卒1进1

（28）兵七进一　……

柳大华指出，红应车八进四，卒1进1，车八退四，黑仍占优，但红比实战好。

（28）……　　　车4退2　　（29）炮九平七　炮3平2

（30）车八平七　马6进5

黑出退车护炮、平炮攻车、马杀中兵胁车三招，局势渐入佳境，走得好。

（31）车七退二　车4进4　　（32）车七平二　……

若红马五进三，则黑车4平7大占优势。

（32）……　　　车4平5　　（33）车二进四　车5平7

（34）马五退六　前炮进3　　（35）马六进七　……

红如马六退七，则黑车7进1得子胜势。

（35）……　　　车7进1　　（36）仕六退五　后炮平3

（37）车二进四　象5退7

黑士5退6下士，红马七进六尚可反扑。

（38）车二退四　炮3进3　　（39）马七退九　车7进2

（黑胜）

红临末退马吃边卒，失着。若改走车二退五则不致即败，但失子后亦始终要败。于幼华于次局下和，遂以一胜一和晋身第三轮比赛。

79. 冲兵攻象　扬仕谋子

图158是2001年"柳林杯"赛火车头崔岩与广东黄海林以飞相对士角炮布防，双方酣斗了19个回合演成的一个中变棋局。反应机敏的红方，发现黑3路线上的卒象有利可图，遂借走子之先，冲兵攻象；随后趁黑贪攻忘危之机，扬仕轰车，巧劫一子，夺取胜局。

（如图158，红先）

（20）兵七进一　……

红冲兵攻象，是打开黑缺口的好招。

（20）……　　　象3进5

黑如卒3进1，则炮八进三，炮5进1，马八退九，红得子占优。

（21）兵七进一　象5进3

（22）车二平四　士4进5

（23）车四进五　炮8平9

柳大华指出，黑此时不宜平炮抢攻，应卒8进2，红如车四平五（炮七平八，马2退3，黑仍可应付），车8平2，车五退一，车2退1，炮八进三，车2退1，黑势不差。

（24）车四平五　炮9进2

（25）帅五平四　炮5平6

（26）车五退一　……

红退车钳马兼攻马，一箭双雕，好招。

（26）……　　　车8进5

（27）帅四进一　车三退1

（28）帅四退一　炮6进4　　（29）仕五进四　……

红扬仕攻车，黑必失一子，败势难挽。

（29）……　　　车8退1　　（30）帅四进一　马9进8

（31）车五平七　马8进7　　（32）车七平八　车8平7

（33）帅四平五　（红胜）

至此，红多子得势，黑只好认输收枰。崔岩是曾获1995年全国第六名的象棋国手。

80. 全师进击挫敌军

图159是2001年"柳林杯"赛火车头宋国强对上海万春林，双方以中炮过河车对屏风马平炮兑车列阵剧战21个回合走成的一个中局。审势可见，彼此成剑拔弩张的对杀形势。黑凭借主力封锁红兵行要道的有利条件，先擒一马，接而扑出右马，全师进击，终以锐利攻势，挫败对手。

（如图159，黑先）

（21）……　　　车8进2

（22）兵五进一　……

红如炮九退一救马，黑炮2进2，红亦难走。

（22）……　　　马3进4

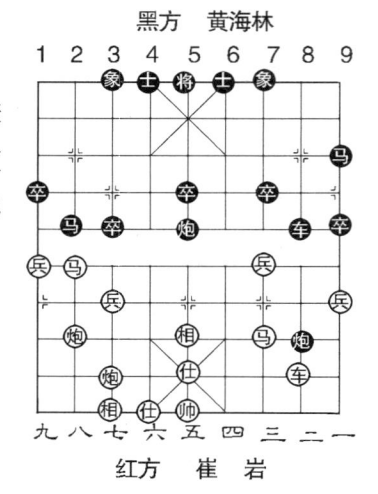

"死子莫急吃"，黑不吃马而扑出右马，全师出击，凶着。

(23)炮九进四　车8平9

(24)炮九进三　象3进1

(25)兵五进一　……

红如炮九退六，车9进1，相一退三（仕五退四，马5进7，黑胜势），车9平7，仕五退四，马5进7，士六进五，炮2平5，黑胜势。

(25)……　　炮1退6

(26)兵五进一将5平4

(27)炮五平六　……

若红兵五进一，则炮1平5，车三平四，马5进7，黑胜定。

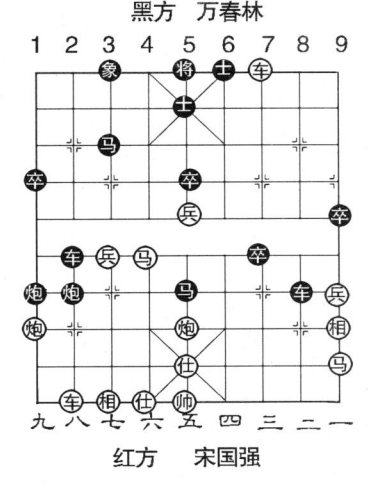

(27)……　　车9进1　(28)仕五退四　马5进7

(29)相一退三　车9平7　(30)兵五平六　……

如红马六进四，则炮2平4，仕六进五，车2进4，黑胜定。

(30)……　　将4进1　(31)车三平四　炮1平5！

黑平中炮牵制红方，妙着。

(32)车四退一　……

红如马六进四，黑马4退5即杀。

(32)……　　将4退1（黑胜）

至此，红如炮六进一解杀，黑车2退4亦胜定。

万春林是曾获1997年全国第五名的象棋国手。本届"柳林杯"赛荣居首席且得胜率达申请特级大师标准，获2001年特级大师。

81. 卸炮攻车　被动挨打

图160是2001年"柳林杯"赛沈阳苗永鹏对火车头梁文斌的一个中盘，由双方以仙人指路对卒底炮转顺炮布局拼杀19个回合演成。黑针对红河线车兵弱点，回车牵制；伺后抓住红卸炮攻车之机，巧过3路卒，调车控制红双炮，扑马入卧槽，导致红被动挨打，终于谋子破城。

(如图160,黑先)

(19) ……　　车2退4
(20)兵三进一　……

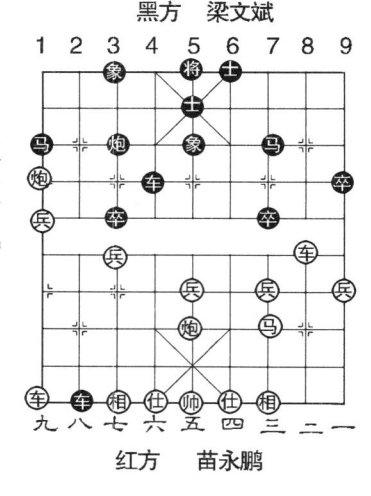

黑方　梁文斌

图160

红方　苗永鹏

以棋论棋,红可车九进四,黑如车2进4,红可车九退四,若双方不变可判和。如黑接走车2平3,红则车二平七,炮3进3,炮五平九,红势不差。

(20) ……　　卒7进1
(21)车二平三　马7进6
(22)车三平四　马6进4
(23)炮五平六　……

红卸炮攻车,导致局势被动挨打。依笔者愚见,不如兵七进一,马4进2(马4进5,相七进五,红优),车四平八,马2进3,帅五进一,马3退4,帅五退一,马4退2,仕六进五,红势不差。

(23) ……　　马4进3　　(24)仕四进五　卒3进1
(25)相七进五　车4平3　　(26)炮六进三　车3进1
(27)车四进一　车2退2　　(28)兵五进一　马3退4
(29)马三进二　卒3进1　　(30)炮六平五　马4进2
(31)车九进四　车2平4　　(32)炮九平一　将5平4
(33)马二进三　车4进5

红以马为饵,引黑上钩;黑如车4平7贪马,红可车四进四,将4进1,车九平六,炮3平4,车四退一,黑成败势。

(34)帅五平四　象5退7　　(35)马三进四　车3退1

黑退车扼守要道,令红难以偷袭,老练。

(36)炮一平三　车3平4　　(37)相三进一　炮3退1
(38)炮三退五　前车退2　　(39)兵九进一　……

红若马四退二,则后车平8,马二退四,车8进3,黑方占优。

(39) ……　　马2退3　　(40)车九进一　马3退1
(41)帅四平五　前马退3　　(42)炮三进一　卒3进1
(43)车四进二　……

如红相一进三,则前车平7,炮三退二,马3进2,黑方占优。

（43）……　　马3进5　　（44）车四平八　……

若红车四退一，黑马5退6，黑方大占优势。

（44）……　　炮3平6　　（45）炮三平七　　马5进7

（46）车八平三　前车进3　（黑胜）

82. 炮牵河线　一路顺风

图161是2001年全国个人赛上海孙勇征对河北刘殿中的一个中局，由双方以飞相对过宫炮列阵拼逐11个回合演成。红乘黑远炮轻发攻马之隙，以退为进跃马，适时退炮防黑偷袭，并借黑误上盘头马的机会，调炮牵河线，挺中兵进攻，一路顺风，终令黑全盘受困，落荒而逃。

（如图161，红先）

（12）马七进六　车5平6

如黑车5平4，则兵五进一，炮6平8（车4进1，马六退四，红先），马二进一，车9平8，炮二平四，车8进3，兵一进一，炮8进1，炮八进二，红方占先。

（13）炮二退二　卒5进1

黑若炮6退2，则兵五进一，炮6平3，马六退四，红方先手。

（14）炮八进三　车9平7

（15）车八进四　马3进5

黑如炮6退2，红马六进五，红方占优。

（16）炮八退二　卒7进1　（17）兵五进一　炮6退3

红回炮牵河线及冲兵，是互为联系谋取有利态势的两步好棋。若黑马5退3，兵五进一，红优。

（18）兵五进一　炮6平8　（19）兵三进一　车6平7

（20）车八平二　马5退3　（21）兵五平四　……

红平兵精细，如改炮八退一，黑则马9进7，车二平五，后车平8，炮二平四，车8进4，车一平五，象5退7，兵五进一，马3进4，红虽占优，但黑尚有反扑机会。

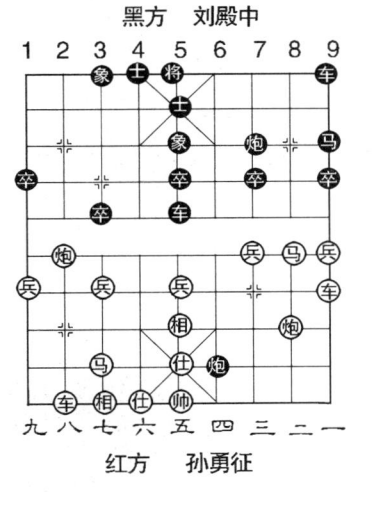

图161

(21)……　　前车退1　　(22)炮八退一　　炮7平6
(23)炮八平三　前平5　　(24)车二进三　　……
红进车钳马,黑难应对了。
(24)……　　　车7平9　　(25)马六进五　　炮6退1
(26)兵一进一　(红胜)

至此,黑已全盘受困,若勉强续走卒9进1去兵,则车一进二边黑马要丢,失利在于时间问题,遂主动认负,表现了大将风度。

83. 炮拴车马　先发制人

图162是2001年全国个人赛沈阳苗永鹏对深圳汤卓光的一个中局,彼此以仙人指路对卒底炮布阵拼逐了36个回合。观枰可知,双方已成对杀形势。红乘发令之机,先平车摧杀,随后卸炮牵车马,中兵衔枚疾进攻炮,车炮兵从正面进击,先发制人,巧成绝杀。

(如图162,红先)

(37)车六平八　　将5平4
(38)炮五平三　　……

红卸炮牵车马,精警之着。

(38)……　　　车7退1
(39)帅四退一　　车7进1
(40)帅四进一　　车7退1
(41)帅四退一　　车7进1
(42)帅四进一　　车7平9

黑利用棋规争取思考时间,是久经战阵棋手的惯招。黑平车变招,在意料之中。

(43)兵五进一　　车9退1
(44)帅四退一　　车9进1
(45)帅四进一　　车9退1
(46)帅四进一　　车9进1
(47)帅四进一　　将4平5

如黑车9退3,则车八进七,将4进1,炮三进三,士5进4,兵五进一,炮5平

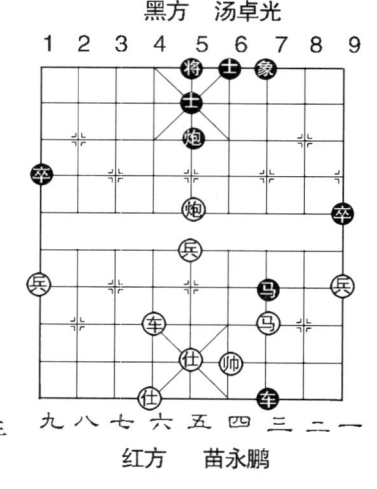

黑方　汤卓光

红方　苗永鹏

图162

7,车八平四,红胜势。

(48)兵五进一　炮5平6　　(49)炮三平五　将5平4

红平炮制中,先发制人,为取胜要着。如黑马7退6,则红兵五平四得子胜。

(50)车八进七　将4进1　　(51)兵五平六　车9退1

(52)帅四退一　车9进1　　(53)帅四进一　马7退8

黑若马7退6,则马三进四,车9退3,炮五平六,士5进4,车八退一,将4退1,兵六进一,将4平5,兵六进一,马6进8,炮六平四,红胜定。

(54)炮五平六　士5进4　　(55)车八退一　将4进1

(56)兵六进一　将4平5　　(57)车八退一　将5进1

(58)炮六平三　……

红平炮拦马,黑败定了。

(58)　……　　马8进7　　(59)车八退一　将5退1

(60)兵六进一　马7退6　　(61)马三进四　马6进4

(62)炮三平四　(红胜)

84. 进炮陷车　重锤猛击

图163是2001年全国个人赛第七轮上海胡荣华对火车头金波的中局,由双方以仙人指路对卒底炮列阵鏖战25个回合演成。黑方经过审时度势后,即抓住红六路车弊端,进炮设下陷车圈套;然后乘兑炮立当头,运车窥相,重锤猛击,终于劫炮得局。

(如图163,黑先)

(25)　……　　炮4进1

黑进炮暗保中象,设下陷车圈套,正着。

(26)马二进一　象7进9

(27)兵五进一　……

如红车七平五,黑则炮4平5,车五平一,车4进9,帅五平六,车1平4再出将,黑胜势。

(27)　……　　象9退7

(28)车七平八　车1平2

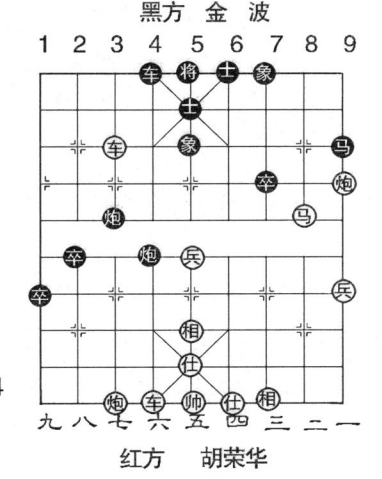

图163

（29）炮一进三　炮3进1　　（30）炮七平九　……

红若车八平五,则炮3平4,车五平三,车4进2,车三进二,车4平9,黑得车胜势。

（30）　……　　　炮4平5　　（31）兵五平六　车4平3

（32）兵六平七　……

如红车八平五,则炮3进4,车六进二,炮3平2,黑大占优势。

（32）　……　　　炮3平5　　（33）兵七进一　车2进1

黑进车窥相,准备重锤猛击红中防,凶着。

（34）炮九进七　象5进3　　（35）炮九退四　……

红若车八平三,则车2平5,车六进三,车5平1,帅五平六,车3平4,兵七平六,车1退5,车三平九(车三进二,车1平9,黑胜势),象3退1,车六平五,车4进3,黑方大占优势。

（35）　……　　　车2平5　　（36）车六进三　车5进1

（37）帅五平六　车5进1　　（38）帅六进一　前炮平1

黑破仕残相兼得子,红大势已去。

（39）兵七进一　车3平4　　（40）车六进六　士5退4

（41）车八退三　车5退3　　（42）车八平六　士4进5

（43）车六平九　炮1平4　　（44）车九平六　炮4平9

（黑胜）

至此,红失子失势,只好含笑认负收枰。金波此战挫败胡荣华,为其夺得2001年全国第五名奠下重要基础。他曾于1998年全国个人赛获第四名,成为象棋国手。

85. 阵势虚浮招败绩

图164是2001年全国个人赛第八轮火车头金波对江苏王斌的一个中局,是由双方以对兵局转卒底炮对中炮开战,拼杀了10个回合形成的。该黑方走子。此局由于红方志在必得,布阵犯了"炮忌轻发"的错误,虽渡一兵,但阵势虚浮。黑方抓住红势弱点,挥炮击相,继而左车右调,两翼夹攻,终令红因全盘受制,无力挽回颓势而作负。

（如图164,黑先）

（10）……　　炮3进7

黑炮击相,既削弱红方防卫力量,又有利于底马开出参战。

（11）仕六进五　　车9平8

（12）马二进三　　车8进1

黑平车后再进车,看似失先,实是精细。黑如将平车改车9进1,红可车一进二及时将车调往左翼增加防御力量。

（13）炮九进四　　……

红炮砍边卒,于事无补;不如车一平二,黑若车8平3(车8进8,马三退二,黑虽占优,但红尚可一战),则马七进六,炮3平1,炮九平七黑仍占优,红还可周旋。

（13）……　　马2进3

（14）炮九退一　　马3进2

黑马杀兵后,红左翼恍如开门揖盗。

（15）相三进五　　炮3退1

（16）马七进八　　马2进4

（17）仕五进六　　……

若红相五进七,则车8平2,马八退九,炮3平1,红亦难招架。

（17）……　　马4进5

（18）车一进一　　车8平3

（19）马八进六　　……

如红车一平五,则车3进4,车五进一,车3平2,黑亦胜势。

（19）……　　炮3平8

黑平炮左右开弓,红回天乏术了。

（20）马三退二　　车3进8　　（21）帅五进一　　马5退7

(黑胜)

至此,红已全盘受制,迟早要输,续战已无意义,故主动认负。

此仗红方失利,使王斌在全国赛中一马当先,终以4胜7和的战绩,一跃而居仅少于许银川1个对手分的全国亚军,成为新进的年轻象棋国手。

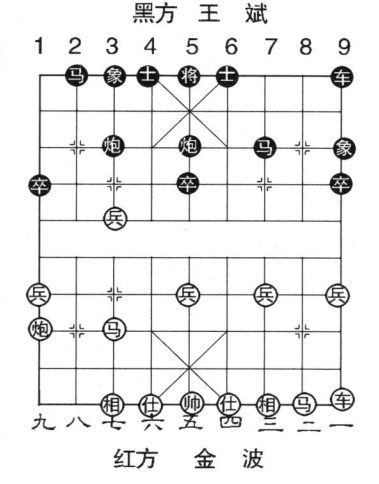

图164

86. 运炮隔车　龙飞马跃

图 165 是 2001 年全国个人赛黑龙江赵国荣与黑龙江聂铁文较量的一个中局，由双方以中炮巡河炮对三步虎布阵角斗 25 个回合演成。乍看去，红马立对方河头，且掠黑一象，看似来势汹汹；然而黑方沉着镇静，看准来头，先上士防马，接着运炮隔车，不露声色地闪马入卧槽，与车炮卒巧妙配合，构成一则精彩杀局。

（如图 165，黑先）

（25）……　　士 6 进 5
（26）车九退二　炮 9 平 5

黑架中炮隔车，令红方难于入手进攻，正着。

（27）仕六进五　马 7 进 6
（28）马三进二　马 6 退 8
（29）马二退四　车 4 进 4
（30）仕五进六　……

黑第 29 回合进车，可谓击中要害；红如马四进三，将 5 平 6，马三退五，马 8 进 9，黑胜。

（30）……　　将 5 平 6
（31）仕四进五　马 8 进 9

黑伺机闪马入卧槽，牵制红方局势，佳着。

（32）车九退二　马 9 退 7　（33）帅五平四　卒 7 进 1
（34）车九平五　炮 5 平 6　（35）马四退三　卒 7 平 6
（36）车五平四　……

若红马三进四，则卒 6 平 5，马四退二，卒 5 平 6，车五平四（马二退四，卒 6 进 1，仕五进四，车 4 退 1，马七进八，车 4 退 2，车五平四，将 6 平 5，黑大占优势），卒 6 平 7，黑胜势。

（36）……　　卒 6 平 5　（37）车四平五　卒 5 平 6
（38）车五平四　卒 6 平 7　（39）车四平二　……

红如车四平五，黑车 4 平 2，黑亦大占优势。

（39）……　　车 4 平 2　（40）仕五退六　……

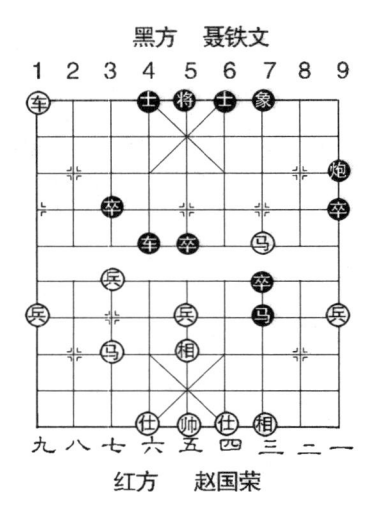

若红车二退四(马三进五,车 2 退 2,帅四进一,车 2 平 6,仕五进四,车 6 进 1,帅四平五,炮 6 平 4,黑杀),卒 7 进 1,马三进五,车 2 退 2,黑胜。

(40) ……　　车 2 退 2　　(41) 帅四进一　　车 2 平 6

(42) 帅四平五　　炮 6 平 4　　(黑胜)

87. 牵线残相　借杀擒驹

图 166 是 2001 年全国个人赛火车头才溢对河北阎文清的一个中变棋局,由双方以五八炮对屏风马列阵角斗 33 个回合演成。骤看彼此实力均等,似和局可成。然而,黑经过仔细分析后,针对红三路线上的车马弱点,兑兵残相,运车调马,并乘红误退车之机,回师控马,骏骑从中路扑出,继而炮立当头,牵住红车,终于借杀擒驹制胜。

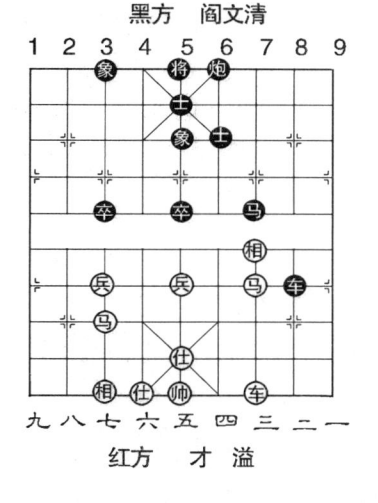

黑方　阎文清

图 166

红方　才溢

(如图 166,黑先)

(33) ……　　炮 6 平 7

黑平炮牵制红三路线上车马,谋势佳着。

(34) 马三退五　　炮 7 进 3

(35) 车三进三　　车 8 退 1

(36) 马七进九　　卒 5 进 1

黑如炮 7 进 2,则兵七进一,卒 3 进 1,马九进七,炮 7 平 4,兵五进一,卒 5 进 1,马五进六,卒 5 平 4,马七退六,黑仍占优,红尚有谋和希望。

(37) 兵五进一　　马 7 进 5　　(38) 车三平四　　车 8 平 7

(39) 车四进一　　车 7 进 4　　(40) 车四退四　　车 7 退 5

(41) 车四进四　　马 5 进 4　　(42) 兵七进一　　……

红处下风,兑兵谋和,不失为明智的选择。

(42) ……　　炮 7 退 3　　(43) 兵七进一　　车 7 平 3

(44) 车四平六　　马 4 进 6　　(45) 车六平七　　车 3 平 1

(46) 马九退八　　马 6 进 4　　(47) 车七平六　　……

若红车七进二,则马 4 进 5,车七平五,马 5 退 7,车五退三,炮 7 平 6,黑方占优。

(47)……　　　　马4退2　　(48)马八进六　车1平8

(49)车六平三　马2进3　　(50)车三退一　……

红宜将退车改为马六进七,象5进7,车三平一,象3进5,黑仍占优,但比实战好。

(50)……　　　　车8进5　　(51)仕五退四　车8退4

黑控制红马扑出,好招。

(52)仕四进五　炮7进4　　(53)仕五退四　马3退4

(54)相七进九　马4进5　　(55)相九退七　……

红若马六进七,则马5进7,车三平四,车8进2,黑大占优势。

(55)……　　　　马5进7　　(56)车三平四　马7进8

(57)车四进一　……

如红车四平三,则马8进6,黑得子胜。

(57)……　　　　炮7平5　　(58)车四平五　马8退6

(59)车五退一　马6进7　　(60)帅五进一　车8进3

(黑胜)

以下红如续走帅五平六,马7退5,仕六进五,炮5平4,黑亦得子胜。

88. 急于求脱失城池

图167是2001年12月30日第22届"五羊杯"分组赛许银川对于幼华的一个中盘,由双方以五八炮对屏风马布阵角逐20个回合弈成。红经过审时度势后,利用兵种及位置较好的优势进车夺象;然后分炮边线,骏骑迂回出击;再伺机运车钳制双马,回炮扬仕助战;最后抓住黑急于摆脱牵制而平车攻仕之隙,兑马掠士,巧夺胜局。

(如图167,红先)

(21)车六进五　卒2进1

黑如车3退1,车六退二,马1进3(马1退2,车六平八,红优),炮五平七,红方占优。

(22)炮五进五　士5进4

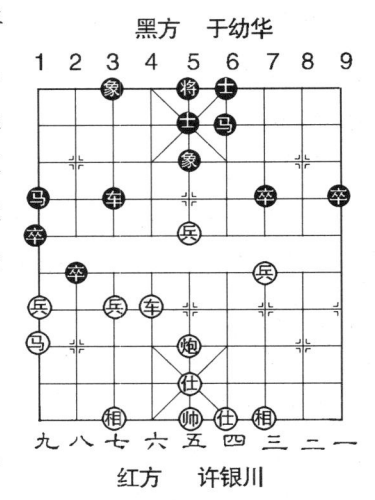

图167

（23）兵五平四　车3平5　（24）炮五平一　士6进5

若黑23回合卒2进1,炮五退五,红方优势。

（25）马九退七　马1进3　（26）车六平七　象3进5

（27）兵七进一　马3进5　（28）马七进八　……

红马吃卒,消除后患,好棋。

（28）……　　　马5进6　（29）帅五平六　车5平4

（30）马八退六　马6退7　（31）车七平八　马7进5

（32）帅六平五　……

如红车八退三,则马5退3,帅六平五,车4进3,红虽仍占优,但黑比实战好。

（32）……　　　马5退6　（33）车八退三　马6进4

（34）车八平二　将5平4　（35）车二平九　……

红车杀卒,实惠。

（35）……　　　马6进5　（36）炮一进一　士5进6

（37）马六进五　车4平2　（38）车九平六　将4进1

（39）炮一平二　卒7进1　（40）相三进五　车2进6

如黑车2进3,红兵九进一,红方优势。

（41）仕五退六　车2退3　（42）炮二退七　车2平4

（43）仕六进五　马5进6　（44）仕五进六　马6进8

（45）帅五平六　车4平6

黑失象,下风显见,但并非败势,此着平车错着,应走马8进7,红如炮二进五,则马7退6,黑尚可周旋。

（46）车六退一　车6进3　（47）帅六进一　车6退1

（48）仕六退五　车6平8　（49）车六进三　将4平5

（50）车六进一　将5退1　（51）车六进一　将5进1

（52）马五进六　将5平4　（53）车六退一　将6退1

（54）车六平二　（红胜）

以下黑如再马8进6(卒9进1,车二进一,将6进1,车二退二,士6退5,车二进一,将6退1,马六进五,红胜定),马六进四,车8退7,马四进二,将6平5,仕五进四,红胜定,故黑认负停钟。

据悉,许银川在这届"五羊杯"赛中,以小组第一名出线;半决赛因加赛快棋超时负于"师兄"吕钦,无缘问鼎;决赛战胜赵国荣得第三名。

第四章 精彩对局

八星璀璨(70局)

胡荣华2000年全国个人赛精彩对局

胡荣华是位叱咤风云的弈林泰斗。早在1960年,年仅15岁的他第一次参加全国象棋赛,即一鸣惊人,勇夺全国冠军;在20世纪60至70年代举行的五次全国个人赛中,他都连续荣居首席,被棋坛称为"十连霸";在新星不断涌现的年代,他亦两度获得全国冠军(1983年、1985年);1997年,年过半百的他再为中国象棋史添新页,第13次荣获全国冠军。可以说,自20世纪60年代出道以来,每一个年代,他都获得过全国冠军。至于在国内外举行的其他重大杯赛、邀请赛中,夺冠次数更不胜枚举。他精湛超群的棋艺,奇迹般辉煌的成就,在象棋历史上是绝无仅有的,他不但代表了中国象棋的最高水平,而且在我国乃至世界棋坛上也产生了深远的影响。

在2000年11月8日至17日于安徽蚌埠举行的全国个人赛上,55岁的胡荣华再创奇迹,继1997年第13次荣登全国冠军宝座后再度夺魁,轰动棋坛。在此次全国赛的前四轮,他仅得1胜2和1负,积分处于中游状态。在第四轮败于"少年姜太公"许银川后,他不禁连声叹息:"真是老了。"然而正是这一败,激发了他"老夫聊发少年狂"的斗志。从第五轮至第十轮,他先后击败了于幼华、尚威、张强、陶汉明、宗永生、苗永鹏六员守关名将,神奇般地创造了"六连胜"的记录,并领先"岭南双雄"许银川、吕钦1个大分。最后一轮,他轻松弈和黑龙江国手聂铁文,第14次登顶,夺得了20世纪全国个人赛的最后一个全国冠军,成为一位战绩显赫的世纪棋王。

胡荣华"老树生花",引起人们赞叹。他在回顾这次赛事时,曾坦率地说:"我能再次夺冠,完全是被年轻棋手'逼'出来的。"在谈到第四轮输给许银川时,胡荣华认为,这盘棋输得很难看,开局选择就有问题,整盘棋一直吃后手。胡荣华还谈道,他之所以能连斩六将,"除了自身具有强大的实力外,也与对手'配合'有关。对手们想'欺负'我年纪大,让你时间下长了容易出昏招,但结果却误了自己。例如第八、第十轮与陶汉明、苗永鹏对垒的两盘关键战役,对手都想等我出漏,可还没等我出错,他们自己反倒因着法过分用强而出了毛病。"尤其是,当"岭南双雄"在开始阶段领先后又被各路好汉以"死顶"战术屡屡迫和,积分上涨缓慢时,胡荣华觉得"自己的机会来了,一胜再胜之后,自己的感觉越来越好,恍如回复到十几年前下棋时心明眼亮的那种状态了。棋一旦下顺了,那种高屋建瓴的势头就难以抵挡了"。正是好风凭借力,送我上青云。赛后"少帅"吕钦也指出,胡荣华一旦"聊发少年狂",谁也阻挡不了。

现特选评胡荣华在这次大赛的八个精彩对局,供棋友赏析。

1. 飞车跃马　胡荣华轻取汤卓光

11月10日上午,全国个人赛进入第三轮交战,由连和两局的胡荣华执红子先行对深圳名手汤卓光。

（1）相三进五　炮2平6　　（2）兵三进一　马2进3

（3）马八进九　马8进9　　（4）马二进三　车1平2

（5）车九平八　车2进4　　（6）炮八平七　车2平6

列阵排兵,双方以飞相对右过宫炮布局拉开战幕。应付飞相局,黑除过宫炮外,尚有炮8平5,卒7进1等多种走法,各成不同套路。红第6回合平炮兑车,黑如车2进5,红马九退八,卒3进1,仕四进五,红方先手。

（7）兵一进一　卒3进1

（8）车八进四　象7进5

（9）仕四进五　士6进5

（10）兵九进一　……

红进边兵活马,待机而动,正着。

（10）……　　车9平7

（11）车八平五　车6平8

黑平车兑炮不如卒7进1,红若兵三进一,黑则车7进4,黑可从容应战。

（12）炮二进五　车8退2

（13）马三进四　卒7进1

（14）兵三进一　车8进3

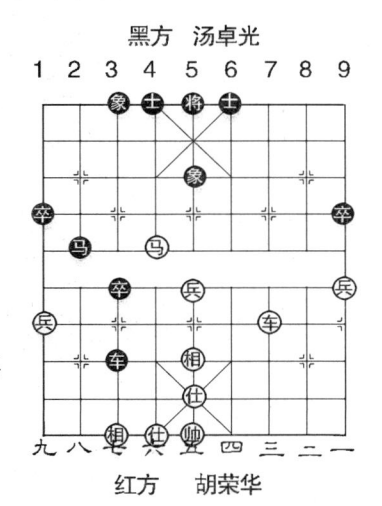

图168

若黑车7进4,红可马四进五,马3进5(车7退1,马五进七,炮6平3,兵七

进一,红优),车五进二,红多兵占优。

（15）马四进二　车8平5　（16）兵五进一　车7进4

（17）马二进一　车7退2　（18）马一进二　车7平8

（19）马二退四　……

胡荣华并非不知道要送回一马,但他的目的是为了争夺先手。

（19）……　　　　车8退1　（20）车一平四　马3进2

"死子莫急吃"。黑如车8平6,红则兵七进一,马3进2,兵七进一,马2进1,炮七退一,红有兵渡河占优。

（21）车四进六　车8平6　（22）车四平五　炮6进4

（13）车五平二　炮6平7　（24）车二进三　士5退6

如黑车6退1,红车二退六,红仍占优。

（25）车二退六　车6进5

若黑炮7退6(炮7退2,兵五进一,红优),红马九进八,车6进4,车二平五,红方占优。

（26）马九进八　车6平3　（27）马八进六　车3进1

（28）车二平三　卒3进1

图示双方经过一番交换子力后,已进入残局较量。乍看,各余车马三兵(卒)仕相全,子力相等,但仔细分析,黑车位置不佳,乃致命弊病。红方针对黑之弱点,飞车跃马,转优为胜。

（29）马六进四　士4进5　（30）车三平八　马2进3

如黑马2退4,则马四进三,将5平4,车八平六,卒3平4,车六进一,车3退4,兵五进一,士5进4,兵五进一,红胜定。

（31）相五进七　车3进1　（32）相七进五　士5进6

（33）兵五进一　……

红趁黑车马受困之机,渡兵助攻,佳着。

（33）……　　　　士6进5　（34）兵五进一　象5进3

（35）马四进二　马3进4

黑若马3退5,红则车八平五,马5进3,马二进一,马3退1,马一退三,将5平6,车五平二,车3退2,车二进六,将6进1,马三进一,车3平7,马一退二,车7退4,兵五平四,红胜定。

（36）车八平六　……

红平车钳马,令黑难以解脱,老练。

(36)……   马4退3   (37)马二进一   士5退4

如黑马3退1,红马一退三,将5平6,车六平二,红胜势。

(38)马一退三   将5进1   (39)车六进六   象3进1

若黑象3退1,则车六平五,将5平4(将5平6,马三退一,红胜),兵五进一,车3平4,兵五平四,红胜定。

(40)车六退三   象1退3   (41)车六平七   将5平6

(42)车七进二   士6退5   (43)马三退一   (红胜)

2. 当头一棒　许银川力克胡荣华

11月10日晚,棋赛进入第四轮较量,由1胜2和的胡荣华拿黑棋后走与同等积分的许银川对阵。

(1)兵七进一   炮2平3   (2)炮二平五   象3进5

(3)马二进三   卒3进1   (4)车一平二   卒3进1

(5)马八进九   车9进1   (6)仕六进五   车9平4

(7)车九平八   ……

对坐谈兵,彼此布成了仙人指路对卒底炮转中炮对飞右象横车冲3卒开局。黑方第3回合进3卒是一种走法,目前流行的应着是车9进1,车一平二,车9平2,马八进七,马2进4成横车拐脚马阵势,黑方反弹力较强且变化复杂。红第7回合不出左车,也可走炮五进四,士5进5,炮五平一,马8进9,车九平八,红方先手。

(7)……   士4进5   (8)车二进四   卒7进1

黑如恋卒而改走车4进4,则红炮八进二占优,这是柳大华最先使用的招数。

(9)车二平七   马8进7   (10)炮八平六   炮3进2

(11)马九进七   炮3进2   (12)车七退一   马2进1

若黑车4进4,红可炮六退二(兵五进一亦可),红仍占先。

(13)车八进四   马7进8

红采取稳步进取的策略,使黑一直无法反攻。其实,此时黑进马不如车4进3,红若车八平二,炮8进2,红虽仍占先,但黑亦足可抗衡。

（14）兵三进一　炮8平7

黑平炮改守为攻，如走卒7进1，则车八平三，车4进2，车三进二，红方占优。

（15）兵三进一　马8进9　（16）马三退一　车1平2

（17）车八进五　……

红可不兑车而改走车八平一，黑如马9进8，则兵三平四，红方优势。

（17）……　　马1退2

（18）兵五进一　马9进8

（19）兵三平四　马2进3

（如图169）

（20）炮五平二　……

图示双方已进入中局酣斗阶段。红有兵过河自然占有优势，但要取胜尚要一个过程。此时红揪住黑左马受困的痛脚，平炮压马谋子，正着；如随走车七平二，黑可车4进6，车二退二（仕五进六，马8退6，帅五平六，马6退8，马一进二，红无便宜），车4平3，黑尚可一拼。

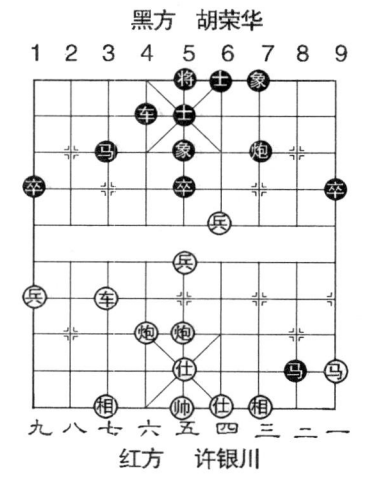

黑方　胡荣华

图169

（20）……　　车4进4

（21）相七进五　车4平5

（22）车七平三　炮7平8　（23）车三平二　……

红平车邀兑，走得细。红若马一进二，黑马8退6，炮六平四，炮8进5，红优势不大。

（23）……　　炮8平9　（24）炮二平一　炮9进5

（25）炮六平一　车5平9　（26）车二退一　卒9进1

（27）相五进三　车9平7

黑马必毙，黑只好舍马换相，重整旗鼓。

（28）车二退一　卒9进1　（29）炮一平六　卒9进1

（30）相三进五　车7平5　（31）车二平四　车5进2

（32）车四进二　卒9进1　（33）马一退三　马3进4

（34）马三进四　马4进5　（35）马四进二　马5退3

（36）车四平七　马3退4　（37）马二进四　车5退2

以上一段交战,黑虽失一手已成劣势,但仍极力顽抗。此着如黑改走马4进5兑车,红马四退五,马5进3,马五进六,红胜势。

(38)马四进二　车5平2　(39)马二进四　……

红扑马进攻,黑大势已去了。

(39)……　士5进6　(40)兵四平五　……

红弃兵,冲开杀门,好棋。以下是红精彩的胜局过程。

(40)……　　马4进5　(41)车七平五　卒5进1
(42)马四进六　将5进1　(43)马六退五　马5退7
(44)车五平一　车2平4　(45)炮六平五　车4平5
(46)马五进六　将5平4　(47)炮五平六　车5平4
(48)马六退八　车4平8　(49)马八进七　车8平3
(50)车一平六　(红胜)

至此,黑必失车,只好认输收枰。

据悉,许银川给胡荣华当头一棒后,胡在摇头叹息之后,头脑清醒了。且看他后面几局的精彩表演。

3. 兵到功成　胡荣华勇挫于幼华

话接上回,11月11日中午,胡在初尝败绩后,与有"拼命三郎"之称的火车头悍将于幼华在第五轮交锋。此仗由胡执红棋先走。

(1)相三进五　炮8平4　(2)兵七进一　马8进7
(3)马二进一　卒9进1

战幕拉开,胡荣华再度摆出了镇山宝飞相局阵式,于幼华则以过宫炮应战。红第3回合却别出心裁,不走马八进七,而改跳右边马。乍看,黑进边卒,以卒制马,看似合乎棋理,其实是步令自己陷入被动的软着,应走车9平8为妥。

(4)马八进七　马2进1

黑上边马不如卒9进1,若红兵一进一,则车9进5,炮二平三,马2进1,马一退三,车9平8,黑势不亏。

(5)炮二平三　车9平8　(6)车九进一　象3进5
(7)车一平二　车8进9　(8)马一退二　……

双方兑车后,红似失步数,但为右马开拓出路,各有所得。

（8）……　　炮 2 平 3　　（9）车九平六　士 4 进 5
（10）马七进八　炮 3 退 1

如黑卒 7 进 1，红可马二进四，以后再马四进二调整阵形结构，红好走。

（11）车六进三　炮 3 平 4　　（12）车六平四　车 1 平 3
（13）炮三进四　卒 3 进 1　　（14）马二进三　……

红上正马，已做好下无车棋打算。如走兵九进一，红右马出动较慢。

（14）……　　卒 1 进 1　　（15）兵三进一　象 7 进 9
（16）炮八平九　卒 3 进 1　　（17）车四平七　车 3 退 5
（18）相五进七　马 1 进 2　　（19）相七退五　……

胡荣华十分注意以棋子位置价值论指导无车棋的战斗，不仅重视兵卒之争夺，而且讲究活跃子力。此时红如炮九进三，黑则后炮平 2，马八退七，炮 4 平 3，相七退五，炮 3 进 4，红左马受制，优势不大。

（19）……　　后炮平 1　　（20）炮九进三　炮 1 进 5
（21）炮九平一　……

红挥炮扫卒。这是黑布阵挺边卒留下的后果。

（21）……　　马 2 进 4
（22）马八进六　象 5 进 37
（如图 170）

（23）炮一平七　……

如图，黑方因少双卒，久战下去，终要吃亏，但求一拼之心可以理解，但不应弃象。宜先走马 4 进 2，待红仕四进五后，再象 5 进 3 不致丢象。红炮打象，已算准局势有惊无险。

（23）……　　马 4 进 2
（24）炮七平八　马 2 进 3
（25）帅五进一　炮 1 进 2
（26）炮八退四　炮 4 进 7
（27）马六退八　……

红回马，准备马八退七解困。

（27）……　　炮 4 退 6

若黑马 3 退 4，红帅五退一，马 4 退 2，帅五平六，炮 1 进 1，帅六进一，红多

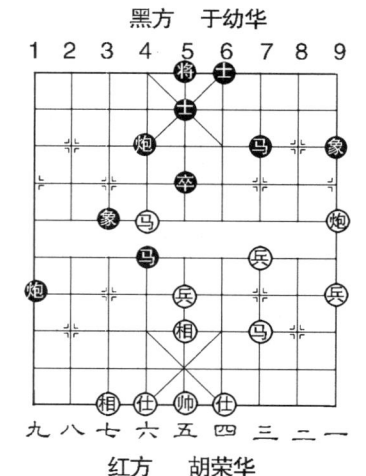

图 170

兵占优。

(28) 炮三平六　马3退4　　(29) 帅五退一　炮1进1
(30) 炮八退一　马4退2　　(31) 炮六退六　马2进3
(32) 仕四进五　马7进6　　(33) 炮八进一　炮1退7

如黑炮1平4,红仕五退六,马3退5,马三进四,红大占优势。

(34) 仕五进六　马3进1　　(35) 炮八平一　马1退2

黑若士5进6,红则相七进九,马1退3,炮六进一,红大占优势。

(36) 炮一进六　士5退4

黑如马2进4杀仕,红可帅五进一,士5退4,兵三进一,黑败势难挽了。

(37) 兵三进一　马2进3　　(38) 炮六进一　马6进4
(39) 相五进七　马4进6　　(40) 马三进四　马3退2
(41) 仕六退五　炮1进4　　(42) 炮一平五　将5进1
(43) 炮五平四　炮1平5　　(44) 仕五进四　马6进8
(45) 马四进六　炮5平4

若黑炮5退2,红则兵三平四大占优势。

(46) 炮四平九　马2进4　　(47) 马六进七　将5退1
(48) 帅五进一　炮4平2

黑不能马8进7(炮4进2,帅五平六,马4退3,炮九进二后再马七进六,红杀)帅五进一,炮4进2,帅五平六,红可得子胜。

(49) 炮九进二　士4进5　　(50) 马七进六　炮2退6
(51) 马六退八　士5退4　　(52) 相七退五　……

红回相防马,黑无术回天了。

(52) ……　　士6进5　　(53) 炮六平七　将5平6
(54) 炮七进八　将6进1　　(55) 兵三进一　马4退5
(56) 兵三进一　马5退4　　(57) 炮七退二　炮2平3
(58) 兵三进一　将6退1　　(59) 炮九平八　马8退6
(60) 炮七平九　（红胜）

4. 损兵失势　尚威不敌胡荣华

11月12日下午,棋赛进至第六轮激战。上轮胡荣华胜于幼华后,积分形势

有所好转。此仗胡执黑棋后行迎战沈阳名将尚威。

(1) 兵七进一　炮2平3　(2) 炮二平五　象3进5
(3) 马二进三　卒3进1　(4) 马八进九　卒3进1
(5) 车一平二　马2进4

剑往刀来，双方驾轻就熟走成了仙人指路对卒底炮转中炮对飞右象冲3卒布局。胡荣华在第5回合吸取第四轮输给许银川的教训，不高横车，而改上拐脚马，寻求新变化。

(6) 车九平八　士4进5　(7) 仕六进五　马4进3
(8) 炮五进四　马8进7　(9) 炮五退二　马5进5

黑以退出双车为代价，及时盘活双马，效果较好。

(10) 炮八平七　卒3平2　(11) 炮七进五　……

红如马九进七，黑则炮3平2，黑万占无。

(11) ……　　　炮8平3　(12) 相七进五　车9进2

黑高左车，以便掩护马队前进，正着；此时黑若车1平4亦好。

(13) 兵三进一　车9平6　(14) 车二进六　车6进1
(15) 兵三进一　马5进4　(16) 兵三平四　车6平4

(如图171)

如图，红方弃兵，目的是争夺黑卒林要道。黑方自然不会上当，遂平车准备集中火力，发动攻势。

(17) 马三进二　马4进3
(18) 车八平九　……

若红车八进一，黑可车1平4，车八平七(马九退七，炮3平2，红失车)，马3进4，车七平八(车七平六，马4进5，黑杀)，马4进5，黑胜。

(18) ……　　　车1平4
(19) 车二平三　前车平7
(20) 马二进三　车4进6

黑进车抢占红兵行线，红下风显而易见。

(21) 马三退五　后马进5
(22) 兵四平五　车4平5
(23) 炮五平四　车5平6

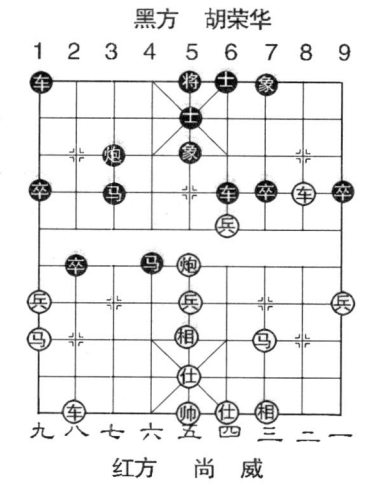

图171

如黑车 5 退 2,则红炮四退二尚可支撑。

(24)炮四平二　车 6 平 9　　(15)炮二退二　马 3 退 4
(26)车九平七　炮 3 平 4　　(27)炮二平四　……

红若车七进三,则车 9 平 3,马九进七,卒 2 进 1,马七退八,炮 4 平 2,马八进六,卒 2 平 1,红难以求和。

(27)……　　　车 9 平 1　　(28)马九进七　车 1 退 2
(29)兵五平六　炮 4 平 1　　(30)车七平六　车 1 进 5
(31)炮四进四　……

黑进车兑死车,红如相五退七,则马 4 进 3,车六进二,车 1 平 3,仕五退六,马 3 进 4,马七退六(车六退二,车 3 退 3,黑胜定),车 3 平 1,黑胜势。

(31)……　　　车 1 平 4　　(32)仕五退六　卒 1 进 1

黑兑车后,已成马炮三卒士象全例胜红马炮兵仕相全,红续弈亦无益。

(33)马七进五　卒 9 进 1　　(34)仕四进五　卒 1 进 1
(35)炮四退二　马 4 进 3　　(36)马五进四　卒 1 进 1
(37)兵六进一　炮 1 进 3　　(38)炮四进一　……

如红炮四平九兑炮,黑卒 2 平 1,红亦败定。

(38)……　　　马 3 退 5　　(39)炮四退二　卒 1 平 2
(40)兵六平五　卒 9 进 1　　(41)兵五进一　炮 1 进 4
(42)相五退七　炮 1 退 6　　(43)炮四平三　将 5 平 4
(44)兵五进一　炮 1 平 5　　(45)相三进五　士 6 进 5
(46)马四进五　炮 5 退 1　　(47)马五进三　卒 9 进 1

(黑胜)

至此,黑已胜定,红虽竭力苦撑,至 75 回合终败,余下从略。

5. 困龙夺炮　胡荣华降服张强

话说 11 月 13 日下午,棋赛进入第七轮角逐,连克二将的胡荣华已逐渐恢复昔年雄风。此回由他执红子与北京国手张强对垒。

(1)相三进五　炮 2 平 4　　(2)车九进一　马 2 进 3
(3)车九平六　马 8 进 7　　(4)马八进九　车 1 平 2
(5)兵九进一　炮 8 平 9　　(6)车六进三　车 2 进 6

行兵布阵,胡仍以他的看家本领飞相局揭开战幕。黑考虑到汤卓光、于幼华两将采用过宫炮应战时均吃亏,故改用近年风行棋坛的右士角炮接战。黑第6回合若将走过河车改为车2进4,红则马九进八,车2平6,马二进三,车9平8,车一平二,红方占先。

(7)炮二平四　士6进5

(8)马二进三　卒7进1

(9)兵三进一　卒7进1

黑如象7进5,红则兵三进一,象5进7,车一平二,象7退5,车二进六,红方先手。

(10)车六平三　象7进5

(11)车一平二　卒3进1

(12)炮八平六　炮9退1

(13)车二进八　……

红进车拦炮,是步诱着,意在偷步抢先。

(13)　……　　炮4退1　(14)车二退五　炮4进1

(15)马三进四　炮9平7　(16)车三平二　车2退3

(17)仕四进五　车9平7　(18)炮六平七　……

(如图172)

如图,双方弈成对峙局面。红经审形度势后,针对黑右马,平炮准备攻马争先。

(18)　……　　马3退1　(19)马四进六　卒5进1

(20)兵七进一　马7进5

如黑车2平4,则兵七进一,炮4进2,车二平六,马1进2,马九进七,红方优势。

(21)马九进七　炮7进3　(22)兵七进一　马5进3

(23)前车进二　车2进3

红进车争占黑卒林要道,是谋势佳着;若黑车7进3,红前车进三,车7退3(士5退6,后车平四,红大占优势),车二平三,象5退7,炮七进三,红得子大占优势。

(24)炮四进一　车2退1　(25)前车平七　炮7平4

(26)炮七进三　……

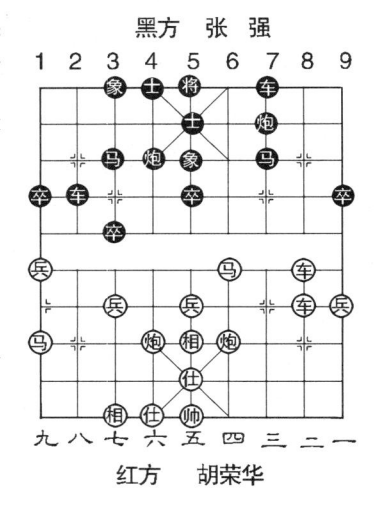

红先兑马、后吃炮,令黑难以反扑。红方功夫老到。

(26)……　　　象5进3　　(27)马七进六　象3进5

(28)车二进二　马1进2

黑若车7进4,则车二平三,象5进7,车七退一,红破象大占优势。

(29)车二平五　车2平6　　(30)炮四退一　马2进1

(31)车五退一　……

红兑车控制全局,佳着。

(31)……　　　车6平5　　(32)兵五进一　车7进4

(33)马六进四　马1进3　　(34)兵五进一　……

红冲中兵助攻,黑难以防守了。

(34)……　　　炮4进6　　(35)相五进三　炮4退7

(36)车七进二　炮4进4　　(37)车七平六　炮4退3

如黑炮4平6,红则车六退五,马3退2,车六平五,红大占优势。

(38)炮四平三　车7平5

若黑车7平9,红帅五平四,将5平6,炮三平四,将6平5,马四进三,将5平6,兵五平四,士5进6,车六进一,将6进1,车六退一,将6退1,车六退一,红胜定。

(39)车六退一　士5进4　　(40)马四进六　将5进1

(41)马六退五　马3退5　　(42)炮三平一　(红胜)

至此,黑因失子缺士,再战亦难免一败,遂主动认负。

本局胡荣华表演了丝丝入扣的缠磨谋势功夫,令人敬佩。

6. 错手平车　陶汉明难御胡荣华

话说胡荣华连闯三关后,于11月14日下午与吉林名将陶汉明在棋赛第八轮相遇。这是一场关键性的硬仗,由陶执红棋先走。

(1)兵七进一　炮2平3　　(2)炮二平五　象3进5

(3)马八进九　车9进1　　(4)炮五进四　士4进5

(5)马二进三　马1进4　　(6)炮五退二　车9平6

(7)车一平二　车6进3　　(8)炮五平三　车1平2

挺枪立马,两将几着过招,很快演成仙人指路对卒底炮转中炮对飞右象布

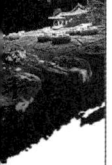

局。此种布阵战术在本届全国赛颇为流行,仅是胡荣华已是第三次采用。黑方第8回合抢出右车,是新变化,值得研究。许银川执黑子在"广洋杯"第三届大棋圣战与金波交锋时,此着走炮8进2,车九平八,车1平2,相三进五,车2进6,炮八平六,车2进3,马九退八,马8进7,炮三进三,炮3平7,仕四进五,马4进5,局势平稳。

(9)车九平八　车6平7　　(10)相三进五　马8进9

(11)炮八进四　卒9进1

红进炮不让黑马4进5上中马,黑挺边卒,为边马跃出开路,正着。

(12)仕四进五　马9进8　　(13)炮三平二　车7平4

(14)兵三进一　马8退9　　(15)车二平四　卒3进1

黑兑卒既控红马,又活己马,好棋。

(16)兵七进一　车4平3　　(17)兵五进一　车3平4

(18)车四进三　车2进2

黑进车顶炮,是步良好的停着。

(19)兵九进一　卒7进1　　(20)兵三进一　车4平7

(21)马三进五　马4进5　　(22)炮八退三　马5进3

(23)马九进八　马3进2

(如图173)

图示双方均调整内线子力结构。黑虽少中卒,但各子通畅,局势不差。现红跃马攻车,被黑以马换炮,反受牵制;若图前一着红改行炮八进三,黑可马3进5,车四进一,马5退3,马五进七,车7退1,黑亦好走。

(24)车八进三　车2进1

(25)车八平六　马9进8

(26)马八进六　……

黑扑马邀兑夺取兵种优势;如红炮二进三,炮3平8,马八进六,车2平4,亦属黑优。

(26)……　　　车2平4

(27)炮二进三　炮3平8

(28)兵五进一　马8进7

由于红方耗时过多,而黑方棋越下越顺,所以

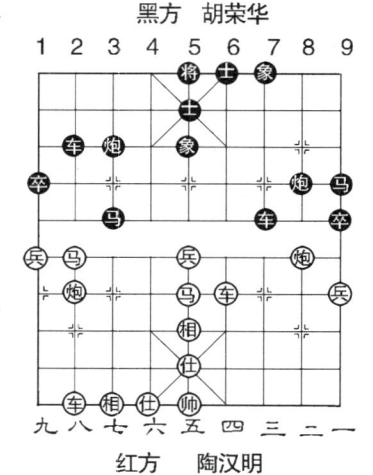

黑方　胡荣华

图173

红方　陶汉明

黑方扑马进逼,不让红有喘息机会,显示了久战沙场的老将风范。黑若想成和,可走车7平5,红则车四进二求兑,即和。

(29)车六平八 ……

柳大华指出,红平车错着,应走兵五平四,车7退1,车四退一,炮8进4,车四平三,红虽居下风,仍可抗衡。

(29) …… 马7进9　(30)马五进七　马9进7

(31)帅五平四　车4平3

黑平车扼守要道,红局势岌岌可危了。

(32)车四退二　炮8平6　(33)帅四平五　车3平6
(34)兵五平四　车6进1　(35)车四平三　车7进4
(36)马七进六　车6进4　(37)前马进四　车6退6
(38)马六进七　象5退3　(39)马七退九　车7平9
(40)车八平三　车9进1　(41)相五退三　车6进6
(42)马九进七　车6平9　(43)马七退六　后车退2
(44)车三进六　卒9进1　(黑胜)

到此,黑已成双车卒单缺象对车马兵仕相全例胜残局,红虽苦战至64回合,终败。余略。胡荣华拿下此局后,已成5胜2和1负,积分居领先地位。

7. 谋卒捣营　胡荣华智"擒"宗永生

话说11月15日下午,棋赛已进入第九轮决战。由一马当先的胡荣华执红棋先行,出战广东名手宗永生。

(1)相三进五　炮8平4　(2)兵七进一　马8进7
(3)马二进一　车9平8

战幕揭开,春风得意的胡荣华仍以飞相局列阵,这是他在这届国赛中第4次采用这一布局;黑方还以过宫炮迎战。此回黑第3回合吸取第五轮于幼华卒9进1挺边卒的教训,改出左车。

(4)车一平二　车8进4　(5)炮二平三　……

红如马八进七,黑可马二进三,炮二平三,车8平2,红仍先手,但黑势亦不弱。

(5) …… 车8平4　(6)马八进七　象3进5
(7)车二进四　马2进3　(8)车九进一　卒7进1

(9) 车九平二　车１进１　(10) 前车平四　炮２退２
(11) 炮八退一　车１平４　(12) 仕四进五　炮２平３
(13) 车二进三　前车进４

黑若后车平２，红炮八平九，车２进５，兵一进一，双方成对峙局势。

(14) 炮三退一　前车退４　(15) 炮三进一　前车进４
(16) 炮三退一　前车退４　(17) 炮八平七　……

车炮互捉，若彼此不愿变即可判和。现红平炮主动变着。

(17) ……　　　后车平２　(18) 兵三进一　车２进６
(19) 炮三进一　车２进１　(20) 炮三退一　车２退１
(21) 炮三进一　车２退３

黑一车分捉二子，按国内棋规属违例，故黑变着。

(22) 兵三进一　车４平７　(23) 车二平三　车７进１
(24) 车四平三　马７进８　(25) 车三平二　车２平７
(26) 炮三退二　炮４退１　(27) 马七进六　炮４平８
(28) 马一进三　……

（如图174）

如图，黑平炮轰车，彼此已成兑子局面；红进马兑车，保持优势与黑角斗残棋功力。

(28) ……　　　炮８进４

如黑车７进２，红可车二进一，红方占优。

(29) 炮三进五　象５进７
(30) 马三进二　象７进５
(31) 马二进三　卒５进１
(32) 马三退一　……

红马砍边卒，实惠。

(32) ……　　　炮８平６
(33) 马一进三　士４进５

黑若卒５进１，红则马六进五，红大占优势。

(34) 兵一进一　士５进６　(35) 马六进七　……

红再夺一卒，黑难周旋了。

(35) ……　　　炮３进３　(36) 炮七进五　炮６进１

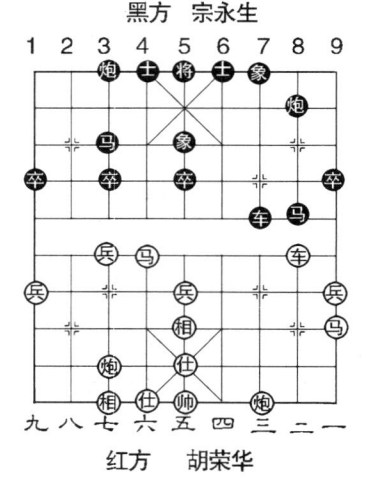

图174

(37)炮七平六　炮6平1　　(38)兵七进一　卒1进1
(30)马三退一　士6进5　　(40)马一进二　炮1退1
(41)兵一进一　……

红渡兵,不让黑卒5进1兑兵。

(41)……　　炮1平6　　(42)兵七进一　马3退2
(43)炮六平二　炮6退2　　(44)兵七平六　炮6进1

若黑马2进3,红则炮二退一得卒胜势。

(45)兵一进一　马2进1　　(46)马二退三　马1进2
(47)兵六平七　马2进4　　(48)马三退五　……

红得中卒后,黑已成败势了。

(48)……　　炮6退1　　(49)炮二退二　炮6平5
(50)兵五进一　马4进2　　(51)马五退三　马2进3
(52)帅五平四　炮5平6

黑不平炮,也别无好招解危。

(53)兵一平二　马3退4　　(54)兵二平三　炮6进3
(55)帅四平五　卒1进1　　(56)兵五进一　卒1平2
(57)兵三平四　卒2进1　　(58)兵五平四　象7退9
(59)马三进五　马4进3　　(60)帅五平四　炮6退1
(61)炮二退三　马3进1　　(62)前兵平三　卒2平3
(63)兵四进一　将5平4　　(64)兵四进一　马1退2
(65)兵四进一　士5进6　　(66)兵三平四　象9进7
(67)后兵进一　马2退4　　(68)马五退六　卒3平4
(69)炮二进六　炮6平5　　(70)兵七进一　(红胜)

胡荣华此仗取胜,已奠下夺冠基础。

8. 马失前蹄　苗永鹏败给胡荣华

11月16日下午,棋赛进入第十轮交战。此前,胡荣华与"岭南双雄"积分位列前三甲,此仗无疑是胡夺冠征途的最后一关。因此,他不辞辛劳,顽强迎战沈阳名将苗永鹏。此局由苗执红子先行。

(1)相三进五　卒7进1　　(2)马八进七　马2进1

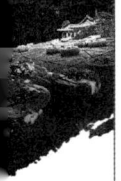

（3）兵七进一　象7进5

（4）车九进一　车1进1

列阵排兵，双方弈成了飞相对仙人指路开局。众所周知，飞相局是胡荣华的看家本领，苗"大侠"以其人之道还治其人之身，显然是有备而来。

胡深明其道，没有采用炮8平5、炮8平4、炮2平4等招法迎战，而是采取挺卒战术应对。

（5）马七进六　……

红如不左马盘河，改走车九平三（车九平四，车1平4，彼此对争先手），车1平4，红虽占先，黑亦足可应付。

（5）……　　　车1平4　（6）马六进七　车4进5

（7）马七进九　象3进1　（8）马二进三　马8进7

（9）车九平四　车4平1　（10）车四进三　士6进5

（11）仕四进五　车1退2　（12）车一平四　象1退3

（13）炮八平七　炮8退2

以上一段交手，各自进行子力结构调整。黑退炮，下着可车8平6攻车，思路正确。

（14）前车平六　炮2平4　（15）车四进六　炮8平6

（16）炮二进四　车9平8　（17）炮二平三　……

红平炮压马不如炮二平五杀中卒实惠。

（17）……　　　车1平4　（18）兵三进一　卒1进1

（19）炮三平五　马7进5　（20）车四平五　车8进6

（21）兵三进一　……

红兑兵不如车五平一好。

（21）……　　　车2平7　（22）车五平一　卒1进1

（23）兵一进一　车8平7　（24）车一进一　……

柳大华认为，红应车一退一，黑如后车平9，则兵一进一，炮6平7，马三退四，车7平5，车六平三，红方占优。

（24）……　　　炮6平7　（25）车六平一　卒1平2

（26）后车退一　炮4进4

（如图175）

图中，黑乘红凭多兵邀兑车之机，及时进炮过河，与红拼杀。

（27）兵一平二　后车退2
（28）兵七进一　卒2进1
（29）后车平三　车7进4
（30）马三退四　车7平5
（31）兵七平六　卒2平3
（32）炮七平九　车5平8
（33）兵二平三　卒3进1
（34）车一平七　炮4平3
（35）炮九进二　……

红应炮九进一,黑如炮3进3,红则相五退七,车8平1,车七退四,象5进7,车七进七,红尚可周旋。

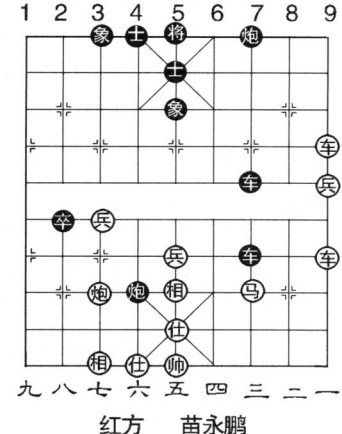

黑方　胡荣华

红方　苗永鹏

图175

（35）　……　　　卒3进1　（36）炮九平五　卒3平4
（37）兵三进一　炮7平9　（38）马四进三　车8平7
（39）兵三平二　炮9平7　（40）马三退四　车7平5
（41）炮五进一　炮3平2　（42）车七平八　炮2平1
（43）兵二平三　炮1进3　（44）车八退六　炮1退7
（45）车八进二　炮7平9

黑平炮从两翼出击,凶着。

（46）车八进二　车5平4　（47）兵六平七　炮1进7
（48）马四进三　……

此时红应车八平一(车八退四,炮1退4,车八进四,炮1进4,红如再走则违例),炮9平8,车一平九,炮1平2,车九平八,炮2平1,车八退四,炮1退4,炮五退一,车4平5,黑仍占优,但红比上马好。

（48）　……　　　车4平3　（49）车八平七　车3平2
黑引开红车,抢占要道,走得细致。

（50）车七平六　车2进3　（51）帅五平四　车2平3
（52）帅四进一　车3退5　（53）炮五平六　炮9平6
（54）车六退三　炮1退5　（55）马三进五　……

柳大华指出,黑退炮打炮是好招,但红上马是败着。红应走炮六平九,黑车3平6,马三进四,车6进1,仕五进四,车6平7,仕四退五,士5进6,兵三平四,车7平6,仕五进四,炮6进3,车六进五,炮6进4,红尚有谋和希望。

(55) ……　　车3进2　　(56)马五进七　炮1进4

黑献炮犹如虎口拔牙,精妙绝伦。

(57)车六平九　……

若红帅四退一,黑车3平6,仕五进四(帅四平五,炮1进1,黑杀),车6平4,黑得车胜。

(57) ……　　　车3平6　　(58)仕五进四　车6平1
(59)仕四退五　车1进2　　(60)帅四退一　车1退5
(61)炮六进一　象3进1　　(62)兵三进一　象1进3

(黑胜)

胡荣华连克六将后,终于成为本世纪最杰出的一代棋王。

胡荣华在夺冠欣喜之余,语重深长地说:希望这对以许银川为代表的青年棋手是一个刺激,但愿通过这样的刺激,使后辈棋手奋发图强,超越前辈,后来居上。

要超越老前辈,一方面要虚心向他们学习,继承他们积几十年经验研究出来的成果;另一方面也不能盲目照搬照套,因为任何高手的棋艺,他们用过的布局,即使当时赢了,也不一定就完美无缺。倘若我们不善于推陈出新,就会束缚自己的思想,闯不出一条新路。

综观弈林几十年,胡荣华不愧是中国象棋界的一代宗师,屹立在海内外棋坛的一座丰碑。

胡荣华精彩对局撷英

旷代棋王胡荣华以55岁的年纪,夺取了20世纪最后一届全国冠军,震惊中外棋坛。事实证明,胡荣华宝刀未老,雄风犹在。为了让棋迷更加深刻地领略他超群卓越,出神入化的棋艺风采,现特选介他在2000年(除全国个人赛外)、2001年各种重大棋赛上的5个精彩对局,供同好评赏。

1. 胡"司令"冲兵谋势　吕"少帅"陷入重围

这是1999年12月20日在广东番禺举行的第20届"五羊杯"全国冠军赛首轮中胡荣华对广东吕钦的一个棋局。由胡执红子先行。

(1) 相三进五　炮2平4

临阵排兵，红方以飞相局揭开序幕，这是胡荣华的拿手好戏，他在棋坛曾有"飞相局鼻祖"之称，足见他对这个布局研究的精深。吕钦不敢怠慢，遂以近年流行的士角炮走法应战。此外，黑还有炮8平5等多种应法，各成不同套路。

(2) 兵三进一　马2进3　　(3) 马八进九　炮8平5

柳大华指出，黑此时还架中炮是否适宜，值得探讨。应走车1平2，车九平八，炮8平5，马二进三，马8进7，车一平二，车9平8，炮二进四，马7退9，炮八进四，马9进8，炮八平五，炮5进4，彼此成兑子形势，这对后走方来说，并不吃亏。

(4) 马二进三　马8进7　　(5) 仕四进五　车9平8

(6) 马三进四　车1平2　　(7) 车九进一　……

广东棋坛曾有"横车上士张佩侯"的掌故，是指一姓张的棋手，在一次双打棋赛中，本队棋手走了高横车后，轮到他走子，却走了上士自阻车路。说明了"横车上士"为兵家所忌。但又不能绝对化，而要对具体形势作具体分析，不可囿于棋谚。本局此时红升横车是可行的。

(7) ……　　士4进5　　(8) 车九平六　车2进5

(9) 车一平四　车8进4　　(10) 兵九进一　……

红弃兵通马路，走得细，这也是胡荣华常用的走法。

(10) ……　车2平1　　(11) 车六进五　卒7进1

(如图176)

柳大华认为，黑图前一着挺卒邀兑，是陷入重围的败招。应走车8平6，红如炮二进二，则车1退1，马九进八，炮5平6，红虽仍占先，但黑可牵制红方车马，亦可一战。

(12) 炮二平三　卒3进1

红平炮牵住黑底象，优势可见；若黑卒7进1，则红马四进五，车8退1（马7退9，炮八进六，红大占优势），马五进三，车8平4，马三退四，红借杀得子胜势。

(13) 车六平七　车1平4

(14) 兵三进一　车8平7

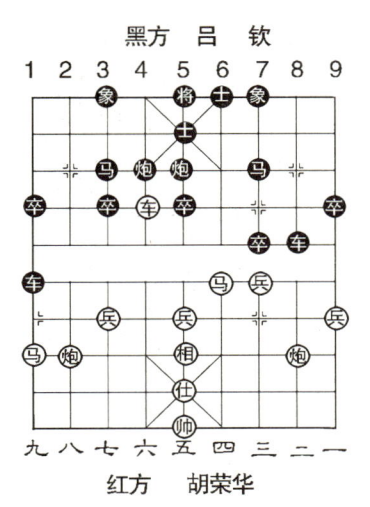

图176

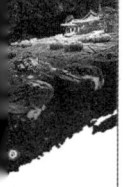

(15) 炮三进二　　车 4 进 3　　(16) 炮八进三　……

　　红进炮攻车,扩先谋势,好棋。

　　(16) ……　　马 7 进 6　　(17) 马四退三　……

　　如黑卒 3 进 1,红则兵七进一更占优势。红退马,老谋深算,如误走马四进六,黑马 6 进 4,则红吃亏。

　　(17) ……　　卒 5 进 1　　(18) 车四进四　将 5 平 4

　　(19) 兵七进一　……

　　红冲七兵,选准了局势突破口,佳着。

　　(19) ……　　车 7 平 8　　(20) 兵七进一　炮 5 平 6

　　(21) 炮八平五　马 6 退 8

　　若黑马 6 进 8,红马三进二,车 8 平 5(车 8 进 1,马九进七,红大占优势),马二进三,车 5 平 7,马九进七,车 4 平 3,马七进六,车 7 平 4,炮三进五,将 4 进 1,车四平八,红胜势。

　　(22) 炮五平六　将 4 平 5　　(23) 马九进七　车 4 平 3

　　(24) 炮三退一　象 7 进 9　　(25) 车四进二　车 8 进 3

　　(26) 马七进五　(红胜)

　　至此,双方虽六军齐全,但红已成胜势,黑续战下去亦难逃一劫,故主动认负。

　　胡荣华首战告捷,后经多番激战,终以 1 胜 5 和获本届"五羊杯"赛亚军。

2. 柳大华错失期戎机　　胡荣华挥军掠阵

　　2000 年 6 月 25 日,全国体育大会"滕头杯"象棋赛进入第十轮交锋,由胡荣华拿黑棋后走迎战湖北柳大华。

　　(1) 兵三进一　马 2 进 3　　(2) 马二进三　卒 3 进 1

　　(3) 炮八平五　马 8 进 7　　(4) 马八进七　象 7 进 5

　　(5) 车九平八　车 1 平 2　　(6) 车八进六　……

　　刀来剑往,双方很快演成仙人指路对上马转中炮过河车对屏风马布局。红第 6 回合如改走炮二进二,黑则车 9 平 7 成另一种变化。

　　(6) ……　　炮 2 平 1　　(7) 车八平七　车 2 进 2

　　(8) 车一进一　士 6 进 5　　(9) 车一平四　炮 8 进 1

黑升炮设下陷车圈套,好招。

（10）兵五进一　车9平6　（11）车四进八　将5平6

（12）车七平六　……

若红马三进四,黑则卒7进1,马四进三,卒7进1,马七进五,卒5进1,马三进五,马7进5,黑势不差。

（12）……　　　卒7进1

（13）车六退二　卒7进1

（14）兵五进一　卒7进1

（15）马三进五　卒5进1

（16）车六平三　……

如红炮五进三,黑炮8平5,黑反先。

（16）……　　　卒7平6

（17）车三进三　卒5进1

（如图177）

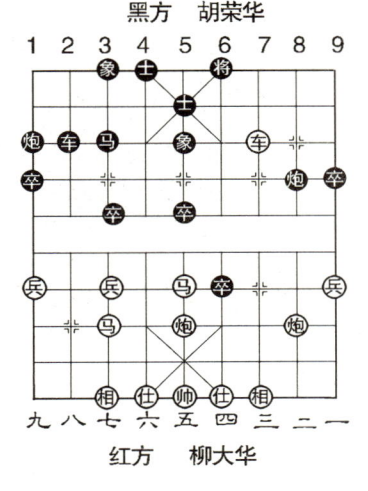

图177

如图,彼此形成对攻局势。黑方针对红中路盘头马,采取先弃后取战术,现送卒攻马,反夺主动权,走得好。

（18）炮五进二　卒6平5　（19）车三退一　……

红若马七进五,黑则车2进3,炮二平五(马五进七,车2进2,黑优),马3进4,车三退四,马4进3,黑方占优。

（19）……　　　车2进3　（20）炮五进一　卒5平4

（21）车三平二　……

如红炮五退三,黑炮8进1,黑优。

（21）……　　　车2平5　（22）相三进五　车5退1

（23）车二进三　将6进1　（24）车二退六　车5平4

（25）炮二平四　士5进4　（26）马七退五　……

红回马以退为进,好棋。

（26）……　　　将6平5　（27）马五进三　车4平6

（28）仕四进五　炮1进4　（29）车二进三　马3进4

（30）马三进二　……

柳大华告诉笔者,红此时应车二平九,炮1平2(车6平7,车九退三,车7进

3,兵七进一,车7退1,兵七进一,红不难谋和),车九平一,黑虽仍占优,但红比进马好。

（30）……　　车6退1　　（31）车二退一　马4进3

黑马杀兵不如马4进5稳健。

（32）马二进四　车6平7　　（33）车二退三　将5退1
（34）马四进二　车7退1　　（35）相五进三　……

红飞相,凶着。

（35）……　　士4进5　　（36）炮四平三　象5进7
（37）炮三平五　……

红平炮,错失戎机。应走车二进一,士5退6,相三退一,象7退5,马二退三,象5进7(车7平6,马三进五,红破士占优),马三进五,红方占优。

（37）……　　将5平4　　（38）车二退一　将4进1
（39）马二退四　车7平6　　（40）马四退六　……

如红马四进六,黑车6退2,车二退三,车6进6,黑优。

（40）……　　马3退4　　（41）车二平七　象7退5
（42）马六进八　炮1退1　　（43）炮五进四　车6进1
（44）车七退三　士5进6　　（45）相七进五　炮1平5

黑看准来势,炮镇当头,准备挥军掠阵。

（46）马八进九　车6平8　　（47）帅五平四　马4进6
（48）炮五平九　马6进7

黑马已到位,红败象已现。

（49）帅四进一　车8进5　　（50）帅四进一　炮5平3

黑平炮,攻守兼备,好招。

（51）车七平一　炮3进2　　（52）相五退三　卒4进1
（53）相三退五　马7退6　　（54）马九进八　将4平5
（55）车一进二　将5退1　　（56）车一进一　将5进1
（57）车一退一　将5退1　　（58）车一进一　将5进1
（59）车一退一　将5退1　　（60）炮九进三　象5退3

（黑胜）

本局柳大华失策于第37回合炮三平五,若改走车二进一,则胜败尚难预料。

3. 胡荣华回马退敌　张江弃子无功

这是2001年4月19日,首届BGN世挑赛预赛第一轮第二局的较量。头局胡荣华以精雕细刻的残棋功夫挫败河北国手张江,领先一局。此局由胡执红子先走再次与张角逐。

(1) 相三进五　炮8平5　　(2) 马二进三　马8进7

(3) 马八进七　车9平8　　(4) 车一平二　卒7进1

(5) 兵七进一　炮2平3　　(6) 马七进八　马7进6

输攻墨守,双方很快演成飞相对左中炮开局。胡已有一局在手,故采取以逸待劳,稳扎稳打的策略;黑方面临淘汰的威胁,所以主动扑马,企图从正面出击。

(7) 仕六进五　车8进6　　(8) 车九进一　马6进4

黑如马6进5,红可炮二平一,车8平7,马三进五,车7平5(炮5进4,车九平六,红先),车二进六,红方先手。

(9) 炮二平一　炮5进4

若黑车8平7,红则车九平六,马4进6,炮一进四,红方优势。

(10) 车九平六　车8进3

如黑马4退6,红则车二进三,炮5平8,车六进八,红方占优。

(11) 马三退二　马4进5

(如图178)

(12) 马八退七　……

图前一着,黑如改走马4退6(马4进6,车六进二,红大占优势),马二进三,炮5退1,马八进七红虽仍占优,但黑比失子好。现红回马金枪,黑必失一子,形势不妙了。

(12)　……　马5进7

(13) 帅五平六　士4进5

(14) 马七进五　炮3平4

(15) 车六平八　马2进3

(16) 仕五进四　……

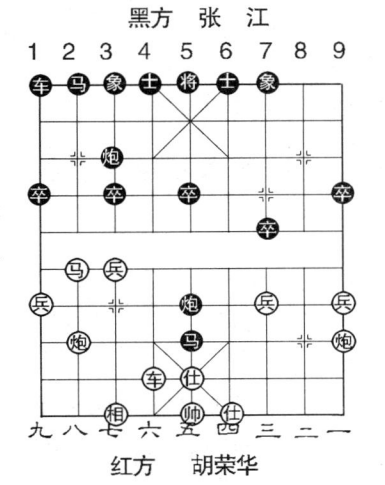

图178

红扬仕捉马,黑攻势顿解,红渐入胜境。

（16）……　　马7退6　（17）炮八平五　……

红架中炮,以攻为守,佳着。

（17）……　　卒3进1　（18）帅六平五　炮4平5

（19）马五进四　卒3进1

黑若马6进4,红则车八平六,马4退5,马四进六,红胜势。

（20）马四进六　车1进1　（21）炮五进五　象3进5

（22）马六退七　……

红兑炮后,回马吃卒,黑无力反扑了。

（22）……　　马3进4　（23）马二进四　车1平3

（24）相七进五　车3进3　（25）车八进二　马6退4

（26）马四进六　后马进6　（27）仕四进五　卒7进1

黑送卒,目的是调车左翼,作最后一拼。

（28）兵三进一　车3平8　（29）相五退三　卒9进1

如黑车8进5,红车八平三,红亦胜势。

（30）车八平五　卒5进1　（31）马七进六　车8进5

（32）车五进二　车8平7　（33）仕五退四　卒7退2

若黑士5进4,红则马六进四,将5平4,车五退一,马6进7,车五平六,红胜定。

（34）前马进七　将5平4　（35）马六进五　士5进4

（36）车五平六　（红胜）

4. 胡荣华攻守兼备　赵国荣苦战终败

2001年4月23日,首届BGN世挑赛预赛进入第三轮第二局比赛,由在头局失利的胡荣华执红子先走与黑龙江赵国荣对垒。

（1）炮二平五　马8进7　（2）马二进三　车9平8

（3）车一平二　卒7进1　（4）炮八平六　马2进3

（5）马八进七　车1平2　（6）车九平八　炮8进4

（7）车八进六　士4进5　（8）车二进二　象3进5

（9）兵七进一　炮8退3

战幕拉开,双方很快演成五六炮对屏风马左炮封车布局。红虽首局受挫,但能控制情绪,心平气和地投入战斗。如在第4回合平士角炮上,按常规走法,对手挺7卒后,红一般多走车二进六,黑接着马2进3,这时红有兵七进一或马八进七等攻法,将棋局演变成复杂激烈的对攻形势。然而红采取稳健的走法,准备与黑缠斗。红第8、9两个回合进车与挺七兵是互为联系的两着好棋。第9回合黑如车2平4,红则仕六进五,炮2退2,炮六进二,红方先手。

(10)车二进二　炮8平7　(11)车二平四　炮2平1
(12)车八进三　马3退2　(13)车四退三　……

红退车,以便调车攻黑右防,运子灵活。

(13)……　　　炮1平4　(14)兵五进一　卒7进1
(15)兵三进一　车8进6

黑弃卒抢占红兵行线,双方弈成较量中盘功夫的互缠局面。

(16)相三进一　炮7进4　(17)炮六平三　车8平7
(18)炮三退一　马2进4　(19)车四平六　马4进2

如黑车7平3,红则车六进一,马4进2　兵三进一,红方占优。

(20)炮三平五　车7平33　(21)车六进一　马7进6
(22)后炮平七　车3平9

黑可走马2进4,如黑走炮七进二(车六进四,车3进1,兵五进一,马6进7,黑势不错),炮4进5,炮五进四,马4进5,炮七进三,红虽亦占优,但黑足可抗衡。

(23)炮五进四　马2进4
(24)车六平五　车9平4

(如图179)

(25)炮七平三

图示,黑方调兵遣将袭击红左翼,依笔者愚见,黑应走马6进7,红如炮七平三,则象7进9,黑势不差。现红平炮反击,黑不好应付了。

(25)……　　　马6进7

若黑车4平7,红则炮五平三,车7平3,兵五进一,马6进7,车五平三,马7退5,前炮平七,车3退1,炮三平七,马5进4,车三平六,炮4进5,炮七进三,马

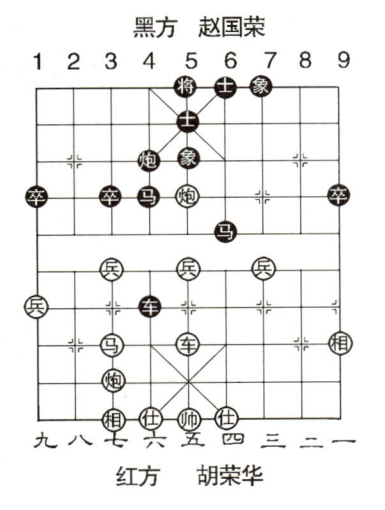

图179

4进3,兵五进一,红方占优。

(26)兵五进一　马4进3　　(27)仕四进五　将5平4
(28)车五平三　马7退9　　(29)兵五平四　车4平3
(30)相七进九　马3退4

黑如马3进5,则马七进五,车3平5,炮五平九,车5平1,炮九平一,红多兵占优。

(31)马七退九　车3平5　　(32)兵四进一　车5平6
(33)兵四平三　马4进5　　(34)马九进七　马5退3
(35)炮五退三　……

红退炮隔车,攻守兼备,正着。

(35)　……　　马3进2　　(36)炮五进一　卒9进1

如黑车6退1,红则炮五进二,红方好走。

(37)炮五平六　将4平5　　(38)炮六退三　卒3进1
(39)马七进八　卒3进1　　(40)马八进七　车6平5
(41)前兵平四　象7进9　　(42)车三平四　……

以上一段过招,双方调动兵马寻机进攻。红平车护兵守要道,徐图进取,好棋。

(42)　……　　马9进7　　(43)相一退三　象9退7
(44)车四进三　马2退4　　(45)车四平六　马4进6
(46)马七进九　马6进7

若黑炮4平2,则车六平八,马6进7,炮六平三,炮2平4,马九进七,红大占优势。

(47)炮六平三　马7退5　　(48)马九进七　将5平4
(49)兵四平五　车5平7　　(50)炮三平四　车7进3
(51)炮四退一　车7退4　　(52)相九进七　车7退1
(53)炮四进五　象5进3

黑应车7进5,红若炮四退五(仕五退四,马5进6,帅五进一,车7退1,帅五进一,马6退5,黑尚可一搏),则车7退5,红如重走可判和。

(54)相七退五　炮4退1　　(55)车六平五　马5进7
(56)相五进三　车7进1

黑若象7进5(象3退5,车五平八,将4平5,炮四平五,红杀),红则兵五平六,黑亦难以应对。

(57)车五平七　马7进5　　(58)仕五进四　车7平5

红扬仕,化解了黑方反扑,佳着;黑若马5进3,则红帅五平四,马3退4,车七平八,将4平5,车八平六,红胜势。

(59)马七退六　……

红退马连消带打,凶着;黑败局已定了。

(59)　……　马5进3　　(60)帅五平四　车5进4

(61)帅四进一　将4平5　　(62)炮四平五　（红胜）

胡荣华扳回一局后,可惜精力不继,在加赛快棋中负于赵国荣,无缘进入半决赛。

5. 胡荣华灵活善变　许银川跃马应招

2001年8月19日,第四届华南华东象棋名手对抗赛第二轮在广东番禺进行,由代表华东的老冠军胡荣华执红棋先走与新冠军华南许银川对垒。

(1)炮二平五　马8进7　　(2)马二进三　车9平8

(3)车一平二　卒5进1　　(4)车二进六　马2进3

(5)兵七进一　士4进5

两将轻车快马,演成了中炮过河车对屏风马先上士布局。此种阵法,胡荣华初出茅庐时已颇擅长;许银川来个旧阵重演,不排除想与老冠军探讨新变化。

(6)炮八平七　马7进6

红平七炮,是前粤队主教练、特级大师蔡福如爱用的招数,并曾于20世纪60年代以此击败过包括胡荣华在内的不少弈林高手。红除平炮外,也可走马八进七,成另一种变化。黑左马盘河,意在寻求新变化,尽管最终失利,但这种求索精神,应予提倡。如按往常走法,黑方这步棋可走炮2进4争取对攻。

(7)马八进九　象7进5　　(8)车九平八　车1平2

(9)兵七进一　象5进3　　(10)马九进七　卒7进1

(11)车二退一　马6进4

（如图180）

图前一着,黑若不走跃马过河咬炮,而改马6退7,红则车二平三,卒7进1（卒7平8,马七进六,红优）,马七进六,卒7进1,炮七平三,红方占优。

（12）兵三进一　车8平7

红弃马杀卒。黑考虑到红车封制左翼车炮，必须设法摆脱；若走马4进3吃马，红可车八进二，马3进4，帅五平六，红虽损一仕，但攻子灵活，优势明显，故黑平车。

（13）炮七平六　炮8平4

（14）车二平六　马4进5

（15）相七进五　炮2进4

如黑炮4进5兑炮（炮4平6，车八进六，红优），红车六退三，炮2进4，仕六进五，黑虽兵种较好，但红子位灵活占优。

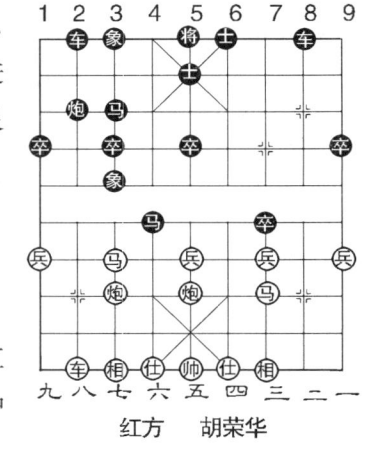

（16）仕六进五　炮4平5

（17）车六进三　炮5平8

（18）马七进六　……

红充分发挥灵活善变之所长，扑马攻马，使黑逐渐陷入困境。

（18）……　　　炮2进1　　（19）仕五退六　车7进2

（20）车六平七　车7平6　　（21）马三进四　象3退1

（22）炮六退一　卒3进1

黑挺卒，是希望通过兑马透松局势。黑如走车2进6，红可炮六平四，车6平4，炮四进二，车2退2，仕六进五，黑局势更坏。

（23）马六进七　退6进3

若黑炮8平3，红则马四进五，红方占优势。

（24）马七退五　车6退2　　（25）马五退六　车2进3

（26）车七退一　炮8进7　　（27）仕六进五　卒3进1

黑弃卒，目的是回炮牵车马，减缓红进攻速度。

（28）车七退三　炮8退4　　（29）炮六退一　炮2进1

（30）仕五进六　炮2平5

黑平炮兑车，不失为逆境下的一步好棋。

（31）车八进六　炮5退2　　（32）仕六退五　车6平2

（33）车七进二　车2平3

如黑车2进2，则红马六进四，炮5退1，马四进二，黑即成败势。

（34）马六进七　炮8进1　　（35）兵九进一　炮5平9

（36）炮六进六　……

红进炮既窥边卒，又可取势，老练。

（36）……　　　炮9退1　　（37）兵三进一　炮8退1

（38）炮六平五　将5平4　　（39）炮五平二　士5进6

（40）马七进八　将4进1　　（41）兵三进一　（红胜）

至此，黑如续走炮9平1，红则兵三平四，士6进5，炮二进二，士5退6，兵四进一，黑虽可拖延红取胜过程，但难谋和，故黑主动认负。如读者有兴趣，不妨翻阅屠景明编著的《象棋残局例典》等书。

综观胡荣华上述5个精彩对局，从中可领略到他技术全面、灵活善变、炉火纯青的棋艺。不论在开局、中盘还是残局，他均有精深不凡的功力。尽管他年事已高，但在象棋舞台上，仍宝刀未老，雄风犹在，实令人敬佩不已。

吕钦在第七届世界象棋锦标赛上的精彩对局

举世瞩目的第七届世界象棋锦标赛于2001年12月8日至13日在中国澳门综艺馆举行。来自中国、印尼、日本、越南、美国、法国、泰国、缅甸、德国、中国台北、中国香港、中国澳门等国家或地区的男女象棋名手参加了这次比赛。吕钦以1999年全国冠军的资格，与2000年全国冠军胡荣华，代表中国队参赛。据悉，这是吕钦第四次参加世界赛，此前他曾先后获得了1990、1995、1997年三次世界冠军。在这次比赛中，经过九轮积分编排制的角逐，中国吕钦以7胜2和的不败战绩，第四次荣获世界冠军。第二至六名依次是：中国胡荣华，中国台北吴贵临，越南郑亚生，中国台北陈国兴，中国香港赵汝权。

赛前，吕钦对记者表示，要第四次争取成为世界冠军。他还指出，这次夺冠的最大竞争对手当首推旷代棋王胡荣华，再就是中国台北特级国际大师吴贵临，越南的个别象棋高手也颇具威胁。吕钦也承认，由于传媒资讯业发达，海外一流棋手很快就能了解和掌握到中国的"新式武器"，因此想借助"飞刀"出奇制胜，恐怕不容易。他还强调，因只差一个世界冠军头衔而引以为憾的胡荣华，虽年事已高，但他一旦"聊发少年狂"，谁也挡不住。在2000年全国个人赛上，胡荣华就是在败一局的情况下，接连创下"六连胜"记录，第十四次荣登全国"榜首"，足见他具有出类拔萃的棋艺本领。

烽火燃起，一至七轮，吕钦与胡荣华披荆斩棘，均以5胜2和领先。值得一

提的是第六轮,吕钦与赵汝权相遇,在残局战中,赵为谋吕的马,不利用棋规求和而误走落相困马,使吕的马死里逃生,终以马炮双卒士象全战胜赵车兵单缺相(参看本书残局部分)。进至第八轮,陈国兴苦战顶和了胡荣华;令胡无缘问鼎。而吕钦则连克两将,成为迄今为止,获得最多世界冠军的象棋名将。现特选评他在这次世锦赛的3个精彩对局,让棋友一睹风姿。

1. 卸炮失当　李家庆损兵丢仕

12月10日,世锦赛进入第四轮较量,由吕钦拿黑棋后走迎战马来西亚名将李家庆。

(1)炮二平五　马8进7
(2)马二进三　车9平8
(3)车一平二　马2进3
(4)马八进九　卒7进1
(5)炮八平七　车1平2
(6)车九平八　炮2进4

列阵行兵,双方演成丁五七炮对屏风马右炮封车布局。红方第4回合也可走兵三进一,黑如卒3进1,则马八进九,卒1进1,炮八平七,马3进2,成另一种五七炮对屏风马开局定式;黑除右炮过河封车外,也可走炮2进2巡河或炮8进4左炮封车。

(7)车二进四　象3进5
(8)兵三进一　卒7进1
(9)车二平三　马7进6
(10)车三平四　车2进4
(11)马三进二　马6退7

红走外进马值得研究,宜先走仕六进五较稳健,黑退马正着。若黑马6进8,车四平二;红先。

(12)仕六进五　车8进1
(13)车四平六　车8平2

黑平车,枕戈待旦,佳着。

(14)兵九进一　马7进8
(15)炮七进四　卒9进1
(16)炮五平二　……

(如图181)

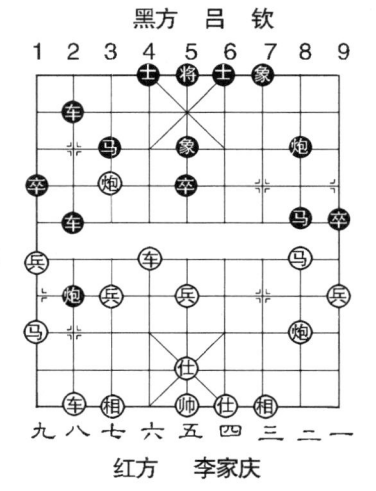

图181

图中,红卸炮攻马,暴露了中兵弱点,给黑有机可乘。如将平炮改走兵七进一,黑若炮2平9,则车八进五,车2进3,炮五平六,红较实战势好。

（16）……　　后车进2　　（17）炮七退二　炮2平5
（18）相三进五　前车进5

黑借兑反先　思路正确。

（19）马九退八　车2进6　　（20）炮二进三　车2退5
（21）马二退三　炮5进2

黑趁兑破仕,可见红卸炮之不智。

（22）仕四进五　车2平8　　（23）马三进四　车8平6
（24）炮七进二　卒5进1　　（25）车六平七　车6退1

黑退车牵住红车炮,老练。

（26）马四进六　车6平4　　（27）马六退八　炮8平9
（28）车七平三　炮9进4

黑炮取边兵,积少优为大胜,红局势难走了。

（29）兵七进一　车4平8　　（30）兵七进一　炮9退1
（31）马八退六　……

若红马八进六,则象5进3,马六进七,车8平3,黑胜定。

（31）……　　车8平5　　（32）车三进三　卒5进1
（33）马六退四　炮9平1　（黑胜）

至此,红知输兵损仕,续战亦败,故主动认负。

2. 投石问路　吕钦运子有方

吕"少帅"过关斩将,以3胜1和进入第五轮时,却遇到台北名将陈国兴拦住去路,吕凭执红棋先行之利,奋勇冲杀,终于又闯一关。且看吕如何出招。

（1）兵七进一　卒7进1　　（2）马八进七　马8进7
（3）炮八平九　马2进3　　（4）车九平八　车1平2
（5）马二进三　车9进1　　（6）车八进六　炮8进1
（7）相三进五　炮1平1　　（8）车八进三　马3退2
（9）车一进一　车9平2

双方投石问路,很快演成了对兵转三步虎对屏风马开局。这是一种打散手

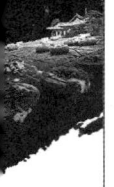

的柔性布局定式，表明了彼此准备角斗中残功夫。双方兑车后，红高横车以便集中子力攻黑右翼；黑洞悉来意，调车增援右防，正着。

（10）车一平四　车2进3　　（11）马七进六　马2进3

（12）车四进五　车2平4

黑如炮8进1，红马六进七，红方占先。

（13）车四平二　车4进1　　（14）车二平三　马3退5

（15）车三退一　……

红车杀卒，实惠之着。

（15）……　　　象3进5　　（16）车三平八　炮1进4

（17）车八退二　炮1退2　　（18）兵三进一　车4退1

（19）炮二进四　卒3进1　　（20）车八进二　……

（如图182）

如图，彼此势均力敌，犬牙交错，黑似无懈可击。然而，红经审形度势后，却抓住黑兑卒的微小破绽，进车串车卒，准备谋卒夺势。

（20）……　　　马5进3

（21）车八进二　马3退5

（22）兵七进一　车4平3

（23）炮二平三　马5进3

（24）炮三平九　……

红炮扫边卒，不仅得实利，而且可以伺机沉炮进攻。

（24）……　　　马7退5

黑退马损双卒，久缠下去，难以应付。应走卒9进1，马三进四（前炮进三，象5退3，红仍占优），马7进6，红方优势，但黑还可应付。

（25）炮九平一　马3进2　　（26）兵一进一　炮1进1

（27）车八平六　马5进3

黑不能炮1平9去兵，因红炮九进七得士大占优势。

（28）车六退三　炮1退4　　（29）车六进四　士4进5

（39）仕四进五　炮1进5　　（31）炮一退一　车3进2

（32）车六平七　马3进4　　（33）车七平八　马2退3

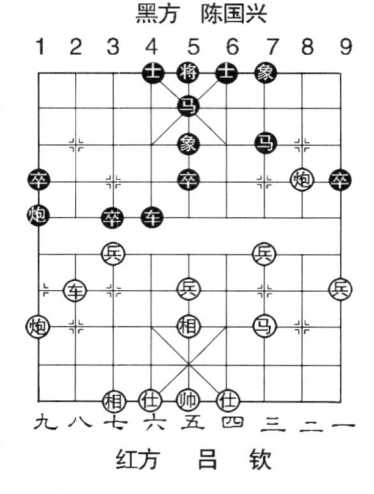

图182

(34)兵五进一　　车3平7

　　若黑马4退6,红车八退四,车3平7(车3平6,兵三进红优),车八进三,红大占优势。

　　(35)炮一进一　　马4进6　　(36)马三退四　　卒5进1
　　(37)马四进二　　车7平8　　(38)马二进四　　车8退3

　　黑如车8进3,则相五退三,卒5进1,车八退五,炮1退2,车八进一,车8退6,车八平五,车8平9,车五平四,车9进2,红亦占优,但黑比退车好。

　　(39)车八退五　　炮1退2　　(40)炮一退一　　卒5进1
　　(41)马四进五　　炮1平6　　(42)仕五退四　　炮6平5
　　(43)车八平四　　马6退5　　(44)仕六进五　　马5退7

　　黑若车8进2,则车四进二,红大占优势。

　　(45)车四平七　　马3进1　　(46)车七平九　　马1退3
　　(47)车九进四　　车8进2

　　如黑马7进5,则车九平八,亦是红优。

　　(48)车九退二　　……

　　红如车九平七,则车8平9,炮一平三,马7进5,车七退一,马5进7,马五进三,象5进7,兵三进一,红虽占优,但不及实战锋利。

　　(48)　　……　　　　炮5退1　　(49)马五进六　　士5进4
　　(50)炮一平五　　车8平9　　(51)车九进四　　马3退4
　　(52)车九平八　　车9退1　　(53)马六退七　　士6进5
　　(54)炮九进七　　车9平6　　(55)马七进八　　……

　　红扑马进攻,黑丢子败定矣。

　　(55)　　……　　　　将5平6　　(56)车八平六　　将6进1
　　(57)车六平三　　车6平5　　(58)炮九退一　　(红胜)

　　以下黑如续走士5退4,则红马八进七,士4进5,马七退五,士5退4,车三退一,将6进1,车三退一,将6退1,车三进一,将6进1,马五进六,炮5退3,炮九退一,士4退5,马六退七,士5进4,马七退八,红胜。

　　吕钦拿下此局,对于抢占鳌头,颇为重要。

3. 主力受钳　　马武廉丢驹败北

　　12月13日上午,棋赛进入第八轮,已临近尾声,由吕钦执黑棋后走对泰国

名手马武廉。

（1）炮二平六　　炮8平5　　（2）马二进三　　马8进7

（3）车一平二　　马2进3　　（4）兵七进一　　车9进1

（5）马八进七　　车9平4　　（6）车二进四　　车4进5

（7）炮六平四　　卒5进1

临阵排兵，双方弈成了过宫炮对中炮布局。

红方采用过宫炮这种锋芒内敛的开局，其优点是能集结子力于左翼，利于攻对方右翼；弊端是子力若不及时开通，容易拥塞受封制。黑方对付过宫炮除架中炮外，还有仙人指路、上马、飞象等应着，各成不同套路。黑第7回合进卒从中线进攻，是积极的走法。

（8）炮八进二　　炮1平1　　（9）仕四进五　　车1平2

（10）车九平八　　炮1进4

黑炮取边兵，目的是打通红方兵行线，好棋。

（11）马七进九　　车4平1　　（12）炮四平五　　……

红平中炮不如炮八进二，黑若车1平5（炮5进4，炮四平五，象3进5，车二平四，红还可应战），车二平三，红势比实战好。

（12）……　　　车2进3　　（13）炮五进三　　士4进5

（14）相三进五　　车1平4　　（15）车二平四　　车4退2

（16）兵五进一　　……

若红炮五退一，则马7进5，车四进二，炮5进3，兵五进一，卒7进1，黑势不弱。

（16）……　　　卒1进1　　（17）车四进二　　卒1进1

（18）炮八退二　　马7进5　　（19）车四退一　　……

红如炮五进二，则象3进5，兵三进一，车1进3，黑方占优。

（19）……　　　炮5平4　　（20）兵三进一　　车2进3

黑进车压炮，加强对红车炮的控制，佳着。

（21）马三进二　　车4进1　　（22）马二进三　　车4平5

（23）兵三进一　　车5进1　　（24）车八进一　　炮4进2

（如图183）

如图，红升车为的是摆脱黑车对车炮的牵制，准备兑子解困；黑将计就计，设下弃士谋子圈套，好棋。

（25）炮五进三　士6进5

（26）车四平六　车5平7

黑平车牵住红车马兵，使红难以反扑，老练。

（27）马三退五　车7退2

（28）车六退二　……

如红车六平九，则卒1进1，黑亦大占优势。

（28）……　　　卒1进1

（29）车六平八　……

此时不论红兑车与否，均要失子。若红走车六进二，黑卒3进1，红既要失子，车炮也受制，局势更坏。

（29）……　　　卒1平2

（30）炮八平六　车7平5

（黑胜）

至此，红失子已成败势，后虽续战至48回合终败。余下从略。

吕钦得胜后，在最后一轮又击败对手，终于圆了他的世界冠军梦。

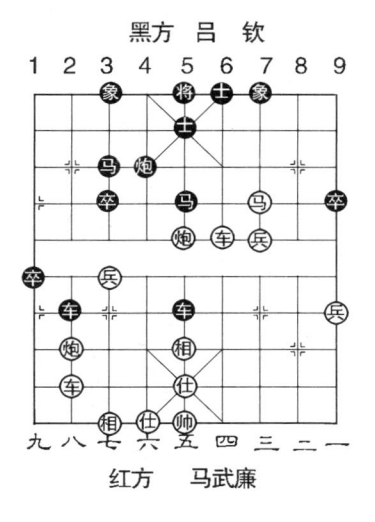

图183

许银川第12届"银荔杯"赛上的精彩对局

2001年3月28日至4月5日在北京中国棋院举行的第12届"银荔杯"象棋争霸赛，是许银川在新世纪头一年的第一大战役。早在1993年，年仅18岁的许银川即技压群英，勇夺全国个人赛冠军，成为继旷代棋王胡荣华之后，第二个在20岁以下夺得全国冠军的青年特级国际大师。许的棋艺全面，基本功扎实，善守能攻，对各种流行布局了然于胸，且有独到的见解，运用起来得心应手。他的中盘运子稳健细腻而带凶狠，能乘微小罅隙击败对手。他的残棋功夫精雕细琢，丝丝入扣，且有非凡的韧劲，在重大比赛中甚少出现明显失误。由于他年轻，但棋风已臻老成练达、挥洒自如，因而在棋坛中有"少年姜太公"之称。

第12届"银荔杯"争霸赛与前11届相比，有了重大改革。一是奖金额大幅度增加，男子冠军可获15万元人民币，亚军可获5万元，在国内赛中额度最高。二是棋手的参赛资格由原来历届全国冠军或境外区域冠军改为2000年全国个人赛男甲前八名，并将"冠军邀请赛"改为"象棋争霸赛"。三是在赛制方面由原来的单循环赛改为海轮分先两局单淘汰复赛（每轮两局慢棋弈和，则加赛一

局快棋决胜负,再和则再加赛一局,直至分出胜负为止)与六番棋决赛定冠亚军。

许银川以2000年全国亚军的资格,与胡荣华、吕钦、聂铁文、卜凤波、张江、苗永鹏、陶汉明等名将参加了这次角逐。复赛首轮许以1胜1和淘汰了张江;半决赛他与吕钦相遇,两局慢棋难分轩轾,加赛一局快棋又和,再加赛一局得胜。经过两轮6局(包括加赛在内)激战,最后与经过7局剧斗出线的陶汉明(陶加赛3局)进行六番棋决赛。

决赛第一阶段,许首局获胜,次局失利,第三局弈和,双方均无建树。第二阶段许连胜两局,终以3胜1和1负的成绩,提前1局夺取桂冠。现特选评他在这次复、决赛的四盘慢棋,供棋迷欣赏。

1. 攻守兼施　许银川露帅擒马

3月18日,"银荔杯"复赛进入首轮第二局较量。许在头局弈和的情况下,执红子先走,再与河北国手张江对阵。

(1)炮二平五　炮8平5　　(2)马二进三　马8进7

(3)车一平二　卒7进1　　(4)马八进七　马2进3

临枰排兵,双方以顺炮直车对缓开车布局揭开战幕。有趣的是,2000年全国个人赛,许与张对垒,也是采用同类开局,许第4回合走马八进九跳边马,张接走马2进3,炮八平七,炮2进4,兵七进一,炮2平7,兵七进一,车1平2,兵七进一,马3退1,仕四进五,车2进5,结果许胜,究其原因,不在于黑布局,而是输在中局出错。此次许改跳正马,不走旧路,变招了。

(5)兵七进一　车9进1　　(6)车二进四　……

红进车巡河,这从表面上看是求稳,其实是步攻守兼施的好棋,体现了许银川对布局研究之深细。若按常规走法改车二进六,黑则可马7进6与红对抢先手。

(6)……　　　车1进1　　(7)炮八进二　车9平8

黑方双龙出海,严阵以待,此着平车邀兑,是考虑到红左车床开出参战,可兑车争占战略据点。此时若黑改走车9平4,此外黑尚有两种走法:(一)车1平4,马七进六,红先;(二)车1平6,炮五平六,红方先手,马七进六,车4进3,炮五平六,车4平2,炮八进三,车2退2(炮5平2,兵七进一,车2平3,车九平八,红先),马六进七,红方占先。

(8)车二进四　车1平8　　(9)车九进一　车8平4

黑如车8进5,红则炮五平六,车8平7,车九平三,红方占先。

(10)马七进六　炮2平1　　(11)马六进七　车4进5

(如图184)

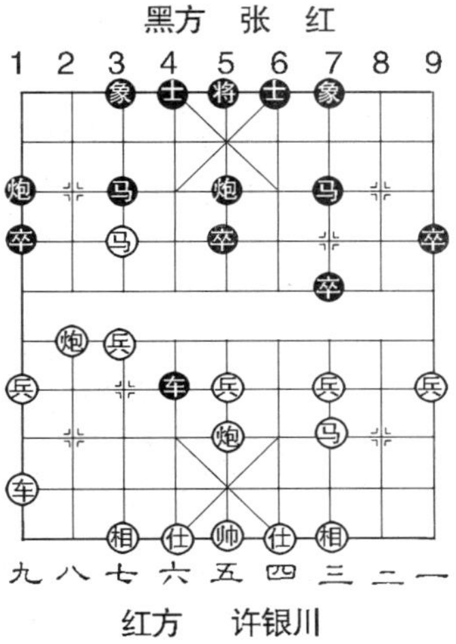

图示是开局转入中变不久的一个形势。黑进车准备伺机挥炮取边兵对攻,或平车窥七路兵及相,如改马7进6,则火药味较浓。

(12)兵三进一　车4平3

红胸有成竹,不畏黑车4平3捉相兵,已算准有良谋善后。此着如黑卒7进1,炮八平三,马7进6,车九平四,马6进5,车四进二,彼此成对攻局面。

(13)兵三进一　车3退1

黑车杀兵,是箭在弦上,不得不发。

(14)马七进九　象3进1

黑若炮5平1,则炮八进四,车3平7,车九平七,红优。

(15)炮八进四　车3平7　　(16)车九平七　马7退5

如黑马3退5,红马三退五,车7平2(炮5进4,车七进二,炮5退2,车七平五,红先),炮八平九,炮5进4,车七进二,红方占优。

(17)炮八平六　马3退2

依笔者愚见,黑退马不如马3进4一拼。

(18)炮六退六　车7退1　　(19)马三进四　马2进3

(20)炮六进五　马3进4

黑此时进马求兑,可见第17回合退马之亏。

(21)马四进五　炮5进4　　(22)仕六进五　车7退1

(23)帅五平六　……

红出帅避其锐气,伺机击其惰归,明智。

(23)　……　　象7进5　　(24)炮六平八　马5退3

(25)炮八进二　士6进5　　(26)车七进三　炮5进2

黑发炮击仕,准备与红悬崖搏斗。

图184

黑方　张　红
红方　许银川

(27)马五退六　　炮5平1

若黑车7进6杀相,则车七进四,马4进6(车7平6,帅六进一,马4进6,帅六平五,红优),车七平五,将5平6,车五平六,红优。

(28)车七进四　　车7退2

黑如车7平5,则车七平六,车5进1,马六退四,红得子胜。

(29)车七平六　　马4退3　　(30)马六进八　……

红露帅借杀谋马,黑败势难救了。

(30)　……　　前马进5　　(31)车六退二　　车7进3

黑不能车7进2保马,因红马八进七可得子胜。

(32)马八进九　(红胜)

2. 双龙受困　陶汉明初战失蹄

3月30日,"银荔杯"六番棋决赛开始首局决斗,由许银川拿黑子后行对陶汉明。

(1)兵三进一　　卒3进1　　(2)炮八平七　　炮8平5

(3)兵七进一　　马2进1　　(4)兵七进一　　马8进7

列阵交锋,双方走成对兵局转兵底炮对还中炮布局。红故意弃空头,卖个破绽,引黑上钩;黑自然不会上当。黑第3回合如炮5进4杀中兵,红则兵七进一,马1进1,马二进三,炮5退1(炮5退2,兵七平六,炮5进1,马八进九红先),马八进九,黑空头炮立不住吃亏。红兵渡河后,黑跳马准备出车,正着。

(5)相七进五　　车9平8　　(6)马八进六　　车1平2

黑开出双车参战,虽少一卒,但出子较快,布局阶段争先的战略目的已达到。

(7)仕六进五　　炮2平4　　(8)兵一进一　　士4进5

(9)马六进七　　车8进6

红如马二进一(车一进三,车8进4,黑先),车8进4,马六进七,炮5进4,黑势不差。

(10)马七进六　　卒5进1　　(11)炮二平三　　马7进5

(12)马六进五　……

若红炮三进四,黑则马5进3,马二进三,车2进3,黑亦占优。

（12）……　　象3进5　（13）兵七平六　车2进3

黑进车扼守要道，布局已取得满意效果。

（14）兵六平五　马5进3　（15）炮七进二　车8平5

（如图185）

如图185，红已意识到，开局已损失步数，双车至今仍未出动，如不进炮顶马，改走兵五平六，黑则马3进2，车九平七（炮七平八，车2平3，黑占优），车8平5，黑方占优；现黑车杀中兵打通兵行线，为进攻铺路，好棋。

（16）兵五平六　马3退2

（17）马二进一　车2进1

黑进车捉兵，红势不妙了。

（18）车一平二　车2平4

（19）车二进六　马2进1

黑扑马边隅，发动攻击，路向选得准。

（20）车二平三　……

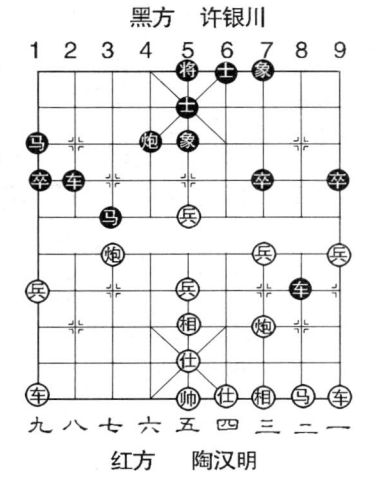

如红兵九进一（炮七平九，后马进3，黑优），前马进3，相五进七，马1进3，车二平三，马3进5，黑大占优势。

（20）……　　后马进3　（21）炮七平九　……

红若兵九进一，黑则马3进5，车三平八，马1进3，相五进七，马5进4，炮三平六，车5退1，黑大占优势。

（21）……　　炮4进3

黑进炮，明是保边卒，实质是准备摆中炮从正面出击，佳着。

（22）车九平七　炮4平5　（23）兵三进一　马3进4

（24）车七平六　……

红如马一退三，则马4进6，炮三平四，马6退7，黑亦大占优势。

（24）……　　车4退2　（25）马一进二　车5平1

（26）车三平五　……

若红马二进四（炮九进二，马1进2，黑胜势），马4进2，车六进七（车六平七，马2进3，黑杀），车1进3，车六退七，马2进3，黑胜。

（26）……　　马4退5　（27）车六进七　士5进4

（28）炮九进二　马1进2　（29）炮九平六　马5进7
（黑胜）

至此，黑已成车双马卒对红双炮马兵仕相全，胜负可判，红认负停钟收枰。

事后，柳大华对笔者说，陶汉明此局败在开局上，下了半盘棋，双车仍未出动，过于看重小兵，失先后一直被动挨打，有违《棋经论》"宁失一子，莫失一先"的明训。

3. 兵贵神速　许银川冷着屠龙

4月2日，六番棋决赛进入第四局较量，前3局双方1胜1和1负各无进账。此战由许银川执红子先走对陶汉明。且看许如何出招：

（1）炮二平五　马8进7　（2）马二进三　马2进3

（3）车一平二　车9平8　（4）马八进九　卒7进1

（5）炮八平七　车1平2　（6）车九平八　炮8进4

（7）车八进六　……

刀来剑往，双方布成五七炮对屏风马左炮封车阵势。这是广东队擅长的一种布局。此次比赛的第二局许银川也是采用这种布局，不同的是，许第7回合走车八进四，陶接走炮2平1，后因许中盘误走进炮攻马，导致失利。如此着红改走兵七进一，黑可炮2进4，兵七进一，炮2平7，兵七进一，车2进9，马九退八，马3退1，红无便宜。

（7）……　　炮2平1　（8）车八平七　车2进8

（9）车七退二　马3进2　（10）车七平八　马2退4

（11）兵九进一　……

红挺边兵，稳健走法。此着红亦可走车八平六，双方成对攻局面。

（11）……　　象7进5

黑补左象利在车可从贴身开出，弊在右翼空虚难于防守，效果如何，有待实战验证。

（12）车二进一　车2进3

黑切忌随走炮8平5，因红炮五进四可得子胜。

（13）马九进八　马4进2　（14）炮七平八　马2进4

（15）车二平六　马7进6

柳大华认为,黑左马盘河看似锋锐,但子力配备不上,不如马4进5兑炮稳当。

(16) 马八进六　士6进5

红扑马是步诱着,如黑随走炮1平4,红即马六进八,黑不能炮4进6打车,因红伏有马后炮杀势,红将得子胜势。

(17) 马六进八　炮1平3　(18) 相七进九　……

红飞边相正着,若改马八进七,将5平6,炮五平四,马6进5,车六进三,炮3进7,仕六进五,炮3退8,黑方占优。

(18) ……　马4进5　(19) 相三进五　马6进7

(如图186)

图前一着,黑进马杀兵胁相,意在争取对攻。若黑炮8退5,红车六平二,马6退7,相九退七,炮8平9,车二进八,马7退8,炮八平九,红仍占优。

(20) 相五退三　……

红落相既解黑马威胁,又为炮进攻开路。

(20) ……　车8进5

(21) 马八进七　将5平6

(22) 车六平四　士5进6

(23) 车四进五　炮8进1

黑如将6进1,红则炮八进六,将6退1,车四平一,车8退5,炮八进一,红胜势。

(24) 炮八进七　……

兵贵神速,红沉炮侧击,佳着。

(24) ……　炮3平4　(15) 马七退五　将6平5

(26) 马五进六　炮8平1　(27) 车四进一　车8平2

黑深知防卫残缺,无法防御,只好平车一搏。

(28) 马六退七　象3进1　(29) 车四平六　炮1进2

(30) 仕六进五　车2进4　(31) 仕五退六　车2退9

(32) 仕六进五　车2进9　(33) 仕五退六　将5平6

(34) 车六平四　将6平5　(35) 车四平三　……

红运用车马冷着,胜利在望了。

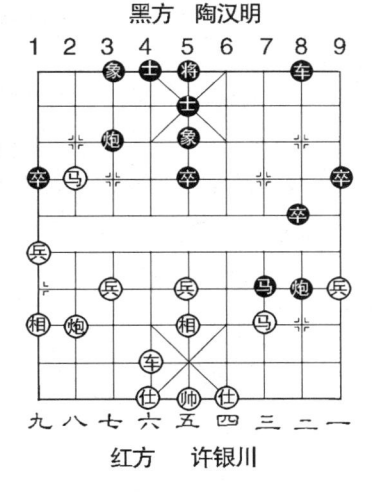

（35）……　　将5平6　（36）车三进二　将6进1

（37）马七退五　将6平5　（38）马五进七　将5平6

（39）车三退四　车2退1　（40）仕六进五　车2进1

（41）仕五退六　车2退7

如黑车2退5，红则仕六进五，车2平7，马七退五，将6平5，马五退三，红胜定。

（42）仕六进五　车2平3　（43）车三退二　车3进4

（44）仕五进六　炮1退2　（45）相三进五　（红胜）

至此，红已成胜势，黑放弃续战认输。

4. 图谋落空　陶汉明丢车受挫

4月3日，六番棋进入第五局激战。陶汉明此前已失一城，若此仗不借执先之利力争取胜，最后一局后手，则颓势难挽，故陶将全力拼搏。许银川亦深明其意，全神迎战。

（1）炮二平五　马8进7　（2）马二进三　车9平8

（3）兵七进一　卒7进1　（4）马八进七　马2进3

（5）车一平二　炮2进4　（6）车二进四　……

布阵阶段，红方第3回合挺七兵，有意避开流行的中炮过河车对屏风马平炮兑车阵式，不让对手摸到布局意图。如红此着改走车一平二，黑则卒7进1，车二进六，马2进3，兵七进一，炮8平9，这样就会弈成轻车熟路的开局定式。黑看准来势，第5回合连忙飞炮过河，准备待机采用"双炮过河"战术。红亦洞悉来意，升车巡河。若此着改兵五进一，黑接走炮8进4，红不易驾驭先手。

（6）……　　炮8平9

黑除平炮邀兑车外，亦可走炮2平7，相三进一，车1平2，成另一种变化。

（7）车二平四　象3进5　（8）兵五进一　……

红如兵三进一，则车8进4（车8进6，兵三进一，车8平7，炮五退一，红先），炮五平四，红方先手。

（8）……　　士4进5　（9）车四退一　炮2退2

（10）兵九进一　车8进8

黑进车"上二路"，看红如何应对再决定从左面还是右面反击，走得积极。

(11)炮八平九　车1平2

(12)车九平八　车8平3

(13)马七进九　炮2进3

(如图187)

如图,黑平车捉马后,红如马七进五,黑炮2进2攻车占优。此时黑针对红左车弱点,进炮轧炮攻马,不但能化解红兵九进一对河头炮的威胁,而且能封红左车,走得好。

(14)兵九进一　卒1进1

(15)炮九进三　卒3进1

(16)炮五平七　马3进1

黑马屯边,既令红卸炮窥马图谋落空,又可拦炮,好棋。

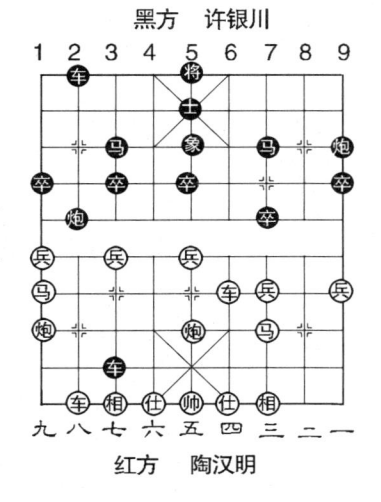

(17)相七进五　卒3进1　(18)相五进七　炮9平8

黑平炮明伏炮8进4谋子陷阱,实是为7路卒渡河开路,妙着。

(19)兵三进一　卒7进1　(20)相三进五　车3平7

如红第19回合不忍痛弃兵,改炮七平六,则黑炮8进4占优。现黑平车暗护7卒,局势渐入胜境。

(21)车四平二　炮8进2　(22)炮九平八　卒7进1

若红车八进一,黑车7平2,马九退八,炮2平5,黑得相占优。此时黑弃卒捉车凶着。

(23)车二进一　车7平1

红不能走车二平三,因黑炮8进5后,红局势崩溃。现黑平车兑子,红全盘受制,足见黑反应之机敏。

(24)车八进二　车1退2　(25)马三退五　马1进3

(26)炮八进三　车1平3　(27)炮七退二　车3进2

黑进车压炮,步步紧迫,红败势难挽了。

(28)车八进一　马7进6　(29)车二平四　……

若红车二进一,则黑马3进5,借杀得车胜。

(29)……　　　　马6退4　(30)马五退三　卒7进1

(31)兵五进一　……

红送中兵，目的是阻止黑平中炮成杀势。

（31）……　　卒5进1　（32）车四平二　炮8平7

（33）车二平三　卒7进1　（34）马三进一　卒5进1

黑双卒渡河，稳操胜券。

（35）仕四进五　……

红如马一进二，黑则炮7平5，仕四进五，（车三退三，车3进1，黑得子胜），卒7平6，车八退一，卒5平6，黑胜。

（35）……　　卒7平6　（36）炮七平八　炮7平5

（37）马一进三　炮5进3　（黑胜）

以下红只能相七退五，而黑马3进2得车胜。

许银川终于夺得了2001年第一大战役的胜利。

许银川在首届BGN世界象棋挑战赛上的精彩对局

由英国智力运动网络公司、中国棋院联合主办的第一届BGN世界象棋挑战赛，于2001年4月18日至7月20日在北京举行。这是外资首次注入中国象棋市场。BGN赛将连续举办5届，冠军可获奖金10万美元，亚军4万美元。它是中国象棋史上级别、规格、奖金最高的，具有划时代意义的一项重大棋赛，举世瞩目。

比赛分两个阶段进行。第一阶段为预赛，由获得前一年全国个人赛甲组前32名的棋手捉对厮杀，进行分先两局单淘汰制比赛，如慢棋弈和，则加赛快棋决胜负，直至决出两名优胜者进入决赛。第二阶段为预赛产生的两名优胜者进行八番棋决赛，每周对弈一局，并在中央电视台、电脑网络播出，让棋迷一睹决赛战况。预赛的抽签方法是根据棋手的最新等级分排列，前16位棋手为种子选手。比赛自始至终紧张激烈，引人入胜。

许银川挟持新获"银荔杯"赛冠军的神威，精神抖擞、斗志昂扬地参加了这次比赛。赛前他认真备战，结果功夫不负辛勤人，在预赛的四轮10局棋中，他以5胜5和的战绩获得决赛权。第一、二轮他以3胜1和分别淘汰了苗永鹏（对苗1胜1和），矮铁文（对聂2胜）；第三轮受到于幼华阻击，两局慢棋弈和，加赛一局又和，再加赛一局终于挫败对手；半决赛时，他首局与赵国荣弈和，次局因赵违规判负而获胜。决赛阶段，他与"银荔杯"赛"老对手"陶汉明进行八番棋比赛，结果以3胜3和的不败成绩，提前两局夺得这届棋赛冠军，赢得了2001年他个人竞赛第二大战役的胜利。许银川不愧为当今弈林的"第一条好汉"。目前，他的棋艺正处于巅峰状态，前程无可限量。

人们或许会问，许银川的棋艺实力如此强大，他有什么成功的秘诀？关于这个问题，并不是像笔者这样一个业余象棋"发烧友"所能解答得了的。不过，可以根据传媒的评价和许银川的有关谈话，尤其是对他步入全国棋坛十年来大量实战研探所得，谈些一孔之见。笔者认为，许银川棋艺之所以能如此非凡，除了他酷爱象棋事业，具有过人的天赋外，还与他谦虚诚恳、认真好学、刻苦钻研、孜孜探求的人品分不开。他不但经常放弃节假日休息时间，独自在训练场潜心用功拆棋，而且在训练比赛之余，到中山大学中文系攻读，以提高知识水平。他所写的短文《父亲送我上路》，谈到了他的学棋经历，深得棋迷喜爱。许银川学习十分用功，不是为了文凭，而是为了提高文化素质。他写的文章曾被推荐在《羊城晚报》上发表。他在《羊城体育》发表的60篇《银川棋路》棋评，不但见解独特，而且表现了他深厚的诗文功底。

在谈到此次夺杯的奥秘时，许银川说，一是自始至终都专心备战，二是有粤队众多师兄弟的帮助。决赛期间，主教练吕钦及其他队友都和他一同研究布局，针对比赛中有可能出现的布局变化，进行深入探索，并对下完的棋进行总结，预测对手以后将会采用的布局等。笔者曾电话询问过许银川，决赛三局先行为什么都采用中炮直横车对屏风马"两头蛇"开局，他说，这是备战时分析估计到的，可见，许银川弘扬了老元戎杨官磷的"练局"精神。杨老曾在他的名著《弈林新编》中指出："谱不可以尽弈之变，法不可以尽战之奇。关键在于棋手本身的功力和主观能动性的充分发挥。"所谓"练局"，就是对同一种布局，即使实战胜利了，也不等于就完美无缺，还要深入探索，看有无更好的招数。例如当年杨老的"左马盘河"布局，即使对手知道了，他仍敢于应用，让自己的布局功夫经受实战的考验。由于许银川在研棋时善于继承与创新，使他在决赛的布局方面，始终占上风，再加上他善于从对手的微隙处捕捉战机，因而能胜券在握。如在决赛的第1、5两局，本是和棋，他却赢了下来，一举夺冠。

"涉深水者得蛟龙。"成功的棋手都有一条共通之路，就是要读谱又不唯谱，勤于探索，反复精研细拆和实战，做到精益求精。尤其在当今资讯发达的时代，研究棋艺切忌思想僵化，照搬照套，而要与时俱进。要像许银川那样，发扬"术业有专攻"的精神。只要选准突破口，发扬专攻精神才能"涉深"，才能在茫茫弈

海中获得"蛟龙"。许银川不愧是新世纪棋坛的典范。

现特选许银川在这次比赛中的六盘精彩对局,与同好共探研。

1. 开门揖盗 苗永鹏首仗失利

4月18日,首届BGN世挑战开始了预赛头轮第一局交战,由许银川拿黑棋与辽宁苗永鹏较量。

（1）炮二平五　马8进7　（2）马二进三　车9平8

（3）车一平二　卒7进1　（4）车二进六　马2进3

（5）兵七进一　炮8平9　（6）车二平三　炮9退1

（7）炮八平六　……

对坐谈兵,双方演成中炮过河车对屏风马平炮兑车开局。红第7回合平炮仕角,是一种稳健走法。一般流行攻法是马八进七,士4进5,成另一种变例。

（7）……　　　车1平2　（8）马八进七　炮2平1

（9）兵五进一　炮9平7　（10）车三平四　炮7平5

（11）炮六退一　车8进8

黑左车进"上二路"捉红炮,已算定红将走炮六平五加强中路攻击力。若黑车2进8,红车九进一,黑无便宜。

（12）炮六平五　车2进8

（13）马三进五　马7进8

（14）兵五进一　卒7进1

（15）车四退一　马8进6

（16）兵三进一　马6进4

（如图188）

如图,虽然彼此六军齐全,但已成复杂激烈的对攻局势。黑双车犹如两把尖刀插入红方要害部位。图前一着,红贪卒恍似开门揖盗,其实此时红应改走车九进一邀兑,遏制黑方攻势,现黑策马入卧槽,红不好应付了。

（17）前炮平六　炮5进3

（18）马七进六　炮5平1

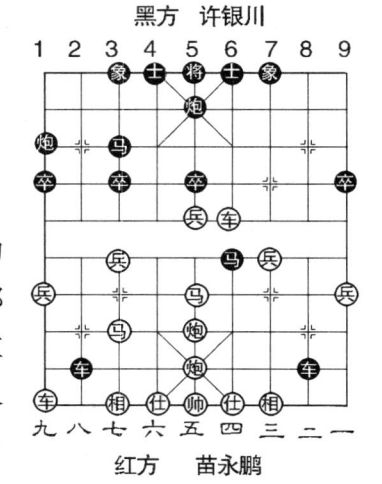

图188

（19）炮六平九　士4进5　　（20）兵九进一　前炮平5

（21）炮九平六　……

红平炮顶马,无可奈何,如误走炮五进四,黑马4进3即可胜定。

（21）……　　车8退2　　（22）马六退四　炮1平2

（23）马四进五　……

若红炮五进四,则黑马4退5可得子胜势。

（23）……　　马4退5　　（24）车九进三　……

如红马五进六,黑马5进6,车四退二,车8平6,马六进七,卒5进1,黑大占优势。

（24）……　　炮2进4　　（25）炮六平三　象7进5

（26）炮三退一　车2退1

（27）相三进五　炮2退2　　（28）车四退一　车2平4

黑平车占要位,红全盘受制。

（29）炮三进一　车4退1　　（30）车九退一　……

红若车九平六,则马5进4,车四平六,马4进5,黑得子大占优势。

（30）……　　炮2进2　　（31）马五进四　……

如红车四平五,则黑炮2平5得子胜势。

（31）……　　马5进6

若黑炮2进3,红可车九平六,车4进1,炮三平六,车8平4,炮五进四,车4进1,仕四进五,车4平5,马四进二,红尚有反扑机会,黑不合算。

（32）炮五平四　车4进2　　（33）马四进二　……

红若仕四进五（仕六进五,炮2进3,黑杀）,则马6进7,车九平六（车四平六,车8进3,仕五退四,车4平6,黑胜定）,炮2平5,黑胜。

（33）……　　车4平6　　（黑胜）

许银川先拔头筹,次局弈和,以1胜1和进入预赛第二轮。

2. 弃炮无功　聂铁文计穷力竭

4月20日,预赛第二轮首局战火燃起,由许银川执黑子后走出战黑龙江新晋国手聂铁文。

（1）炮二平五　马8进7　　（2）马二进三　车9平8

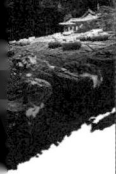

（3）车一平二　卒7进1　　（4）车二进六　马2进3
（5）马八进七　卒3进1　　（6）车九进一　炮2进1
（7）车二退二　象3进5　　（8）兵三进一　卒7进1
（9）车二平三　马7进6　　（10）车九平四　炮2进1

你来我往，红方以中炮直横车进攻黑方的屏风马"两头蛇"防地。

据悉，这种布局是"少年姜太公"许银川的拿手好戏，聂铁文以其人之道还治其人之身，不知是否有备而来。红第5回合如改走兵七进一，则成另一种套路。

（11）车四平二　车1进1　　（12）兵七进一　卒3进1
（13）车三平七　车8进1　　（14）车七平四　车1平6
（15）兵五进一　……

红如炮五平四，则马3进4，车四平七，马6进5，黑反先。

（15）　……　　　士4进5　（16）车二平六　炮日平7

红亦可马七进五，黑若炮8平6，则车二进七，炮6进3，车二平四，炮6退4，双方成均势局面。黑平炮通车，正着。

（17）相三进一　象5进3　　（18）马七进六　……

如红车六进七，而黑炮7平6，车四平三，车6平7，彼此成互缠局势，红比进马好。

（18）　……　　　马6进4
（19）车六进三　象3退5
（20）兵五进一　车6进4
（21）马三进四　卒5进1
（22）马四进三　车8进3
（如图189）

（23）炮五进五　……

如图，彼此经过一番交手后，黑多一中卒稍占便宜，但局势依然平淡。现红弃炮挑起战火，不如炮八退一待机而动为妥。

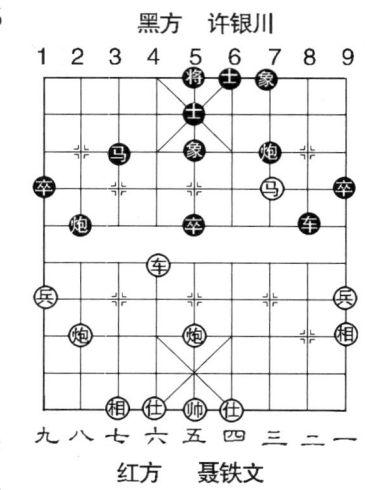

黑方　许银川

图189

红方　聂铁文

（23）　……　　　象7进5　（24）马三进五　士5进6
（25）马五进七　将5进1　　（26）车六平三　炮7进2
（27）车三平七　炮7退2

（28）车七平三　炮7进2　　（29）车三平七　炮7退2

（30）车七进一　……

红如再这样走下去，属于一车分捉二子，按国内棋规属违例，迟早要变，否则判负。

（30）　……　　炮2进1　　（31）炮八平七　炮2平5

（32）帅五进一　……

若红炮七进五，黑则炮7进4，帅五进一，双方成对杀形势，胜败未卜。

（32）　……　　马3进5　　（33）马七退六　将5平6

（34）炮七平四　士6退5　　（35）车七退二　士5进4

黑扬士顶马，红进攻已计穷力竭，黑稳持多子优势。

（36）车七平四　将6平5　　（37）马六退五　卒5进1

（38）炮四平五　车8退1　　（39）车四平三　炮7平5

黑平中炮后，红无术回天了。

（40）帅五退一　卒5进1　　（41）炮五退一　车8平6

（黑胜）

至此，红失子失势，续战亦难免一败，故主动认输罢战。

3. 率先出手　许银川再下一城

4月21日，由许银川执红子先走与先失一局的聂铁文进行一轮次局比赛。许不因有牌在手而有所松懈，依然谨慎。

（1）炮二平五　马8进7　　（2）马二进三　车9平8

（3）车一平二　炮8进4　　（4）兵三进一　炮2平5

（5）炮八进五　……

战幕拉开，果然不出所料，当红方摆下中炮阵势后，黑方即以半途列炮布局应战。这是一种对攻性强的开局，为攻击型棋手所喜用。然而，黑方的棋风不是大刀阔斧对杀型，为势所逼，只好"起飞脚"，采用此种布局定式，以求一拼；红也深明其意，采取"先为不可胜，以待敌之可胜"的策略，在不失先的前提下，兑子削弱黑方进攻力量，红第5回合进炮就是为此战略目标而采用的战术。红除进炮外，也可走马八进七，马2进3，车九平八，车1进1，兵七进一，红仍占先，黑亦可周旋。

（5）……　　马2进3　　（6）炮八平五　　象7进5

（7）兵七进一　……

红先挺兵再出正马，次序井然，如改走马八进七，黑则卒3进1制马，红无便宜。

（7）……　　车1平2　　（8）马八进七　　车2进4

（9）车九平八　　车1平8

黑如车2进5，红可马七退八，炮8平7（炮8平1，车二进九，马7退8，马八进七，炮1平3，马七进九，红方先手），马八进七，红方占先。

（10）车八进七　　马3退5　　（11）马七进八　　马5退7

若黑炮8平7，红马八进七，前车进5，马三退二，马5退7（车8进9，马七进八，红胜势），马七进六，红占优势。

（12）马八进七　　士6进5

（13）炮五平七　……

（如图190）

如图，双方已成蓄劲待发、各攻一翼的对攻形势。红深知进攻是积极防御的最好办法，于是抓住黑右翼空虚的弱点，卸炮侧攻，率先发难，好棋。

（13）……　　炮8平7

（14）马七进六　……

黑已无法调兵解右翼之危，只好以攻制攻，与红拼杀；红扑马窥象，准备弃子出击。

（14）……　　象3进1

（15）车八平九　　前车平4

如黑前车进5（炮7平1，车九平五，红胜势），红马三退二，车8进9，车九平五，红胜定。

（16）车九平五　　后马进6

黑若车4退2（车4退3，车五平三，红胜定），则车五平六，士5进4，炮七平八，红大占优势。

（17）车二进九　　马7退8

（18）炮七平八　　车4平2

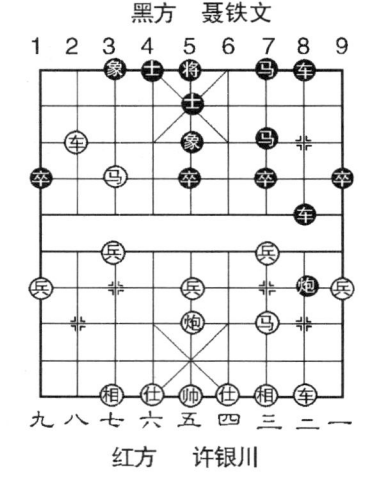

黑方　聂铁文

图190

红方　许银川

（19）炮八平九　　炮7进3

黑炮击相，不过强弩之末，舍此也别无良策。

（20）仕四进五　　卒1进1　　（21）马六退八　　将5平6

（22）炮九进三　　马8进9　　（23）兵七进一　　（红胜）

以下，黑如续走车2退1(车2进1,相七进五,炮7平9,炮九进四,将6进1,炮九退一,将6退1,马八进六,红胜定)，红炮九进四,将6进1,马三进四,红亦胜定。

4. 残艺功深　　许银川旗开得胜

6月7日，棋赛进入每周一局的八番棋首局决赛，由许银川执红子先行与经过预赛9盘棋酣斗出线的辽宁陶汉明对垒。

（1）炮二平五　　马8进7　　（1）马二进三　　卒7进1

（3）车一平二　　车9平8　　（4）车二进六　　马2进3

（5）马八进七　　卒3进1　　（6）车九进一　　炮2进1

（7）车二退二　　象3进5　　（8）兵七进一　　炮8进2

（9）车九平六　　士4进5　　（10）车六进七　　车1平3

两雄相遇，彼此驾轻就熟，布成了中炮直横车对屏风马"两头蛇"阵势。红第10回合进车助位，是近年流行的走法。以往，红多走兵三进一，成为风行棋坛的"四兵相见"变例，若演变下去，红仍占先。

黑第10回合如改走车1平4(卒3进1,车二平七,马3进4,兵三进一,红方先手)，车六平七,车4进2,车二平六,车4进3,马七进六,马3进4,兵七进一,红方占优。

（11）兵三进一　　卒3进1

（12）兵三进一　　卒3进1

（13）马七退五　　象5进7

（14）车二平七　　象7退5

（15）马三进四　　……

红右马盘河，走得积极。此着红也可走车七退一，黑则炮8平3,车七进一,红仍占先。

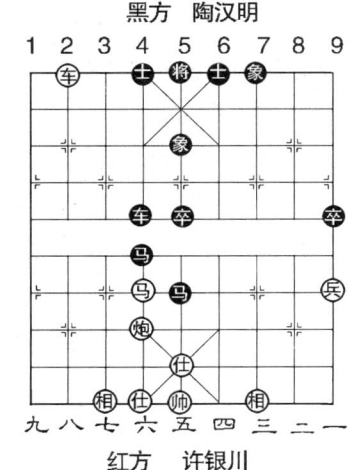

图191

(15) ……　　炮8平3　　(16)车六退二　马3退1

(17)炮五平四　……

红卸炮,准备调整阵形,体现了许银川"先为不可胜"的棋风。如红马四进六,变化较复杂;若车七退一杀卒,黑可马7进6反扑。

(17) ……　　车3平4　　(18)车六进三　士5退4

(19)车七退一　马1进3　　(20)车七进一　车8进1

黑升左车,使局势转向平稳,机智。

(21)相三进五　车8平4　　(22)马五进三　士4进5

(23)仕四进五　车4进7　　(24)相七进九　……

进入中局以后,红方一直进行内线调整阵形结构,飞边相,以避免兑子简化局面。如红炮四退一,黑炮2平3,炮四平六,后炮进2,炮六平九,前炮进2,仕五进六,红虽占先,但双车已兑掉,局势平淡。

(24) ……　　车4退6　　(25)炮八平六　炮3平6

柳大华认为,红方连环马位置好,黑7路马是个攻击弱点,平炮不如炮四退二,伺机炮四平三攻马;黑平炮兑子,正着。

(26)炮四进三　马7进6　　(27)车七平八　炮2进1

黑可走炮1退3,红如车八退一,则炮2平4,马四退六,马6进4,双方尚有一番缠斗。

(28)车八退一　车4退2　　(29)相九退七　卒9进1

(30)兵九进一　车4平2　　(31)车八平七　炮2平3

(32)马四退六　车2进4　　(33)马三进四　卒1进1

(34)兵九进一　车2平1　　(35)车七进一　车1平2

(36)相五退三　马3进1　　(37)车七平九　马1退3

(38)炮六平五　炮3平5　　(39)马六进五　……

以上一段交战,红方始终未有一子过河,足见双方运子严密。现红以马兑炮,取得兵种优势。

(39) ……　　卒5进1　　(40)马四退六　车2平4

(41)车九退一　……

若红马六进五吃中卒,黑马6进7将成和局。

(41) ……　　马3进2　　(42)车九平八　马2进4

(43)车八进六　士5退4

黑如车4退4,红则车八平六,士5退4(将5平4,炮五平六,卒5进1,兵五进一,红优),炮五进三,士4进5,兵五进一,马6进7,马六退四,红方占优。

(44) 炮五平六　马6进5

(如图195)

图前一着,黑马杀中兵,败着。柳大华指出,黑应走车4平2,红车八退四,马4退2,马六进五,马6进5,炮六平一,士4进5,炮一进三,马2进4,红成马炮兵仕相全对双马士象全,黑足可谋和。

(45) 马六进八　马4进2　(46) 马八进六　马2进4
(47) 仕五进六　马5退4　(48) 车八退四　马4退5
(49) 车八平五　马5退7　(50) 车五平三　马7进6

如黑马7进9,则红车三进四杀象后,黑孤象难保,红可成单车例胜马双士残局。

(51) 帅五进一　士6进5　(52) 车三退三　……

红退车捉马走得细致,如随后走车三平一杀边卒,则黑马6退7成和局,由此可见许银川残棋功夫的厚实。

(52) ……　　　　马6退5　(53) 车三平二　马5进7

若黑马5退7,则红车二进三得边卒可胜定。

(54) 车二进一　马7退6　(55) 相七进五　马6退7
(56) 相五进三　马7进6　(57) 帅五退一　马6退7
(58) 相三进一　马7进6　(59) 车二进二　马6退7
(60) 车二退二　马7退5　(61) 帅五进一　马5退6
(62) 相三退五　士5进4　(63) 车二进一　士4进5
(64) 帅五退一　将5平4　(65) 相五退三　将4平5
(66) 仕六进五　将5平4　(67) 仕五进四　将4平5
(68) 仕六退五　将5平4　(69) 仕五进四　将4平5
(70) 帅五平六　将5平4

柳大华认为,如黑士5退4,红可车二进二,马6进5,车二退一,马5进7,车二平一,马7进8,车一平六,马8退9,(士4退5,兵一进一,红胜定),车六进二,士4进5,车六平八,士5进6,车八进二,将5进1,车八平四,马9退8,车四退二,黑因未成马双象守和单车正和形势,红仍胜定。

(71) 车二平八　马6进8　(72) 车八进五　将4进1

(73) 车八退一　将4退1　　(74) 车八平五　马8进9
(75) 车五平八　马9退8　　(76) 车八进一　将4进1
(77) 车八退三　将4平5　　(78) 车八平六　马8退7
(79) 车六进一　……

至此，红已成单车对马卒双象残局，因黑未成正和局势，红胜定。

(79) 　　……　　马7进5　　(80) 车六退二　卒9进1
(81) 车六平五　马5进7　　(82) 相一进三　马7退6
(83) 车五平四　马6进8　　(84) 车四平二　马8退6
(85) 帅六平五　卒9平8　　(86) 相三退一　卒8进1
(87) 车二退二　马6进5　　(88) 车二平五　马5退6
(89) 相一进三　马6进8　　(90) 相三退一　马8退6
(91) 车五进三　马6进7　　(92) 车五退一　马7退6
(93) 车五平四　马6进8　　(94) 车四平二　马8进9
(95) 车四平八　将5平4　　(96) 车八平六　将4平5
(97) 车六进三　（红胜）

以下，黑只能象7进9，红车六平一必得象胜。柳大华指出，本局陶汉明败在第44回合马杀中兵，如改走车4平2，未必输棋。

5. 挥炮贪卒　许银川一波三折

7月6日，八番棋进入第五局决赛。前四局，许银川已取得1胜3和的战绩，此仗执红棋先走与陶汉明角逐。实战如下：

(1) 炮二平五　马8进7　　(2) 马二进三　卒7进1
(3) 车一平二　车9平8　　(4) 车二进六　马2进3
(5) 马八进七　卒3进1　　(6) 车九进一　士4进5
(7) 车九平六　炮2平1　　(8) 兵五进一　车1平2
(9) 兵五进一　……

排兵列阵，"少年姜太公"仍用本次决赛第1、3局中炮直横车阵式进攻陶的屏风马"两头蛇"防地。不同的是许第9回合在第3局走马三进五，结果握手言和，此回改冲中兵，加强正面攻势；陶在第6、7回合改走上士，平边炮，实战效果并不理想，第6回合还是炮2进1驱车较好。

（9）……　　卒5进1　（10）兵七进一　……

红弃七兵，可以减少黑对红左翼子力的牵制。如改走马三进五，黑可卒5进1，炮五进二，马3进5，黑有反击机会。

（10）……　　炮8平9

黑平左边炮，是陶爱用的战术。若改卒3进1，车二平七，炮1退1，马三进五，红方占优。

（11）车二平七　马3退4　（12）兵七进一　炮1平5
（13）炮八进三　卒5进1　（14）车七平三　炮5进5
（15）相三进五　象3进5

黑上象弃马，准备袭击红右翼。如改车8进2（马7退9，炮八平三，红优），炮八平三，象3进5，炮三平五，红方优势。

（16）车三进一　车2进3
（17）车六进七　车8进6

（如图192）

如图，彼此已成对攻形势。黑如车8进7，红马三退五，炮9进4，马五退三，炮9进3，仕六进五，双方成复杂的对攻局势，红多一子总好应付。

（18）马七进八　车8平7
（19）马八进六　……

红扑马弃马，准备采取反弃子战术，以攻制攻，是本局精华所在。

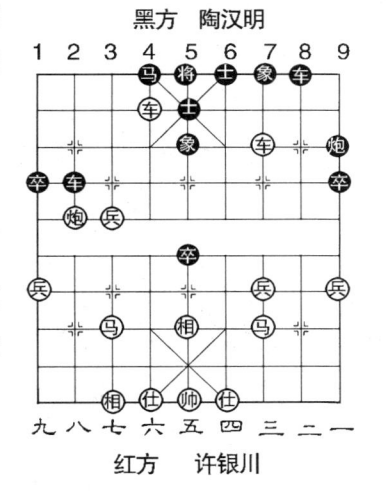

图192

（19）……　　车7进1　（20）车三平一　象7进9

红弃车砍炮，石破天惊，走得妙。黑如象5进3，则车一退一，车2进1（车2平9，炮八进二，马4进2，马六进七，红杀），马六进四，车7平6，马四退五，车6退6，马五进六，车2退1，马六进七，车2退2，车一平六，车2平3，前车平七，车6进5，车七退三，车6平1，兵一进一，车1平9，车七退一，红胜定。

（21）马六进五　车7平6　（22）马五进七　车2退2
（23）兵七进一　车6退3　（24）炮八进一　车6平5
（25）炮八平一　……

红挥炮贪边卒，不理想。许银川在回答笔者询问时，也承认走得不好。胡荣华在电视讲评时也指出,红如走兵七进一,可提前结束战斗。红进兵后黑有三种应法,但均红胜。

第一种:车5平3,炮八平五,士5进6,兵七平六,车2平3,兵六平五,士6进5,兵五进一,红杀。

第二种:车5退2,车六退二,车2平3,兵七进一,车5平3,车六进二,红胜势。

第三种:车5退1,车六退二,黑失双车败定。

(25) ……　　　车2平3

黑弃车换马,不失为下风棋势的一步好棋。

(26)车六平七　　车5退1　　(27)炮一退二　　马4进5
(28)车七进一　　士5退4　　(29)兵七进一　　车5平3

柳大华认为,黑方可先士6进5,如红车七平八,则卒5进1,黑还可抗衡。

(30)车七平八　　车3退1

黑应走马5进4,若红车八退四,则马4退3,车八平五,车3平5,黑势不亏。

(31)车八退五　　车3进4　　(32)车八平五　　象9退7
(33)车五进一　　车3平9　　(34)炮一平七　　……

如红炮一平五,而黑车9平5,车五进二,士4进5,车五退一,卒7进1,红车炮难脱身成和局。

(34) ……　　　车9平1　　(35)车五平三　　马5进3
(36)车三进四　　马3进1　　(37)炮七平八　　马1进2

柳大华告诉笔者,黑此时应走车1平3,如红车三退三,则马1进2,黑尚有谋和希望。

(38)车三退八　　车1进2　　(39)仕四进五　　车1退3
(40)车三进三　　车1退1　　(41)仕五进四　　车1平2
(42)帅五平四　　卒1进1　　(43)炮八平七　　车2平4
(44)仕六进五　　士4进5　　(45)炮七平五　　将5平4
(46)车三进二　　卒1进1　　(47)车三平九　　马2退3
(48)车九平七　　车4平6　　(49)车七进三　　将4进1
(50)炮五平六　　卒1平2　　(51)炮六退四　　卒2进1
(52)相五退三　　卒2平3　　(53)相七进五　　士5进6

黑因用时较紧,出此败招。若走将4进1,红虽占优,但黑还可一战。

(54) 车七平四 ……

红得士后,黑无力顽抗了。

(54) …… 将4平5 (55) 相五进七 卒3进1
(56) 炮六平五 将5平4 (57) 车四平六 卒3进1
(58) 车五退六 车6平4 (59) 炮五平六 车4平6
(60) 相七退九 士6退5 (61) 车五平六 马3退4
(62) 车六平四 车6平4 (63) 车四平五 （红胜）

至此,黑如再走士5退6,红则车五进四,士6进5,帅四平五,车4进2,仕五退四,红亦胜。对于此局取胜,许银川慨叹"真是一波三折"。

6. 弄巧成拙　陶汉明丢驹称臣

7月20日,决赛进入第六局鏖战,许银川已领先两局,夺冠在望。赛前陶汉明表示."输也要输得悲壮",表明了他力争求胜的决心。因此陶凭执红棋先走之利,与许进行悬崖拼杀。

(1) 炮二平五 马8进7 (2) 马二进三 车9平8
(3) 车一平二 卒7进1 (4) 车二进六 马2进3
(5) 兵七进一 炮8平9 (6) 车二平三 炮9退1
(7) 马八进七 士4进5 (8) 炮八平九 车1平2
(9) 车九平八 炮9平7 (10) 车三平四 马7进8
(11) 车四进二 炮7进5 (12) 相三进一 炮2进4
(13) 马七进六 马8退7

列阵行兵,双方轻车快马演成了中炮过河车对屏风马布局定式。陶汉明深知,自己在老冠特行列中"输在布局"。所以在决赛的三盘,都采用中炮过河车对屏风马平炮兑车先走开局。许银川亦心中有数,采取稳字当头,尽量避开与对手正面交锋,避其锐气,击其随归的策略。不同的是陶于第13回合在第2局采用马七进六左马盘河,第4局则兵五进一挺中兵;而许于第11回合在第2局是炮2退1驱车,第4局与本局一样,改走炮7进5,然后回马固防。

(14) 仕四进五 车8进5

黑进骑河车捉马是一种走法。如改走车8进6,攻防变化也很复杂。

（15）兵五进一　　车8平5　　（16）车四退五　　炮2进1

（17）兵七进一　　车5平4

红弃七兵是吕钦在"翔龙杯"电视快棋赛中对黄海林弈出的新招，此回陶汉明想来借用，他想不到许银川注重发挥广东队吕钦等"高参"的"智囊"作用，经过对这一布局总结研究后，已找到抗击办法，那就是平车杀马兑子。如黑卒3进1，红则车四平三，马7进6（车5平4，车三进二，车4退3，马三进五，红方占优），车三平八，红得子占优。

（18）车四平三　　卒7进1

黑先送卒后吃兵，是广东队发掘出来的新招。如黑误走卒3进1，红可车三进二，车4退3，马三进五，黑吃亏了。

（19）车三平七　　……

若红相一进三（车三进一，车4平7，相一进三，卒3进1，黑优），卒3进1，相三退一，马7进6，黑多卒且攻子灵活占优。

（19）……　　　　卒3进1　　（20）车七进二　　车4退3

（21）马三进五　　卒7平6

红如相一进三，黑象7进5，车七进一，马7进6，黑优。现黑平卒，正着。

（22）车七进一　　象7进5！

（如图193）

图中，黑飞左象是改进了的走法。若黑车2进6，红马五进七，炮2平3，车八进三，炮3退4，马七进八，马7进6，车八平七，红反占优。可见许银川研究布局之精细。

（23）马五进七　　炮2退6

（24）车八进七　　……

柳大华指出，目前局势，黑虽反先，但红并非败势。红进车捉马，错着。红应走车七平六，如黑车4进1，则马七进六，炮2平4，车八进九，马3退2，红尚可一战。

（24）……　　　　炮2平3　　（25）车八平七　　炮3进2

（26）车七退一　　车2进4　　（27）炮九进四　　象3进1

（28）炮九平八　　卒6平5

图193　黑方　许银川／红方　陶汉明

红平炮是防黑车 2 平 3 兑死车,如走炮九平五,黑车 2 平 3,红难谋和;黑平卒走得细,若随走车 2 平 3,红炮五进五可得车。

(29) 炮五进四　　车 4 进 2　　(30) 马七进六　　车 2 平 3

黑平车兑死红车,胜局在望。

(31) 车七退一　　车 4 平 3　　(32) 炮五平二　　卒 5 平 4
(33) 相七进五　　士 5 进 4　　(34) 炮八进一　　车 3 平 4
(35) 马六进四　　将 5 进 1　　(36) 相一退三　　车 4 平 6

黑平车钳马,红失子难免了。

(37) 炮二进一　　象 1 退 33　　(38) 炮八进一　　车 6 平 8
(39) 炮二平一　　卒 9 进 1　　(黑胜)

以下,红难解黑将 5 平 4 再士 4 退 5 捉死马之危,只好停钟认负。至此,许银川提前两局夺冠,赢得了 2001 年最重头戏的胜利。

柳大华赛后对笔者说,布局借鉴别人的战术是常有的,但不能拘泥于某些成功的战例,而要不断深研精拆,看有无更好的应对方法。本例广东队重视发扬团队精神,集思广益,发掘出第 18 回合送 7 卒和 22 回合补左象新招,化解了红方攻势,奠定了胜局基础。

综观决赛六局,足见许银川对布局研究的精细入微。不论先走或后走,布局始终不吃亏,加上中残的精湛功夫,取得胜利不能说是凭运气。"涉深水者得蛟龙",信哉斯言。

陶汉明大师的精彩棋局

不是"科班"出身的特级国际大师、吉林陶汉明,自 1987 年步入全国棋坛后,1989 年全国个人赛即获第五名,成为象棋国手。在 1994 年全国个人赛上,他力战群雄,冲破重重关卡,以 7 胜 5 和 1 负的成绩夺魁。这是我国第一位业余棋手获得全国冠军,引起棋界瞩目。

陶汉明棋艺全面,基本功扎实,布局不拘一格,且有独到之处。他先走爱用研究有素的仙人指路、进马或飞相局布阵;中盘算度精深,运子灵活、细腻,驾驭局势能力强;残棋功夫老练、细致。是一位身手不凡,蜚声海内外的弈林名将。

2001 年陶汉明在全国棋坛的一些重要大赛上有出色的表现,先后在第 21 届"五羊杯"全国冠军赛、第 12 届"银荔杯"争霸赛、首届 BGN 世界象棋挑战赛上夺得亚军,成为三赛"榜眼"。现选他在 2000 年至 2001 年间的 8 个精彩对

局,与棋友共同探讨这位名将的棋风特色。

1. 悬崖搏斗　陶汉明杀招锋利

2001年1月5日,第21届"五羊杯"赛头轮由陶汉明执红子先走与棋坛"司令"胡荣华对垒。

(1)兵三进一　马2进3　　(2)马二进三卒3进1

(3)炮二平一　马8进7

战幕拉开,陶摆出喜用的仙人指路转三步虎定式,久战沙场的胡荣华不慌不忙以上马转屏风马局接战,彼此均避开近年流行的炮8平7卒底炮变例,准备较量中残功夫。

(4)车一平二　车9平8　　(5)炮八平四　象7进5

(6)马八进七　马3进4

黑除进马外,亦可改走炮8进1巡河。

(7)车九平八　炮2平3　　(8)车八进四　卒3进1

黑送卒目的是牵制红方七路线上的马相,这是胡"司令"喜用的战术。黑如马4进3,红走车二进六仍占先。

(9)车八平七　车1进1　　(10)相七进五　车1平6

(11)车二进四　炮8退1

黑退炮表现了急于反攻的意图。

(12)仕六进五　车6进5

柳大华指出,黑进车过河企图平车压马,是退炮时做出的决策,其实此着改走车6进3较稳。

(13)车七平六　车6退2

黑车进而复退,无形中损失了步数。若车6平7,车六进一,车7进1,车六进二,炮3平1,车二进三,士6进5,车六平七,红方占优。

(14)马三进四　……

红跃马打车兑子,化解了黑方炮8平4的反攻,明智。

(14)……　车6进1　　(15)车六进一　卒7进1

(如图194)

(16)车六进二　……

如图,黑利用车横向牵制红车兵之机,挺卒活马。红洞悉来意,连忙进车捉炮准备对攻。

（16）……　　炮3进2
（17）兵七进一　　马7进8
（18）车二平一　　马8进7
（19）车一平二　　卒7进1
（20）车二进二　　……

红弃兵进车加强对黑车炮的封制,好棋。

（20）……　　炮3平7

黑平炮准备与红悬崖搏斗。如黑改走马7进9,红相三进一,士6进5,车六退一,炮3进3,炮四平七,卒7进1,车六平五,红不仅多兵,且子力占位好,黑颇难走。

（21）炮一进四　　……

红抓紧时机,挥炮取边卒窥中卒,凶着。

（21）……　　马7进6　　（22）炮一平五　　士6进5

红已出手,黑迫虎跳墙,只能扑马摧杀。如黑走炮8平5,红帅五平六,炮5进2,车六进二,将5进1,车二进三,红胜定。

（23）帅五平六　　炮7退4

红出帅助攻,妙着;黑退炮无可奈何,如走炮7进5,红帅六进一,红成绝杀。

（24）车二平三　　炮7平6

红平车暗伏弃车杀机,黑不能车6进2杀炮,因红车三进三,车8平7,车六进二即杀。

（25）车三进二　　……

红进车咄咄进迫,又是一步妙手。如红误走炮四进七,黑将5平6后,红攻势顿化泡影。

（25）……　　车6进2　　（26）车六进一　　（红胜）

至此,红伏车三平五,士4进5,车六平五杀着,黑若改走炮6平7,红车三进一即杀,黑只好停钟认负。

本局短小精悍,异彩纷呈,令人拍案叫绝。陶拿下此局后,遂以一胜五和得亚军。

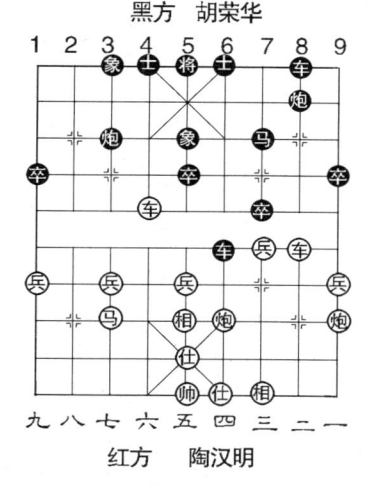

黑方　胡荣华

图194

红方　陶汉明

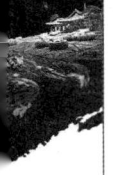

2. 突出妙手　陶汉明蛇随棍上

继第 21 届"五羊杯"赛后,陶于 3 月 28 日在中国棋院举行的 2001 年第 12 届"银荔杯"争霸赛上,又与胡荣华相遇。这次棋赛进行赛制改革,参赛者均为 2000 年全国个人赛的前八名,而且采用分先两局淘汰制,如慢棋弈和,则加赛快棋决胜负。下面是复赛首轮头局,由陶执红棋先走。

(1) 兵三进一　马 2 进 3　　(2) 炮二平四　车 9 进 1

(3) 马二进三　车 9 平 6　　(4) 仕四进五　车 6 进 3

(5) 马八进七　卒 3 进 1　　(6) 车一平二　马 8 进 9

列阵对垒,陶仍以娴熟的仙人指路拉开战幕,胡荣华不假思索还以上马局迎战。几着过招,双方弈成反宫马对单堤马布局。

(7) 炮八进二　卒 9 进 1

(8) 车二进六　士 4 进 5

(9) 炮八平四　车 6 平 8

黑不平车邀兑,如改走车 6 平 4,红则车九平八,车 1 平 2,车八进六,红方先手。

(10) 车二退一　马 9 进 8

(11) 车九平八　车 1 平 2

(12) 车八进六　象 3 进 5

(13) 前炮进四　炮 2 平 1

黑分炮邀兑车,准备尽快转入残棋较量。

(14) 车八平七　炮 1 退 2

(如图 195)

(15) 兵三进一　……

图中,彼此已成互缠局面。乍看去,黑似无懈可击;然而,红经一番筹算后,针对黑左马和中象弱点,突出巧手,送兵跃马。

(15) ……　　　卒 7 进 1　(16) 马三进四　卒 7 进 1

(17) 马四进六　车 2 平 3　(18) 兵五进一　卒 7 进 1

(19) 后炮平五　炮 1 进 1

红揪住黑中防痛脚,架炮从中路进击,黑则希望兑子以减轻压力。如走炮 1

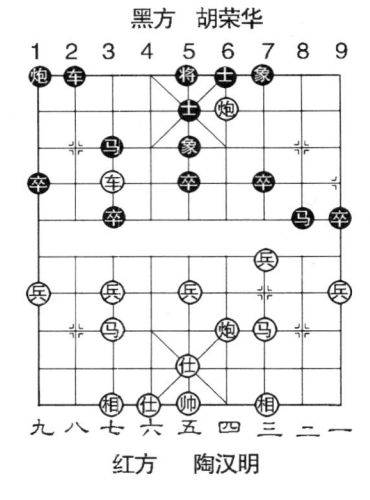

图 195

进2,马六进七,炮8平3(车3进2,车七平五,红优),炮五进四,红方占优。

　　(20)炮四平九　　马3退1　　(21)车七平五　　车3平4

　　(22)马六进五　　……

　　若黑马1进3,红车五平七,黑更难走。黑平车捉马,红连忙打蛇随棍上,采取先弃后取战术破象,渐入胜境。

　　(22)　　……　　象7进5　　(23)车五平二　　象5退7

　　(24)车二退一　　炮8平5　　(25)车二平一　　马1进1

　　黑因损卒失象,只好扑马一拼,如改走车4平3,红车一平三大占优势。

　　(26)车一平七　　车4进3　　(27)兵七进一　　马2退4

　　(28)车七平三　　炮5进5

　　如黑车4进3,马七进八,红亦大占优势。

　　(29)相七进五　　车4进3　　(30)马七进八　　车4平1

　　(31)马八进七　　车1平5　　(32)兵五进一　　象7进5

　　(33)车三平四　　象5退3　　(34)兵一进一　　……

　　红进边兵,胜局在望。

　　(34)　　……　　卒1进1　　(35)兵五平六　　车5退3

　　黑若卒1进1,红兵七进一,车5退3,车四退一,卒1进1,车四平六,红胜势。

　　(36)马七退九　　车5平1　　(37)马九退八　　车1进3

　　(38)马八退六　　车1平4　　(39)兵七进一　　马4进2

　　(40)车四退一　　象3进5　　(41)兵七进一　　(红胜)

　　至此,红已成车马三兵仕相全例胜车马卒单缺象,黑主动认输罢战。

　　陶首战告捷,次局胡荣华经过七个多小时130多个回合苦战扳回一局,后在加赛快棋中因疲劳而很快败阵。陶闯过此关后进入半决赛了。

3. 进炮攻马　许银川势如累卵

　　第12届"银荔杯"赛中,陶汉明经过两关酣斗后取得决赛权,与许银川进行分先六局决胜。3月31日,陶在先失一局的情况下,与许进行第二局较量。此仗由许执红棋先走。

　　(1)炮二平五　　马2进3　　(2)马二进三　　马8进7

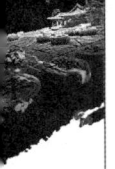

(3) 车一平二　车 9 平 8　（4）马八进九　卒 7 进 1
(5) 炮八平七　车 1 平 2　（6）车九平八　炮 8 进 4
(7) 车八进四　炮 2 平 1　（8）兵九进一　卒 3 进 1
(9) 炮七进三　……

刀来剑往，双方布成五七炮对屏风马开局，不同的是当黑方第 6 回合采用"左炮封车"战术后，红不走近年流行的车八进六左车过河战术，而用巡河车。红炮击卒，虽实惠，但局势平稳。

(9) 　……　　　象 3 进 5
(10) 炮七进一　士 4 进 5
(11) 炮五平七　车 2 平 4
(12) 相三进五

（如图 196）

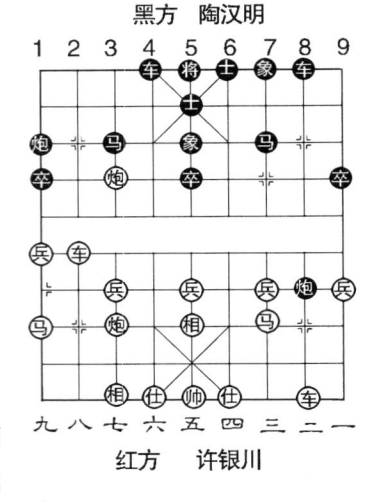

黑方　陶汉明

图 196

红方　许银川

图前一着，黑平贴身车，是反先佳着；红上相是步软着。笔者认为，红可走兵三进一，黑若炮 8 平 7，则相三进五，车 8 进 9，马三退二，红势不差。

(12) 　……　　　炮 8 平 5

黑炮击中兵兑车，主客易转了。

(13) 仕四进五　车 8 进 9　（14）马三退二　炮 1 退 2
(15) 马二进三　炮 5 退 2　（16）车八进三　车 4 进 2
(17) 马九进八　炮 1 进 5　（18）后炮平九　马 7 进 6
(19) 炮七平一　……

红平炮扫边卒不如马八进九，黑此时只能马 3 退 4，红车八平六，士 5 进 4，炮九进一，彼此尚有一番恶战，胜败难料。

(19) 　……　　　马 6 进 7　（20）马八进七　炮 1 平 5
(21) 炮九进一　……

红进炮打马，失着，应走炮九平七为妥。

(21) 　……　　　后炮平 3

黑平炮射闷宫，妙着。

(22) 帅五平四　……

若红走马三进五，黑则将 5 平 4，帅五平四，马 7 进 8，帅四进一，炮 3 平 6，炮一平四,象5进3,红亦难走。

(22)……　　车4进2　　(23)炮一退一　　卒7进1

(24)炮一平七　车4平3　　(25)车八平七　马7进9

黑紧握战机,拍马挺枪攻阵,红难抵御了。

(26)炮九退二　卒7进1　　(27)马三退一　车3平2

(28)车七进一　……

红如马一退三,则卒7进1,相五进三,车3平6,仕五进四,马9进7,仕六进五,卒7平6,仕五进四,车6进1,炮九平四,炮5平6,黑大占优势。

(28)……　　炮5平6　　(29)相五退三　……

红若马一退三(马七进九,卒7平6,帅四平五,车3进2,仕五进六,车3平1,黑胜势),则炮6退4,车七退一,卒7进1,黑胜势。

(29)……　　卒7平6　　(30)帅四平五　炮6平3

(黑胜)

临末,红不平帅,改走仕五进四,黑走卒6进1,帅四平五,马9进7,炮九平四,卒6进1,黑亦胜定。

柳大华指出,红第21回合进炮攻马,导致局势恶化、挨打。黑方弃马、卸炮攻杀,一连串杀招紧凑、锋利,值得借鉴学习。此次"银荔杯"赛陶汉明一胜一和三负得亚军。

4. 乘兑得象　陶汉明一路顺风

2001年4月25日,首届BGN世挑战初赛进入第四轮第二局比赛,陶汉明经过三轮7局(其中1局为加赛快棋),先后淘汰了三位名将。此轮首局,他执黑棋后走与广东吕钦对阵,死里逃生,下成和棋。本局由陶执红子先行。

(1)兵三进一　炮8平7　　(2)炮八平五　象7进5

(3)马八进七　卒7进1　　(4)车九平八　卒7进1

(5)马二进一　车1进1　　(6)车八进四　……

临枰对坐,双方以仙人指路对卒底炮转中炮对飞象冲卒过河开局揭开战幕。所不同者是红将车一平二的常用着法改为高车巡河。

(6)……　　车1平6　　(7)车八平三　车6进2

（8）车一平二　马8进6　　（9）仕四进五　车9平8

（10）兵一进一　马6进7

黑进马攻车，意在不让红出边马。此着也可走车8进6。

（11）车三平八　马7进6　　（12）炮二进五　马6进5

红进炮牵住黑方双炮象，令黑不能上士。如黑改马2进1（马6进7，车二进二，车6平7，炮五平四，红优），炮五平四，红方占先。

（13）相三进五　马2进1

（14）车八平二　卒1进1

（15）兵七进一　车6进1

（如图197）

（16）炮二平五　……

图前一着，黑进车巡河，是步不很明显的败着，这里不排除黑因首局优势被迫和，心理受影响，致使出现此步失着。如走车8进1，或炮7进5邀兑，尚无大碍。红炮击中象后，此后一路顺风。

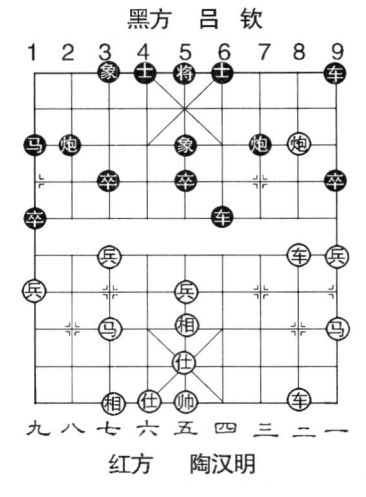

图197

（16）……　　　车8进5　　（17）马一进二　车6平8

（18）炮五平九　炮7平1　　（19）马二退三　车8进5

（20）马三退二　炮2平9　　（21）马七进六　……

彼此兑车后，形成双马四兵仕相全对双炮四卒单缺象残局，红无疑占优势。此时红跃马谋卒，黑取胜无望。

（21）……　　　炮1进4　　（22）马六进七　卒1进1

（23）兵七进一　卒1平2　　（24）兵七平六　卒2进1

（25）马二进三　士4进5　　（26）马七进六　炮9进3

黑若炮8平5，红马六退五，炮5进4，马五进三，炮5平9，马三进二，象3进5，马二进四，红亦占优，但黑势比实战好。

（27）马六退五　炮9平2　　（28）兵五进一　卒9进1

（29）兵五进一　……

红双兵结成连环，黑谋和困难。

（29）……　　　卒9进1　　（30）马五退七　卒2平3

(31)兵五进一　卒9进1　　(32)兵六进一　象3进1
(33)马七进九　炮2平5　　(34)马九进七　象1进3

因红有马七退八谋象之着,黑只好飞象逃避。

(35)马七退九　象3退1　　(36)马三进四　卒9平8
(37)马九进七　卒3平4

如黑走象1进3,红马七退八,卒3平1,马四进二,红大占优势。

(38)马七退八　炮1平2　　(39)马八进九　卒8进1
(40)马九退八　卒8进1　　(41)兵五进一　卒8平7
(42)马四进二　炮5平2　　(43)马八进七　后炮退2

黑如不退炮以防红马二进四进攻,而改走卒7平6,红则马二进四,后炮退4,马七进五,红胜定。

(44)马二退四　后炮退1　　(45)马七退六　后炮退1
(46)兵六平七　后炮平4　　(47)马六进四　卒4平5
(48)兵七进一　……

红冲兵直捣黄龙,黑攻守两难了。

(48)……　　　炮4平1　　(49)兵七进一　卒5进1

黑弃卒残相,孤注一掷。

(50)兵七平六　士5进6　　(51)前马进六　炮2平3
(52)马四进六　(红胜)

至此,黑必失子,故推枰认输。

陶汉明一胜一和淘汰了吕钦,夺得决赛权,并最终获得首届BGN世挑赛亚军。在2001年三次重大棋赛中,陶都成为"榜眼"。有人认为,陶汉明"运气"好。其实所谓"运气"者,实是"机遇"也!一盘棋的胜负有一个"机遇"问题。但要成功,还要有"条件",这就是棋手自身的棋艺实力,以及影响临场水平发挥的其他因素。例如许陶一局,许在第11回合不走进炮攻马;陶胡在"银荔杯"赛一局,胡第21回合不走平车捉马;陶吕在世挑战的对局吕在第15回合不走升车巡河,这些都给予了陶汉明"机遇"。但如果陶不具备棋艺功力厚实的"条件",纵使对手给予"机遇",也会把握不住。由此可见,陶汉明得此成绩并非侥幸。这也说明了一盘棋的胜败,一次棋赛的成绩,"条件"与"机遇"是相辅相成、缺一不可的。

陶汉明不仅在2001年的三大赛事中创出佳绩,而且在诸如2000年的全国团体赛、个人赛、"滕头杯"赛、"广洋杯"赛等赛事中也有精彩演出。

5. 丢仕损子　李家华丧师败北

2000年5月7日,全国团体赛进入第四轮对垒,由陶汉明后走迎战甘肃名将李家华。

（1）炮二平五　马2进3　　（2）马二进三　马8进7
（3）车一平二　车9平8　　（4）马八进九　卒7进1
（5）炮八平六　车1平2　　（6）车九平八　炮2进4
（7）车二进四　炮8平9　　（8）车二平四　士4进5
（9）兵九进一　……

输攻墨守,双方演成了五六炮对屏风马右炮封车布局。黑第6回合也可走炮8进4,成另一种阵式。红挺边兵,准备驱走黑过河炮。

（9）……　　炮2退2　　（10）车八进四　象3进5
（11）兵七进一　车8进8

黑进车"上二路"争取对攻,走法积极。此着黑也可走车8进6。

（12）兵三进一　卒7进1　（13）车四平三　马7进8
（14）车三平二　车8退3　（15）马三进二　马8进6
（16）兵七进一　……

红如马二进四,马6退4,黑好走。

（16）……　　马6进5　　（17）相三进五　卒3进1
（18）炮六平七　马3进4　（19）马二退三　……

若红车八平六,黑马4退3,炮七平八,车2平4,车六进五,士5退4,黑略占优。

（19）……　　卒3进1　　（20）车八平七　炮2进3

黑进炮轧马,实行横向牵制,正着。

（21）车七平六　车2进4　（22）仕四进五　卒9进1
（23）马三进二　象5进7　（24）炮七退一　炮9平4
（25）车六平五　炮2进1　（26）仕五退四　……

如红走车五进二,黑车2进3,相五进七,车2平8,黑优。

（26）……　　象7退5　　（28）炮七平三　炮2平1

(28）马二退四　炮1进1

（如图198）

图中，黑针对红左翼空虚的弱点，沉炮谋仕，好棋。

(29）马九退七　炮4进7

(30）车五平六　马4退3

(31）仕四进五　炮4退3

红第29回合不能走仕四进五，因黑有车2进3凶着；黑现兑马得仕，局势渐入佳境。

(32）马七退九　炮4平6

(33）车六平七　炮6退4

(34）马九进七　车2平7

(35）相五进三　车7平8

(36）车七进二　……

若红走炮三进八，黑象5退7，车七进三，炮6平5，黑方占优。

(36）……　　　车8进2　(37）马七进五　车8平5

(38）仕五退六　车5退1　(39）相三退一　卒5进1

(40）炮三平七　马3退4　(41）车七平九　……

红如炮七平五，则车5平1，炮五进四，马4进3，黑方占优。

(41）……　　　车5平8　(42）仕六进五　马4进2

(43）车九平六　……

红若车九平八，则马2进4，车八进三，士5退4，兵九进一，卒5进1，黑仍占优。

(43）……　　　车8平1　(44）仕五退六　车1平8

(45）相一退三　车8进4　(46）车六平三　马2进4

(47）炮七平一　卒5进1　(48）炮一进四　马4进5

(49）车三退三　卒5进1　(50）马五进七　……

如红车三平五，黑车8平7，马五退四（帅五进一，马5进7，黑得子胜），马5进7，黑得炮胜。

(50）……　　　卒5平6　(51）车三退一　卒6进1

(52）车三平四　车8平7　(53）车四退二　……

红若帅五进一,黑车7平4,黑胜势。

(53)……　　车7平6　(54)帅五平四　马5进7

(55)炮一平九　马7进6　(黑胜)

以下,红只能炮九平四,黑马6进4得马胜。

6. 左右受攻　徐天红失驹中箭

2000年6月3日,全国体育大会"滕头杯"棋赛进入第八轮交战,由陶汉明执黑棋迎战江苏"领班"徐天红。

(1)炮二平五　马8进7　(2)马二进三　车9平8

(3)车一平二　马2进3　(4)兵七进一　卒7进1

(5)车二进六　士4进5　(6)炮八平七　象3进5

驾轻就熟,双方布下了中炮过河车对屏风马先上士阵式。不难看出,黑方的意图是避开时下棋坛流行的诸如"左马盘河"、"平炮兑车"等新变例,采用20世纪60年代的旧阵法,这从策略上容易收到出其不意、攻其不备之效。黑如不补象,也可走炮2进4争取对攻。

(7)兵七进一　马7进6　(8)兵七进一　卒7进1

(9)车二退一　马6进4　(10)兵三进一　……

红不贪马是对的,如兵七进一(炮七进五,炮8平3,黑兑车得相占优),炮8平3,车二进四,炮3进7,帅五进一,炮3平1,黑弃子甚有攻势。

(10)……　　马4退3

(11)炮五平四　前马进4

(12)炮七进二　车8进1

黑及时升车,机智。

(13)车九进二　炮2退1

(14)车九平六　车1平4

(15)相七进五　……

(如图199)

(15)……　　炮8平7

如图,彼此六军齐全,红不仅多一兵,而且右车封锁黑车炮,看似占优;但黑经审局后,针对红

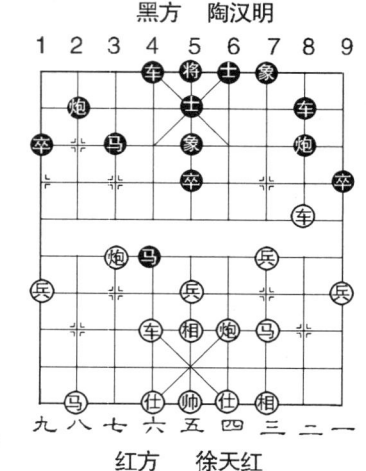

图199

右马弱点,兑车摆脱牵制,正确。

(16)车二进三　炮2平8　　(17)马三进四　马3进2

(18)车六平八　马2退3　　(19)车八平六　马3进2

(20)车六平八　马2进1

如双方不变可判和。黑经思索后,决定弃马反击。

(21)车八进一　炮8进8　　(22)车八平九　马4进5

(23)帅五进一　……

若红马四退五,则炮7进7,帅五进一,车4进9,黑弃子有攻势。

(23)　……　　炮7进7　　(24)车九平六　……

如红帅五进一,黑车4进5亦占优。

(24)　……　　车4平3　　(25)车六进一　马5退3

(26)炮四进一　马3进2　　(27)马四进六　炮8退5

(28)兵五进一　……

红若马六进四,则炮8平5,帅五平六(帅五平四,马2进4,帅四进一,炮5平6,炮四平三,士5进6,黑大占优势),炮5平1,帅六平五,车3进4,黑大占优势。

(28)　……　　马2退1　　(29)炮七平八　炮8进4

(30)马八进九　车3进7

黑进车捉马,增强攻击力,好招。

(31)马六进八　炮7退1　　(32)帅五退一　炮8进1

(33)帅五进一　炮8退6　　(34)炮四进三　士5进4

(35)车六退一　……

如红马八进六,则黑将5进1,马九退八,车3进1,帅五进一,炮8进4,黑胜。

(35)　……　　炮8进5　　(36)帅五进一　炮7平1

(38)马八进六　将5进1　　(38)车6平7　炮8平2

(39)炮八退一　……

红可车七退一兑车,黑若马1进3,则仕六进五,将5平4,马六退八,红尚可周旋。

(39)　……　　炮2进1　　(40)帅五进一　车3退1

(41)马九进七　马1进2　　(42)马七退六　炮2退3

(43)炮四平九　炮1平4　(黑胜)

临末,红炮不打边卒而改走马六进八,黑卒1进1,红亦难和。以下红如帅

五平六,黑将5平4亦得马胜定。

陶汉明此仗得胜,为吉林队跻身六强立下战功。

7. 回师不及 杨德琪弃甲曳兵

2000年11月1日,第三届"广洋杯"赛进入第二轮交战,陶汉明执黑棋后走迎战火车头杨德琪。

(1)兵七进一　炮2平3　　(2)炮二平五　象7进5
(3)马八进九　马2进1　　(4)车九平八　车1进1
(5)兵九进一　车1平4　　(6)马二进三　车4进3
(7)马九进八　……

你来我往,双方演成仙人指路对卒底炮转中炮对飞左象横车布局。在这次棋圣战首轮中,吉林洪智对黑龙江赵国荣时,洪第7回合改走车一平二,以下接走卒1进1,炮八进六,炮8平6,炮八平九,卒1进1,炮五进四,士6进5,车二进八,炮3退1,车二退一,车4平6,彼此成对攻局势,各有利弊。

(7)　……　　卒1进1　　(8)马八进九　卒1进1
(9)炮八进六　炮3退1　(10)车一平二　炮8平7
(11)车二进七　士6进5　(12)炮八平九　炮7进4
(13)炮九进一　……

红进炮急攻,如走相三进一,马8进7,车二退四,炮7退2,双方成对峙局面,黑势不差。

(13)　……　　马8进7　(14)车八进七　车4退2
(15)车八平六　士5进4　(16)兵五进一　车9平8

黑平车邀兑,进入无车棋势。黑因多卒且子位不差,局势好走,策略正确。

(17)车二进二　马7退8　(18)炮五进四　炮3平5
(19)兵五进一　炮7平1

黑平炮牵马,限制红马活动,好棋。

(20)马九进七　马1进2　(21)炮九退六　卒1进1
(22)马七退九　马8进7　(23)炮五进二　士4退5
(24)马三进四　卒7进1

(如图200)

如图,彼此经过一番交手后,已进入残局酣斗。黑多一卒,稍为占优;红为争主动,扑马谋卒,无可厚非。现黑挺卒除可避免消灭外,还可活马。

(25)相三进五　马2进4
(26)仕六进五　马4进6
(27)兵五平六　马7进6

黑闪马入卧槽,目的是进7卒;红平中兵意在谋黑3卒;黑上马,针锋相对,正着。

(28)马九退八　卒7进1
(29)马四退六　卒7平8
(30)马八进七　后马进5

黑进马控制红兵,佳着。

(31)兵六进一　卒9进1　(32)马七退六　马6进7
(33)帅五平六　卒8进1　(34)兵七进一　卒8平9

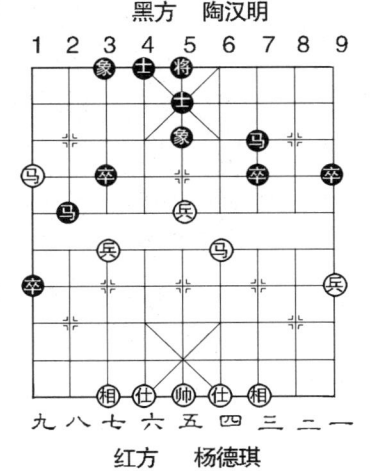

图200

目前,双方弈成双马三卒士象全对双马双兵仕相全残局,黑方占优是肯定的,但一时间尚难定胜负,要看临战水平的发挥。

(35)兵七进一　后卒进1　(36)兵七进一　马7退8
(37)帅六平五　马8退6　(38)马六进八　前卒平8
(39)兵七进一　卒9进1　(40)兵七平六　象5退7
(41)马八进九　卒9进1

黑方寻隙进卒,明智。

(42)马九进七　马6进4　(42)仕五进六　卒8平7
(44)仕四进五　卒9平8　(45)马七退九　象3进1

黑飞象控点,不让红马九退七攻马,老练。

(46)帅五平四　马5进7　(47)帅四平五　卒8进1
(48)马九进七　马7退5

黑回马使红不能马七退六占位,精细。

(49)马七退八　马4退2　(50)马八进六　马2进3
(51)马六进五　……

如红马六退七,黑马5进3,黑仍占优。

(51)……　马5退6　(52)马九进七　将5平6

(53)帅五平四　　卒7平6　　(54)马五退三　　马3退4
　　(55)马三进二　　卒1平2　　(56)马二进三　　卒2平3
　　(57)马三退二　　卒3平4

黑弃象平卒占要道后,已考虑到双马卒类残局对攻,一般是掠仕比掠象重要。

　　(58)马二退一　　马4进2　　(59)后兵平五　　卒4进1

黑准备弃马掠仕,已算准马双卒可成杀。

　　(60)兵五平四　　……

红若仕五进六,则马2进4,兵五平四,卒6进1,兵六进一,士5退4(卒8平7,兵六平五,红先杀),马七退五,士4进5,马五退四,卒8平7,马四退三,卒6进1,马三退四,卒7进1,黑杀。

　　(60)……　　　　卒4进1　　(61)兵六进一　　士5退4
　　(62)马七退五　　士4进5　　(63)马五退四　　卒4平5
　　(64)马一退二　　卒6进1　　(65)马二退四　　卒8平7

(黑胜)

以下红如再走马四退三,则黑马2进4成绝杀。

本局中,陶汉明表演了精巧细致的残棋功夫,令人惊叹。

8. 轻进边骑　　金波失炮招祸

　　2000年11月1日,全国个人赛进行第五轮比赛,陶汉明与火车头猛将金波对阵。此战由金执红子先行。

　　(1)兵七进一　　炮2平3　　(2)炮二平五　　象7进5
　　(3)马八进九　　马2进1　　(4)车九平八　　车1进1
　　(7)马二进三　　车1平6　　(6)炮五进四　　士6进5
　　(7)炮五平九　　卒3进1

临枰列阵,红采用仙人指路转中炮边马战术,陶还以卒底炮飞左象横车迎战。黑不用飞右象,是意识到这类布局变例近年颇为流行,而上左象则相对较少。况且在这次国赛前举行的第三届"广洋杯"赛上,他曾运用这种战术初见成效,此次再用,不排除意在试探对手有何新招策应。

　　(8)兵七进一　　车6进3　　(9)相七进五　　车6平3

（10）兵九进一　马8进7　（11）车一平二　马7进5

（12）仕六进五　……

红如炮九平三,则车9平7,车二进六,马5进6,黑好走。

（12）　……　车9平6　（13）车二进四　炮8平7

（14）炮八平六　炮7进4　（15）车八进六　……

红飞车过河不如车八进四稳健。

（15）　……　马5进6　（16）车二平三　车3平7

（17）车三进一　卒7进1　（18）马九进八　车6进4

（19）马三退二　……

若红炮九平一,则炮7进3,相五退三,马6进7,黑得相占优。

（19）　……　炮7平6　（20）车八平二　车6平2

（21）马八退七　炮3进4　（22）炮九平一　士5进6

（23）马二进三　……

红进马不如车二退二驱马,红势不错。

（23）　……　炮6平7　（24）车二进三　将5进1

（25）车二退五　马6进8

(如图201)

图中,红方多兵,黑方子力通畅,彼此成对攻局面。黑捕捉战机,乘隙而进,策马入卧槽,突破口选得准,好棋。

（26）炮六退一　车2进3

（27）马三退二　车2平3

（28）车二退一　炮3平1

（29）马二进一　炮7平6

（30）炮一平五　象5退7

（31）马一退三　炮6平7

（32）车二进五　将5退1

（33）马三进二　卒7进1

黑送卒遏阻红马进攻,正着。

（34）炮六进四　炮1进3

黑此时若不出手,后果堪虞。黑沉炮正确。

（35）仕五进六　车3退4

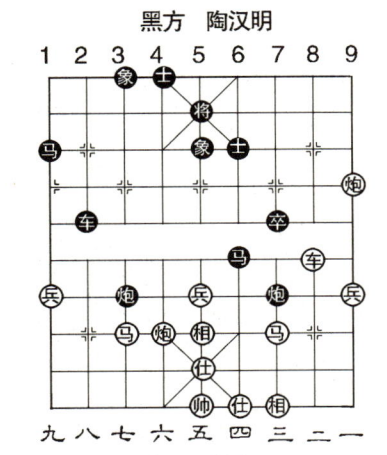

图201

（36）炮五退二　……

红退炮不如车二退二，黑卒7平8，马二退三，炮7退5，双方成对杀形势，胜败未卜。

（36）……　　　卒7平6　　（37）车二进一　车3平7
（38）马二进一　……

红轻进边骑导致失炮，不如炮五平七，彼此成复杂对攻形势，红还可反扑。

（38）……　　　车7进1　　（39）马一进二　车7平4
（40）车二平三　将5进1　　（41）车三退六　卒6平5
（42）马二进三　将5平6　　（43）车三进四　车4平6
（44）兵五进一　马1进3　　（45）马三退二　将6平5
（46）车三进一　将5退1　　（47）车三退一　将5进1
（48）车三平六　象3进5　　（49）车六退六　车6平2

以上一段激战，红虽失一子，但多兵且破黑士象，还可反扑。所以，黑趁红阵脚不稳之机，调动军马进攻，正着。

（50）马二退四　车2进5　　（51）帅五进一　马3进2
（52）车六平七　车2退1　　（53）帅五退二　马2进1
（54）车七退一　马1进2　　（55）相五退七　车2平4
（56）车七进六　……

如红车七平八，黑马2退3，相七进九，车4退1，黑胜势。

（56）……　　　将5退1　　（57）车七平六　马2退3
（58）相七进九　马3进1　　（59）车六平八　象5退3

黑下象暗伏杀机，佳着。

（60）马四退六　马1进3　　（61）车八退八　车4平5
（62）帅五平六　马3退4　（黑胜）

陶汉明在这届全国个人赛中虽未跻身六强之列，仅得第八名，但取得了第12届"银荔杯"赛的复赛资格。同时，我们从这几个精彩对局中也可窥见，陶的中盘攻杀、残局精巧细致的谋胜功夫确实非同凡响。

国际大师柳大华的精彩对局

被称为"东方电脑"的特级国际大师柳大华，是一位饮誉海内外的象棋高手。他的闭目棋至今仍然首屈一指，其最高记录是1对19人，令棋迷们大饱眼福,惊叹不已。

柳大华是20世纪80年代初,继杨官璘、李义庭、胡荣华之后,中国象棋界第4颗引人瞩目的明星。他于1978年全国赛获第三名;1979年第四届全运会棋赛获第二名;1980年、1981年两次荣获全国冠军;在全国个人赛中,1987年获第三名,1983年、1993年、1995年三次获第四名,1984年获第5名;在1988年第四届"七星杯"象棋国际邀请赛及"五羊杯"、"银荔杯"全国冠军赛中均获冠军。他技术全面,功力深厚,善攻能守,局面洞察力强,在逆境下仍顽强苦斗,尤善于兑子争先,运子攻杀,招数锋锐、泼辣、明快,给观战者留下了深刻的印象。但毕竟岁月不饶人,在赛制改革的2001年全国个人赛上,他创下了连和11局的趣闻。现选评他在2000年、2001年各类比赛中的六个对局,供同好赏析。

1. 柳大华牵制得机　吕钦强胜败兵

2000年6月3日,全国体育大会"滕头杯"象棋赛第八轮,由柳大华执红子与广东吕钦对垒。

(1)炮二平五　马8进7　　(2)马二进三　车9平8

(3)车一平二　马2进3　　(4)马八进九　卒7进1

(5)炮八平七　车1平2　　(6)车九平八　炮8进4

(7)车八进六　炮2平1　　(8)车八平七　车2进2

(9)车七退二　象3进5

你来我往,双方很快演成近年棋坛颇为流行的五七炮对屏风马左炮封车变例。柳大华曾告诉笔者:在现代棋赛中,特级大师在布局方面创新招,祭"飞刀"是不容易的,只能尽快转入中盘战斗,凭借中残功夫决胜,或将棋势引向错综复杂的待审局面,比试应变能力。对付"五七炮"进攻,黑第6回合还有炮2进2、炮2进4两种走法,各有不同变化。黑上象是稳健应法,如改马3进2,易成复杂对攻形势。

(10)兵三进一　马3进2　　(11)车七平八　卒7进1

(12)车八平三　马2进1　　(13)炮七退一　车2进5

(14)兵七进一　……

红如炮七平三,黑则炮1平3,马三退五,成另一种变化。

(14)　……　　炮8退5

(15) 车三平六　马1退2
(16) 兵七进一　象5进3

(如图202)

(17) 车六进三　象7进5
(18) 车六平八　……

如图,黑方高头象露出破绽,红进车捉马是"过门"动作,实际是想运车套住黑方车马。

(18) ……　　　车2进1
(19) 炮七进一　炮1进5
(20) 炮五平九　马7进6
(21) 仕四进五　马6进4
(22) 炮七进二　车2退1
(23) 相三进五　炮8进7
(24) 车八退一　卒1进1
(25) 马三进四　车2进1
(26) 马四进五　马4退5

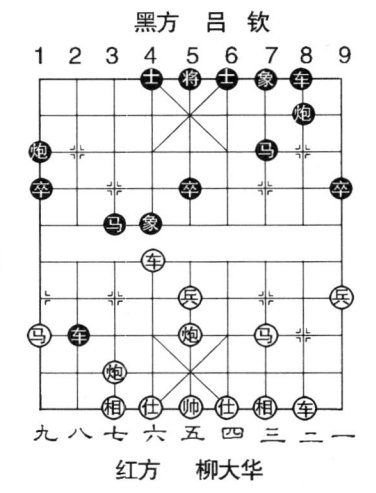

黑方 吕钦

红方 柳大华

图202

若黑马4进6,红仕五进四亦占优。

(27) 车八平五　马2进3　(28) 炮九平六　卒1进1

黑进边卒过于用强求胜,应改走车2退6,炮六进四,卒9进1,车五退一,车8进3,炮六平五,士4进5,炮七平三,将5平4,红仍占优,但黑比进卒好。

(29) 炮六进四　……

红进炮塞象眼兼窥边卒,谋势佳着。

(29) ……　　　车2平4　(30) 车五进一　士4进5
(31) 车五退一　马3进5　(32) 车五平四　马5进3
(33) 帅五平四　车4退2　(34) 炮七平三　将5平4

红伏有车二进一杀炮,黑只好出将回避。

(35) 炮三退三　马3退2　(36) 炮六平一　车4平5
(37) 炮一平二　炮8退2　(38) 车二进二　将4平5
(39) 兵一进一　……

红乘势渡兵助攻,好棋。

(39) ……　　　象3退5　(40) 兵一进一　卒1进1

（41）兵一进一　车8进2　（42）车二平三　……

红平车封黑左车，令黑难以反扑，老练。

（42）……　　炮8平9　（43）车三进二　马2退3

因红下有车三平八凶招，黑只好回骑救驾。

（44）炮三进一　马3退4　（45）炮三平五　车8退2

黑回车主要是防红车三退一凶着。

（46）车三平九　车5平3　（48）车九进五　马4退3

（48）车九退二　车8平7　（49）车九平五　……

黑第48回合平车求杀退矣，红车杀象后，黑败势难救了。

（49）……　　将5平4　（50）车四平六　马3进4

（51）车六进一　（红胜）

以下黑如走将4平5（士5进4，炮二平六，士4退5，车五平六，红杀），则车六进一，红胜。

柳大华此仗得胜，使广东队在此次棋赛中首尝败绩，险些夺冠"翻车"。

2. 赵国荣出帅招祸　柳大华转劣为优

2000年6月6日，"滕头杯"棋赛进行最后一轮角逐，由柳大华执黑子后走迎战黑龙江赵国荣。

（1）相三进五　炮8平6　（2）马二进三　卒7进1

（3）兵七进一　马8进7　（4）车一平二　车9平8

（5）马八进七　马2进3　（6）马七进六　车1进1

（7）炮八平六　炮2进3　（8）马六进七　车1平4

（9）仕四进五　炮2退1　（10）车九平八　炮2平7

（11）兵七进一　车4进5　（12）兵七平八　……

临枰对坐，彼此以飞相对士角炮布局揭开战幕。不难估计，双方志在角斗中残功夫；也不排除红方想通过缠斗，从中发现黑方错漏。红方平兵，准备从黑右翼入手进攻。

（11）……　　马3退5　（13）车八进四　马5进6

（14）炮二进二　象7进5　（15）兵九进一　车8进3

（16）炮二平四　……

红兑车，主要是防黑炮7平6渡卒反击。

(16) ……　　车8进6　　(17) 马三退二　马6进8

(18) 炮四进二　士6进5　　(19) 马二进三　马7进6

(20) 车八平二　马8退7　　(21) 炮六平九　……

红平炮窥边卒，准备从左翼切入攻城。

(21) ……　　车4退2　　(22) 车二平八　车4进1

(23) 炮九进四　车4平3　　(24) 炮九进三　马6退4

黑回马邀兑，正着。

(25) 炮四平六　车3退3　　(26) 炮六退四　炮6退2

(27) 车八平四　炮6平7　　(28) 相七进九　前炮平8

(29) 兵九进一　车3进3　　(30) 车四进二　炮8平7

(31) 炮六进二　卒7进1

黑面临逆境，与其受困待毙，不如冲卒一拼，思路正确。

(32) 炮六平五　车3退4

(33) 相五进三　后炮进5

(如图203)

如图红因有双兵连环，处于优势局面，但大意误走飞相扫卒，授人以隙。其实，此着红改走炮五平九仍保优势。黑发炮击相，寻得反扑机会，好棋。

(34) 马三退二　卒5进1

(35) 炮五平七　后炮退1

(36) 炮九退三　卒9进1

(37) 马二进四　前炮进1

(38) 马四进二　……

如红车四退四，黑前炮退2（前炮平1，炮七进五，车3退2，车四平九，车3进3，红仍占优），马四进二，前炮平4，马二进三，红方占优。

(38) ……　　前炮平3　　(39) 炮七平三　炮3平2

(40) 帅五平四　……

红出帅败着，应炮九平八兑炮稳占优势。

(40) ……　　炮2进2　　(41) 帅四进一　马7进8

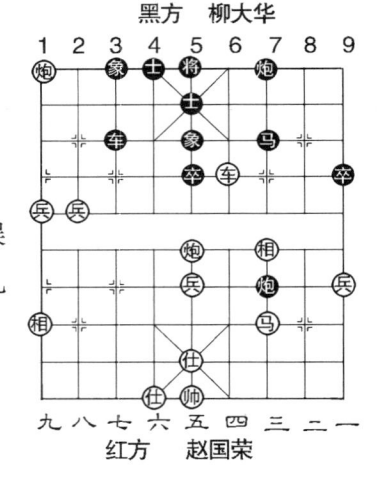

图203

(42) 炮三平二　炮 7 退 4　　(43) 车四退一　马 8 退 7
(44) 车四进一　炮 7 平 6　　(45) 车四平三　马 7 退 8
(46) 车三进二　车 3 进 1

红出帅招祸后,黑逐渐转劣为优,此时进车渐入佳境。

(47) 仕五进六　马 8 进 9　　(48) 车三平一　马 9 退 8
(49) 炮二平七　炮 2 退 3　　(50) 炮九平八　……

红此时兑炮,局面今非昔比。

(50) ……　　　马 8 进 6　　(51) 帅四平五　车 3 进 2
(52) 车一平四　马 6 退 4　　(53) 炮八退三　车 3 进 1
(54) 马二进三　……

若红炮八退一,车 3 平 5,帅五平六,马 4 进 3,炮八平七,马 3 进 1,黑大占优势。

(54) ……　　　车 3 平 2　　(55) 帅五退一　车 2 退 1
(56) 马三进五　车 2 平 8　　(57) 仕六进五　车 8 退 1
(58) 兵五进一　马 4 进 3　　(59) 马五退七　士 5 进 4
(60) 相九退七　……

红如马七进八,则士 4 进 5,相九退七,马 3 退 5,黑胜势。

(60) ……　　　马 3 退 5　　(61) 车四退四　马 5 进 3
(62) 兵一进一　卒 9 进 1　　(63) 车四平一　士 4 进 5
(64) 车一平六　车 8 进 2　　(65) 兵九进一　炮 6 平 7
(66) 车六平三　车 8 进 3　　(67) 仕五退四　马 3 进 4
(68) 车三平四　……

红不能仕六退五,因黑车 8 退 4 得子胜。

(68) ……　　　炮 7 进 9　　(69) 帅五进一　马 4 进 2
(70) 相七进五　车 8 退 1　　(71) 车四退三　车 8 退 2
(72) 车四平三　炮 7 平 8　　(73) 车三退一　马 2 退 1
(74) 马七退八　车 8 退 2　　(75) 兵八进一　马 1 退 2
(76) 马八进七　马 2 进 3　　(77) 马七退五　马 3 退 4
(78) 相五进七　……

若红马五退三,则黑炮 8 退 2 亦胜势。

(78) ……　　　炮 8 退 1　　(79) 帅五平六　车 8 平 2

（80）车三进三　车2进4　（81）帅六退一　车2退2

黑退车拴车马,红回天乏术了。

（82）帅六进一　炮8进1　（83）车三退三　炮8退5

（84）车三进四　马4进6　（85）马五进六　车2平4

（黑胜）

临末,红马五进六无疑是大错着,如改走马五进四,黑车2进2,帅六退一,马6进4,红亦要败局。此局红第40回合不出帅改兑炮,黑难以反扑了。

此战柳大华面对下风棋势,仍顽强苦战,终于云开见月明,值得学习。

3. 徐天红丢相挨打　柳大华牵制凯旋

2000年6月中旬,"滕头杯"棋赛战火刚熄,"嘉周杯"象棋特级大师邀请赛又在山东淄博市举行。除柳大华外,还有胡荣华、吕钦、许银川、徐天红、陶汉明、刘殿中、卜凤波共8人参加。比赛分两组进行初赛,然后两组同名次决赛;柳大华成绩仅次于许银川得第二名。

6月16日,柳大华执黑子后行与江苏徐天红对阵。

（1）兵七进一　炮2平3　（2）炮二平五　象3进5

（3）马二进三　卒3进1　（4）车一平二　卒3进1

（5）马八进九　车9进1

列阵排兵,双方演成仙人指路对卒底炮布局。笔者曾请教过柳大华,为什么近年棋赛流行走这种开局?他告诉笔者:目前的布局研究已向深细方面发展,我们想在布阵上讨点便宜颇不容易;首着挺兵,含有试探对手之意,它可视对手的应着来选择不同的应战方略。后行采用卒底炮不仅反弹力强,而且对攻机会较多,容易演成复杂多变的形势,所以广为棋手所用。黑方第2回合也可飞左象,成另一种布阵形式,本书已选有数例,读者可参考。黑第5回合除出横车外,也可走马2进4成另一种套路。

（6）车二进四　……

红上巡河车是常见走法,如改走仕六进五,车9平4,车九平八,车4进4,演变下去黑亦可抗衡。

（6）……　车9平4　（7）车九平八　车4进2

（8）仕六进五　马2进4　（9）炮八平六　车1平2

(10)炮六进六　车2进9

(如图204)

图示是由布局转向中盘不久的一个形势。红以炮换马,虽可得中卒,但双马呆滞;黑方局势不亏,这步棋效果如何,值得探索。若改走车八进九,马4退2,车二平七,红仍占先。

(11)马九退八　车4退2

(12)车二平七　卒7进1

(13)炮五进四　士4进5

(14)车七进二　马8进7

红方兑子后,虽有炮镇中场,但双马不灵活,相比之下,黑势不错;现黑上马胁炮,好棋。黑如卒1进1,则相七进五,车4进3,兵五进一,马8进7,炮五平三,炮3平4,马八进七,红方占优。

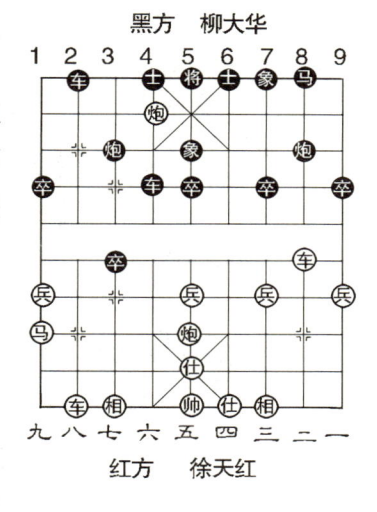

(15)炮五平三　……

若红炮五退一(炮五退二,马7进6,黑好走),则车4进3,黑优。如车七进一,马7进5兑子,黑兵种好也占优。

(15)……　　炮3进7

黑炮击底相,取势佳着。

(16)炮三平九　……

如红炮三进三(车七退六,车4进2,黑优),象5退7,车七退六,马7进5,黑方优势。

(16)……　　炮3退5　　(17)马八进七　炮8进3

(18)车七平八　……

红若车七进三,则车4退1,车七平六,将5平4,兵五进一,马7进6,兵五进一,炮8平5,黑方占优。

(18)……　　车4退1　　(19)炮九退一　车4平3

(20)兵三进一　……

红如车八平三,黑炮3平2,马七进六,车3进9,仕五退六,车3退4,黑大占优势。

(20)……　　炮8进2

图204（黑方 柳大华／红方 徐天红）

黑趁机攻马渡卒,佳着。

(21)马三进四　卒7进1　　(22)马四进六　……

红若车八平三,卒7平6,车三进一,炮3平7,黑大占优势。

(22)　……　　马7进8　　(23)马七进八　士5进6

黑扬士,未雨绸缪,老练。

(24)马八退六　士6进5　　(25)兵九进一　炮8退1

(26)兵五进一　……

上兵错着,红应后马进七,车3进4,车八进三,士5退4,炮九进四,红尚可一拼。

(26)　……　　马8进7　　(27)后马退四　炮8退1

(28)兵五进一　……

如红马四进三,黑炮8平5,帅五平六,车3平4,黑优。

(28)　……　　卒7平6　　(29)兵五进一　卒6进1

(30)马四退六　炮3进1　　(31)前马进四　炮8退2

(黑胜)

至此,黑退炮牵住红车马兵,红全盘受制,只好认输收枰。

4. 许文学误补仕相　柳大华侧攻捣营

2000年11月中旬,全国个人赛在安徽蚌埠举行。前四轮柳大华只是三和一负。11日进入第五轮,柳执黑棋后走与和他同样战绩的重庆许文学对垒。

(1)炮二平五　马8进7　　(2)马二进三　卒7进1

(3)车一平二　车9平8　　(4)车二进六　马2进3

(5)兵七进一　炮8平9　　(6)车二平三　炮9退1

(7)马八进九　……

刀来剑往,双方布成中炮过河车对屏风马平炮兑车阵式。所不同的是,红避熟就生,不走流行变例,改用旧式的跳边马,稳扎稳打。

(7)　……　　车8进8

黑进车"上二路",积极对攻,表现了求胜之心。如黑改走车8进5,则兵五进一,马3退5,炮八进四,炮2平5,马九进七,炮9平7,车三平四,马5进3,红先。

(8)炮八平七　……

若红兵五进一,则车8平2,炮八平七,马3退5,兵五进一,炮2平5,炮五退一,炮9平7,车三平二,炮5进2,炮七平五,红方好走。

(8) ……　　马3退5
(9) 车九平八　车1进2

黑如炮9平7(炮2平5,仕四进五,车1进2,车八进五,车1平4,车三平四,红先),炮五进四,马5进3,炮五退一,炮7进2,车八进七,车1进2,炮七进四,炮7平4,车八退一,马3退1,兵七进一,红势不差。

(10) 炮五进四　……

红若车三退一,则炮9平7,车三平六,炮7进5,马三退五,马5进6,炮七退一,车8退1,车六进二,炮2进4,黑先。

(10) ……　　马7进5
(11) 车三平五　炮2平7
(12) 相七进五　炮7进4
(13) 仕六进五　车1平6

(如图205)

图前一着红误补左相,铸成大错,若将飞左相改为相三进五,虽处下风,但尚不致成败势。黑平车左翼,已成几子归边进攻,红难抵挡了。

(14) 车八进五　象7进5

黑补象明智,如走车6进6,红马三退一,黑徒劳无功。

(15) 帅五平六　马5进7　(16) 车八平六　……

红若车八平三,则炮9平7,车三平六,士6进5,车五平七,车6进6,马三退一,车6退2,炮七退一,前炮进2,仕五进四,前炮平9,仕四退五,车8退3,炮七平一,车6进2,炮一进五,炮7进8,帅六进一,炮7退1,帅六退一,炮7平5,黑胜势。

(16) ……　　士6进5　(17) 车五退二　车6进6
(18) 马三退一　车6退6　(19) 炮七退一　炮7进2
(20) 仕五进四　车8退5　(21) 炮七退一　炮9平6

黑平炮攻仕施硬弓,胜利指日可待。

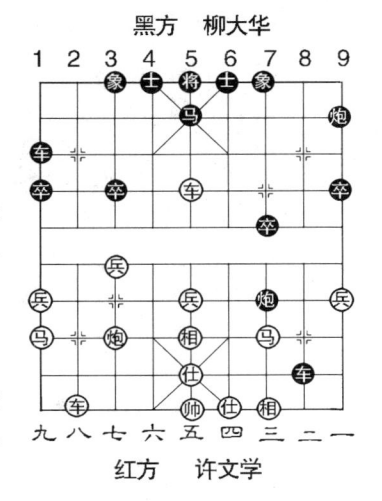

（22）仕四退五　炮6进8

黑亦可走车8进5谋马。

（23）马一进三　炮6退3　　（24）兵七进一　炮6平8

（25）相三进一　炮8进3　　（26）仕五进四　炮8平9

（27）兵七进一　将5平6

黑出将,消除红最后反扑,确保胜局。

（18）兵七平六　车8进6　　（29）帅六进一　车8平1

（30）相五进七　车6进5　　（31）车五平四　……

红不兑车也别无良策解救。

（31）　……　　车6退2　　（32）马三进四　炮9退1

（33）帅六进一　车1平4　　（34）帅六平五　车4平6

（黑胜）

至此,红如续走车六退一,黑马7进6,红亦难招架,只好推枰作负。此局充分显示了柳大华锋锐、泼辣、明快的棋风。

5. 孙勇征子力受困　柳大华炮辗丹砂

11月17日,2000年全国个人赛进入最后一轮,由柳大华拿黑子后走对上海孙勇征。

（1）兵七进一　炮2平3　　（2）炮二平五　象3进5

（3）马二进三　卒3进1　　（4）车一平二　卒3进1

（5）马八进九　车9进1　　（6）车九平八　……

开局后,双方轻车快马演成了仙人指路对卒底炮转中炮对飞右象冲3卒过河布局。柳冠特对"飞右象冲3卒过河"颇有研究,运用起来得心应手,效果也很明显。红不出左车而改走仕六进五,黑车9平4,车九平八,车4进4,成另一种变化。

（6）　……　　车9平4　　（7）炮五进四　士4进5

（8）炮五平一　马8进9　　（9）车二进四　卒3进1

黑进卒加强对红左翼压力,好棋。

（10）炮八进二　卒3进1　　（11）马九进七　……

如红炮八平九,则马2进1,炮一平九,车1平2,车八进九(炮九进三,车2

进9,马九退八,炮3进7,仕六进五,炮8平1,黑优),马1退2,相七进五,红势不弱。

  (11) ……　　马2进1

  (12) 马七进八　卒1进1

黑进卒邀兑,争先之着。

  (13) 马八进六　车1平2

  (14) 兵五进一　卒7进1

  (15) 车二进二　炮8平7

  (16) 马六退四　车2进4

(如图206)

如图彼此虽六军齐全,但红左翼车炮受牵制,中兵虚浮,而黑方双车灵活,且小卒已深入腹地,明显占优。现进车捉马,开始反击。

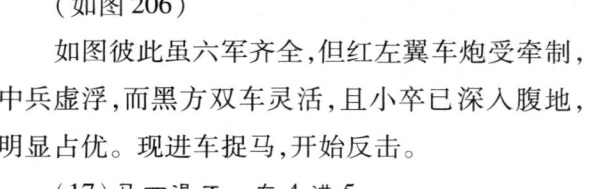

  (17) 马四退五　车4进5

  (18) 炮一退一　卒7进1

黑送卒,令红右翼子力受困无法脱身,好招。

  (19) 马五进三　车4退1　(20) 炮八退一　车4平2

黑强行兑车,已选准了突破口,反映了棋手对局面的洞察力强。

  (21) 炮八进二　车2进4　(22) 炮八平五　炮3进7

黑飞炮掠相采用"炮辗丹砂"战术,谋胜要着。

  (23) 仕六进五　炮3平6　(24) 仕五退六　炮6平4

  (25) 后马进五　卒3平4　(26) 相三进一　炮4平3

  (27) 车二平六　……

因黑下着卒4进1成杀,故红只有平车捉卒。

  (27) ……　　炮3退1　(28) 帅五进一　车2平4

  (29) 马五进七　卒4进1　(30) 帅五进一　马9进8

黑扑马催杀,红局势难挽了。

  (31) 车六退三　马8进7　(32) 车六平四　马1进3

  (33) 马七退八　炮3退1　(黑胜)

至此,红难解黑下着马3进4绝杀,只好认负。

从本局对弈可以看到,柳大华擅长攻杀的雄风犹在,精彩杀法令人喝彩。

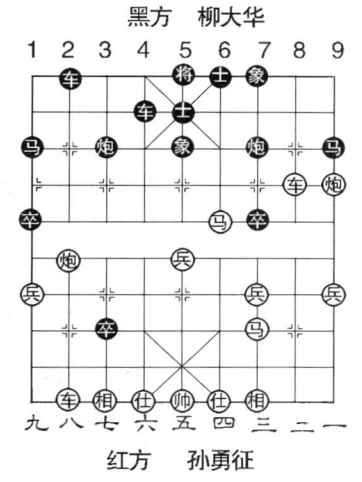

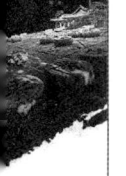

6. 柳大华谋卒夺象　徐天红落荒而逃

2001年第21届"五羊杯"全国冠军赛于1月5日起在广州举行。柳大华执红棋在8日第四轮中与江苏徐天红对阵。

(1) 相三进五　马2进3　(2) 兵三进一　卒3进1
(3) 马二进三　马3进4　(4) 仕四进五　炮8平4
(5) 马八进九　马8进7　(6) 马三进二　炮2进3

行兵布阵,红方摆出了飞相局阵势;黑方以上马转过宫炮迎战。对付飞相局用上马较少见,近年棋赛多走卒3进1、炮2平4等应着。黑进炮打马,目的是开出左车,但损一卒,各有利弊。

(7) 马二进三　车9平8　(8) 车一平四　象7进5
(9) 炮八平六　炮4进5

黑兑炮除可简化局势外,容易导致己方子力结构不协调,似走炮4平2封红车较好。

(10) 炮二平六　炮2退2　(11) 马三退四　马4进6

如黑马4进5吃中兵,红则车九平八,车1平1(炮2平3,车八进六,红优),车八进四,黑车炮受封,红方占优。

(12) 车四进四　炮2进3　(13) 车四退一　……

红退车保兵,不怕牵制,已找到反牵制办法。

(13) ……　车8进4　(14) 车九平八　车1平2
(15) 马九退七　……

红退马驱炮,不仅摆脱牵制,而且反牵黑车炮,好招。

(15) ……　炮2进1　(16) 炮六进一　车8平6
(17) 兵九进一　车2进2　(18) 车八进一　车2进3
(19) 车四平二　车6平4

柳大华指出,黑平车管炮空着,改走车6平8较好。

(20) 兵五进一　……

红挺中兵活炮,争先之着。

(20) ……　车4平8

黑若改走车4平6,则红炮六平四,且红下有炮四退一亦占优。

（21）车二进二　马7进8　（22）炮六平二　车2退4
（23）炮二退一　炮2退2　（24）马七进六　马8进7
（如图213）
（25）炮二进七　……

图前一着黑如车2平4,红则马六退四占优。目前形势,红紧紧抓住黑车炮被牵制、左翼空虚之机,沉炮侧击拓展优势。

（25）……　　　士6进5　（26）马六退四　炮2进2
（27）炮二退三　车2进4　（28）炮二平三　马7进6
（29）炮三平四　马6退8　（30）兵三进一　车1退1
（31）兵三平四　卒3进1
（32）兵七进一　车2平6
（33）炮四平九　炮2平6
（34）仕五进四　马8退6

双方兑子后,已转入残局战斗,红多兵显然占优;黑若不退马,改走车6进3去仕,红可车八平二,马8退6,仕六进五,红方大占优势。

（35）仕六进五　车6平9
（36）相五退三　车9进2
（37）炮九进三　马6退7

黑回马不如车9平8,红如车八进六,则车8退4,红虽占优,但取胜颇费周折。

（38）车八进六　车9平4
（39）兵五进一　卒5进1

黑如改车4退4,则红车八平六,士5进4,兵五平六,马7进5,兵九进一,形成炮三兵仕相全对马双卒士象全,因红七兵可以渡河,黑难谋和。

（39）车八平五　……

红破象后,黑难以应付了。

（40）……　　　车4退4

黑若卒5进1,红车五平七可再破一象而大占优势。

（41）车五退二　车4平1
（42）炮九平八　马7退6

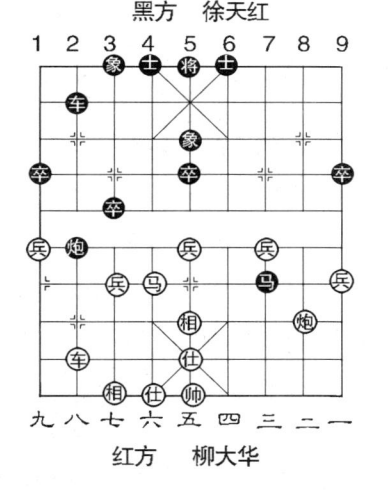

图207
黑方　徐天红
红方　柳大华

(43)车五平二　车1平2　(44)炮八平九　车2平1
(45)炮九平八　车1进3　(46)仕五进六　……

红扬仕露帅，迫黑出将，残棋功夫老到。

(46)……　　　将5平6　(47)炮八退一　士5进4
(48)车二进四　将6进1　(49)相三进五　车1平2
(50)炮八平九　象3进5　(51)车二平六　马6进5
(52)仕四退五　车2平1　(53)车六平一　车1退2
(54)车一退一　将6退1　(55)车一退一　将6进1
(56)炮九平七　车1平8　(57)相五退三　马5进3

黑不用马杀兵，久缠下去，亦难逃一败。

(58)车一平五　车8平3　(59)炮七平八　马3退2
(60)相七进五　车3平6　(61)车五退二　车6平7
(62)车五平八　车7平6　(63)炮八退一　将6退1
(64)炮八平九　士4退5　(65)炮九退六　马2退4
(66)车八平三　士5进6　(67)炮九平六　马4进2
(68)车三平八　马2退3

若黑车6平3，则仕五进四，车3进5，炮六退一，车3退5，仕六退五，黑亦难和。

(69)车八进四　将6进1　(70)车八退一　车6平3
(71)仕五进四　车3进6　(72)炮六退一　车3退6
(73)炮六平七　（红胜）

至此，红必得马，黑败定了。

从以上6个精彩对局可以看到，柳大华临场的中残功夫确实是卓尔不凡的。然而，话也得说回来，他毕竟是一个年过半百的沙场老将，与年富力强的棋国新星较量，在竞技状态方面将会难讨便宜，而且还会受到棋艺以外的因素影响，导致比赛中难以发挥正常的水平而影响成绩。但他的不少佳局，当我们观摩品评之后，仍然令人击节赞赏。

名将徐天红的精彩对局

华东名将徐天红是一位对象棋钻研执着、悟性颇高、技术全面，棋风稳健细腻，善守能攻，在国内外棋坛颇有声誉的弈林高手。

他出道以来,先后获得过1985年全国第四名、1986年全国亚军;在1989年全国个人赛上,他以7胜6和的不败战绩夺得"状元",成为自1956年全国个人赛开锣以来第七位全国冠军,我国第八位特级国际大师;1993年他参加第三届世界象棋锦标赛荣获世界冠军。此外,1996年5月他还为江苏队夺得全国男团冠军立下汗马功劳,并于同年荣获第七届"银荔杯"冠军赛冠军。近年虽因状态欠佳,成绩不理想,但毕竟功底深厚,仍有不少出色的表演令人赞叹不迭。为了学习他的精湛技艺,探讨他的棋风,笔者特选评他近两年在一些大赛中的四个精彩对局,以飨同好。

1. 误挺边兵　吕钦因小失大

这是2000年全国团体赛第二轮、广东与江苏对阵,两队台柱广东吕钦对江苏徐天红的一盘棋,由吕执红子先行。

（1）兵七进一　炮2平3　（2）炮二平五　象3进5
（3）马二进三　卒3进1　（4）马八进九　卒3进1
（5）车一平二　车9进1　（6）车九平八　车9平4
（7）仕六进五　车4进4　（8）炮五进四　……

战幕拉开,双方演成仙人指路对卒底炮转中炮对冲3卒飞右象阵式。红除炮打中卒外,也可走炮八平六,此后士4进5,车八进八,马8进9,炮五进四,卒9进1,相三进五,卒1进1,兵三进一,红仍占先手。据悉,这是柳大华爱用的招数。

（8）……　士4进5　（9）炮五平一　马8进9
（10）炮八平四　马1进4　（11）相七进五　炮8平7
（12）炮一退二　车4平6

黑移车左翼,准备攻红右马,正着。

（13）炮一平七　车6进1　（14）兵三进一　卒7进1
（15）炮七退一　……

红如车二进四,则黑车6平7,红吃亏。

（15）……　车6平5　（16）炮四进六　车5平7
（17）炮四平六　车7进1　（18）炮六退六　车7退1
（19）兵三进一　象5进7　（20）炮六进二　……

红高炮意在抢占中路。

（20）……　　车1平4

（21）炮六平五　　象7退5

（22）车二进六　　炮7进1

（23）兵一进一　　炮3进1

（如图208）

图前一招，吕特师挺边兵，因小失大，错着。依笔者愚见，红应走车八进六控制黑卒林线，黑如车7平9（卒1进1，兵一进一，红势不差），则车八平九，红仍占优。黑及时进炮赶车，正着。

（24）车二退二　　炮7进1

（25）车八进六　　炮3平7

黑运用"双杯献酒"战术，追散红双相，好招。

（26）相三进一　　前炮平5

（27）相一退三　　炮5平7

（28）相三进一　　前炮平1

（29）炮五平九　　车7平5

（30）相一退三　　炮7进4

红已陷入进退两难困境。如相一进三，则右车活动受阻；若退相则边马受攻。黑进炮攻马，实质是准备争占中场阵地。

（31）仕五进四　　炮1平5

（32）仕四进五　　炮7平5

黑舍炮残相，制胜妙着。

（33）相三进五　　车5进1　　（34）帅五平四　　卒1进1

（35）炮九平五　　炮5平6　　（36）车二进四　　……

若红帅四平五，则黑车5平1胜势。

（36）……　　车5进1　　（37）车八退六　　车5退3

（38）车四进一　　马9进7　　（39）车八平五　　车5平9

（40）车五平八　　马7进8　　（41）车四进三　　马8进7

（黑胜）

本局徐特师抓住红挺边兵的微隙，表演了一系列功力厚实的运子功夫，颇值得借鉴。

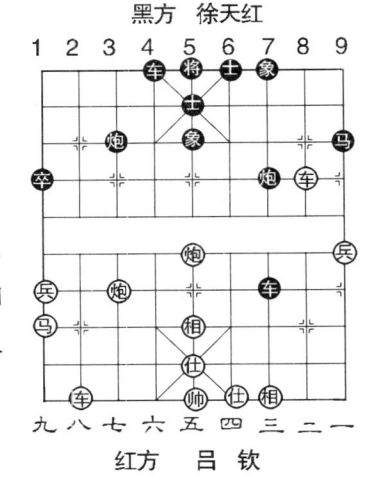

2. 鱼死网破　徐天红回驹解围

2001年4月21日,首届BGN世挑赛初赛第二轮第二局开锣,徐天红在先失一局的情势下,对河北特级大师刘殿中。此战由徐执红棋先走。

(1)炮二平五　马8进7　　(2)马二进三　马2进3
(3)车一平二　车9平8　　(4)兵七进一　卒7进1
(5)车二进六　马7进6　　(6)马八进七　象3进5
(7)炮八平九　……

轻车快马,彼此以中炮过河车对屏风马左马盘河布局拉开战幕。黑已有一局在手,从策略上说,不采用目前流行错综复杂的"平炮兑车"战术,而以自身熟习的"左马盘河"战术应对,是明智的。徐特师深知,刘大师对炮八进一"高左炮"开局颇有研究,为扬长避短,分炮不失为上策。

(7)……　　　　车1平2　　(8)车九平八　卒7进1
(9)车二退一　……

红退车捉马,是稳健走法,也适合徐冠特的棋风。如改走车二平四,黑则卒7进1,马三退五,马6进8,双方成对攻局势,正合刘大师的口味。

(9)……　　　　马6退7　　(10)车二进一　卒7进1
(11)马三退五　炮8平9

黑若马7进6,红车二退一,马6退7,车二进一,黑"二捉一还捉",按国内棋规属违例,黑亦要变。

(12)车二平三　车8进2　　(13)马七进六　卒7平6
(14)车八进六　炮2退1

红左马盘河,来势汹汹,火药味浓。黑此时只能接受挑战。黑走退炮之着,一是待机左调攻红车,二是防红边炮偷袭。如改走炮2平1,车八平七,车2进2,炮五平三,红方占优。

(15)车八平七　卒6平5　　(16)炮五平三　炮2平7
(17)车三平四　车8进3

(如图215)

(18)炮三进六　……

如图双方已成互兑局势,表面看似平缓,实际上蕴藏杀机。红以马换炮,仍

然保持主动。

（18）……　　车8平4

（19）车四平三　马7退9

（20）炮三平二　车2进7

（21）马五进三　前卒平6

黑平卒准备弃马出击，实行鱼死网破。

（22）车三进一　车4退4

（23）车三平一　……

红熟知"炮"这个兵种在对攻战中的威力颇大，现兑掉黑双炮，又制住黑双马，优势日显。

（13）……　　车4平8

（24）马三进四　卒6进1

黑方 刘殿中

图209

红方 徐天红

如黑马3退2（车8进4，车一进一，车8平6，车七进一，卒6进1，车一平六，红胜势），车一退一，卒6进1，炮九进四，红方好走。

（25）车七进一　卒6进1

（26）马四退五　……

红回马解围，攻不忘守，佳着。

（26）……　　车8平4　　（27）车一平四　车4进7

（28）车四退五　马9进8　　（29）仕四进五　马8进7

（30）车四退一　……

红送回一马，暗伏谋子圈套，妙着。

（30）……　　车2平5　　（31）车四进三　车5平7

（32）相三进五　……

红弃相得马，黑败势难挽。

（32）……　　车7平5　　（33）车四平三　车5退1

（34）兵九进一　车5平9　　（35）车七退一　卒5进1

（36）炮九进四　士4进5　　（37）车七平八　将5平4

（38）车八进三　将4进1　　（39）炮九平四

（红胜）

至此，黑失子失势，故主动认负。此局显示了徐冠特稳健细腻的棋风。经此一战，徐天红争得了加赛机会。

3. 精缠细磨　徐天红谋卒夺势

2001年10月中旬,全国个人赛在著名古城西安举行。18日,棋赛进行到第二轮,由徐天红执红棋先走与南方棋院特级大师庄玉庭对阵。

（1）兵七进一　马8进7　　（2）马八进七　卒7进1

（3）相三进五　象7进5　　（4）车九进一　马2进1

（5）车九平四　车1进1　　（6）马二进三　车9进1

（7）仕四进五　车1平6

临枰排阵,双方以仙人指路对上马局揭开战幕。采用这种刚柔并济的布局,说明彼此将准备比试中残的缠磨功夫。黑如改走车1平4,红车四进三,红方占先。

（8）车四进七　车9平6　　（9）炮二平一　炮8退2

若黑炮8平9,红车一平二,车6进3,车二进七,红方先手。

（10）车一平二　炮8平7　　（11）马七进六　炮2进3

（12）车二进七　……

黑进炮攻马,准备与红对抢先手。红进车捉马,也不示弱。

（12）　……　　车6平7　　（13）马六退七　炮2进1

（14）炮一进四　车7平9

如黑炮2平7,红炮八进五,红仍占先。

（15）车二平三　车9进2　　（16）兵五进一　车9平7

（17）兵九进一　士6进5　　（18）炮八平九　车6进1

（19）兵三进一　……

红兑兵活马,蓄势待发,正着。

（19）　……　　卒3进1　　（20）马三进五　卒7进1

（21）车三退三　炮2平9　　（22）兵七进一　车6平3

（23）炮九退一　车3平8　　（24）车三退四　车9退1

（25）车三进四　……

红敢于进车捉炮拦炮,已看准黑车炮骚扰尚成不了气候。

（25）　……　　炮9进4　　（26）仕五进四　炮9退5

（如图210）

(27)炮九进五 ……

图示双方已成犬牙交错的形势,急切间难以挑起战火。红采取慢火煎鱼的策略,从谋兵入手,思路正确。

(17) …… 车8进5
(28)帅五进一 车8退1
(29)帅五退一 车8进1
(30)帅五进一 车8退3
(31)马五进七 ……

红进马抢占滩头阵地,待机而进,正着。

(31) …… 车8平3
(32)后马进五 炮9平7
(33)车三平四 前炮平2 (34)车四进二 炮7进4

红进车占线谋卒,积小优为大优,好棋。黑如炮2进2,则马五进三,红方占优。

(35)车四平五 炮2进2 (36)马五进三 炮2退1
(37)帅五退一 车3平8 (38)仕四退五 车8进3
(39)仕五退四 车8退4 (40)马七进五 炮2平7

黑若改走炮2进1,红车五平一更占优。

(41)马五退三 车8进1 (42)车五平三 车8平6
(43)兵五进一 ……

红冲兵渡河,胜利指日可待。

(43) …… 车6退1 (44)仕四进五 将5平6
(45)相七进九 马1退2

红飞相,准备隔车进攻,细致。如黑车6平1杀兵,则红兵五平四大占优势。

(46)相九进七 马2进3 (47)炮九平七 马3进1
(48)车三平二 将6平5 (49)炮七平八 马1进2
(50)车二进三 车6退5 (51)车二退六 ……

红车二平四兑车,黑亦难以求和,还需一段时间酣斗,所以红退车是明智的。

(51) …… 车6进3 (52)炮八进二 马2退3
(53)炮八退五 车6进2 (54)车二平五 ……

红平车护兵,显示了精细的缠磨功夫,值得效法。

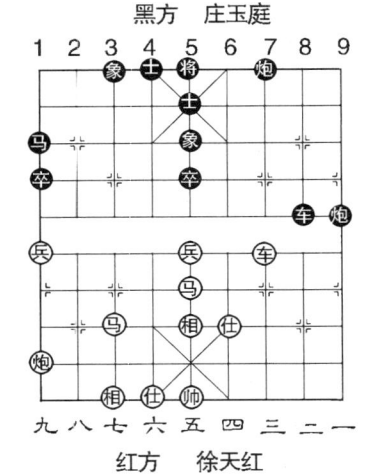

(54)……　　将5平6　　（55）仕五进四　炮7退2
（56）炮八退二　车6平4　　（57）炮八平七　马3退2
（58）炮七平四　将6平5　　（59）马三进二　……
红马到功成，黑败矣！
（59）……　　炮?平8　　（60）车五平一　象5退7
（61）车一进六　象3进5　　（62）车一平二
（红胜）

4. 缺相损仕　万春林败走麦城

10月21日，2001年全国个人赛进入至第五轮，由前四轮取得2胜1和1负的新晋特级大师上海万春林与获1胜3和的徐天红对阵。此战由万春林执红子先行。

（1）炮二平五　马8进7　　（2）马二进三　车9平8
（3）车一平二　马2进3　　（4）兵三进一　卒3进1
（5）马八进九　卒1进1　　（6）炮八平七　马3进2
（7）车九进一　马2进1

驾轻就熟，双方很快布成五七炮对屏风马阵法。所不同的是，红先定向挺三兵，有意避开时下风行棋坛的"不进兵先跳边马"的变例，使黑无法运用对攻性强的"左炮封车"战术。黑第7回合马踩边兵，意在挑起战端，此时黑还有象7进5、卒1进1等应着，各有不同变化。

（8）炮七进三　车1进3　　（9）车九平八　车1平4
（10）车二进六　炮2平4　　（11）炮七进二　象7进5
（12）马三进四　炮8平9

黜口士6进5，红则车八进三，红仍占先。

（13）车二进三　马7退8　　（14）马四进三　……

若红车八平二，黑马8进6，车二进七（炮五平四，马6进8，黑势不错），炮4退1，车二平四，炮9平3，黑反先。

（14）……　　炮9平7　　（15）相三进一　马8进6
（16）马三退四　士6进5　　（17）兵三进一　炮7退2
（18）炮七平一　马6进8　　（19）兵三平二　卒5进1

（20）车八进三　炮4平3

黑盖炮窥相，反攻佳着。

（21）仕六进五　车4退2　（22）炮七平八　炮3进7

（23）马九退八　……

红回马拦炮，为的是防平边炮进攻。

（23）……　马8进6　（24）马四进三　卒1进1

（25）车八进三　炮7进2　（26）车八退四　……

红第25回合进车不如车八退一。黑进炮轰车，如红车八平五，黑车4平2得子占优。

（26）……　车4进1　（27）炮五进三　车4进1

（28）兵二进一　车4平5　（29）车八进二　卒1平2

黑送卒，为袭击开路，好棋。

（30）马三退四　车5平3　（31）车八退一　马6退4

（32）炮五进一　车3进3

黑车杀兵，谋势佳着。

（33）兵二平三　炮7平8　（34）马四进六　车3退3

（35）兵三平四　马1退3

黑退马拦车，令红车不能调向右翼偷袭，佳着。

（36）炮八进一　炮8进3

（37）车八进一　炮8进4

（如图211）

如图，彼此已成对杀形势，黑经审形度势后，先发制人，沉炮侧攻，吹响攻城号角。

（38）相一退三　炮3平6

（39）仕五退四　马3进4

（40）帅五进一　……

红如马八进六，则车3进6，帅五进一，马4退6，帅五平四，炮8退1，马六退七，马4进5，黑胜。

（40）……　前马退6

（41）帅五进一　马6进7

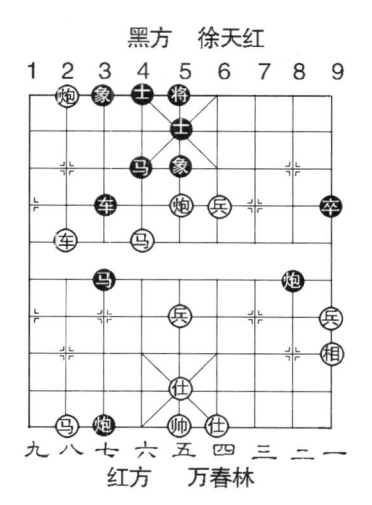

黑方　徐天红

图211

(42)帅五平四　炮8退9　　(43)炮五退二　炮8平6
(44)炮五平四　马4进5　　(45)马六进五　……

若红炮四进五,则马5进7,帅四退一,车3进5,仕四进五,后马进8,帅四进一,车3平5,黑胜。

(45)　……　　马5进7　　(46)帅四退一　后马进8
(47)帅四进一　……

如红帅四平五,则车3进5,马八进六,马8退6,帅五平四,炮6进5,黑杀。

(47)　……　　马7退8　　(48)帅四平五　后马退6
(49)帅五退一　车3进5　　(50)帅五退一　车3进1
(51)帅五进一　马6进7　　(52)帅五进一　马7进6
(53)帅五退一　马6退7　　(54)帅五平六　马7退5
(55)相三进五　车3退1　　(56)帅六退一　马8进6
(57)帅六平五　马5进7　　(58)马八进七　车3退1
(59)车八平五　车3进1　（黑胜）

本局黑弃炮掠仕冲开杀门后,一系列锋利杀招,精彩纷呈,值得喝彩。

从徐天红四局实战可以看到,他善守能攻的中残功夫的确名副其实。

赵国荣的精彩棋局

特级国际大师赵国荣,有棋坛"新东北虎"之称。1974年步入全国棋坛,1982年在成都举行的全国个人赛上获得第五名,跻身国手行列;1984年获全国第三名,首次晋身三甲;1985年、1987年两次获全国第二名;1990年首获全国冠军;1992年、1995年在全国个人赛上两度蟾宫折桂,夺得冠军;在1991年第二届世界象棋锦标赛上,又勇夺世界冠军。同时,他还是黑龙江队的台柱,在1990年全国男团赛上为该队夺得团体冠军立下汗马功劳。此外,他还在"避暑山庄杯"、"大棋圣"、"名人战"等多项杯赛、邀请赛上荣居榜首,是一位战绩卓著、蜚声中外棋坛的名将。

赵国荣能征善战,能攻善守,技术全面,根底深厚,既保持了北方棋手攻杀凌厉剽悍的棋风,又能吸纳南方棋手缜密细腻的缠磨功夫,是一位对"岭南双雄"吕钦、许银川颇具威胁的猛将。

近年赵因忙于出国教棋,参赛相对较少,但"虎威"犹存。现选评他这两年来在各种比赛中的六盘精彩对局,让读者一睹雄姿。

1. 破釜沉舟　赵国荣双龙闹海

这是在广东番禺举行的第 20 届"五羊杯"全国冠军赛第四轮上，赵国荣执红棋对广东许银川的一场激战对局。

（1）相三进五　马 2 进 3　（2）兵三进一　卒 3 进 1
（3）马二进三　马 3 进 4　（4）仕四进五　炮 8 平 5
（5）马八进七　马 8 进 7　（6）马三进二　炮 2 进 3

临阵行兵，双方弈成飞相对上马转中炮对屏风马布局。特级大师研究布局深细，其战略意图是尽快开出子力，抢占有利位置。黑进炮赶马，目的是将棋势引向中残功夫的较量。

（7）马二进三　车 9 平 8　（8）炮二平三　炮 5 进 4
（9）车九进一　炮 5 退 1　（10）车九平六　马 4 进 3
（11）车六进三　炮 2 平 3　（12）车六退一　车 1 平 2
（13）炮八平九　车 2 进 6　（14）炮九退一　车 8 进 3
（15）兵三进一　象 7 进 5　（16）炮九进五　象 5 进 7
（17）马三进五　……

黑飞象吃兵罩马，准备弃士挑起激战波澜。红骑虎难下，只好扑马接受挑战。

（17）……　　　　车 8 退 2　（18）车六进六　将 5 进 1
（19）马五进七　炮 3 退 4　（20）炮九进二　车 2 退 5
（21）炮九平七　车 2 平 3　（22）炮三进五　车 3 进 17
（23）炮三进二　……

黑进车捉炮露出破绽，应走象 3 进 5 较好。若红接走车六平四，车 3 退 1，黑势不差。现红沉炮牵制底线，机智。

（23）……　　　　车 3 平 8　（24）车一平四　象 3 进 5
（25）车六平五　将 5 平 4　（26）车五平六　将 4 平 5
（27）车六平五　将 5 平 4　（28）车五平六　将 4 平 5
（29）车六平五　将 5 平 4　（30）炮三平二　……

彼此已进入白热化战斗。为了争取思考时间，在棋规允许的前提下走满步数，是高手们临场的常用手法。红平炮打车不如车五平七，黑若象 5 退 7，红则车七退一，将 4 进 1，车七退三，前车进 4，马七进五，红优。

(30) ……	象5退7	(31)车五平四	后车退1
(32)车四进八	将4进1	(33)车四平六	将4平5
(34)车六平五	将5平4	(35)车五平六	将4平5
(36)马七进五	……		

若红车六平五,则将5平4,车五平七,车8进7,车四退八,后车进6,黑方占优。

(36) ……	后车进1	(37)车六平五	将5平4
(38)车五平六	将4平5	(39)车六平五	将5平4
(40)车五平六	将4平5	(41)车四退三	前车进7
(42)仕五退四	前车退3	(43)车四平七	车8平5
(44)仕六进五	车8平2		

(如图212)

图示经过一番炮火连天的拼杀,黑左车右调,准备反击;红因已弃两子,只能破釜沉舟,一决雌雄。

(45)车六平五	将5平4
(46)车五平六	将4平5
(47)车六平五	将5平4
(48)车五平六	将4平5
(49)车七平三	车5平6

黑平车失算,应改走车5进1,相七进五(帅五平六,马3进2,帅六进一,炮5平6,车六平五,车2平5,车三进二,炮6退3,车五平六,后车平4,车六退一,车5平3,黑胜),车1进8,车六退九,马3进2,车三平六,车2平4,车六退五,马2进4,黑胜定。

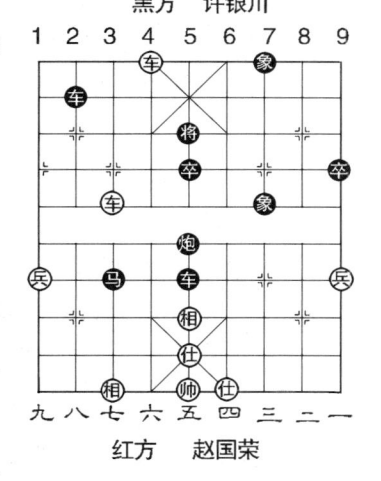

图212

(50)车三进二	将5退1	(51)车三进一	车6退5
(52)车三进一	车6平8	(53)车六平五	将5平4
(54)车五平六	将4平5	(55)车三退三	卒5进1
(56)车三退一	车2进8		

如黑马3进5,则车三平五,将5平6,车五退一,红胜定。

| (57)帅五平六 | 马3进2 | (58)帅六进一 | 马2退3 |
| (59)帅六退一 | 马3进2 | (60)帅六进一 | 马1退3 |

(61) 帅六退一　车2退8　　(62) 车三平五　将5平6
(63) 车五平四　将6平5　　(64) 车四平五　将5平6
(65) 车六退六　马3进2　　(66) 帅六平五　车8进4
(67) 车五平三　车8平6　　(68) 车三进三　将6进1
(69) 车六进四　炮5退3　　(70) 车三退一　将6退1
(71) 车三平五　（红胜）

本局赵国荣显示了剽悍凶猛、大刀阔斧的棋风,令人敬佩。然而,也要客观地说,若不是许银川第49回走出车5平6错着"配合",胜败尚难预料。

2. 损相丢兵　洪智拱手称臣

2000年10月31日,"广洋杯"第三届大棋圣战首轮在上海仁和宾馆擂响战鼓。比赛采用双败淘汰制进行。此仗由赵国荣执黑子后走对吉林新秀洪智。

(1) 兵七进一　炮2平3　　(2) 炮二平五　象3进5
(3) 马八进九　马2进1　　(4) 车九平八　车1进1
(5) 兵九进一　车1平4　　(6) 马二进三　车4进3
(7) 车一平二　卒1进1　　(8) 炮八进六　……

双方以仙人指路对卒底炮转中炮对飞左象布局拉开战幕。红方第8回合如不进炮,也可走马九进八,卒1进1,马八进九,炮3退1,炮八进六,卒1进1,另有不同变化。

(8) ……　　　炮8平6　　(9) 炮八平九　卒1进1
(10) 炮五进四　士6进5　　(11) 车二进八　炮3退1
(12) 车二退一　车4平6　　(13) 马九进七　马8进6
(14) 车二退五　车9平8

黑兑车,准备窥视红方右翼。

(15) 车二进七　马6退8　　(16) 马七进九　马8进7
(17) 炮五平六　车6平4　　(18) 炮六平四　车4平6
(19) 炮四平六　车6平4　　(20) 炮六平四　卒7进1

黑进卒制马,正着。

(21) 炮四退四　马7进8　　(22) 炮四平九　马8进7
(23) 相七进五　……

如红后炮进五,则炮6平1,马九进八,炮1平2,马八退九,车4平1,黑优。

(23) ……　　马1进2

(24) 车八进三　炮3进1

(25) 前炮退3　　马2进4

(26) 车八平六　炮3进3

至此,彼此已成互相牵制缠斗局势。黑炮杀兵,拓展实力,走得好。

(27) 前炮进一　炮3进2

(28) 前炮平一　车4退1

(29) 炮一退二　炮6平7

(30) 炮一平四

(如图213)

(30) ……　　马7进5

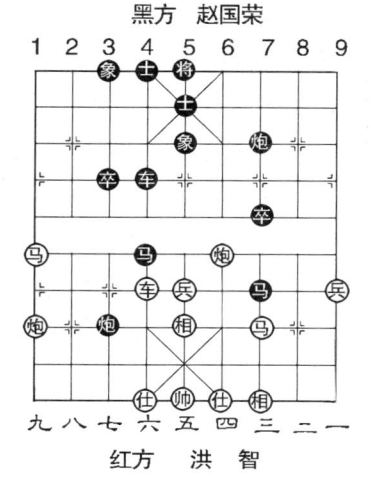

图213

如图,黑方针对红右马弱点,借兑夺相,为残局较量奠下优势基础,思路正确。

(31) 相三进五　炮7进5　(32) 兵五进一　马4退1

(33) 车六进三　……

红如车六平八,则车4进1,炮四平一,卒7进1,黑大占优势。

(33) ……　　马2退4　(34) 马九退七　卒3进1

(35) 马七进六　炮3平2　(36) 仕六进五　炮2退3

在残棋战中,兵种的优势不容忽视。黑方兑子后,形成马炮双卒士象全双炮双兵单缺相的残局,黑占优。

(37) 炮九平三　炮2平4　(38) 兵五进一　马4退2

(39) 兵五平六　马4退2　(40) 兵六平七　……

红居下风,以兵兑卒谋和,不失为弱势下的上策。

(40) ……　　马2进3　(41) 炮四退三　马3进5

(42) 炮四平三　马4退1　(43) 后炮退一　士5进6

(44) 后炮进一　士4进5　(45) 仕五进六　炮4平1

(46) 后炮平七　炮1进2

黑进炮攻相,使7路卒渡河助攻,好棋。

(47) 炮七进一　卒7进1　(48) 仕四进五　……

红若相五进三,则马5进4,帅五平六(帅五进一,马4进3,黑得子胜),马4进6,红丢炮败定。

(48) ……　　卒7平8　　(49)炮七平八　炮1退1
(50)炮八进二　炮1退1　　(51)相五进七　马5退7
(52)相七退五　马7进6　　(53)炮三平四　象3进1
(54)炮八退一　炮1进1

黑进炮准备谋边兵,佳着。

(55)炮八平五　马6退7　　(56)炮五进二　马7进8
(57)炮五平八　……

如红炮五退二(炮四平二,炮1平5,帅五平六,马8退6,黑优),则马8进7,炮四退一,炮1平9,黑胜势。

(57) ……　　炮1平9　　(58)炮八退四　炮9退3
(59)炮四退一　象1进3　　(60)相五进七　卒8平7
(61)炮八进三　卒7平6　　(62)仕五进四　卒6进1
(63)仕四退五　……

若红炮四进二,黑马8进7,红帅五平六,则黑马7退6得炮胜定。

(63) ……　　炮9平5　　(64)帅五平四　卒6平5
(65)炮八退三　马8退6　　(66)相七退九　卒5平4
(67)炮八平六　……

如红相九进七,则马6进7,炮四平三,士5进4,黑胜势。

(67) ……　　马6进7　　(68)炮四平三　卒4平3
(69)相九退七　士5进4　　(70)炮六平九　象5退3
(71)相七进五　炮5退2　　(72)炮九平六　卒3进1

黑进卒步入杀门,胜利在望。

(73)炮六平八　马7退5　　(74)相五进七　炮5平3
(75)炮八进三　……

红若相七退九,则黑卒3平2得相胜。

(75) ……　　马6进8　　(76)炮三进二　卒3平4

(黑胜)

至此,红知再缠下去亦要败,故主动认负收枰。

本局赵国荣采用了南方棋手抽丝剥茧的残艺功夫,终于淘汰了洪智。

3. 兑子挨打　陶汉明折将败阵

"广洋杯"第三届大棋圣战于 11 月 2 日进入第三轮比赛,由负区的赵国荣拿黑棋后手迎战吉林陶汉明。

(1) 兵七进一　炮 2 平 3　　(2) 炮二平五　象 7 进 5
(3) 马八进九　马 2 进 1　　(4) 车九平八　车 1 进 1
(5) 兵九进一　车 1 平 4

列阵排兵,双方弈成仙人指路对卒底炮转中炮对飞左象布局。看来赵冠特对这一变例曾认真探索过,胸有成竹,且实战效果不错。黑第 2 回合也可走象 3 进 5,成另一种套路,此着目前棋坛也颇为流行。红第 3 回合如改走仕六进五,马 8 进 7,马二进三,车 9 平 8,兵三进一,马 2 进 1,炮八平六,车 1 平 2,马八进七,也另有不同变化。黑除平右肋车外,亦可走车 1 平 6 成另一路变化。

(6) 马二进三　车 4 进 3　　(7) 马九进八　卒 1 进 1

红不上马改走车一平二也可,吉林洪智在首轮比赛中就曾出车应对赵国荣。黑进卒活马,正着。

(8) 马八进九　炮 3 退 1　　(9) 炮八进六　卒 1 进 1
(10) 车一平二　炮 8 平 7　　(11) 车二进七　……

红弃边兵扑马,抢出右车,运用两翼钳制战术。

(11) ……　　　士 6 进 5
(12) 炮八平九　炮 7 进 4
(13) 相三进一　马 8 进 7
(14) 车二退四　炮 7 退 2
(15) 车二进三(如图 214)

图示彼此已成犬牙相制局面。黑虽多卒但双马呆滞,红正针对黑马弱点,准备杀兵压马。

(15) ……　　　炮 3 进 4

黑进炮杀兵,沉着应战,正着。

(16) 车二平三　车 9 平 7
(17) 马三进二　炮 3 进 1
(18) 仕四进五　车 7 平 8

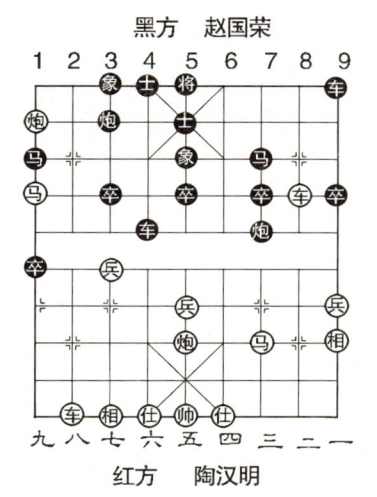

图 214

黑平车捉马，金蝉脱壳，是摆脱红车牵制的好棋。

（19）车八进三　……

红如车三进一，则车8进5，炮九进一，马1退3，马九进八（车八进八，车4退2，黑势不差），车4平1，炮九平八，车1退4，马八退七，炮7平3，黑方优势。

（19）……　　炮7进2　　（20）马二退三　……

若红马二进一，则马7进9，车三平一，炮3进1，黑方优势。

（20）……　　象5进7

黑飞象攻车，以便兑子谋势，好招。

（21）车三平四　车4平6　　（22）车四退一　马7进6

（23）车八进二　……

红如炮五进四，则象7退5，黑仍占优。

（23）……　　马6进4　　（24）车八平三　马4进5

黑以马兑炮，取胜要着。

（15）相七进五　车8进7　　（26）帅五平四　……

红若马三退四，则黑车8平5即杀。

（26）……　　士5进5

如黑车8平7，则车三进四，士5退6，车三平四，将5进1，车四退一，将5退1，车四退二，红尚有周旋机会。

（27）兵五进一　车8平7　　（28）兵一进一　炮3进1

黑进炮保车，迫红落相，正着。

（29）相五退七　炮3进1

黑再进炮，一石二鸟，既有车7平9杀相凶着，又有炮7平3弃车杀招。

（30）相七进五　炮3平4　　（31）车三平六　炮7平1

（黑胜）

至此，红如续走车六退四，则炮1进3，帅四进一，车7进1，帅四进一，车7退7，黑得炮胜。

4. 弃炮争先　赵国荣舍车得局

2001年3月10日，全国男团赛进入第五轮角逐，哈尔滨队与沈阳队相遇，由赵国荣执红子先走出战苗永鹏。

(1)炮二平五　马8进7　　(2)兵三进一　炮2平5

刚出两招，双方即布出中炮对半途列炮开局的雏形。红抢挺三兵，为的是不让黑用流行的进7卒屏风马定式迎战。若黑改走卒3进1，可能会走成进3卒屏风马，因大家都是东北虎将，一交手即势头凶猛。

(3)马八进七　马2进3　　(4)车九平八　卒3进1

(5)马二进三　炮8进4

黑如车9平8，则炮八进四，炮8进4，炮八平七，士4进5，仕四进五，红方占先。

(6)炮八进四　炮8平7

黑亦可走炮8平3，红车一平二，车1平2，相七进九，象7进9，车二进六，士6进5，车二平三，车9平7，兵三进一，马3进4，炮八进一，士5进4，炮八进一，炮5退1，车三平二，马7退6，兵三进一，马6进5，黑不吃亏。

(7)炮八平七　车9进1　　(8)车八进四　……

红升车巡河，准备兑兵活马，正着。

(8)……　车9平4　　(9)车八平四　车4进2

(10)兵七进一　……

红冲兵弃炮，争先之着。如改走车四退一，则车4平3，车四平三，卒3进1，黑先。

(10)……　车4平3

(11)马七进六　车3平2

(12)马六进四　马7退9

柳大华认为，黑可走车1进1，如红马四进三，则车1平7，马三退五，马3进5，车四进二，车7平4，炮五进四，士4进5，相三进五，卒3进1，仕四进五，车4进2，炮五平八，车4平6，炮八进三，士5退4，黑尚可一战。

(13)兵七进一！　炮5退1（如图215）

图前一着，红杀卒比车四退一好，因黑可卒3进1，车四平三，车1进1，黑足可应付。此时黑退炮是软着，应走炮7平1，红若车四平七，则炮5退1，兵七进一，炮5平3，马四进六，炮3进2，车七

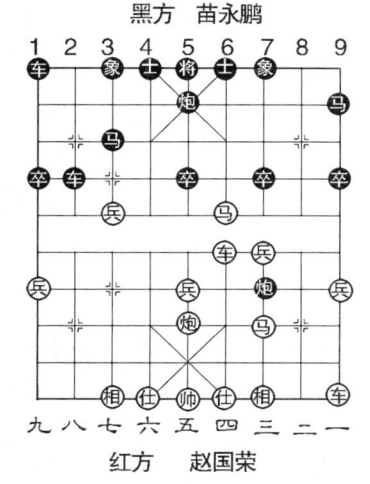

黑方　苗永鹏

图215

红方　赵国荣

进二,车2平3,马六进七,将5进1,车一平二,将5平4,车二进八,士4进5,马七进九,炮1退6,黑尚有反扑机会。

(14)车四退一　象3进5　　(15)车四平三　象5进3
(16)车一平二　车1进1

如黑炮5平2(炮5平3,炮五平七,红优)车二进七,红方占优。

(17)车二进八　炮5平3　　(18)车二平一　士4进5
(19)车一退二　马3进4　　(20)相七进九　马4进3
(21)兵五进一　……

红弃相通车,明智。如随走相九退七,黑马3进2,红难应付了。

(21)……　　　马3进1　　(22)仕四进五　象3退5
(23)帅五平四　炮3进8　　(24)帅四进一　马1进3
(25)炮五平六　车2进1　　(26)车三平四　……

黑方第12回合退边马,以为可以保持多子优势。岂料经过一番交战,反被红取得多子局面。

(26)……　　　马3退2　　(27)炮六平五　炮3退1

若黑马2退3,则马四进六,车2退1,车四平七,红方占优。

(28)帅四退一　车1平4　　(29)车一平三　车4进3
(30)马四进二　将5平4　　(31)车三平五　……

红打通兵行要道,黑败象已现。

(31)……　　　车4进4　　(32)兵五进一　马2退3
(33)炮五平六!!　……

红盖车弃车,精妙绝伦。

(33)……　　　马3退5　　(34)车四平六　士5进4
(35)车六进四　将4平5　　(36)车六进一　(红胜)

至此,红已成绝杀,黑只好推枰作负。

5. 一针见血　赵国荣挥炮击仕

2001年4月18日,首届BGN世挑赛初赛首轮头局在北京中国棋院开锣,由赵国荣执红子先行对辽宁尚威。

(1)炮二平五　马8进7　　(2)马二进三　卒7进1

(3)车一平二　车9平8　　(4)车二进六　马2进3

(5)马八进七　卒3进1　　(6)车九进一　炮2进1

(7)车二退二　象3进5　　(8)车九平六　炮2平3

双方驾轻就熟,很快演成了中炮直横车对屏风马两头蛇布局。红方平肋车是平稳走法;若改走兵三进一,卒7进1,车二平三,马7进6,车九平四,炮2进1,车四平二,是目前流行走法。黑平炮虽可窥兵出右车,但左马易受攻击,不如走炮2进1较好。

(9)兵三进一　卒7进1

(10)车二平三　马7进6

(11)兵五进一　士4进5

(12)兵五进一　马6退8

红冲中兵,一针见血,佳着。黑如卒5进1,车六进五,炮3进3,车六平四,红得子占优。

(13)车三平八　炮8平7

(14)马三进二　卒5进1

(15)车六进五　……

红进车捉炮,抢先谋势,好棋。

(15)　……　　炮3进3　(16)马七进五　马8退6

(17)车六平三　炮7平9(如图216)

图示局势已转向中盘较量。红方六军齐发,黑方右车屯边尚未参战,可见黑布阵应对失当。

(18)炮五平二　炮9平8

若黑车8平9,红车三平四,车1平4,炮八平五,红大占优势。

(19)马二进一　炮8平9　(20)马一退二　炮9平8

(21)马二进四　炮8平9　(22)炮二平四　马6进7

黑如车1平4,红则炮四进五,士5进6,炮八平五,红攻势锋锐占优。

(23)炮八平五　马7进8

黑若马7进6,则马四进二,车8进2,车八平四,红下着炮五进三,黑难抵挡。

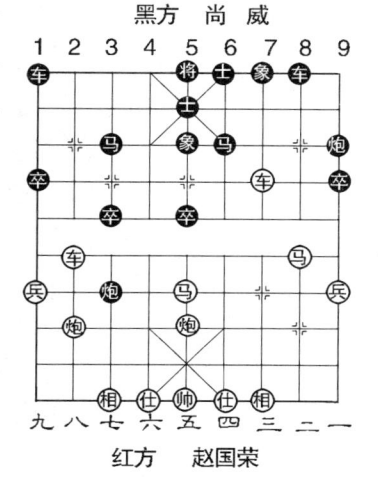

图216
黑方　尚威
红方　赵国荣

（24）炮四进七　……

红挥炮掠士，石破天惊。

（24）……　　　士5退6　　（25）炮五进三　士6进5

（26）车八平二　马8进6　　（27）马五退四　车8平9

（28）前马进二　将5平4

若黑炮9平8，则车三进三，车9平7，马二进四，将5平4（将5平6，炮五平四，红杀），车二平六，士5进4，车六进三，红胜。

（29）车三平六　士5进4　　（30）马二进四　象5退3

（31）车二进四　（红胜）

至此，黑只能走车1进1，而红车二平九，马3退1，炮五平六，红杀。

赵国荣不仅淘汰了尚威，而且进入第四轮，后因该轮第二局违规判负，故与决赛无缘。

6. 献骑发难　赵国荣猛虎掏心

2001年10月26日，全国个人赛进入第十轮，由赵国荣执红棋对邮电袁洪梁。

（1）炮二平五　马8进7　　（2）马二进三　车9平8

（3）兵七进一　炮8平9　　（4）马八进七　车8进5

（5）兵五进一　炮2平5　　（6）马七进五　马2进3

（7）炮八平七　车1平2　　（8）兵七进一　……

红先行摆下中炮盘头马缓开车进攻阵势，黑遂以三步虎转半途列炮迎战。红双车虽未参战，但中路子力正虎视黑方阵营。第8回合，红挺兵攻马，好棋。

（8）……　　　卒7进1　　（9）兵七进一　马3退

（10）兵三进一　车8退1　　（11）兵三进一　车8平7

（12）炮七退一　马7进6　　（13）炮七平三　车7平8

黑如不平车弃象，改走马6进7，则红车九进一占优。

（14）兵五进一　马6进5（如图217）

（15）兵五进一　……

如图，红针对黑中防薄弱的弊端，率先献驹发难，冲破黑防线，显示了"新东北虎"的悍将本色。

(15)……　　　马5进7

(16)兵五进一　马7退5

若黑士6进5,则车一进二,马7退6,兵五进一,将5进1,炮三平五,将5平4,车九进二,红方优势。

(17)兵五平四　士6进5

(18)兵九进一　车2进8

如黑车2进6,则红炮三进二,车2退2,车九进三,红追回失子大占优势。

(19)车九进三　车2平7

(20)车九平五　象7进5

黑若将5平6,则车五平四,士5进6,车四进四,将6平5,车一进二,红弃子甚有攻势。

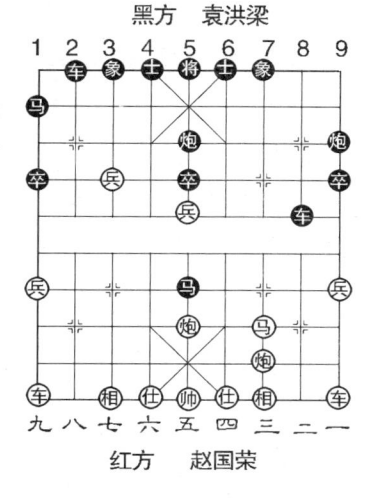

(21)兵四平五　象3进5　(22)车五进四　炮9平6

(23)车一进二　车7退4　(24)炮五进六　……

红借帅骤然来个猛虎掏心,破门而入,凶着。

(24)……　　　士4进5　(25)车五进一　将5平6

(26)车一平五　马1退3

黑无可奈何,只能送马解危。

(27)前车进一　将6进1　(28)前车平七　车7平5

(29)车七退一　将6退1　(30)车七平五　……

双方兑车势在必行,红方平车抢占中路,黑纵多一子,亦只能坐以待毙,足见红残棋功夫老练。

(30)……　　　车5进3　(31)车五退六　车8退1

(32)兵七进一　车8平4　(33)车五进七　将6进1

(34)车五退一　将6退1　(35)兵七平六　(红胜)

从以上六个对局可以看出,赵国荣的中残功力的确令人叹为观止。

名将李来群的精彩棋局

曾先后于1982年、1984年、1987年、1991年四度执掌全国棋坛"牛耳"的李来群,是一位棋艺风格缜密细腻、招法灵巧精细、滴水不漏,长于谋兵夺势、积少

优为大胜,中残功夫精湛的象棋特级国际大师。此外,他还获得过第4届"五羊杯"全国冠军赛桂冠,1983年亚洲城市名手邀请赛冠军,1989年"少林可乐"杯棋圣赛冠军等荣衔。虽然他近年弃弈经商,息影赛场,但因他功底深厚、基本功扎实全面,临场经验丰富,故重披战袍后仍有惊人表现。现选评他在浙江奉化举行的2000年全国体育大会"膝头杯"棋赛中为河北队夺得亚军的两个精彩对局,与同好共赏。

1. 柳大华兑车失策　李来群捡漏功成

5月28日,棋赛首轮战鼓擂响,由李来群执黑子后走迎战湖北柳大华。

(1)炮二平五　马8进7　(2)马二进三　车9平8

(3)兵七进一　卒7进1　(4)马八进七　炮8平9

(5)炮八进二　象3进5　(5)马七进六　车8进8

列阵谈兵,双方布下了中炮巡河炮缓开车对三步虎阵式。红第3回合不走车一平二而挺七兵,不排除想避开走流行棋坛的中炮过河车对屏风马平炮兑车变例。黑分炮采取"三步虎"战术应战,并及时进车"上二路",走法积极,既限制红出车,又准备伺机左车右调管炮,不落俗套。

(7)仕六进五　……

红补仕隔车,习惯走法,欠细。应走炮八平九,黑如炮2平1(马2进1,车九平八,红先),车九平八,红方先手。

(7)……　马2进1　(8)炮五平六　炮1平3

(9)炮八退三　……

红回炮驱车,失先之源。依笔者拙见,红可走车九平八,黑若车1平2,则炮八进二,红仍先手。

(9)……　车8退7　(10)相三进五　车1平2

(11)炮八平六　车2进8

(12)后炮退一　卒1进1　(13)车九平八　……

战斗已进入中局阶段,红方双车尚处原位不动,先手已于无形中失去,但防守力还强,当务之急是解决车的出路问题。笔者认为,应走兵九进一为左车开路。

(13)……　车2进1　(14)后炮平八　车8平2

(15)炮六退二(如图218)

(15)……　　车2进7

如图,黑方各子通畅占优显而易见,但如何从积少优为大优,尚需寻找突破口。黑进车压炮,扩先佳着。

(16)车一平二　　卒3进1

李来群不愧为棋坛的"捡漏专家",冲卒是取势妙手。

(17)车二进四　　卒3进1
(18)马六退四　　马1进3
(19)兵三进一　　卒7进1
(20)车二平三　　炮9退1
(21)马四进二　　卒3平4　　(22)炮八平九　　炮9平7
(23)车三平四　　炮7平2　　(24)车四退二　　……

红几经奋战始活通子力,然而黑方主力已集结右翼,红方车路受阻,迫于无奈,只好弃相,兑车解围。

(24)……　　炮2进6　　(25)相五进七　　……

红若车四进二(车四进六,士4进5,黑优),红车2平4,红局势崩溃。

(25)……　　卒4平3　　(26)车四平六　　马3进2
(17)炮九进五　　……

红与其坐以待毙,不如发炮击边卒一拼。

(27)……　　士4进5　　(28)马三进四　　车2平4
(29)炮九平七　　……

黑平车摧杀,当头一棒;红失子失势,在劫难逃。

(29)……　　车4退1　　(30)仕五进六　　象5进3
(黑胜)

至此,黑得子得势胜定。余下从略。

2. 李来群见缝插针　　胡荣华高象中计

6月3日,棋赛进至第八轮,河北队与上海队相遇。此仗由李来群执红子先

走与胡荣华对垒。

（1）兵七进一　马8进7　（2）兵三进一　炮2平3
（3）相二进五　马2进1　（4）马八进七　车1平2
（5）车九平八　炮8平9

你来我往，彼此布成了仙人指路对上马阵势。象棋大师黄少龙教授在其近著《挺兵局的应对方略》一书中指出："挺兵局的性质介于刚性的中炮局与柔性的飞相局之间，刚柔并济，灵活多变，是颇有发展潜力的布局。"因而在近几年的比赛中，十分流行。黑除上马外，还有炮2平3、炮8平4等多种走法，各成不同定式。黑第5回合如不分炮而改走卒3进1，则红兵七进一，炮3进5，炮二平七，红方占先。

（6）炮二平四　车9平8　（7）马二进三　车8进4
（8）炮八进五　……

黑升左车似不如车2进4进右车为好；红进炮攻马，使黑右车暂时难抬头，正着。

（8）……　　象3进5　（9）车一平二　车8平6

若黑车8进5，红马三退二，炮9进4，炮四平三，红方先手。

（10）仕四进五　卒3进1　（11）兵七进一　炮3进5

黑以炮兑马，是一种反封制战术。如改车6平3，马七进六，车3平4，车八进四，红亦占先。

（12）炮四平七　车6平3　（13）炮七平六　马7退5
（14）炮八退一　马5退3

黑回马归心再退底线扑出，是胡荣华爱用的运马技巧。

（15）车二平四　马3进4　（16）炮八进一　车3退2

黑退车捉炮，既赶走红炮，又为马占据有利据点腾位，正着。

（17）炮八退三　车2进4　（18）车四进四　车3平4
（19）车八平九　……

红回车保边兵，意在摆脱黑右车对车炮的牵制。

（19）……　　马1进3　（20）炮八平七　卒7进1
（21）兵九进一　士4进5　（22）兵三进一　象5进7（如图219）
（23）炮六进四　……

图前一着，黑为不让红左车开出，而改用飞高象去兵，导致以后丢象受攻，是步不很明显的失着。应走车2平7吃兵，如红车九平八，则车3平4，黑尚无大碍。红进炮压马，找准了切入点，好棋。

(23) ……　　炮9平7
(24) 马三进二　车3平5
(25) 车四进一　车5退2

李来群见缝插针，借兑抢攻，走得细；黑如车2平6，则马二进四，车5平4，车九平八，红颇占优势，由此可见黑高象之弊。

(26) 车四平五　卒5进1
(27) 马二进一　炮7平5
(28) 马一退三　卒5进1

黑舍卒通车路不如马3进4，若红车九进三，则车2退1，炮六退一，车2平3，炮七平八，车3平2红仍占优，黑比丢卒好。

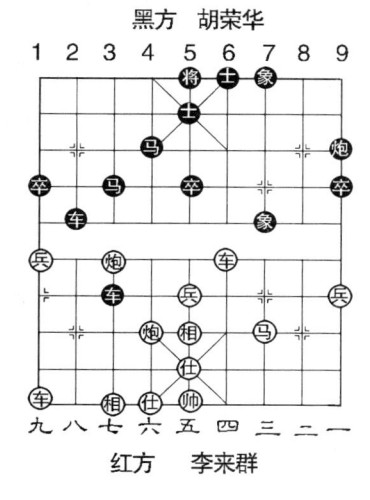

(29) 马三退五　炮5进1
(30) 炮七进一　车2进1
(31) 马五进三　车2平4

若黑炮5进1，则炮六平五，将5平4(象7进5，马三进四，红杀；又如士5退4，马三进四，将5进1，炮五平六，红胜势)，炮七平六，马4退6(马4进6，炮六退三，红胜势)，炮五平六，将4平5，车九进三，红大占优势。

(32) 车九平八　马4退6

如黑马4退2(马3退2，炮七平五，红大占优势)，则马三进五，车4退2，马五退四，车4平6，马四进六，车6平4，马六退五，红方优势。

(33) 车八进九　士5退4　　(34) 炮七平五　士6进5

黑若炮5进4，红相七进五，后再马三进五，红得子胜定。

(35) 车八退二　车4退2

黑如车4退1，则炮六平九，马3退1，马三进四，将5平6，马四进二，将6平5，炮九平七，车4平3，车八平三，红杀。

(36) 车八平三　(红胜)

从以上两个精彩对局可以看出，李来群的缜密细腻、灵巧精细的中盘功夫，确实名不虚传。